U0042517

金錢如何變危險

HOW MONEY BECAME DANGEROUS

投資理財必讀，
現代金融怎麼造福人類，
但也威脅我們的生存？

克里斯多福・瓦雷拉斯 Christopher Varelas、丹・史東 Dan Stone——著　実瑠茜——譯

獻給四名很棒的女人（她們跨越了三代）：

安塔納西亞（Athanasia）、
潔西卡（Jessica）、金百莉（Kimberly），
以及安塔納西亞（Athanacia）

各界推薦

金融能成為美好助人的工具，也能變成傷人的武器，在世界需要成長時金融提供信用讓我們創造更豐富的產出，享受更好的生活，但也可以瞬間把它們奪走，演變成一場災難！本書作者藉由回顧金融科技的變化、華爾街的商業魔術如何形塑現代金融體系，真實且精闢的討論帶領讀者發現更深層的產業面貌。

——**Jenny**（ＪＣ**財經觀點創辦人**）

或許你聽過許多歷史上的金融故事，但看這本書卻有一種身歷其境的感受。你以為金融業就像其他行業，是以幫助人們得到更好的生活為前提而存在著。但更多的是如何在強敵環伺的環境中，得到更多的利益。

作者用說故事的方式告訴讀者，原來大家所看到的金融商品、市場行情，都不是你想像中的那樣。你知道的越多，就會開始思考如何保護好自己的辛苦錢。

——**Jet Lee**（Jet Lee**的投資隨筆版主**）

推薦序

金融阿甘正傳

——劉奕成（CFA協會榮譽理事）

有一部經典電影叫做《阿甘正傳》，算是電影史上的傑作，由湯姆・漢克斯飾演的男主角「阿甘」（Forrest Gump）總是喜歡說：「我媽媽說：人生就像一盒巧克力，你永遠不知道接下來會嘗到什麼口味。」（Life was like a box of chocolates. You never know what you're gonna get.）

事實上，阿甘這一盒巧克力非常不尋常，什麼奇特的事，都給阿甘碰上了：貓王住過他家，美國總統甘迺迪、詹森、尼克森都曾經接見過他，他還目睹並揭發了水門案；還有大部分非美國人比較不熟悉，卻對美國發展極為重要的事件，例如喬治・華萊士的阿拉巴馬大學擋校門事件，還有一九六九年華盛頓反戰大遊行，當然還有一堆被刺殺槍殺的名人。

要說阿甘這位虛構的電影主角是美國近代史中一九六〇年代到一九八〇年代穿針引線的靈魂人物也不為過。有趣的是「歷史會重演」（History repeats herself.），因此許多後來發生的事，脈絡紋理都和之前的事件若合符節，引人會心一笑。

金融業是專業的領域，大部分的人爬梳記憶，隱隱約約聽過橘郡破產、金融海嘯這些鳥事，但是沒有好的金融歷史導遊來介紹，最好有一位金融阿甘，可以像項鍊一樣，串起金融事件如珠玉，讓關心的人可以一目瞭然。

《金錢如何變危險》這本書的作者克里斯多福・瓦雷拉斯（Christopher Varelas）應該稱得上金融阿甘了，因為他在華爾街投資銀行的重要地位，讓他參與了或目睹了華爾街美國近代金融史上最大最重要的事件，像是美國最大的洗錢案、橘郡的破產，和二〇〇〇年網路泡沫破裂……由他的作品來管窺一九八〇年代到二〇〇〇年的美國金融發展，風采迷人，如數家珍。雖然這些項鍊上的珍珠，不乏金玉其外，敗絮其中。

行文至此，我也可以虛榮一下，這位作者在華爾街是個人物，而我在念研究所時便認得了。我還記得那年他代表所羅門招聘ＭＢＡ，和我們這些找工作的初生之犢在紐約歷史悠久的「彩虹廳」（Rainbow Room）餐敘，口袋中那時還少見的手機不斷亮起來的情景。

就像阿甘的電影中，還有軍中同僚不小心投資水果（蘋果電腦）賺錢的奇聞軼事。本書除了眾人耳熟能詳的重大金融事件之外，更迷人的是，有許多不見經傳、卻無比精彩的旁線故事，暖化了金融業冰冷的敘事溫度，像是從橘郡破產、重生一路迤邐到受雷曼事件波及破產的「全美最悲慘城市」榜首的史托克頓，如何因返鄉的浮雲遊子的拯救，不僅在經濟上，也在文化方面浴火重生的傳奇。

本書名為《金錢如何變危險》，作者演繹金融如何從單純的起心動念，常常最終成了「割韭菜」的金融陷阱。危險始終來自於人性。人只要有人從金融中嗅聞到利益，就會有更多人蜂擁而至，危險的味道便出來了。書中所述的林林總總金融危機，莫不由人追逐利益而生。

危險生出來，還要有人養，綜觀作者的描繪，滋養金融危機成長的，一是過度的槓桿，一是過度的複雜：當人們深信有龐大的利益，便會再去借錢來運用、來投資，個人如此、機構法人亦復如此；規劃財務及商品的金融專家，為了突顯自己才智拔群，往往設計出與眾不同的商品，不但投資人懵懵懂懂，設計的人自身也一知半解，彼此卻像是對國王的新衣稱讚不已。如此惡性循環，危機越來越大。

如何避免這種風險？越是簡易單純，危險就越沒有滋長的空間，就像阿甘一般筆直全速向前跑，就是跑，沒有什麼花稍的動作或舞步，最不會踏入金融陷阱。

如果《阿甘正傳》這部電影，還有什麼可挑剔之處，就是電影的故事在一九九四年殺青，實則一九八〇年代之後的世界大事，阿甘都沒有參與到，因此不管是飛機直插入摩天大樓的九一一事件，或是新冠疫情，歷史導遊阿甘都沒有現身。

克里斯多福這本《金錢如何變危險》才剛出爐，不過對二〇〇八年雷曼債券或是二〇二〇年股市熔斷、二〇二一年GameStop等事件，著墨有限，倒是對區塊鏈金融以及幣圈生態，有深中肯綮的點評。

前文提到「歷史重演」，至少在金融世界，過去的經驗是有用的。幣圈發生過的事，像是割韭菜，過去也發生過，只是交易的內容不同，從以前的股票債券到現在的加密貨幣，交易的手法都似曾相識。

這本書值得展卷細讀，如果是巧克力，儼然是百分之九十五黑巧克力，初入口但覺無味或偏苦，但是回甘。想知道金融如何變危險，這本書是絕佳的導讀，但是要避免危險，還得看你我自己。

CONTENTS

PROLOGUE

序言：
零餘額

「如果你明白金錢怎麼流動，你就能理解這個世界如何運作。」

——前德州州長安・理查茲（Ann Richards）的同事引述她的談話內容

在過去，金錢的世界曾經很單純。一個人可能同時擁有支票與存款帳戶、背負房貸與車貸，以及對某些市場，例如地方債券（municipal bond）[1]，或西爾斯・羅巴克公司（Sears, Roebuck）[2]、通用汽車（General Motors）的股票進行基本投資。但很少有人的財務狀況比這更複雜。那時的華爾街並非特別具有爭議性，金融服務業也不以自私、冷漠、魯莽著稱。多數時候，它只被視為正常運作且日漸成長的社會的另一個面向。

一九八〇年代，隨著我們的金融體系日趨複雜（每一次演變都使金融界變得更超乎一般大眾的理解），這一切就開始迅速轉變。華爾街開始感覺像是個可怕的敵人，這股神祕而危險的力量被一群狡猾、不可信的銀行家操控著。次級房貸危機[3]爆發後，許多銀行倒閉，並引發二〇〇八年的經濟大衰退；我們的戒慎恐懼變成了憤怒。對普通人而言，這套體系似乎不再管用。

我們如何到達今天這種境地？在僅僅一個世代內，當我們與金融體系的運作變得日益疏離，它是怎麼變得如此錯綜複雜且充滿危險？

美國目前舉債超過二十兆美金，而且這個數字還在不斷增加，為什麼我們卻不太在意？政府的勞工退休金制度資金大幅短缺，而且其差距正逐年擴大，為什麼我們卻不太在乎？政府所承諾的社會安全與醫療保險福利資金嚴重不足，為什麼我們卻不太在意？美國助學貸款的債務總額已經高達一點六兆美金，讓數百萬名找不到與自身學歷相符的工作的畢業生不堪負荷、無法償還欠款，為什麼我們卻不太在乎？

我們是真的不在意這些逐漸逼近的危機，還是因為我們對它們欠缺理解，同時缺少關聯，因此覺得受到限制？不管原因是什麼，結果都是相同的。當金錢佔據生活的比重越來越大，我們就越不了解它。如今所有人都在談論糧食、環境、經濟事務，文化與社會議題的「永續性」，卻沒有人探究金融體系的永續發展（儘管它攸關人類的生存與未來的福祉）。然而，這樣的討論才是最重要的。

若我們袖手旁觀，對金錢世界保持疏離，我們將置身險境。無論你的出身或職業為何，它都將在你的一生中影響著你；它肯定會改變你孩子的生活品質。我們必須增進對金融界的認識與參與，並且轉變目前的行為模式。否則，後果將不堪設想。

⊕

我與金融界的第一次接觸是在一九七〇年代。當時，春田市儲蓄與貸款協會（Springfield Savings and Loan Association）[4]的經理薩姆森先生到我們班上來談論關於銀行的事。

薩姆森先生並沒有什麼特殊之處——他穿著灰色西裝、打著紅色領帶，腳上則穿著成熟韻味的閃亮皮鞋。他拿著一疊小冊子在教室內繞了一圈，並發給我們每個人一本。這些小冊子的封面上印有這家銀行的logo，同時也有個地方可以讓我寫上自己的名字。我快速翻閱了一下，裡頭都是空白的格線與方框，每一頁還加上了某位美國總統頭像的浮水印。當我們檢視手中的小冊子時，薩姆森先生叫我們拿出十分錢硬幣（老師要求我們帶來學校的）。我一整天都很想花掉這十分錢。

「這些十分錢硬幣，」他說，「是你們的第一筆存款。如果你們每周都帶一枚十分錢硬幣到學校，我會在星期五來收走它們，並且在你們的小冊子上蓋個章。然後，我會幫你們把錢存進銀行裡。錢存在銀行時，它將產生利息，這意味著，我們每個月都會發放一點點獎金到你們的帳戶中。當你們把錢放在我們這裡時，我們可能會用作其他用途，像是借給那些開設新商店或購買房子的人。當你們想把錢領出來時，隨時來找我們就好。但若你們擺著不管、讓它自然成長，隨著時間過去，你們的存款就會變得越來越多。」

老師要我們排隊等候。薩姆森先生站在教室前方的一張桌子前，他將我們手中的十分錢硬幣收集起來，放進一個黑色皮包裡。為了記錄我們的存款，他在小冊子的第一頁蓋了一個章。

「這個學年還剩下三十周，」他說，「如果你們每周都帶十分錢來，到了暑假你們就存了三塊錢。」

對於自己將來可能會擁有這麼多錢，我們都很驚訝。回到位子上，我很快地算了一下，若接下來的三年（直到五年級結束之前）我都這麼做，能夠存多少錢——「三加三加三加三」。哇，我可以存十二塊錢。從那天起，我每周都一定會帶十分錢到學校，堅持把我的那本小冊子蓋滿印章。

和薩姆森先生那天教導我們這群小學二年級生的事相比，我的父母親對錢的體驗並沒有複雜多少。那時（一九六〇年代晚期），每當他們有朋友還清房貸，他們往往會舉辦一場派對，以便在派對上把房貸對帳單燒掉。

對一個家庭來說，財務是非常單純的——他們通常會買一間房子、為了償還房貸努力工作，然後讓自己比較輕鬆地退休。到了今天，這種單純的狀況幾乎很難聽到。

如今，我們花太多時間擔心錢的問題（幾乎不分晝夜），我卻不能說，這讓我們過得更好。但另一方面，不久前的我們不像現在這樣享有金融界提供的諸多好處。比方說，房屋貸款尚未普及至一般大眾，如果想買房子，你就必須一次付清全部房款。因此，日趨複雜的金融界也帶來新商品，讓許多人的生活變得更好。現代金融向來是把雙面刃，而這也是金融界一直令我深感興趣的原因。

高中時，我們全家從麻薩諸塞州春田市搬到加州橘郡。那時，我第一次瞥見金錢的黑暗面。我的父親獲得了擔任公司執行長的機會（這家公司在一場融資收購[5]中被另一家公司買走）。我還清楚記得，坐在餐桌前的他焦慮地說利率如何飆升，因此他被迫在他的新公司削減開支，以償還債務。削減開支意味著裁員，面對公司的員工，我的父親覺得自己責任重大，並對他們的家庭感到憂慮。年少的我看見父親和他們公司背負沉重的壓力，雖然不太懂融資收購與利率變動是什麼，我的內心還是充滿了擔憂——這些因為裁員而失去工作的人會發生什麼事？那些龐大的外在經濟因素是怎麼迫使我的父親做出叫人難受且不得人心的決定？我花了很多年的時間才逐漸明白這些概念，以及它們對人的生活會造成什麼影響。

但最後我在金融界工作，這起初令我感到訝異，因為我從來不是那種殘酷無情的人，而華爾街則是以此惡名昭彰。我也不曾對跑車、高級手錶、度假別墅懷抱渴望（它們是地位與成就的象徵，同時也是在銀行界工作可以獲得的戰利品）。我純粹只是喜歡這份工作而已。

我非常幸運，得以親身參與或就近觀察金融界過去三十年來的許多重要時刻。大學畢業後，我開始在美國銀行擔任企業信貸專員，負責貸款給洛杉磯珠寶街的黃金與鑽石批發商。接著，我進入華頓商學院就讀。一九九〇年代，我來到所羅門兄弟（Salomon Brothers）[6]工作。在擔任花旗全球TMT（科技、媒體與電信）組的全球主管，全國投資銀行部與各區域辦公室的主管，以及花旗的首任文化官（culture czar）[7]之前，從交易大廳到投資銀行部的工作我都做過。二十年後，我離開華爾街，與朋友共同創辦一家位於矽谷的私募股權（private equity）[8]公司。

若從出身背景來看，我不太可能獲得這些職位。我父母親的家族都是來自希臘斯巴達的移民；我們過著一般中產階級的生活。作為一個青少年，為了存讀大學的學費，我不僅在迪士尼樂園工作，還打過很多零工（從游泳池清潔工到賣花生的小販都有）。我肯定不是走在通往華爾街的職涯道路上，我也不知道有這樣一條路存在。然而，我發現自己的另類經歷賦予我獨特的視角，使我既是圈內人，也是局外人；我既是參與者，同時也是心存懷疑的旁觀者。

我不是說，我是唯一可以就近觀察這些金融界重要時刻的人，但這樣的人並不多，而我或許也是少數能將每個事件記錄下來的人。

這本書講述金融服務業的真實故事（它們多數不怎麼為外人所知，或者至少沒有人從這種特殊角度來分析它們），其目的在於突顯過去三十多年來，那些讓金融界變得如此複雜且充滿危險的轉變。書中所記錄的那些重要時刻與轉折點改變了錢流動的方式。這些故事將從個人、群體、國家與世界層面，幫助讀者了解，金錢如何變得危險。

我的好夥伴與本書的共同作者丹．史東不是金融界的人。丹是作家、編輯，同時也在「商業大街」（Main Street）[9]擁有一家小公司。

我們為了廣大讀者群努力撰寫這本書，事實證明，我們兩個人的不同經歷對此有很大的幫助。（我們的讀者同時囊括華爾街與商業大街，也就是金融從業人員，以及那些先前不明白金融體系怎麼運作的人。）這不是一本講述資本比率、美國聯邦準備理事會的政策，或枯燥科技觀念的書。它試圖觸及的是那股影響我們所有人，以及驅動金融服務業前進的根本力量。

關於書裡使用的術語，我要特別說明一下：我們會用許多詞彙與名稱，例如華爾街、銀行、金融服務業、現代金融、金融體系等，來描述金融界。儘管這些術語可能各自在意思上有著細微的差異，它們在這裡多少是可以相互替換的。最能精準描述本書主題的詞彙是「現代金融資本主義」（modern financial capitalism），它澈底掌握金錢的世界，包含錢怎麼透過公共與私人生活流動、金錢的社會趨勢是什麼，以及華爾街與更廣泛的金融業如何運作。這本書不僅講述金融界如何轉變，也說明金錢怎麼改變我們，以及我們所生存的世界。

你將會注意到，書中刻畫的都是以男性為主的世界（特別是那些比較早期的故事）。長久以來，這都是金融服務業的真實樣貌，而從很多方面來看，現在仍是如此。那些說話最有分量、曾經叱吒風雲的人常被譽為「大老二」[10]或「宇宙主宰」。過去幾十年來，整個金融業對多元文化的意識與敏感度急遽提升。但即便華爾街文化變得更勇於冒險、注重個人的行為與個性，女性依然很難踏進這個圈子，尤其是要晉升至公司高層。顯然，不只是辦公室禮儀需要改變。對女性而言，我們的社會大環境日漸平等、均衡，我們也希望能看到金融服務業變得更具包容性。

在當代論述中，有些人擁護華爾街，有些人則予以譴責，很少人抱持中間立場。這些擁護者主張，華爾街為身處現代社會的我們提供各種機會與好處（從資助公共建設，到發放房貸與小型企業貸款），所以應該受到讚賞。對這些擁護者來說，華爾街無疑是一股善良的力量。而譴責者則抱持完全相反的看法。對他們而言，華爾街對社會造成危害。他們認為，二〇〇八年的經濟大衰退完全是因為華爾街的墮落與貪婪所導致，而且多數人對它帶來的災禍毫無防備能力。他們覺得這套體系無可救藥，必須被摧毀。

這兩者的差距正日益擴大。但事實真相是否介於兩者之間？華爾街是否既重要又麻煩；既對正常運作的社會不可或缺，卻也越來越難理解與管理？我希望這本書不僅闡明金融界近年來的轉變，同時也提供一個框架，讓抱持截然不同意見的人可以進行建設性的討論。如此一來，我們就能設法創造出一個健全社會必須仰賴的金融體系，它符合大眾利益，不僅支持人們滿足基本生活需求，也支持他們追尋夢想、實踐抱負。我們這個社會的成敗與如何建構並管理我們的金融體系直接相關。

⊕

在橘郡讀高中時，我不再帶十分錢到學校。但因為薩姆森先生的教導令我印象深刻，我仍舊繼續把各種工作——除草、洗車，以及每個星期六早上清理社區游泳池的收入都存下來。高中快畢業時，我發現我已經攢了兩百美金（這筆錢都放在存款帳戶裡生利息）。我一直把它擺到四年後，那時我即將大學畢業，將要開始第一份工作——在美國銀行擔任企業信貸專員，我覺得將帳戶從橘郡的區域銀行移至新僱主所在的銀行，是一個不錯的主意。走進銀行大廳時，我開始想像在四年的穩定成長後，帳戶存款會有多少。只有兩百美金不足以讓我買一間房子或一台好車，但我預期它應該會大幅增長。

在出納窗口前排隊等了一會兒之後，我被帶到一位銀行職員面前。我在他辦公桌前的一張椅子上坐了下來。「您的名字和帳號是什麼？」他問道。當他將我提供的資訊輸進電腦裡時，他完全沒有看我一眼。那時，銀行裡應該不到十度，冷氣機正全速運轉。

「我想把我的存款領出來。」我說。我的聲音因期待而顫抖著，又或許那是因為一陣冷風襲來所引發的寒顫。

那個男人一直盯著他的螢幕看。「這個帳戶，」他說，「因為閒置太久，已經變成空的了。」

「什麼？怎麼可能會這樣？」

他轉過頭來，然後從他的眼鏡上方看著我。「這個帳戶裡沒有錢，看起來它被關閉了。」

「但我已經四年都沒動過這筆錢了。」

他又仔細看了一下電腦裡的資料。「似乎是從兩年前開始被收費的，」他說，「每個月十美金，最後你的存款餘額就被這些手續費歸零了。」

儘管只有兩百美金，失去這筆錢比我往後所遭受的其他財物損失意義更重大。為了存這筆錢，我做了這麼多努力。它被這樣冷酷無情地消耗殆盡，使我開始對自己一直抱持信任的金融機構產生懷疑。這種情況看似不公平，我卻沒有足夠的知識或經驗，可以清楚說明為何會如此。我隔著桌子看著這位銀行職員，不確定自己該說些什麼。他似乎沒有其他話要說。於是，我離開銀行、鑽進我的二手老車裡，然後開車離去。一路上，我回顧著過去那些美好的時光——努力把十分錢硬幣都存下來、在社區裡打工、薩姆森先生臉上和藹的笑容，以及我天真地相信在某種程度上，這套金融體系會在乎我的幸福。

註釋

1. 地方債券又稱為「市政債券」，是指美國各州、地方政府，以及其授權機構發行的一種長期債券，用來籌措各種公共建設所需的費用。

2. 通稱西爾斯百貨（Sears），是一九八三年創立的美國百貨公司。一九八〇年代之前，是美國最大的零售商，但由於經營不善，其母公司西爾斯控股（Sears Holdings Corp.）在二〇一八年宣佈破產，並關閉大量門市。

3. 指美國國內抵押貸款違約與法拍屋急劇增加所引發的金融危機。它對全球各地的銀行與金融市場產生了重大的不良後果，並引發二〇〇八年的金融海嘯。

4. 儲蓄與貸款協會是指由聯邦或州政府特許成立、具有互助合作性質的半官方金融機構，相當於台灣的信用合作社。協會以記名股票的方式吸收會員存款，形成全體會員共有的互助合作基金，用於向會員與大眾發放分期攤還的抵押貸款。

5. 融資收購又稱為「槓桿收購」，是指公司或個體用自己的資產作為債務抵押，以此收購另一家公司的策略。這種收購方式的最大特點在於，為了進行收購，收購方透過大規模融資來支付大部分的交易費用。同時，收購方以目標公司的資產與未來現金流作為擔保，因此風險極高。

6. 華爾街的一家著名投資銀行，創立於一九一〇年，一九九〇年代末被旅行者集團（Travelers Group）併購（現屬花旗集團）。在二〇〇三年爆發的一系列醜聞之後，該公司名字最終被棄用。

7. 指全面負責企業文化建置與管理的高階主管，是類似文化長（Chief Cultural Officer，簡稱CCO）的一個職位。

8. 私募股權是指公司透過私下募集的方式，向特定少數人（通常是高所得的個人或高淨值的機構投資人，如保險公司、退休基金等）來籌措資金。因為並非在股票市場公開交易，受到的政府管制較少。

9. 「Main Street」（商業大街）是美國許多城市與鄉鎮主要零售商業大街的通稱，它們是當地人社交與購物的中心。美國媒體有時會將「商業大街」與華爾街相互對照，前者象徵勞動階層與小企業主的利益，後者則代表富裕階層與大企業的利益。

10. 「大老二」是華爾街慣用的行話，指的是那些經手大筆交易的超級交易員。

1

CHAPTER

愚人金

「噢，宙斯，為什麼你給了人們識別黃金真偽的明確方法，但要辨別一個人的善惡時，我們卻不具備這樣的本能？」

——古希臘悲劇作家尤里庇狄斯（Euripides），
《米蒂亞》（Medea）

「老子是這樣說的：『公主方形切割[12]，依照鑽石報價表[13]打七折。』這顆鑽石超美，就像勞斯萊斯的車頭燈一樣。你先去搞清楚，再回電話給我。」貝瑞．卡加索夫砰的一聲掛上電話，接著從辦公桌前抬起頭來。他的桌上堆滿了裝著鑽石的透明信封袋，他用鑷子將一顆鑽石放回信封袋內，然後用大拇指朝我這個方向指了過來。「他是誰？」他向我的同事馬克問道。

「他是克里斯．瓦雷拉斯，我們公司的新人。」

「瓦雷拉斯，」貝瑞說，「那是什麼？拉丁美洲姓氏嗎？」

「不，是希臘姓氏。」我說。我的聲音聽起來微弱且遙遠，像是從隔壁房間傳來的一樣。我用手拉著領口，新西裝不太合身，而且感覺很熱。

我瀏覽了一下他桌上的那些鑽石，它們比我過去曾經看過的鑽石都要值錢得多。貝瑞及肩的黑髮往後梳起。他看起來宛如老電影裡的那種惡棍——英俊瀟灑，若你不擔心說錯話時，他隨時可能會用棒球棒打爆你的頭，你或許還會覺得他很迷人。他的襯衫袖子捲至手肘的位置。從他的職業來看，他沒有配戴首飾是很令人驚訝的一件事。有一盞可以調整燈臂的檯燈籠罩在他的頭頂，檯燈上的每一處都貼滿了黃色便利貼（這些便利貼上潦草地寫滿了名字、數字，以及應該是鑽石規格的代碼）。他的桌面也佈滿了便利貼，這間只有幾平方英尺的辦公室彷彿剛被一場小型風暴侵襲。

「希臘，蛤？」貝瑞繼續進行盤問，包含我在哪裡長大、幾歲、之前在哪裡工作，讓我有資格接管他的帳戶。我們之間的溝通不太順暢。

他皺起眉頭來。「等等，你剛才他媽的說了什麼？」

我頓時感到退縮。從來沒有人在商務場合跟我說過「他媽的」這個詞。迪士尼是我第一份正式工作，在那個神奇王國裡，不太常聽見別人說髒話。我不安地挪動身體，然後看了看馬克。他正朝我的方向微微地搖了搖頭，表示他不喜歡這樣，同時也帶著些許恐懼。

「迪士尼樂園。」我又重複了一次。

「迪士尼『去你的』樂園。」這句話讓我覺得自己像是被猛禽盯上的獵物。「我以為你是這麼說的。」貝瑞對馬克露齒而笑，那不是一個愉快的笑容。「認真的嗎？」他對馬克說，「該死的米老鼠成了我的信貸專員？」這時，電話響了。貝瑞把電話接起來，接著大吼「我是卡加索夫」，並開始協商另一筆交易。

我和馬克等貝瑞講完電話；他邊講電話邊將那些便利貼扯下來，然後讀出鑽石的價格與細節描述，同時也迅速寫下新的便條。因為這是我第一天見到他，我必須確立自己作為信貸專員的地位。我最初的目標是，讓他簽署我放在美國銀行皮製檔案夾裡的那些文件。本周稍早在銀行裡整理客戶檔案時，我注意到貝瑞不曾簽署任何關於信貸額度的紙本文件——其實是任何文件都沒有簽過。從他幾年前創立鑽石批發事業的那天起，銀行只依靠口頭承諾，就借給了他數百萬美金。我的主管們認為，由我接管他的帳戶將是更新他客戶檔案的好機會。因此我準備好要給他簽署的文件，並且來到這裡。這應該很簡單，沒什麼大不了。

他將電話掛上。「卡加索夫先生……」我走上前去，然後開始把檔案夾打開。但他突然與我四目相接，那眼神是如此駭人，我頓時被嚇呆了。他看著我，彷彿我拔槍對準他一樣。（我會突然想到槍，並不是一件令人驚訝的事，因為大家都知道貝瑞持有大量槍械，其中包含一把削短型霰彈槍、一把烏茲衝鋒槍、一把插進他皮帶後方的九零手槍，以及一把安裝在他桌子底下的四五手槍。）我吞了吞口水，並一寸一寸地慢慢從檔案夾裡把那些文件拿出來。

他從距離五英尺遠的地方厭惡地看著它們。「那是什麼鬼東西？」

「卡加索夫先生，這是我們的標準貸款文件。我們發現我們手邊的紙本文件有不齊全的狀況，而你從未簽署……」

「這傢伙是認真的嗎？」他問馬克。馬克無奈地聳了聳肩。

「先生，」我試著再說一次，「我們所有的客戶都簽了這些文件，它們非常標準……」

「你給我聽好，米老鼠。相不相信我隨便你，好嗎？你根本連這門生意怎麼運作都不知道，所以把它們收起來，然後給我滾出這裡。」

我和馬克默默地穿越馬路、回到銀行裡，而貝瑞還是沒有簽署這些文件。

僅僅幾天前，當我所承接的客戶名單丟到我桌上時，幾位同事圍了過來，想看看名單中有誰。「噢，你拿到貝瑞了！」他們大叫，「他將會把你生吞活剝！」當時，我只是一笑置之，但現在我知道他們說這句話是什麼意思了。

一九八五年，當我開始在美國銀行工作時，只有二十二歲。這份工作最主要教導我的是品格的重要性。那時，我剛從西方學院畢業，也結束了五年夏天在迪士尼樂園的兼職工作。我在銀行裡所扮演的角色，是借錢給洛杉磯珠寶街的黃金與鑽石批發商，並管理他們的信貸額度。

他們從事的是一個赤裸裸且毫不掩飾的產業，一切全憑信任。就如同貝瑞在第一個早上教會我的，你可以選擇是否相信別人說的話。如果我負責的是銀行業務的其他面向，比方說，借錢給卡車運輸業（這就是我之後會做的事），我可能要花幾十年的時間才能累積豐富的經驗與精闢的見解，而我從接觸珠寶業的第一天起就被狠狠打臉。

當美國銀行錄取你成為一個企業信貸專員時，他們會要你參加為期一年的培訓課程，讓你在不同的分行與職位之間輪調。這樣一來，你就能從頭學習每種工作。這種綜合培訓法使你得以全盤了解銀行肩負的任務，因為管理階層認為，若你清楚掌握整家公司如何運作，以及了解該怎麼融入這個大環境，你就能更有效地處理自己的工作。

一開始，我負責從ATM裡取出信封袋[14]，並將信封袋內的錢存進顧客的帳戶。接著，我在洛杉磯工業市擔任出納人員。後來，他們又把我調到洛杉磯南部，我在那裡學習處理消費者信貸業務（這通常包含發放汽車貸款給那些買不起車的人）。幾個月後，我的商業貸款輪調培訓在山丘街上的國際珠寶中心展開。然後，我很幸運——整個美國銀行有很多員工選擇跳槽，因為與公司有往來的好幾種產業都處於危機狀態，把他們嚇跑了。這波離職潮導致公司裡的信貸專員人數不足，因此給了我這樣的職缺。當時大家普遍認為，在美國銀行的商業銀行部找到工作，是可以做一輩子的。但即便我因為獲得這個機會而感到興奮，也不相信自己會永遠在這裡工作。

在澈底搞砸預備考試之後（這項測驗是為了確認我所具備的銀行與金融相關背景知識），我應該是所有新進員工當中表現最差的。在一百分中，我只拿到六分，他們告訴我這是銀行史上最低的分數。但我想，若從某個角度來看，我的分數是具有統計意義的，因為其中有好幾道題目都是是非題或複選題，一個還流著口水、手裡拿著蠟筆的幼兒或許都能至少答對三分之一。

不過，儘管我的考試成績極差，也缺乏金融從業經驗，負責珠寶中心的銀行主管們還是很喜歡我（這可能是因為在迪士尼樂園的工作經歷使我顯得清新、正直）。於是，我的培訓期從十二個月大幅縮減為短短五個月，接著約七十位客戶的檔案就被重重地扔在我的桌上。

在培訓期間，我們被灌輸「信用五C原則」這樣的核心觀念，這個觀念引導我們判斷是否要借錢給某個人。這五個「C」分別是：資本（capital，潛在借款人擁有多少財產）、能力（capacity，借款人處理債務與各種開銷的能力）、營運狀況（conditions，該產業與市場的健全程度）、擔保品（collateral，作為貸款抵押的現金與其他資產），以及品格（character）。儘管前四個C以大量數據作為基礎，我們可以用這些數據進行必要的運算與分析，第五個C——「品格」其實才是最重要且不能被忽視的。進行品格評估意味著，從客戶的出身背景、工作經驗、信用紀錄與誠信來考量。當然，品格是可以偽裝出來的，這就是我之後的親身經歷，但我也立刻了解到這「第五個C」有多重要。

在銀行裡，信貸專員的標準做法是一直坐在辦公桌前，讓客戶自己來找你。然而，有鑑於我年輕、缺乏經驗，加上受訓時間很短，我開始每天到住在附近的客戶家裡拜訪。洛杉磯珠寶街位於潘興廣場四周，距離市中心和貧民窟只有幾個街區遠。白天時，這個專營珠寶生意的地區熙熙攘攘，滿街都是珠寶商。許多人穿著雙排扣西裝、說著外語、與客戶進行交涉，負責運送珠寶的快遞人員露出緊張的神情，街上還有正在進行巡視的裝甲車。到了晚上，這個區域則變成吸毒者、娼妓、遊民和皮條客聚集的地方。據估計，約有五萬人在構成珠寶街的這幾個街區裡賺錢謀生。這些人大多從事合法生意，雖然洛杉磯的多數非法金融活動都發生在距離我們這家美國銀行分行零點二五英里的範圍內。

儘管一開始，每天走訪客戶是出於自我要求，它很快就變成一件令人開心的事。這些人非常有趣、獨特，實在很難不去拜訪他們。此外，由於品格評估是這份工作最重要的一環，所以和只在銀行裡碰面相比，花時間待在他們身處的環境讓我對這些珠寶商有更深的認識。

他們每天都有人會帶我去吃午餐，然後我會聽到一些粗俗的笑話、誇張的言論、不可思議的故事，以及關於他們的猶太與亞美尼亞祖先的歷史片段（他們多數人都從祖先那裡繼承手上的事業與專業知識）。

在歷史上，猶太人和亞美尼亞人一直在黃金與鑽石市場頂端叱吒風雲。這些黃金經銷商大多是亞美尼亞人，而那些賣鑽石的傢伙則幾乎都是猶太人。他們都是受到迫害的族群，因此幾個世紀以來，他們已經學會在被迫遷徙時攜帶能在全世界流通的貨物。那些鑽石經銷商會自豪地向我訴說他們家族的故事——他們是四處流浪的猶太人，會將鑽石縫進衣服的褶邊，這樣就可以在跨越充滿敵意的邊境時藏好它們。

和多數鑽石批發商一樣，貝瑞．卡加索夫天生就適合吃這行飯。在他的家族史裡，充滿了各種迫害、阻礙，以及堅忍不拔的精神。他的外祖父哈利．科特勒是一個波蘭猶太人，在二次大戰期間差點死在集中營裡。戰爭結束後，他逃離歐洲、來到洛杉磯，然後愛上一個名叫海倫的女人（她也從波蘭移民到美國）。她的兄弟之前在以色列曾是鑽石批發商，他帶領哈利進入這個行業的基層，使哈利成為洛杉磯新興的鑽石批發業最早創立生意的人之一。哈利和海倫結為夫妻，並生下三個女兒；其中一個女兒名叫葛洛莉亞，她就是貝瑞的母親。與此同時，貝瑞的父親奈森．卡加索夫在洛杉磯東部的一家加油站擔任服務員。與葛洛莉亞相遇時，他只有十八歲。他們結婚後，在岳父的引領下，奈森也一腳踏進這項家族事業裡。

貝瑞在一個深具影響力的鑽石家族中長大，從小就替他的外祖父工作。到了可以開車的年紀，他開始半工半讀——早上去學校上課，然後下午到外祖父的辦公室上班。貝瑞的父親奈森與一位朋友合夥，一同建立起美國西岸規模最大的鑽石批發事業。在奈森的公司規模成長好幾倍之後，貝瑞開始替他的父親工作。但因為貝瑞在一個充滿企圖心的鑽石家族裡成長，對他而言，最後開闢屬於自己的事業是再自然不過的一件事，他也在二十三歲時自立門戶。當我開始為他服務時，我們這家位於國際珠寶中心的美國銀行分行，正好就在他辦公室的斜對面。樓上則是貝瑞父親的辦公室。由此可見，鑽石生意真的是一項家族事業。

貝瑞和他的父親負責管理一個名叫「鑽石俱樂部」的會員組織，很快地，他們就被視為洛杉磯鑽石業界的領導者。如果有外地人來到城裡（假設他來自以色列或比利時），希望申請調高信貸額度，並創立自己的事業，銀行業者都會先徵詢貝瑞和奈森的意見。卡加索夫家族也許會准許這個外地人開業，或者他們若認為此人必須先證明自己的能力，他們可能會建議先試行六個月。無論他們如何建議，都會嚴格執行。當他們有空時，會協助其他批發商催收欠款。他們能運用自己的名聲讓欠款者乖乖就範。

貝瑞的客戶都知道，他不會唬爛他們，或試圖敲詐；在進行交易時，他完全秉持公平的態度。我曾經看著他服務一位幫妻子尋找鑽石耳環的顧客。那時他們正在爭論，要選擇哪種顏色等級的鑽石才恰當。（鑽石顏色以D至Z分級，其中最昂貴的是無色透明的鑽石，其級別是D、E、F。）這位顧客想花大錢買等級E或F的鑽石，但貝瑞告訴他：「你不需要在這上面浪費錢，選等級G就好。你為什麼會他媽的想用等級F的鑽石來做成耳環？」

「因為我希望它們的清晰度很高。」這位顧客說。

「你選等級G就好。」貝瑞說。

「不，但我希望……」

「聽我的，」貝瑞說，「如果有人靠近你老婆的耳朵，因此知道它們是等級G或F，你應該用鐵鍬撬開他的頭。」

貝瑞也許說話不太文雅，卻很誠實。為了賺錢誇大其辭、誤導消費者，他對這些行為極度反感；對貝瑞而言，信譽代表一切。某天下午，我聽到他在電話中對某個質疑他人品的人發飆。「現在馬上把那顆該死的鑽石還給我，」貝瑞說，「把它寄還給我就好。我不想再看到你，我們也不用再做生意了。如果讓我看到你，小心我把你打得屁滾尿流。」

⊕

我還承接了另一位客戶——納薩雷斯．安東尼安，他的創業之路是從和他的兄弟華海一同開設小型珠寶維修店開始的。後來，他們成了黃金批發商，專賣手鐲、項鍊與手錶。鑽石業界的貝瑞強悍、令人生畏，而黃金業界的納薩雷斯則正好相反，他溫柔親切，十分迷人。他是來自黎巴嫩貝魯特的亞美尼亞人，和我那些希臘親戚不同的是，他是一個辛勤工作的移民，來美國尋找屬於自己的機會。納薩雷斯夢想著創業，並且給他的妻子更舒適的生活。我實在很難不支持他。

我開始與納薩雷斯共事後不久，他名叫「安東尼安兄弟」的公司銷售與營收都開始大幅躍升。最受歡迎的商品是金塊手環、金繩鍊，以及將耶穌形象與船錨結合在一起的大墜子（這項商品深受水手和年輕人喜愛）。雖然在我接管納薩雷斯的帳戶時，他還不是我的前五大客戶，但他的事業迅速成長，接著把辦公室搬到離珠寶中心幾個街區遠的某棟大樓的三樓。

當我第一次造訪他的新辦公室時，裡頭空空如也，讓我非常驚訝。「納薩雷斯，這裡好大。你要怎麼填滿這些空間？」

「我們成長得很快，我不想再搬一次。」

「你可以把半個洛杉磯都裝進來，納薩雷斯。」

他放聲大笑，然後捏了捏我的肩膀。「這裡很棒，不是嗎？」

納薩雷斯既熱情又幽默。那時是一九八〇年代中期，每個人都稱呼對方為「寶貝」，像是「吉米寶貝，我五分鐘前就需要那些預估資料了」、「佛羅倫斯寶貝，幫我一個忙，把那台Corvette跑車移到前面來」，還有「米奇寶貝，你是一個混蛋」。對於這樣的口語，納薩雷斯有自己獨特且充滿魅力的用法。他會用他濃重的黎巴嫩口音叫我「克里斯寶貝」。「嘿，克里斯寶貝，你過得好嗎？這周末有沒有去好好風流一下？」

納薩雷斯無論是對名車、金錢、性愛，還是成功都很飢渴。他是那個時代的男人典型；他全部都想擁有。他有一位情婦，後來他又告訴我，他周末會從亞特蘭大找來應召女郎，一起共度春宵。「克里斯寶貝，你想在星期六跟我碰面嗎？我會找亞特蘭大的女孩們來，好好風流一下。你要過來一起玩嗎？」不管我拒絕多少次，他都不曾停止邀約。遇見像納薩雷斯這樣的人——他會嫖妓，而且對這件事毫不避諱；他有趣、迷人，又帶點古怪；我很難想像這種人的出身背景，對我而言，這是全新的體驗。

某天晚上，我接受納薩雷斯的邀請，到他家裡一起吃晚餐。餐桌前坐滿了有說有笑的親戚（包含安東尼安家族的好幾代）。納薩雷斯的妻子煮了黎巴嫩的傳統菜餚，他則帶我四處參觀，向我炫耀他臥室的奇特裝潢（其主要特點包括弧形牆面、收起時會變成一面鏡子的窗簾，以及一張圓形旋轉床）。

吃完晚餐後，他開著新買的黃色蓮花跑車帶我到空蕩蕩的格倫代爾高速公路上兜風。我們的時速加快到每小時八十公里，然後又加速到一百公里。我從側面看著納薩雷斯，他的臉被儀表板發出的亮光照得通紅。他一邊將排檔推到五檔（高速檔），一邊露出邪惡的笑容。「我們要開始囉。」他輕聲說道。接著，儀表板上的指針超過了一百四十公里，我的雙腳牢牢地踩在車底板上。

我忍不住想像，路面出現坑洞或路邊突然有一頭鹿衝了出來，然後思考在這樣的高速下，我們要怎麼活下來。但這趟冒險很快就進入尾聲，我們開始放慢速度、駛入納薩雷斯居住的社區。當他家映入眼簾時，我們都因為能活著回來而興奮地大笑。

令我感到訝異的是，即便納薩雷斯這麼成功，他對貸款制度的運作方式也完全一無所知。他知道自己得靠借錢來支撐公司的成長，但他的理解似乎僅止於此。因為多數公司（包含黃金與鑽石批發商在內）都沒有足夠的資金購買存貨，為了取得可供販售的商品，他們必須藉由調高信貸額度來向銀行借錢。銀行每年都必須重新檢視並更新客戶的信貸額度。

從過去到現在，商業貸款一直都是推動美國企業成長的重要因素。（這裡所謂的「企業」指的不是大型上市公司，而是那些囊括美國多數商業活動與工作機會的中小企業。）從全國規模來看，商業貸款的市場是很龐大的，現今商業貸款的未償還餘額超過兩兆美金，是信用卡債的兩倍以上。

擁有像納薩雷斯這樣事業蓬勃發展的客戶，在重新檢視他的信貸額度時，我都盡可能地幫他調高。然而，因為缺乏經驗，第一年我搞砸了，而且還忘記最後一個簡單的步驟。那是個小筆誤，但由於我的疏忽，納薩雷斯收到郵件通知，說他的貸款已經到期，必須立即償還。那時，他臉色蒼白地來到銀行裡。

「克里斯寶貝，我們得談一談。」他聽起來很焦慮，我從來沒有聽過他用這樣的口氣說話。

「納茲（Naz），你過得好嗎？」

「不太好。」

「發生什麼事了？」

他坐了下來。

「這周末我和羅莎共度春宵。但我心裡想的不是『噢，這一切真是美好』，而是『我要怎麼把我欠克里斯寶貝的錢還給他』，因為我手上根本沒有錢。」他把他收到的郵件通知遞給我看；他真的很擔憂。我也感到很憂慮（因為讓他和羅莎在一起時還想到我）。

我看著那份通知，馬上就意識到這是我的疏忽。但我不想顯得無能，所以我說：「納薩雷斯，你聽我說，我最不想做的事就是破壞你的風流時光。不用現在就付我錢——你還有一年的時間。我會幫你把這個問題處理好。」說完，我把相關文件放在我的桌角上。

「謝謝你，克里斯寶貝。謝謝你。」他說道，然後俯過身來拍了拍我的頭。「我要謝謝你，羅莎也謝謝你。你是最棒的，克里斯寶貝。」

事實是，為了更新他的信貸額度，我每件事都做了——藉由遞交黃頁紙本試算表來完成必要的財務分析，製作證明文件、讓銀行經理與區域信用管理專員簽核，但我卻忘了最後一項細節——知會後勤部門，告訴他們納薩雷斯的信貸額度已經更新，這樣他們就能將它輸進系統裡。於是，我面臨今天這種狀況，還擾亂了納薩雷斯的周末。

我在美國銀行擔任信貸專員的第一年，也是使用黃頁紙本試算表進行信用分析的最後一年。從紙本試算表改用電子試算表聽起來似乎改變不大，但這卻是金融業史上的關鍵時刻。透過親手填寫的黃頁紙本試算表（填寫時要使用鉛筆、橡皮擦和計算機），你會對借款人的財務狀況進行詳盡的分析。在寫下任何東西之前，你會先考量這家公司未來最有可能的發展。你會經過很多思考才做出最後的判斷，因為若你修正自己的推斷或犯下某個錯誤，你就得從頭來過。

因為改用電子試算表，你可以跳過思考階段，直接開始輸入數字，並用電腦程式來模擬各種情境。如果你不滿意得出的結論，可以不停地修正自己的推斷，直到獲得你想要的結果為止（因為當你做出改變時，電腦程式也會自動跟著調整）。任何新工具都可能兼具正面與負面影響，電子試算表也不例外。它促成了思想與行為的轉變，使現代金融從業人員能精明地處理自己的工作（無論這是好是壞）。

在使用黃頁紙本試算表進行任何財務分析時，你會面臨的主要問題是：「最有可能出現什麼結果？」大家鼓勵你從所有可能的結果中將它找出來。若只能描繪一種結果，你的思維模式就會變成「那它必須是最有可能發生的那一個」。倘限於單一結果，能避免從業人員進行太過激進的判斷，進而採取不恰當的行動。

但當電子試算表在一九八〇年代中期誕生時，它提供了處理數據與描繪無數可能性的方法。如今，這個問題不再是「最有可能出現什麼結果」，而是「可能會出現什麼結果」。這種心態上的轉變促使金融業創造出新的商品與策略，它們在許多方面改變了我們的生活。當我們逐漸理解，公司或個人可以如何藉由額外債務或股票（包含其使用範圍與限制），來支撐事業的成長與擴張，資金就變得更容易取得，同時也能被有效運用。為了因應特定需求（從保險、投資諮詢到風險管理），很多新商品被開發出來。一個全新的世界已經開啟，你只要能辨識人們的需求，或甚至想像一種新需求，接著創造出能滿足此種需求的商品或服務即可。

儘管具有這些優勢，它也帶來許多新挑戰。電子試算表不僅讓金融從業人員得以對一個人、一家公司或一項商品進行微觀分析，同時也能從宏觀的角度來規劃商品的用途。巧妙地運用對個人或公司的預估，並以提供更多貸款為目標是一回事，他們可能無法承受這麼龐大的債務又是另外一回事。

光是這樣的演變就隱含令人擔憂的問題，但能從宏觀的角度進行分析，又接著促使從業人員將數種商品組合在一起，創造出涵蓋範圍更廣、更具規模與更多樣化的新商品。一旦電腦分析被提升至宏觀的層次，一切就開始變得異常複雜，以致於許多創造並分析數據的人很難解釋，所有的數據各自代表什麼意義，以及未來可能會造成什麼後果。突然間，你可以用各種方式算出各種可能的數據，迅速製作出上百頁的分析。這樣的分析令主管和客戶印象深刻，優先順位卻因此變得模糊不清。當分析的目的只著重複雜模式的建構，以便支持新的複合式金融商品，卻幾乎不考慮它如何融入整個金融體系時，就容易導致危機，引發意想不到的改變或錯誤。

在電子試算表帶來的各種可能性當中，房貸市場或許是最清楚且受到廣泛讚揚的一個例子。這項技術使房屋貸款（包括很多種高風險的房貸）得以被包裝、組合成新商品（這種做法被稱為「證券化」〔securitization〕[15]），藉由將足夠數量的房貸商品包裝在一起，並為其風險訂定適當的價格，它們的試算表分析就能算出很高的投資報酬率。

這種觀點認為，這些商品的安全性取決於規模與數量，貸款金額不足將對其報酬產生不利影響。於是，經過切割的房貸商品被組合在一起，並賣給公共投資者（其規模龐大且極為複雜）。

後來我們發現，這樣的觀念導致許多災難。但在一開始，將各種房貸包裝成新商品是有優點存在的：建構並銷售複合式房貸商品讓銀行能挪動資金，以便貸款給那些想為買房子籌措資金的人。這使更多人可以實現擁有房子的夢想。

若故事就此停止，一切很可能會有個美好的結局。確實常有人說，華爾街上所有的壞構想起初都立意良善。但到最後，它們全都帶來悲慘的後果。因為電子試算表容許我們，甚至慫恿我們在沒有任何約束的情況下（我們只能用道德自我管束），讓這些原本立意良善的商品夾帶不可承受的風險。

電子試算表所引發的另一個更令人擔憂的轉變，是將「品格」從金融服務界移除。在電子試算表裡，並沒有屬於「品格」這個項目的欄位。將「品格」自金融體系去除的過程是從弱化銀行信貸專員的中介角色開始的（他們基本上已經被電腦分析取代）。品格評估變得不那麼重要，反正借款人的品格只代表著他們能按時還錢而已。最後，我們只用「信用品質」（creditworthiness）這個項目來取代「信用五C原則」中的第五個C「品格」。就個人而言，這往往只剩下透過FICO信用評分[16]所得出的一個數字。（在決定是否核准貸款時，這個數字提供信貸的人關於個人信用品質的一切，但它其實什麼都沒說。）某個人可能是個很糟的人——說謊、欺騙、暴躁魯莽，但如果他能準時還錢、清償所有債務，或做出任何演算法評定的正向行為，他就可以獲得貸款。相反地，某個人可能像是德蕾莎修女一般，但只要她的信用紀錄裡有個汙點，就無法取得貸款。

為了擴大經濟規模、提升經營效率而犧牲「在地知識」意味著，不僅沒有任何信用紀錄的好人希望渺茫，因為家庭遭逢緊急事故或發生其他異常事件而延遲，甚至未能繳款的人也不被原諒。地方銀行的經理們被視作一群老廢物，他們仰賴老派且過時的方法進行風險評估；這些方法受到情感偏見與主觀因素，例如禮貌與好感度的影響（無論這是好是壞）。在整個金融體系，以及我們的文化中，我們不再依賴直覺、觀察與人際關係；我們已經把決定權轉交給電腦與演算法。

移除品格評估的部分剝奪了金融界的人性。最後，我們的評等系統只鼓勵可以被量化的行為，至於那些比較不容易衡量的人格特質——信任、忠誠、韌性與判斷力則變得不那麼重要。若我們容許這些品格特質被拋棄，又要如何期待它們在我們身上和社區裡成長茁壯？一個人能否準時還錢當然是很重要的因素，但此人是否會「為了履行繳款義務而採取某些特別措施」似乎是更關鍵的問題；這遠遠超出了電子試算表或演算法的理解範圍。

不過，用不具偏見的電腦分析來取代人品評估也不全然是件壞事。除了可能更精準以外，電腦分析與演算法也支持更公正的做法，比較不容易受到種族歧視、性別歧視和其他偏見的影響。過去曾經有段時間，有色人種很難找到願意借錢的銀行業者，讓他可以買房子或創立自己的事業。儘管還有很長的路要走，這種現象已經大幅改善；這有一部分必須歸功於電子試算表所提供的客觀分析。由此可見，問題不在於電腦分析是否比人工分析好或差，而在於若我們無法衡量一個人的品格，這只會使那種品格特質變得更不普遍（不只是在金融服務業，在整個社會上都是如此）。或許現在看起來不是這樣，但從歷史的角度來看，金融界過去一直都是評價、獎賞好人，同時懲罰壞人的地方。

⊕

貝瑞．卡加索夫對我的態度開始稍有軟化，最後他的辦公室也變成我每天都會造訪的其中一站。我覺得我可以慢慢讓他簽署那些其他客戶都已經簽署的文件。儘管我已經填好他的黃頁紙本試算表，有些問題還是只有他才能回答。

「你看，貝瑞，」我開口說道，「我做了一些分析。」

「一些什麼？」

「一些信用分析。」

「去你的信用分析。」

「別這樣，貝瑞。」

「為什麼你要對我做信用分析？你這是在告訴我，我有可能信用不佳嗎？」

意識到這一點，是很有趣的一件事：現在對貝瑞而言，我應該像是某種極具侵略性的奇怪生物——一位新世代的信貸專員帶著那奇特的黃頁紙本試算表悄悄地出現，以此威脅一個信守口頭承諾的老派男人。但僅僅一年後，這種紙本試算表就完全被電子試算表取代。

最後，他還是協助我完成了信用分析。曾經有幾件事我很難理解，比方說，當其他鑽石批發商成交一筆生意時，他們通常會在六個月內還錢，但貝瑞卻大不相同。他會立刻結清帳款。「人家會付我錢。」每當我問起這件事時，他的答案都只有這句話。

「但是貝瑞，業界平均是一百八十天，你都『不到一天』就繳款了。」

「人家會付我錢。」

我逐漸明白在鑽石產業享有「強悍的名聲」有多重要，但即便貝瑞的性格令人生畏，你很快就會發現，他骨子裡是個好人。他靠著誠實與正直建立起自己的名聲。隨著時間過去，每當我考慮是否發放貸款時，都會尋求他的建議。鑽石批發的圈子很小，所有人都知道其他人是誰。儘管珠寶業的貸款損失[17]比多數產業來得高，我卻不曾遇過有人拖欠貸款（其實我還因此獲頒獎項）。我的祕訣就是打電話給貝瑞，並問他：「這傢伙的信用好嗎？」如果貝瑞說「是的，這傢伙就算賣女兒都會還錢給你」，我就會提供貸款。相反地，如果貝瑞說「不要這麼做。他是個該死的騙子，謊話連篇」，我就不會發放貸款。貝瑞成了我的信用調查員、我的鑽石級顧問——他比任何試算表都還好用。

喬治．埃爾瑪西安和理查．埃爾瑪西安是一對兄弟，他們經營專賣小飾品的黃金批發生意。每天進行客戶巡訪時，我都會去拜訪他們。很快地，我和喬治就變得很要好。他們是來自西非的亞美尼亞流亡者，原本打算開一家修車廠，後來決定投入黃金產業。喬治親切、誠實、穩重，而他的兄弟理查則感性、狂野、喜歡說故事和開玩笑。

理查似乎有用不完的精力。他顯然捐了不少錢給貝爾市警察局（那是洛杉磯南部一座骯髒腐敗的城市），因此獲得一份在周末擔任志願警察的工作。理查很喜歡兼差，這份工作讓他可以扮演強悍的角色，有時甚至還能把壞人痛揍一頓。

喬治和理查的黃金生意持續穩定成長，最後成了全國首屈一指的飾品製造與批發商。和很多同行一樣，理查也十分爭強好勝。「納薩雷斯的信貸額度有多高？」他會這樣問我。「我們的額度最好比他的還高。」

納薩雷斯的每日現金存款金額變得非常龐大，往往超過一百萬美金。某個月他就淨賺了六千萬美金。關於這件事，理查聽到一些傳聞。「他在做某種壞勾當，」理查告訴我，「我很肯定。沒有人會用這麼多現金進行交易。」

我向納薩雷斯提起這件事。「你的生意怎麼成長得這麼快速，納茲？我們從來沒有看過這麼多現金存進來。」

「克里斯寶貝，這東西很美。我覺得我也會是個很好的黃金分銷商，負責把貨品賣給其他批發商。你過來看看這個。」

納薩雷斯帶我進入他辦公室裡的偌大密室，接著他掀開一塊布，底下藏著一堆高及膝蓋的金條，其價值難以估計。

「你看，」他的聲音聽起來如夢似幻；他把一隻手放在我的肩膀上。「你能相信那裡有這麼多黃金嗎？」

得知這一切的我非常震驚，但若你將目前世界上所有已知的黃金儲量（歷史上已經開採出的黃金總量）收集起來，高度可能也只有華盛頓紀念碑的三分之一。由此可見，納薩雷斯的這堆金條勢必在全球黃金供應量中佔據相當可觀的比重。

他解釋，作為黃金分銷商需要大量現金，這為他每天交付鉅額款項提供了正當性。在電影裡，一百萬美金正好可以裝進公事包內。但在現實生活中，一個公事包是裝不下這麼多錢的。因此，納薩雷斯和他的兄弟、父親帶著沉甸甸的行李袋與棕色購物紙袋來到銀行裡。當他們步履蹣跚地穿過銀行大廳時，那些現金也跟著散落在地毯上。光是要處理納薩雷斯的存款，我們就必須再聘請四名出納人員，我們為了這筆額外的人事費用向他收費，他也毫無怨言地答應了。

納薩雷斯是如此充滿魅力、討人喜歡，看到他成功只會令我感到振奮。如果理查或銀行裡的任何人因為納薩雷斯帶來的這些錢而表達憂慮，我都會立刻為他辯護。他已經證明給我看：他正在建立一門合法生意，透過努力工作累積財富，藉此實現一九八〇年代的美國夢。

我選了一個最糟的周末帶我的女友蘿瑞去拉斯維加斯——那時不僅是勞動節，同時也是傑瑞．路易斯的年度馬拉松式募款電視節目舉辦的日子。整座賭城都擠滿了人。蘿瑞也在美國銀行上班。我們以前都不曾去過拉斯維加斯，也沒有料到會碰上這樣擁擠的人潮。賭城大道上沒有任何一家旅館有空房。當我坦承我們沒有事先訂房時，熱帶花園飯店預約櫃檯的那個女人竟然暗自竊笑，臉上的表情彷彿在說：「這個鄉巴佬真的認為他可以大剌剌地走進這裡，然後取得一間房間嗎？」

走投無路的我們十分焦慮，我覺得很難為情，而且非常沮喪。這時是一九八六年，拉斯維加斯不像今天是全球熱門景點，但我還是搞砸了我們的旅遊計畫。我和蘿瑞被困在離家很遠的地方，我們在賭城大道上開車來來回回，哪裡都去不了。

我們最不想詢問的是凱薩宮飯店，我會迴避它是有原因的。那天早上，我坐在納薩雷斯的辦公室裡，他問我：「克里斯寶貝，這周末你要做些什麼？」

「我要帶蘿瑞去拉斯維加斯。」

他一度拍起手來。「你要去拉斯維加斯？太棒了！我愛拉斯維加斯。」

我點點頭。他當然喜歡拉斯維加斯。

「你應該住在凱薩宮飯店。」他邊說邊在電話旁寫下一張便條。「跟他們說，是納薩雷斯叫你來的。」

「噢，沒關係啦，納茲。謝謝你，但我已經找好要住的地方了。」

「你要住哪家旅館？」

我很猶豫，不確定該怎麼回答。我不想說謊。

「去住凱薩宮，」他說，「讓我替你們安排。」

「不、不、不，謝謝你。我已經都處理好了。」我努力不表現出不領情的樣子，並小心掩飾心中的懷疑（我懷疑納薩雷斯是否真的擁有這家拉斯維加斯頂級旅館的門路）。他會心一笑，然後拍了拍我的肩膀。

在拉斯維加斯的某家旅館提到他的名字，是一個很愚蠢的提議。「納薩雷斯是誰啊？」他們會這樣說，並且一笑置之。我可不想再次蒙羞。但那天晚上稍晚，我們笑著來到凱薩宮的櫃檯，希望能用老派的方式取得一間房間。

「嗨。」我們異口同聲地說，試圖獲得那位俐落專業的接待員青睞。

她從電腦螢幕前抬起頭來。「歡迎來到凱薩宮。有什麼我能為您服務的嗎？」

「呃，是的。」我看了看蘿瑞，她滿懷希望（又或許是極度失望）地回望著我。「你們有任何空房嗎？」

「我很抱歉，先生，我們完全客滿了。」

「什麼都沒有了嗎？」蘿瑞問道，「連那種超小的房間也沒有？」

那位接待員只是搖搖頭。「我很抱歉，」她說，「這是一個非常忙碌的周末。」

蘿瑞失望地垂下肩膀，然後抓住我的袖子，把我拉到距離櫃檯幾步遠的地方。

「問她看看。」蘿瑞對我耳語著。我當然知道她說這句話是什麼意思——在來拉斯維加斯的路上，我們還拿納薩雷斯的提議開玩笑，但那感覺太奇怪了。「克里斯，這是我們唯一的機會。否則，我們只能回家或住在城外。」

我回頭看了一下那位接待員，她開始專心地整理起文件來。「管他的。」我心想。如果真有什麼事發生的話，晚點再笑就好了。我走回櫃檯前，探出身子並輕聲說道：「是納薩雷斯叫我來的。」此時，我覺得自己宛如老電影裡的某個角色。

那位接待員挑起了眉毛，她的嘴角上揚，看起來像是在微笑著。「請稍等一下，先生。」

她消失在一面牆壁後方，接著很快地，我已經在跟一位飯店經理握手了。他堅定地握著我的手，而且已經知道我的名字。在短短幾分鐘內，他就為我們解開頂樓房間的鎖，並且把房門開著。這是我看過最大的客房，不禁想在房間裡丟顆棒球，看看能否觸及房間的另一端。當我正目瞪口呆地站在那位經理旁邊時，蘿瑞丟下她的包包，並衝了進去。

他熱情地告訴我們，飯店裡有許多東西可供我們使用。過了一會兒，我就幾乎沒有在聽他說話了，因為這一切感覺如此荒謬。「先生，」他說（他的聲音使我回過神來，同時他也提出了一個令我既震驚又害怕的提議，這個提議就連我後來在華爾街促成的那些交易都幾乎無法比擬），「請問五萬美金的信貸額度夠用嗎？」

「你說什麼？」我轉過身來面向他。

「您可以接受從五萬美金開始嗎？」

「噢，沒問題，」我說，「今天早上我在ATM領過錢。」

我原本沒有打算開玩笑，但幸好他把這句話當作笑話；他開懷大笑，甚至有點笑彎了腰，彷彿我太過幽默。為了掩飾自己涉世未深，我也跟著他一起笑。事實是，他要提供我年薪二點五倍的籌碼，讓我們在賭場裡好好地玩一玩。

蘿瑞的聲音從距離我們一英里遠的地方傳了過來：「克里斯，這裡的天花板上有一面鏡子耶！你得來看看這個！」我思考著要給這位接待人員一塊錢，還是兩塊錢的小費，然後從錢包裡掏出五塊錢，自豪地遞給他，但他回絕了我。他倒著走出我們的房間，並告訴我，若我們需要任何東西，可以打他的私人電話找他。

那個周末，我們不能在凱薩宮賭博，因為熱情的飯店工作人員會跟著我們到處跑，以確保我們獲得想要的東西，而且如果他們看到我們在玩「吃角子老虎」，我們的身分就會被揭穿。於是，我們溜到對街髒亂，但風險較低的皇家賭場飯店。那裡最低下注兩美金的「二十一點」，以及最低下注一美金的「雙骰子」，牌桌都散發著腐壞三明治的氣味。

我們過了好幾天奢華的日子。我很感謝納薩雷斯替我們安排了這些，儘管當我坐在按摩浴缸裡泡澡或喝著飯店贈送的香檳、俯瞰拉斯維加斯俗豔的燈光時，會忍不住心想：「這傢伙到底是何方神聖？」納薩雷斯應該是個揮金如土的豪賭客，才能只打通電話就安排好這一切。我在櫃檯甚至還沒說出他的姓氏（我只說「是納薩雷斯叫我來的」），然後現在我們就住在這座城市、甚至是世界上最棒的飯店房間裡。我不知道珠寶業界還有誰具備這樣的財力或影響力，可以做到這件事。納薩雷斯已經變得遠比我想像的更成功，同時也更陶醉其中。

當我們離開時，我堅持自己支付房間的費用。讓納薩雷斯負擔這筆錢感覺很奇怪，而且公司政策也禁止我們從客戶那裡接受價值超過一百美金的禮物。櫃檯人員不確定該怎麼跟我收費，因為顯然這種房間是沒有特定價格的，最後，他們決定收我一晚一百三十美金。我為此掏遍了錢包。諷刺的是，我的僱主美國銀行拒絕了我的信用卡申請，因為他們說我還沒有足夠的信用紀錄。我確實能授權發放數十萬美金的企業貸款，並收到納薩雷斯數百萬美金的現金存款，他們卻無法把信用卡交給我。我數了好幾張二十美金的鈔票、把它們放到櫃檯上，然後我和蘿瑞就回家了。

對珠寶業而言，安全性是一個很重要的考量。批發商的辦公室絕對不會設在一樓。訪客們必須搭電梯上樓、在走廊上按門鈴（裝有監視攝影機），接著被准許進入「防盜室」內，那裡會有個接待員站在防彈門後方，判定帶他們到辦公室裡是否安全。多數珠寶商都持有武器，而且他們很多人（包含貝瑞和他的父親奈森）在辦公室之間都設有所謂的「熱線」，假使他們遭遇攻擊或有人試圖搶劫，可以立刻呼叫對方支援。若有人敢招惹奈森．卡加索夫（他的辦公室在靠近電梯的危險位置），貝瑞可以帶著烏茲衝鋒槍衝進去，然後瘋狂掃射。幸好他從來不需要這麼做。

即便這些珠寶商擁有強大火力且保全森嚴，鄰近街道上的搶劫與襲擊事件還是與日俱增——就如同貝瑞所描述的，它們特別鎖定那些「穿著西裝、戴著猶太小圓帽，並提著公事包的男人」，但從未有人碰過貝瑞。這有部分是因為他很聰明，不會提著裝滿現金或鑽石的公事包走在街上，但同時也是因為人們對他既尊敬又害怕。

發生在珠寶業的搶劫案通常都是故意安排的，其目的是在忙亂中偷走保險公司和其他珠寶商的存貨。「有很多假搶劫，」貝瑞說，「事實上，除非有人被痛揍或被槍射傷，我自己是不會相信那是樁搶劫案的。曾經有個傢伙確實遭遇搶劫，而且被槍射傷，但當他復原時，還是賠償了所有人的損失，因為他是一個非常好的人。最後，他在某個地方遭到殺害，如果我沒有記錯的話。」

當這些假搶劫發生時，其他批發商往往會蒙受巨大的損失（若他們有寄賣的寶石因此遺失），這種情況是很常見的。曾經有個不誠實的批發商逃離洛杉磯，當時貝瑞損失了約八萬美金。幾年後，這傢伙想溜回城裡參加他母親的葬禮，於是他先打電話給貝瑞，以便還清債務，並確保他們互不相欠。「這完全是一樁保險詐欺，」貝瑞說，「如果有人欠我錢，然後出了什麼意外，他們都會確認我有被保護好。是的，我會受到妥善的保護是因為他們很怕我，這是令人難以置信的一件事。你有種錯覺，以為我有九呎二吋高、三百磅重，當我走路和說話時，彷彿全世界都在震動。我覺得自己是個傳奇，其他人也是這麼想的。」

一九八三年發生的「費佛曼醜聞」就是這種蓄意搶劫的代表。在這起事件中，一對同是鑽石批發商的父子先安排自己被搶，再帶著保險金逃出城外。雖然這件事對許多人造成傷害，卻為我創造了機會：我們分行因為費佛曼搶劫案損失慘重，它成了信貸部改組的主要原因，當時所有的信貸專員都轉而負責其他產業，也讓我和一群楊百翰大學的畢業生可以找到工作。我的主管們以前常開玩笑說，他們必須用一群誠實正直的人來補滿珠寶商貸款部門，所以就僱用了一堆摩門教徒，還有一個來自迪士尼樂園的傢伙。

⊕

日子一天天過去，納薩雷斯帶進銀行裡的現金越來越多，也越來越大袋。那對好勝的埃爾瑪西安兄弟也不停地警告我，他們很肯定，在納薩雷斯的成功背後隱藏著某種非法活動。平心而論，喬治並沒有多說什麼，理查的態度明顯比較積極，他運用周末兼差當警察時所累積的某些人脈，使執法人員對納薩雷斯的生意產生興趣。他說服他的主管們認真看待這些指控，他們進而與美國緝毒局聯繫。理查宣稱我曾經告訴他，納薩雷斯正從事某種可疑的活動，很有可能是洗錢。事實根本不是如此，不管任何人質疑納薩雷斯的成功，我都繼續為他辯護。

然而，某天下午我接到理查打來的電話。那時，緝毒局的人在他的辦公室裡，他們想跟我聊聊。在走進那扇門之前，我就知道他們要找我聊些什麼了。

理查問我問題的時候，一位下巴方正、身材高大的緝毒局探員坐在一旁聆聽；我們彷彿正在拍《霹靂警探》這部影集。當時，喬治不在現場。「你認為納薩雷斯．安東尼安的現金是從哪裡來的？他告訴你這些錢的來源是什麼？他每天帶多少現金到銀行裡？當你去他的辦公室拜訪時，你有看到任何奇怪的人經過嗎？」

我誠實地回答每一個問題，因為我覺得沒有什麼好隱瞞的。但是一大聲說出來時，一切聽起來確實有點可疑。我知道自己沒有做錯任何事。每次納薩雷斯帶著大筆存款過來，我都會收下那些錢，並填好存款超過一萬美金時所需要的表格，接著向聯邦政府的相關單位報告。我完全按照自己受過的訓練做事。當然，理查曾經跟我說過一些關於納薩雷斯的瘋狂故事，但我很肯定那都只是無稽之談，是為了汙衊這位同為黃金經銷商、並享有巨大成功的對手。沒有人會懷疑納薩雷斯非常愛錢，以及金錢所帶來的種種享受，不可否認地，他比多數人更熱衷這些事。但他很善良、有愛心，同時也很聰明、充滿企圖心，他不會參與那些可能會毀掉自己的犯罪活動。儘管和緝毒局的人見面令我感到不安，我還是相信納薩雷斯。

那天稍晚，我順道到他的辦公室拜訪。我在他桌子前方的一張椅子坐了下來。那時，納薩雷斯背對著我站在檔案櫃附近，正在閱讀一份文件。

「嘿，克里斯寶貝！你過得好嗎？」他回頭對我笑了一下，然後繼續翻閱那份文件。

「嗨，納茲，我很好。」

「星期四一起吃晚餐嗎？」

「好啊。」我停頓了一分鐘，但我實在無法隱瞞。納薩雷斯是我的朋友；他應該要知道這一切。

「我覺得我必須告訴你這件事，」我說，「但我很肯定沒什麼好擔心的。今天早上，我被問了一些關於你存款的問題，當時有位緝毒局探員也在現場。」

他轉過身來面向我。接著把文件放在桌上，開始朝我走過來，這時他瞇起眼睛，原本微笑的眼神頓時變得陰沉。「你是怎麼跟他們說的？」他用低沉、帶著些許緊張的聲音問道。「他們問了哪些問題？你說了些什麼？」我感覺到我體內的腎上腺素正在飆升。我那位開朗、富有同情心的朋友瞬間變得危險且難以捉摸，我不曾看過他這一面。就在那一刻（總共只花了五秒鐘），真相大白——「這傢伙在洗錢，我很笨，竟然沒有發現。」

納薩雷斯把身體靠在我的椅子上，他所有的熱情都消失了。我知道我必須保持冷靜、隨機應變。我沒有提到理查也參與其中，只是敘述緝毒局的訪談內容，同時再次重申，他沒有任何事需要擔心。我只想盡快離開這裡，不要顯露出害怕或憂慮的樣子。當我們結束這段對話之後，我回到銀行裡、坐在辦公桌前，直到下班時間都茫然地盯著某幾張文件看。幸好納薩雷斯沒有追問我，為什麼會有這場和緝毒局的會面——當我踏進他的辦公室時，我對任何一種身分掩飾毫無心理準備，因為直到那一刻來臨前，我都很肯定他是無辜的。隔天早上，在徹夜未眠之後，我告訴主管們發生了什麼事。

多虧了某個西方學院的老同學，在從橘郡老家通勤一年之後，我很幸運地找到一間位於聖塔蒙尼加的公寓。我的母親不太喜歡這個想法，因為她不能理解為什麼我開車上班只要一個小時，車流量也不大，我還要浪費錢租房子。但我已經迫不及待想要自立門戶了。我每天早上都開著我的一九七八年雪佛蘭轎車（這是一台二手車）去上班，並且在車上聽著電台播放的龐克與新浪潮風格的音樂。路況總是很糟，這十五英里的路程我用走的恐怕和開車一樣快。我有兩次乾脆把車停在路邊，在車上看起報紙來。

一九八七年十月的第一天，我一邊在十號高速公路上緩慢移動，一邊思考著前一天我與分行經理之間的談話。區域辦公室已經下達指示，美國銀行打算大舉撤回給珠寶商的貸款，公司希望能減少與這個高風險產業的接觸。因此，分行經理們要我從約七十位客戶中找出應該留下的十位，然後我們將撤銷其他人的貸款。

這不是一個容易的決定，而且這整件事真的很糟。我的客戶都從事家庭經營的小生意（這是商業大街的本質），他們高度依賴銀行貸款，我不希望將他們拒於門外。

貝瑞是我最想留住的客戶，但公司卻不這麼想，因為他的還款時間從未超過一周。他不像其他客戶那麼需要我們，然而，我很需要貝瑞誠實、坦率的建議。這很難向我的主管們解釋。他的保守做法應該是種優勢，但他們反對這麼做。我必須說，貝瑞不僅在珠寶業備受推崇，他同時也是洛杉磯鑽石業界的重要台柱，放棄他將是個錯誤。這是事實，但我不知道這種說法對區域辦公室裡的那些高階主管是否有足夠的說服力，畢竟他們已經完全遠離實務操作。諷刺的是，我過去接受的訓練教導我重視品格勝過一切，現在公司卻要脫離這個基本觀念。我已經先在心裡將其他客戶依照重要性排序，這樣我到公司時，才有充分的理由說服他們。因為我已經告訴我的主管們，緝毒局可能正針對納薩雷斯進行調查，他們似乎急著想與他斷絕關係。我必須爭取留下貝瑞和喬治，然後對其他人做出讓步。

由於高速公路上的路況模式發生改變，我得以加速到每小時三十公里——接著，我的車軸應該是斷了，因為雪佛蘭的車輪零件噴得路上到處都是。我放慢速度，拚命試圖控制我的車，用「逆轉舵」的方式避免它偏離方向。我周圍的車子也亂成一團。看來所有人都身陷相同的窘境。

最後，我終於把車子停在一片車海中；這些車都還在車道上，但都以很奇怪的角度停下來，顯然有什麼事發生了——我們都被困在地震裡。所有人就這樣動也不動地停了好幾分鐘，最後乾脆下車四處走動，並與其他人交換意見。這時，市中心南端的上空升起一道濃煙，感覺不太妙。我們等著這道濃煙散去，然後前方的車子終於開始緩慢移動，於是我們紛紛在下一個出口離開高速公路。

那天早上我遲到了，然後發現那是一場芮氏規模五點九、搖晃了二十秒的地震。這場地震造成八個人喪生，據估計損失高達數億美金。在那天以前，我也曾經體驗過許多次地震，但那個十月早晨特別叫人不安。當時，我的人生中有好多事的根基似乎都在崩解。一分鐘前，我還在高速公路上開著車，跟著英國歌手比利・艾鐸的歌打著節拍，一分鐘後，我已經跟著一群陌生人在柏油路面上漫步，擔心這片陸地會從我們的腳下消失。這一切彷彿暗喻著，安逸的生活已不復存在。

在我們銀行決定從珠寶業撤離之後，我得以留下多數我想留住的客戶，儘管這並不容易。原本他們反對我留下貝瑞，但最後我還是成功了。在明白納薩雷斯可能從事非法活動之前，他們一直覺得他更具吸引力。我發現諷刺的是，即便納薩雷斯有他黑暗的一面，要留下他比留住貝瑞更簡單（雖然貝瑞既堅強又老練）。儘管我過去受過那些訓練，自己還是忍不住開始懷疑，公司到底有多在乎客戶的品格。

⊕

弗農市這個位於加州南部的卡車運輸業與肉品加工業集散地，應該是全美國最醜陋的城市。儘管它靠近洛杉磯市中心，加州最繁忙的兩條高速公路也在此處交會，根據最新的人口普查數據，只有一百多人真的住在弗農市裡——這裡工廠林立，充滿噪音、水泥粉塵與各種汙染。

當我們銀行從鑽石產業撤離時，我也跟著離開了。那時，我獲得一個轉調至弗農市分行的升遷機會，並負責承接規模更大的帳戶，我毫不猶豫地接受了。於是，我捨棄了拜訪有趣客戶、欣賞黃金與鑽石，以及花兩小時慢慢享用午餐與奢華晚餐的美好時光。光彩奪目的珠寶業被又髒又臭的荒涼之地——弗農市取代，在那裡你常吃一種稱作「辣肉醬漢堡」的東西，其中的漢堡肉就像泡在一整碗辣椒醬裡一樣。對卡車司機而言，這就是一頓分量十足的午餐。雖然我很想念我在珠寶街的客戶，從很多方面來看，這都是一次令人愉快的改變。我知道我沒有做錯任何事，但光是與納薩雷斯的犯罪活動如此靠近，就足以讓我徹夜未眠，不斷回想我們之間的各種對話與情境。與此同時，納薩雷斯把它的帳戶都換到了富國銀行。

當我抵達弗農市時，沒有任何客戶可以拜訪，因為他們全都開著十八輪聯結車在全國跑來跑去，每幾個月才會順道來銀行一趟，所以我花很多時間在辦公室裡跟新同事們聊天。有許多資深同事都會趁股價下跌時收購股票，他們把市場修正當作很好的買點。一聽到我從來沒有買過股票，他們都表示非常驚訝。即便我提醒他們，二十四歲的我不僅沒有任何投資經驗，存款也很少之後，他們還是一直鼓吹我買股票。最後，我同意試著買一些看看。

比起其他公司，美國銀行是我最了解的，於是我打電話給一位股票經紀人，然後下單買了一百股美國銀行的股票。對我來說，這並不是一個小數目。那天是一九八七年十月十六日（星期五）。我開心地迎接周末，因為有了第一筆投資而感到興奮。但當十月十九日（星期一）重新開市時，那種興奮感很快就變成了焦慮——當天出現華爾街史上單日最大跌幅，是經濟大蕭條期間最大跌幅的近兩倍。這天後來被稱為「黑色星期一」（Black Monday）[18]。

伴隨而來的是恐慌。在股災中，恐慌會引發拋售，而這會導致股價跌勢加劇，恐慌情緒也跟著加深。「黑色星期一」這場災難除了規模龐大以外，還有一個很有趣的地方，那就是它的成因。這是第一次由非人為因素造成的股災——它是電腦所引起的。在金融業導入電腦科技初期，當我們還在學習用電子試算表來取代黃頁紙本試算表時，一家名叫「LOR」（Leland O'Brien & Rubinstein）的公司想出了「投資組合保險」

（portfolio insurance）[19]的概念，它是為了防止投資人在機構投資組合裡遭受巨大的損失。這種機制透過一套電腦演算法來達成目的；當市場裡發生了某些事時，這套演算法會自動觸發賣出，接著在市場重新調整後觸發買進。然而，它在「黑色星期一」這天弄巧成拙，因為由電腦所觸發的拋售速度太快，交易員們無法跟上，於是又導致演算法觸發更多股票拋售，諸如此類。這套電腦演算法沒有把缺少買家的狀況考慮進去，為了尋求一個能清理市場的價格，一味地將賣價越壓越低，因此很快地，股價就直線下墜。

在出現「黑色星期一」後的幾天內，我也感到恐慌，並且將手中的美國銀行股票賣出，因為我認為自己承受的痛苦已經夠多了。我的第一筆投資就遭受這麼大的損失，讓我覺得自己很愚蠢。我猶豫不決，不知道該自我責怪，還是公開譴責這個制度讓我的辛苦錢付諸流水。要怪我對股市一無所知嗎？或者是這個制度的錯？有某個基本面以外的因素驅使股價波動。我不知道這些問題的答案，也不確定我是否有一天能明白。那時我並不了解，在大舉採用電腦技術的公開金融市場，我只不過是個微不足道的參與者而已。

⊕

在搬到弗農市之後，我偶爾還是會回珠寶街去拜訪貝瑞和喬治。如果我需要買禮物送給我的母親或女友，就有很好的理由可以回到這個地方，然後花一個小時跟我的老朋友們相處。但我再也沒有見過納薩雷斯。理查私下告訴我，納薩雷斯的罪證越來越明確，聯邦調查局的人在他的辦公室裝上攝影機，結果拍到一群妓女幫他一起清點數百萬美金的現金，接著他再和這些女人在一大堆錢上做愛。我開始相信這一切，雖然我希望它不是真的。

我在弗農市待了約一年的時間。並不是因為辣肉醬漢堡令我感到厭倦，而我也很喜歡這群卡車司機，儘管他們不像那些珠寶商那麼有趣。我只知道我不想一直往企業信貸方面發展，因此轉換跑道似乎是正確的選擇。我申請到華頓商學院就讀，這所學校不僅是進入華爾街的敲門磚，在當時感覺也是眾所矚目的焦點。

在華頓第一年的某天晚上，我和室友一起觀看國內新聞，然後看到他出現在電視上——納薩雷斯．安東尼安被銬上手銬帶走。到了此時，我不再懷疑他從事某種不法勾當，但我並不清楚規模有多大。我找到一份《洛杉磯時報》，後來又在《商業周刊》中發現一篇文章，裡面甚至敘述了更多關於這個案件的細節。

納薩雷斯寫下了美國歷史上最大規模的洗錢活動紀錄。一九八九年二月二十二日早上，聯邦調查局探員包圍了構成珠寶街的幾個街區。在幾個小時內，約有四十個人（以及一些文件、點鈔機、黃金、三千萬美金的現金等所有相關物證）都被塞進一列卡車裡送走。這一切宛如以最快速度拆除的舞台佈景，地板被清理乾淨，燈光也跟著暗去。到了隔天，這個地區的生意又恢復正常，而你將永遠不會知道這件事曾經發生過。

隔年，這個案件正式進入審理階段。之前有段時間，電話、呼叫器和車子都被竊聽，同時調查單位也使用各種追蹤裝置。聯邦調查局探員在納薩雷斯的辦公室四周租房子，並偽裝成珠寶店，這樣他們就能就近監視。整棟大樓都裝上了微型攝影機，而緝毒局也懂得怎麼利用安東尼安家族自己的保全系統，這使他們得以在長達十三個月的臥底偵查期間，即時觀看納薩雷斯辦公室內的一舉一動。他們將這次調查稱為「極地冰帽行動」（Operation Polar Cap）。

納薩雷斯曾經替帕布羅・艾斯科巴（Pablo Escobar）位於麥德林（Medellin）[20]的販毒集團洗錢（帕布羅是哥倫比亞最大且最惡名昭彰的古柯鹼販毒集團首腦）。在他的精心策畫下，有數十人參與其中，這些人主要散佈在紐約、洛杉磯和亞特蘭大等幾個美國城市（這就可以解釋為什麼有妓女涉案）。一箱箱貼有「碎黃金」標籤的零散現金會運到安東尼安兄弟的手上，接著納薩雷斯會清點這些錢，通常會有一群妓女幫他一起清點。政府提供的宣誓口供書裡描述，這麼多錢是如何在納薩雷斯的辦公室內流動的：他的櫃檯人員會把面額小於二十美金的鈔票抽出來，因為這些錢不值得他們花時間去數。當錢累積到一定的程度時，納薩雷斯會按照比例從最上方拿走他要抽取的佣金，然後再將剩下的部分拖進銀行，由我幫他把錢存進去。

在那之後，為了切斷資金源頭與目的地之間的關係，這些錢會經過多次電匯，最後回到麥德林販毒集團的手中。這套洗錢系統非常有效率，一大筆清洗乾淨的錢（超過十二億美金）又輾轉回到哥倫比亞人手裡，因此那些毒梟將它暱稱為「礦山」。納薩雷斯藉由假裝投入黃金分銷生意來掩蓋這一切。他給我看的那一大堆金條很有可能是鍍金的鉛塊，他的多數收據也都是偽造的。

這個案件的審理時間比洛杉磯聯邦法院史上的任何案件都還要長。納薩雷斯和他的兄弟華海各被判處二十五項洗錢與一項密謀重罪（共五百零五年徒刑，且不得假釋），到那時為止，這是美國有史以來最嚴厲的判決。安東尼安兄弟目前被關在內華達州雷諾市的聯邦監獄中。之前還有另一位洛杉磯的珠寶商也因為參與麥德林的洗錢活動被捕（他也被判處類似的罪名），但他已經獲得釋放。據說這是因為安東尼安家族聘請的律師比較差的緣故，所以他們最後幾乎一定會死在牢裡。

到了納薩雷斯被逮捕時，他與美國銀行已經沒有任何關係，因此多數審理程序與相關報導都把焦點放在富國銀行，而不是我的前僱主上。當時就讀華頓的我知道自己不會被傳喚出庭作證，因為監視攝影機拍下的影片，以及其他證據已經足以證明他的罪行，而且那時我離他很遙遠。我也不擔心會受到任何牽連。當然，我曾經間接成為那些替哥倫比亞人把數億美金的毒資清洗乾淨的人之一，但我非常樂意協助緝毒局進行調查。我沒有違反任何一條法律，而且在與納薩雷斯正面對質前，我也沒有意識到發生了什麼事。我被他騙了。現在想想，我應該要留心那些警訊，納薩雷斯並不像我一開始想的那麼可靠，但我卻一直渾然未覺——又或許是我刻意這麼做。我只是一個來到陌生國度的單純觀光客，又怎麼能評斷當地人的風俗習慣呢？

這種情況很自然會去想，我是否覺得被納薩雷斯利用，因為我們之間的友情原來是場騙局，以及幾乎他告訴我的每件事都是謊言而感到受傷。我和他的家人一起用餐；他開著黃色蓮花跑車帶我去兜風，時速還飆破一百四十公里；他在拉斯維加斯招待我，雖然我起初不太情願，還是心存感激；我也跟他聊了不知道多少個小時的天。然而，我不覺得被輕視——他不曾要求我破例通融，或做任何超出我合法工作範圍的事。納薩雷斯利用了金融體系，而我確實是這個體系的一部分，但在某種程度上，他也一直保護著我，讓我不會受到任何毀滅性事物的傷害。

這可能是因為我在迪士尼樂園的經歷，或二十二歲的年輕面孔，抑或因為我總是拒絕他與亞特蘭大的妓女共度春宵的提議——或者最有可能的是，為了使整件事能順利運作，他需要我這個銀行人員保持天真與無知。無論如何，他一直讓我置身事外。

儘管我誤以為納薩雷斯在他的事業上很誠實，我向來都很清楚，他不是一個高尚的人。他輕率、瘋狂；他有一位情婦，而且特別喜歡說話有南方口音的妓女。我不覺得他非常正直，但過去從未認識像他這樣的人，因此深受吸引。由於當時的我很年輕，還在試著衡量納薩雷斯在這個社會上是哪種人。那時，我不知道他與一般人有多不同。我仍然在學習，在評估每個人的商業道德時，他所表現出來的行為有多重要。

現在我年紀漸長，遇過各種性格的人，我確實對納薩雷斯有點同情。我能輕鬆想像出來，他在動身離開貝魯特的那一天，對自己的人生有什麼憧憬。在他的家鄉，活下來是數一數二重要的事；他來到美國，希望有一天能飛黃騰達。當一個人從掙扎著要活下去到眼前充滿機會時，他的品格會發生什麼樣的轉變？我覺得納薩雷斯是一個心地善良，卻沒有什麼道德感的人。他想成功、想過更好的生活；他缺乏經驗，卻有著強烈的企圖心。這樣的他獲得了一個看似風險不是很高的機會——拿到這筆錢、把它存進銀行裡，同時留一部分給自己。若站在他的立場思考，你可能也會很容易就找到接受這條路的理由。

在我閱讀關於這個案件的細節之後，我想起了某天晚上跟他一起吃晚餐時，他告訴我一個故事。（那時，這個故事聽起來很有趣。）他曾經帶他的家人到波拉波拉島（Bora Bora）[21]度假，結果下了整整三天的大雨。納薩雷斯是精力充沛、活潑好動的人，斗大的雨水不停地打在棕櫚樹葉上，讓他無法走出戶外或從事任何活動，只能困在豪華度假小屋裡，他都快被逼瘋了。他是那種無法坐著不動五分鐘的人。「這對我根本是種折磨，」他說，「感覺就像在坐牢一樣。」

我後來離開珠寶業與卡車運輸業，進入華頓就讀，然後在華爾街工作。當時的我沒有料想到，我正直接把自己丟進一個複雜的世界，在那裡會遇見很多像納薩雷斯這樣的人。那個世界極具吸引力，卻也充滿欺騙；那個世界重視口頭承諾，但也有許多人各懷鬼胎；那個世界的人不僅野心勃勃，他們還會將不道德的行為合理化。當時我無法想像，在我的職業生涯裡，我會遇到很多知名公眾人物，他們的名聲都因為某場大災難而一落千丈。

幸好在美國銀行的工作沒有毀了我。我並沒有失去相信他人的能力，但我再也沒有讓自己因為想相信某個人而變得盲目。在這份工作中，我學會關於誠信與品格的課題，它們在我往後的職業生涯裡都顯得極其珍貴。這一切都呼應了我第一天接受的訓練，以及「信用五C原則」：資本、能力、營運狀況、擔保品和品格。作為一個信貸專員（人生中的多數事情也是如此），是否導致不良貸款產生或做出不好的決定取決於品格評估的能力。

我很幸運地能在珠寶業開啟我的職業生涯，在這個產業裡，品格是最重要的一環。那些看起來很誠實的人往往並非如此。他們只是表現出誠實的樣子而已。鑽石也有所謂的「四C標準」，分別是：車工（cut）、淨度（clarity）、克拉（carat）和成色（color）。但其實還有第五個C——「品格」，這在購買鑽石時也很重要。你希望賣鑽石給你的人值得信任，因為這將是你做過最不對等的交易，整場交易裡，你手中沒有任何資訊，而他們卻全盤掌握。一位銷售員可以嫻熟地露出笑容、使你感到安心，並且賣任何他想賣的東西給你。但由於購買鑽石是很少見的特殊狀況，不太有機會透過重複購買來建立信賴關係，你希望能相信這位銷售員的品格。

這是一個很極端的產業。那些長期生存下來的人都很誠實；只從短期來看，騙子也可以生存，而所有介於兩者之間的人都失敗了。像貝瑞這麼嚇人的人——幾乎每句話都夾雜「fuck」這個字、令你大吃一驚——你恐怕不會把他與誠信連結在一起。你或許會跑去跟別人做生意。但對貝瑞而言，正直與信譽代表一切。貝瑞不只是在賣鑽石而已，他是用信任在進行交易。即便他可能會推薦客戶有點另類的東西（至少我是這麼覺得），他還是一個堅定不移、誠實可靠的人。

直到今天，貝瑞還是繼續經營鑽石批發事業，儘管網路已經搶走了在地批發商與經銷商的大部分生意。「在過去，鑽石經銷商是只在家族中發展的一個小型網絡，」他說，「但後來它向外擴展。我關閉了我的辦公室，現在不必再跑到那該死的市中心，抱歉，是那個骯髒的地方去。」貝瑞並沒有把他的事業傳給任何一個孩子。「那些日子已經結束了。基本上，從和供應商彼此忠誠、信賴與理解的角度來看，網路毀了所有人。我不想要我的孩子過這種日子。」

自從我在美國銀行擔任貝瑞的信貸專員開始，過去三十年來，我和他這對看似不可能的組合就一直維繫著我們的友誼。我曾經帶我的妻子和女兒跟他碰面，也曾經多次叫我的同事和朋友去找他買鑽石。我們時常在電話裡聊天，而且每年我生日時，他都會打電話給我。當然，貝瑞已經隨著年紀增長而變得柔和，但他不像一瓶美酒——他更像是一瓶陳年蘇格蘭威士忌，依然濃烈、充滿煙硝味，但性格中的稜角變得圓潤了一些。

註釋

11. 黃鐵礦的外觀與黃金相似，不會分辨的人常將它與黃金混淆，因此又被稱為「愚人金」（Fool's Gold）。

12. 公主方形切割是一種常見的鑽石切割方式，其特徵是切面呈四面等邊、稜角對稱的正方形，折射度非常高，容易展現出閃爍的效果。

13. 過去在交易市場上，鑽石的價格沒有一個公正、可參考的依據，零售商缺乏比較的基準。有鑑於此，馬丁・拉帕波特（Martin Rapaport）在西元一九七八年，根據鑽石的重量、成色、淨度，製作出一份名為「拉帕波特鑽石價格報告」（Rapaport Diamond Report）的鑽石報價表。時至今日，這份報告已經成為全球通用的國際鑽石報價表，它不僅是鑽石進口商獲得鑽石消息的主要來源，同時也是零售商參考的定價基準（他們會依照鑽石的實際等級予以加價或折扣）。

14. 在美國，各家銀行都有自己的「存錢專用信封」，只要把支票或現金紙鈔放入信封內，即可用ATM存進帳戶裡。

15. 「房貸抵押證券化」是指銀行發放貸款給借款人後，將此一債權轉賣給具有公信力的發行機構，這些機構再將房貸包裝成抵押證券轉賣給投資人。透過證券化的過程，銀行將借款人還不出錢的風險轉嫁至證券發行機構上，這逐漸導致銀行不再積極地對借款人進行信用風險評估與還款能力調查。於是，信用不良的貸款被摻雜至房貸抵押證券中，當借款人無力還款造成違約時，就會引發一系列金融災難（二〇〇八年的次級房貸危機即因此而起）。

16. FICO信用評分是放款人在評估借款人的信用風險時，廣泛使用的一種信用評分。儘管這種評分方式通常不是唯一的判斷標準，它幾乎在每一種消費信貸決策中都佔有重要地位。

17. 貸款損失是指信貸資產的回收金額低於帳面金額的損失。

18. 「黑色星期一」是指股市大跌經常出現在星期一的現象。歷史上最著名的「黑色星期一」是一九八七年十月十九日美國股市發生的大跌，當天道瓊指數下跌了百分之二十二。

19. 投資組合保險是一種投資策略，指的是在將部分資金拿來投資無風險資產，從而確保投資組合最低價值的前提下，將其餘資金用於投資風險資產，並隨著市場漲跌動態調整兩種資產之間的比例。

20. 麥德林是哥倫比亞第二大城。

21. 波拉波拉島位於南太平洋玻里尼西亞社會群島，被稱為「太平洋上的明珠」。

CHAPTER 2

歡迎到叢林來

「一棵大樹要通往天堂，就必須先扎根於地獄。」

——德國哲學家尼采

當我第一次踏進所羅門兄弟惡名昭彰的交易大廳時，感覺有些混亂——但亂中有序，彷彿我看到一群椋鳥以任意卻異常整齊的隊形飛行著。這個交易大廳橫跨兩個開放式樓層，交易員們在一排操作台前工作。那些操作台上佈滿了忽明忽暗的燈光與電話、冒著熱氣的咖啡與點燃的香菸，以及閃爍的螢幕與行情收報機。沒有任何事物處於靜止狀態。當一群交易員對著電話和彼此大喊時，他們的椅子不停地轉動，手臂則在空中揮舞著。他們嘴裡說的都是我聽不懂的詞彙——我很確定那是英語，然後我就澈底迷失了。「十年期國債剛才上漲了兩個基點（basis point）[22]……利差正在擴大……我要知道那筆最後交易的相關細節。」

當你更靠近看時，你會發現牠們不是椋鳥，而是一群猛獸。空氣裡的狩獵氣味（汗水與睪固酮）是如此濃烈，使你不禁覺得自己是被牠們盯上的獵物。儘管這是我第一天上班，就已經開始想像我在所羅門的日子會如何結束。我動也不動，深怕任何突如其來的動作都會讓這群垂涎欲滴的獅子注意到，牠們當中有一隻小綿羊。當這些在室內不停旋轉的交易員以一種極具侵略性的姿態促成交易時，他們還沒發現我的存在。

幾周前，我獲得了一份暑期實習生的工作（那時是一九八九年）。基本上，這是我在華頓的第一學年與第二學年之間的付費實習，雖然不保證之後一定會錄取為正職員工，但可能會擁有三個月的試用期。這感覺像是一場刺激的冒險與人生經驗，令我無法拒絕。我的斯巴達裔母親一直灌輸我這樣的觀念：為了成長與學習，要樂於踏進不舒服的環境。但當我在那個六月早晨走進所羅門的交易大廳時，我覺得自己犯了一個致命的錯誤。美國作家與財經記者麥可·路易士（Michael Lewis）後來就在《老千騙局》（Liar's Poker）一書裡寫到他與華爾街交易的初次接觸；第一天到所羅門兄弟上班時，他感覺自己是來收集樂透獎金，而不是來工作的。我則覺得自己彷彿加入了執行槍決的行刑隊。

我在華頓商學院的同學曾經形容所羅門兄弟的固定收益（fixed income）[23]商品部是這個世界上最瘋狂、競爭最激烈的工作。這家創立於一九一〇年的投資銀行確實是華爾街叢林裡的獅子巢穴，位處金融業食物鏈的頂端。基於某種理由，我來到了這裡——我是一個擁有人文社會學位的橘郡孩子，才剛離開迪士尼樂園與企業信貸專員的工作。一年前，我甚至連投資銀行是什麼都不知道。那年夏天，我的朋友兼華頓的同學班·蓋斯也到所羅門來上班，但他是在投資銀行部工作，那裡文雅、世故許多。「我沒有想到你會在交易大廳上班，」他說，「你確定這是好主意嗎？」我的其他同學也同樣感到憂慮。顯然他們都不認為我夠強悍，足以在所羅門的固定收益商品部生存下來。我率先承認他們的擔憂恐怕是對的，雖然我還是接受了這份工作。

固定收益商品部主要是由銷售與交易這兩種工作所組成。業務員代表他們的客戶與顧客買賣債券，這些客戶當中包含了其他投資銀行、商業銀行，以及像是富達投資（Fidelity Investments）與太平洋投資管理公司（PIMCO）這樣的大型投資機構。業務員上班時幾乎都在講電話，而交易員則負責管理存貨，讓公司的資產負債表上有足夠的資產可供業務員銷售。因此，業務員代表需求，交易員則代表供應，這種概念和任何公司的銷售與生產部門都是類似的，兩者缺一不可。

當我上班的第一天仔細觀察這個交易大廳時，一位交易員助理碰了碰我的上臂、引起我的注意，然後把我帶到一間會議室裡。在那裡，公司的招募主管為我們六位暑期實習生進行了簡短的環境介紹——我們之前在面試過程中見過這個女人，她就是決定錄取我們的那個人。她解釋，這個夏天將會是「一場現實模擬」，意味著多數時候都是非系統化訓練，也不會有人引導我們。一切端看我們如何在交易大廳努力。我們必須找到一張摺疊椅與一副頭戴式雙耳機，接著在徵求交易員與業務員的同意後（他們來自不同的部門），在他們的身旁坐下，並聆聽他們在電話中的談話內容。

她用某種特別的鼓勵方式來繼續她的精神喊話：在實習結束時，我們最多只會有一個或兩個人獲得正職工作。雖然理論上，我們所有人都「有可能」被錄取，但若沒有人符合資格，公司也可以不發任何聘書。「你所感受到的就是現實，」她說，「把你自己想像成一檔股票，你的額頭上有著不斷更新資訊的跑馬燈，那代表你的價格。每當你張開嘴巴時，你的股價就會上漲或下跌，這取決於你說出來的話是聰明還是愚蠢。」我思考著我開盤時的股價會是多少，但我很機靈，沒有開口詢問。這不會是件好事。

她留給我們最後一道指令：「你們一定要盡早去跟潘恩．金自我介紹。」她說完這句話之後，我們就解散了——沒有進一步說明潘恩．金是誰，也沒有告訴我們，在哪裡可以找到摺疊椅或頭戴式雙耳機。

我們慢慢地走回交易大廳，為了安全起見，我們還是緊緊地待在一起。我覺得我看到遠處有張椅子靠在牆上，但衝去拿似乎不太雅觀。在我們這六個暑期實習生當中，最年輕的是一位體格健壯、名叫維克多的拉丁裔大學生。他來自康乃狄克州的衛斯理大學，即將升上大三。他是「教育機會贊助」（Sponsors for Educational Opportunity，簡稱SEO）計畫的一分子（這項計畫肩負著增加華爾街員工多樣性的任務）。

我們走回交易大廳後不久，維克多突然停止交談，並且向某個人詢問，他可以在哪裡找到潘恩．金。當這個勇敢的二十二歲年輕人走上前去，然後開始自我介紹「金先生，我叫維克多，是新來的暑期實習生之一」時，我們所有人都很敬佩又帶點擔憂地看著他。潘恩．金身材高眺、有著一頭金髮——然後我們很快就發現，他是一位負責政府債券買賣的傳奇業務員，他的盛名遠遠傳出了華爾街之外。美國作家湯姆．沃爾夫（Tom Wolfe）就曾經在他的暢銷小說《虛榮之火》（The Bonfire of the Vanities）裡，用金作為「宇宙主宰」謝爾曼．麥考伊的原型。

潘恩．金低頭看著維克多，他親切地笑著，並伸出手來要跟維克多握手。我們從遠處觀察他們，當維克多充滿自信地詢問，他能否坐在距離金不遠的空位上時，我們都試圖隱藏自己的嫉妒。那甚至不是摺疊椅，而是一張貨真價實、有著扶手等配備的椅子。維克多坐了下來，然後滿足地吐出一口氣，他將椅背稍微往後傾斜，接著忍不住因為自己這麼快就成功而咧嘴笑著。「這孩子表現得很棒，」我們心想，「非常棒，而且他甚至不是MBA的學生。」

維克多才剛坐定，他面前的電話就亮了起來。（交易大廳的電話不會響，它們會發亮並閃爍，直到被接聽為止。）坐在維克多附近的交易員們對他點點頭，表示他可以接聽這通電話。他拿起電話，然後說：「這裡是所羅門。」

「維克多，我找喬。」

「我能請問您是哪位嗎？」

「你他媽的快醒醒，維克多！」潘恩．金站在他身後，手上拿著的話筒宛如捕殺海豹時使用的棍棒。

「什麼？」維克多差點從椅子上跳起來。

「告訴我，維克多，」金大吼道，「這裡有誰會知道你那該死的名字，除了你剛才遇到的那個人以外？還有誰會打給你？」

維克多小心翼翼地回頭看著這位身材高䠷的金髮「刺客」。在金砰的一聲把話筒掛回電話底座之前，他給了維克多一句所羅門式的最後問候。「如果你沒辦法趕快振作起來，孩子，你將連第一天都熬不過。」

那一周剩下的幾天，維克多都處於略微驚嚇狀態。在所羅門兄弟流傳著一句話：「不管你是誰、不管你有多成功，都有一顆寫著你名字的子彈到處飛來飛去。它要找到你，並突然使你這份工作畫下不光彩的句點只是時間問題而已。」即便維克多受到的不是致命傷，他還是被這個警告所傷。

和我同期的一位暑期實習生阿博是要塞軍事學院的畢業生（這所學校位於南卡羅萊納州查爾斯頓市），他為此感到非常自豪。他說話時帶點南方人拉長母音的緩慢語調，並且不停地撥弄著手上的要塞軍校畢業戒指，彷彿不想承受忘記的風險，也不讓任何人忘記，他是從這所備受推崇的學校畢業的。阿博提議，我們可以到附近的一家酒吧，一起思考我們的生存策略（他可能是從某位要塞軍校畢業的校友那裡得知這家店）。南街海港（South Street Seaport）[24]距離所羅門的總部不遠，是一個坐落在舊碼頭上、擠滿了觀光客的戶外零售區域。

「你確定這麼做聰明嗎？」當我們沿著海邊步行時，隆恩問道。他是另一位暑期實習生，過去曾經在美國電腦大廠ＩＢＭ擔任業務員；他穿著硬挺的西裝與白色襯衫、打著領帶，頭髮仔細地梳起，看起來很適合這份工作。

「不，」阿博笑著說，「但如果我們要成為交易員，就必須開始表現出交易員的樣子。」

儘管上班第一天中午就去喝啤酒似乎不是非常明智的舉動，我還是很期待與其他實習生建立同志情誼、團結一致，以及任何能使我晚點面對這一切（拖著摺疊椅穿過交易大廳，並懇請某位交易員讓我參與他的工作）的事。我們喝了好幾輪，一起討論要如何閃避那些子彈——我們邊喝酒邊眺望東河和布魯克林大橋，這時有幾艘高聳的古老船隻在水面上輕輕晃動著。隆恩大聲吸吮著他第二杯啤酒上的泡沫，同時提出了一個驚人的提議：我們整個夏天都到南街海港來，只為了在每天結束時跟大家揮手道別。「好啦，各位，」他舉起酒杯，杯子裡的啤酒灑了一點出來，「沒有人會發現的。」這是個很吸引人的提議。

對我而言，獲得所羅門的暑期實習工作是件很令人意外的事。我猜最有可能的狀況是，原本我在面試時的回答模糊且乏善可陳，讓他們覺得我滿不在乎，但我通過最後一輪面試的方式使他們徹底改觀。那位招募主管，也就是之後為我們進行環境介紹的那個女人說：「大家似乎很喜歡你，但我們擔心你缺少業務員必備的執著天性。」

「好吧。」我聳了聳肩，只能向自己的命運屈服。

「但等一下。」她說。顯然我越不表現出想要這份工作的樣子，他們就對我越感興趣。「讓我帶你去和固定收益商品部的主管歐萊瑞進行最後一場面試，若你可以說服他，你具備銷售能力，你就得到這份工作了。」於是，她帶我到歐萊瑞位於走廊盡頭的辦公室，辦公室大門是敞開的。

「快進來。」他大叫道，並揮手要我在一張面對他的椅子上坐下。「聽好了，瓦雷拉斯先生，儘管我們擁有在華爾街工作的光環，我們真的只是業務員而已。我們必須確定你具備銷售能力。這麼多年來，我一直都要求來面試的人賣某樣東西給我。」

「好的，」我說，「你希望我賣什麼東西給你？」我瀏覽了一下他的桌子，試圖尋找一枝鉛筆。辦公桌上總是會有鉛筆。

他在堅硬的塑膠地毯上滾動他的椅子，並舉起他的手臂。「賣這張椅子給我。」

當歐萊瑞在我面前愉快地轉動他的椅子時，我從我的位子仔細端詳，那是一張高級辦公椅。

「嗯，」我說，「你似乎很喜歡這張椅子可以四處轉動。」

他瞇起眼睛，並從側面看著我，思考著我是否自作聰明。

「是的，我很喜歡它可以四處轉動。所以呢？」

「那它令你滿意的地方是什麼？是它滾動起來很順暢，還是它很有彈性？你比較喜歡輪子一直轉個不停，還是可以固定到位？」

他從椅子側面注視著它的底座，像是第一次看到它一般。「你說『固定到位』是什麼意思？」

「嗯，」我邊說邊將雙手手指交握，「我們這項商品有個特色，它能讓你輕輕彈一下操縱桿就把輪子鎖住，所以當你不希望椅子轉動時，它就不會旋轉了。」

「噢，我當然想要這個功能。」

「這樣的話，你需要的是PU，而不是塑膠材質的腳輪。如此一來，它們就能依照你喜歡的方式轉動，但也可以變得很穩定。」他開懷地笑著。我則繼續仔細說明不同的滾輪與腳輪選擇——材質、插桿，以及其他可供選擇的功能。為了好玩，我甚至還舉出幾家頂尖製造商的名字。「沒問題，我們會幫你都準備好，歐萊瑞先生。」

當我說完時，他突然大笑起來。「瓦雷拉斯！我不知道你是怎麼編出這些鬼話的，但這是我聽過最好的回答。」

「謝謝你，先生。」

「現在我必須換一張新椅子了。」

我沒有提到的是，我父親的公司就是滾輪與腳輪製造商，任何會滾動的東西，從輪床、大型垃圾箱、超市手推車到高級辦公椅都是他們的商品。青少年時期，我曾經好幾年暑假都到他們公司幫忙，因此獲得許多相關知識，足以讓歐萊瑞感到驚豔，並且使他相信，我是個擅長胡說八道的人。

⊕

所羅門兄弟於一九一〇年由亞瑟．所羅門（Arthur Salomon）、赫伯特．所羅門（Herbert Salomon）和柏西．所羅門（Percy Salomon）所創立。他們從父親費迪南的公司脫離出來，因為他不肯在安息日開業（即便在那時，星期六早上市場只營業半天）。三兄弟在一次大戰期間販售自由債券（Liberty Bond）[25]，以此資助戰爭所需，並闖出一片天地。政府債券是一個新興市場，而所羅門兄弟成功掌控了它。

作為投資大眾和政府之間的中間人，所羅門提供了一項非常重要的功能，很像貝瑞．卡加索夫在鑽石產業所扮演的角色。若某個人需要一枚訂婚戒指，他不會造訪南非的礦坑，而會去找貝瑞，以及其他像他這樣的經銷商。這些經銷商創造出一個市場，協助從源頭弄到鑽石給消費者。就債券而言，當一個政府或企業體必須籌措資金時，它需要有人（通常是一家投資銀行）發行債券，然後再為它們提供一個次級市場（secondary market）[26]。這就是所羅門切入的市場。在籌措推行政策所需要的費用時，政府債券市場（以及所羅門的中間人角色）不可或缺，它讓這項政策能以最低廉且有效的花費完成，一般大眾因此受益。

因為一直秉持審慎保守的態度，所羅門兄弟平安度過了一九二九年的股災與經濟大蕭條。然而，多數公司的遭遇並沒有這麼好。二次大戰期間與結束後，政府債券市場顯著成長，而所羅門兄弟仍舊位居市場頂端。當他們的家族繼承人比利．所羅門（Billy Salomon）在一九六〇年代接任主管合夥人時，他們拓展了公司的業務範圍，其重點業務擴及投資研究、大宗交易與承銷業務等領域。到了六〇年代的尾聲，在以小型貼現行（discount house）[27]起家六十年後，所羅門已經大幅成長，因此在華爾街和雷曼兄弟（Lehman Brothers）、布萊斯．伊斯特曼．狄倫公司（Blyth, Eastman Dillon & Co.）與美林證券（Merrill Lynch）並稱為「所向披靡的四大家」。

從一開始（到一九八一年），所羅門兄弟就一直是一家私人公司，而不是上市公司。當著名地方債券交易員戴爾．霍洛維茲（Dale Horowitz）一九五五年開始在所羅門上班時，他的起薪只有每周五十五美金。就連合夥人獲得的報酬也有嚴格限制（他後來也加入合夥人的行列）。只有在遭逢緊急狀況或進行慈善捐助時，他們才被准許拿出多餘的現金，而他們大部分的所得最後都會輾轉回到公司裡，使所羅門兄弟得以成長。在這種合夥人制度下，華爾街今日為人所知的龐大風險與鉅額獎金並不存在，因為公司的成敗與合夥人的個人利益（也就是他們自己的錢）息息相關。

戴爾這樣回憶他剛開始工作時的那段單調乏味的日子：「在過去，所有華爾街的公司都沒有任何資本，所以為了取得存貨，每個人都會在前一天晚上向銀行借錢，接著在早上償還貸款，然後隔天再借一次錢。你會用你們公司持有的債券與股票作為抵押——這棟大樓裡有一座巨大的保險箱，每天下午五點鐘時，你會推著這些推車（上面有著滾輪的箱子）繞行華爾街，並且把抵押品交給銀行。接著隔天早上八點鐘，又有某個人會來到銀行、將你的抵押品裝進箱子內，然後再推回公司裡。」

「於是，第一周我負責跑腿，推著推車繞行華爾街一圈。當你在傍晚把抵押品帶進來時，他們會給你一張五百萬美金的支票（或之類的東西），因為這樣你才能擁有開業所必需的資金。他們安排了一位經常做這些工作的職員與我搭檔，他告訴我該去哪些地方，諸如此類。他走到一個窗口前，然後他們給了他一張五百萬美金的支票。我永遠不會忘記那一幕。有誰看過面額五百萬美金的支票？」

在整條華爾街上，私人公司都即將畫下句點。所羅門在一九八一年率先成為一家上市公司，這樣的轉變改變了一切——導致金融體系變得不穩定，而且被濫用。這為所羅門兄弟注入恣意妄為的新文化，同時形成一種「人不為己，天誅地滅」的氛圍，許多員工都為了賺取可觀利潤而進行鉅額賭博。這種巨大轉變的主要原因在於，所羅門的交易員基本上都開始利用上市公司的資產負債表，而不是個人資金來進行賭博。這讓他們的風險承受度變得更高，但在投資失利時，損失也因此變得更大。

投資銀行會變成上市公司有很多原因。其中一個主因是，因應顧客對更大規模融資與承銷的需求，取得擴展事業所需的資本。全球化與跨國企業的建立要求金融機構必須承銷數量更龐大的債券與股票，以及藉由交易與分析來支持這些債券與股票的發行，這是傳統私人公司無法達到的層級。另一個原因則是貪婪。公司上市使合夥人得以透過出售股權的方式獲得鉅額利潤，這在之前是絕對不被允許的。因此，前幾代的合夥人花費數十年努力建立起一家成功的公司，新一代的合夥人則藉此獲利。

公司一旦上市，合夥人就不再顧及顏面。員工們都希望讓自己的年度報酬最大化。為了吸引並留住最好的人才，投資銀行被迫改變薪酬結構，使頂尖的交易員與銀行家得以根據自己的績效，獲得鉅額獎金。這也是這些員工第一次可以賺取大筆現金，同時把這些錢留在身邊。於是，承擔龐大風險的誘因進一步被突顯出來。華爾街的人常用這句話來形容這樣的新文化：「不是我贏，就是公司輸。」幾家大型投資銀行，像是所羅門和高盛的資產與負債來到了近一兆美金。有了如此雄厚的財力支持，光是一個交易員就可以為他的公司賺得或損失數億美金（有時甚至是數十億美金）。

在這個世界或歷史上，沒有任何一個地方比所羅門的交易大廳聚集更多敢於冒險的交易員。交易員過去只負責管理庫存，確保手邊有足夠的存貨可供銷售，但在藉助公司資本，並利用資產負債表進行賭博之後，他們就開始針對利率走向、油價與美元走勢投下鉅額賭注。當某樣東西的價格發生波動，而且市場夠大時，這些交易員就可能會對公司，以及他們進行交易的市場（有時甚至是更廣大的金融環境）產生實際影響。

一束陽光打在我的臉上，剛睡醒的我口乾舌燥，右側太陽穴感覺像是被銳利的尖角刺穿一般。我睜開一隻眼睛，接著很快就後悔了。在一片波濤洶湧的粉紅色海面上高掛著許多道彩虹，白色花邊與蕾絲宛如浪花在我的腳邊飄動著，四面八方都有一大群迷你洋娃娃對我露齒而笑，她們看起來非常開心，同時也非常清醒。我丟出一顆枕頭，希望可以把幾隻娃娃趕走。在我的頭頂上，有一隻微笑的獨角獸在那片可怕的粉紅色海面上漂浮著；牠很有可能就是昨晚襲擊我的凶手。我感覺很糟。

當時，我住在位於上西城（Upper West Side）[28]的一棟紅砂石建築（brownstone）[29]裡。屋主是一位哥倫比亞大學的教授，夏天時都會出去旅行。負責安排暑期轉租的人讓我比其他人更晚承租，那時只剩下小女孩的房間還空著。前一天晚上，在第一天擔任暑期實習生之後，我和我的室友班一起喝酒喝到很晚。當時，他是新罕布夏州達特茅斯學院的學生，很擅長喝啤酒，早知道在描述我這天在交易大廳度過的恐怖時光時，就不該跟他拚酒。那段時間，他也滔滔不絕地訴說他第一天的工作體驗。（他在所羅門位於對街的投資銀行部上班，那裡比投資大廳文雅許多。）他提到一個迷人的二十一歲法國女孩，名字叫勞倫斯．博爾德，是和他同期的一位暑期實習生，她的魅力與智慧令所有人印象深刻。我們喝得越多，她的名字聽起來就越像NBA球員「賴瑞．柏德」。作為一個土生土長的麻薩諸塞州人，我當然是波士頓塞爾提克的忠實粉絲。

在夜晚的某個時間點，我可能爬進了我的粉紅色房間。現在，在早晨陽光的照射下，房間裡那些鮮豔明亮的裝飾感覺特別侮辱人。我坐起身來，把雙腿掛在這張小床的床邊，對著那隻獨角獸點頭說「早安」，然後彎著腰、把背靠在門上。有些傾斜的天花板高度太低，讓我無法站直身體，我是一個住在娃娃屋裡的巨人。

儘管似乎所有華頓的學生都待在紐約進行暑期實習，來到我們這棟紅砂石建築居住的都是維吉尼亞大學法律系的學生（班在麻薩諸塞州迪爾菲爾德學院和達特茅斯學院就讀時就認識他們）。他們其中有一個人工作時間極長，即便大家住在同一個屋簷下三個月，但是直到我們在租屋處舉辦一場「告別夏天」的派對前，我都沒有見過他。除了在小女孩的房間裡睡覺特別不光彩以外（在此之前，還要先在交易大廳裡忍受一整天的羞辱），在所羅門承受強烈的衝擊後，這整間房子是一個令人愉快的避難所。

為了準備隔天早上的報告，班經常在投資銀行部徹夜工作，而我在交易大廳的活動都在白天開市時進行。很多天清晨我都在樓梯間經過他身旁，那時他才剛到家，而我則要在交易大廳裡開始新的一天。但還有許多我們兩個人都在家的夜晚，我們會坐在一起喝啤酒，邊喝邊聊工作體驗。美麗的「賴瑞．柏德」也常加入我們的行列，在我第一次見到她之後，班就提醒我：「你已經沒有機會了。」他是對的，但我們也成了很要好的朋友。

大約在我進行暑期實習的那個時候（那時是一九八〇年代晚期，也就是所羅門兄弟從私人公司轉變為上市公司近十年後），一位政府債券交易員差點讓公司結束營業。

那位交易員保羅．莫瑟是金融服務界著名醜聞的核心，因為他在政府公債拍賣上動手腳，然後又對美國政府說謊，永遠改變了所羅門兄弟與政府債券市場。

保羅．威廉．莫瑟（Paul William Mozer）生於一九五五年四月二十三日，他是紐約市一位勞工律師八個孩子當中的一個。莫瑟曾經夢想成為搖滾樂團的鼓手，甚至還進入麻薩諸塞州柏克利音樂學院就讀，但他發現自己沒有足夠的天分，並選擇退學，轉而研讀經濟學與管理學。二十四歲時，莫瑟被所羅門的芝加哥辦公室僱用。一九八三年夏天，他被調到位於紐約的政府債券組。對政府債券來說，那是很美好的十年，由於利率不斷下降，所以美國財政部發行的債券數量越來越龐大；莫瑟的新部門十分著名，因為早在十年前，所羅門兄弟就建立了政府債券的市場。

當美國政府必須發行債券時，他們會舉行拍賣，並將價值數十億美金的長期國債（Treasury bond）[30]賣給他們認可的買家。這些買家會把債券轉賣給其他金融公司與私人客戶。當時，政府幾乎每周都會發行新債券，而所羅門兄弟通常都是最積極且參與次數最多的投標商。

到了一九八〇年代的尾聲，莫瑟已經晉升為所羅門政府債券組的主管。那時，光是一名所羅門債券交易員一天的美國國債成交金額，就可能比整個紐約證券交易所的股票成交總值還要高。一九九〇年，美國債券市場的總市值超過七點五兆美金，使其他市場都相形見絀。作為全球金融體系規模最大、最安全，同時也最穩定的資產類型，對每家投資銀行、商業銀行、保險公司，以及理財經理（幾乎囊括了金融界的所有公司，無論其規模為何）而言，這些債券都是不可缺少的金融商品。莫瑟和他底下的所羅門交易員都明白債券的市場需求很大，於是他們巧妙地運用敲詐術——以收購大部分可購買債券的方式控制某些拍賣，然後等著其他投資銀行來求他們。

不少投資銀行開始抱怨，莫瑟非常擅長大量收購長期國債；這些競爭對手指控他獨佔市場、有權力影響價格，彷彿債券市場由他完全壟斷。聯邦政府注意到這些抱怨，最後他們將一家投資銀行在每場拍賣中可以購買的上限設定為百分之三十五。這項限制在華爾街被稱為「莫瑟條款」。

很多在所羅門工作的人都覺得這項新限制很專制，而且不公平，因為想贏得一場拍賣，你終究必須成為頂尖投標商，在這裡就意味著提供政府最低的利率。獲得低利率對美國財政部是件好事，所以對納稅人也是件好事，因為這些拍賣債券的利息都是用稅金支付的（利息較低代表稅金支出也較少）。但令聯邦政府擔心的是，規模龐大且具流動性的美國政府債券市場被以保羅．莫瑟為首的幾位極具野心的所羅門交易員刻意操弄。政府官員不能容許如此重要的市場被破壞。

莫瑟和美國財政部之間的關係日益緊張。他對那些負責進行拍賣的聯邦政府官員不太尊重。一九九〇年代晚期，莫瑟曾經兩度無視這項百分之三十五的新限制。雖然財政部官員警告莫瑟不要再這麼做，但他被這項新限制激怒，因此轉而公開批評財政部（媒體很喜歡引用他的評論）。財政部官員對這些負面報導感到不悅，並暗示所羅門的高層處理這個問題。

所羅門的主管們打電話給地方債券組的最高主管戴爾．霍洛維茲，要他說服莫瑟放緩尖銳的言辭，並且對財政部示好。霍洛維茲和負責管理國內金融事務的財政部次長鮑伯．葛勞伯交情匪淺，他覺得他可以在葛勞伯和莫瑟之間調停，緩和公司與政府之間的緊張關係。因此，霍洛維茲安排了一次早餐會面，期待莫瑟在此時向葛勞伯道歉。霍洛維茲這樣回憶那場會面：「我跟保羅．莫瑟說：『聽著，這不是你怎麼想的問題，而是關於我們公司的問題。你必須向這個人道歉。』於是，我們就去吃早餐了。我們坐在那裡，喝了果汁、吃了麥片（或之類的東西）；我們在喝咖啡，而莫瑟依舊對道歉的事隻字未提。最後，我們幾乎都快吃完了，我說：『保羅，你不是有什麼話要說嗎？』他這才回答『噢，是啊，是啊』，然後做了一個最沒有說服力的道歉。」

結果，財政部的回應是把規定變得更嚴格——一家公司就連在單場拍賣中投標超過百分之三十五都違法，更不用說購買百分之三十五的債券了。莫瑟暗中精進他的操作手法，先是收購單場國債拍賣所容許的最大百分比，接著為了購買數量更龐大的債券，假借顧客的帳戶非法參與競標。他默默進行了一段時間，直到幾位所羅門的顧客發現自己的名字被用來購買政府債券，而且他們可不記得曾經同意這些購買行為。（這與二〇一六年富國銀行爆發的醜聞相去不遠，在這起醜聞裡，他們為了達成業績目標，擅自在顧客的名下開立帳戶。）

一九九一年四月，莫瑟向他的導師——著名交易員約翰．梅里韋瑟坦承，他對某場債券拍賣動過手腳。梅里韋瑟將這個壞消息告訴所羅門的傳奇執行長約翰．葛特佛蘭德，而葛特佛蘭德只跟公司的總裁湯姆．史特勞斯和法務長唐．福爾斯坦說了這件事。當如此重大的違法行為受到揭露時，管理高層通常會召開緊急董事會議，同時為了保住公司與自己的顏面，也會立刻主動向美國證券交易委員會報告，使犯法者接受懲罰。這是身為主席與執行長的葛特佛蘭德該做的事。此外，他也應該撤換所羅門的高階管理團隊，因為他們必須為這個重大問題負責。但他沒有這麼做。葛特佛蘭德同意只在公司內部談論這件事，不讓外界知曉，而且只有這幾個人參與討論。

那時公司高層並不知道，莫瑟不只在一場拍賣中搞鬼；他對好幾場拍賣都動過手腳。在某幾場拍賣裡，他囤積了超過百分之九十的可購買債券，完全無視聯邦政府所施加的百分之三十五的限制。由於這些主管沒有意識到問題是如此嚴重，他們只是稍微警告了一下莫瑟，要他保證不再這麼做，然後就讓他回到政府債券組主管的位子上——在這種幾乎無人監督的情況下，繼續代表公司參與債券拍賣的競標。

⊕

約翰．葛特佛蘭德在一九五三年加入所羅門兄弟，並從基層做起。幾十年後，他被《財星》雜誌封為「華爾街之王」。這是二十三歲的約翰料想不到的職涯發展。他在紐約市郊區長大，他的父親是一個肉鋪老闆，同時也是一位成功的肉品批發商與分銷商。約翰沒有繼承父親的衣缽，而是懷抱著成為文學系教授的夢想，到俄亥俄州歐柏林學院研讀英語。他在一九五一年從軍，並參加韓戰，當他退伍時，和他父親一起打高爾夫球的好友——比利·所羅門給了他一份工作。

一開始，約翰在統計部門擔任實習生，然後迅速往上爬，從地方債券部來到交易大廳，天賦異稟的他在這裡成為一位著名交易員。此外，他也以節儉著稱。「當我選定約翰作為接班人時，」比利·所羅門在一九九八年這樣告訴《紐約時報》，「他無疑是所有合夥人裡最保守的人。若你可以報公帳，然後你帶客戶到位於加勒比海的卡拉維勒半島吃晚餐之類的，約翰會問你是否真的有這個必要。我覺得這對員工是很好的示範。」一九七八年，葛特佛蘭德接任執行長。三年後，他帶領所羅門兄弟從私人公司轉變為上市公司，這令比利·所羅門非常不滿，他原本期待葛特佛蘭德能維護合夥人制度。

葛特佛蘭德的外型在華爾街十分引人矚目，他是一個發福的男人，有著一顆圓圓的頭，還戴著一副大眼鏡。他的妻子蘇珊曾經是泛美航空空服員，她不但成為眾人八卦的對象，也因為常舉辦奢華派對、邀請社交名流參加，並且在房子、旅遊購物、骨董與高級時裝上大肆揮霍，經常被報紙社交版報導。為了幫她總是板著一張臉的丈夫舉行六十歲生日派對，她不僅租下巴黎卡納瓦雷歷史博物館，還買了兩個協和號客機的機位，讓她最愛的麵包師傅和他做的蛋糕從紐約飛過來。這種鋪張浪費的行為與她丈夫的性格完全相反，他抽雪茄、時常和債券交易員們待在一起，而且和他們所有人一樣滿口髒話。時尚雜誌《女裝日報》將這對夫妻戲稱為「名媛蘇西」和「嚴肅約翰」。

雖然葛特佛蘭德有自己的辦公室，但很少使用。他比較喜歡處於機動狀態。所以他在交易大廳裡擺了一張辦公桌。我很幸運地被安置在他的隔壁，距離所羅門兄弟的另一位權威人士約翰．梅里韋瑟也不遠。（因為那位招募主管決定，當暑期實習生沒有在觀察特定交易員時，必須有自己的固定坐位。）

我聽說過葛特佛蘭德對新手交易員的著名建議——每天早上起床都要「做好一口咬掉熊屁股的準備」，非常盼望他也能給予我類似的智慧啟迪。但那個夏天，他都不曾跟我說過話，除了有次遞給我一份他已經讀完的年度報告，然後說我也應該讀一讀以外。我熱情地接收了這個來自公司高層的指令，卻發現那篇報告是用德語寫的（我不懂德語）。我看了看葛特佛蘭德，希望能看到他對這場惡作劇和藹地笑一笑，結果他已經轉過頭去。

與此同時，我的主管也指派一項作業給我，那就是將過去曾經在高收益債券（high-yield bond）[31]市場發行的所有債券期限[32]都記錄下來。當時我還不知道那是什麼意思，但很開心地接受了這項作業，因為它使我得以跟幾位高收益債券的交易員互動。其中有一位交易員問我，我是犯了什麼大錯才被安置在「非戰區」；這裡的「非戰區」指的是葛特佛蘭德和梅里韋瑟這兩個敵對勢力之間的緩衝地帶。

我天真地對他笑了一下。「我想，坐在葛特佛蘭德隔壁是一個很好的機會，我將會聽到一些很酷的事。而且，他感覺是個好人。」

這位交易員搖搖頭，然後就走開了。他邊走邊回過頭來說：「你可能很安全，我沒有看過他在像你這樣無足輕重的人身上浪費子彈，你在公司的位階實在太低了。」

結果，他是對的。儘管所羅門看似場面混亂、競爭激烈，其實所有人都默默遵守某個不成文的規定。你只會追逐那些層級與你相同或相近的人。「獅子不會獵捕松鼠。」他們會這麼說。前輩可以嘲笑、捉弄晚輩，以教育與娛樂的名義欺負、侮辱他們，但毀掉某個位階比你低很多的人被認為是一種卑劣的行為。層級低就是我的保護傘。

那個一九八九年的夏天，還有另一項發現令我耳目一新：沒有什麼事比天賦更重要。我原先預期交易大廳會有很多讀過常春藤名校、充滿男子氣概的白種異性戀男性，他們打敗了眾多競爭者，才能爬到華爾街的頂端。雖然這些人在每家公司都一定存在，所羅門的員工組成更多元化。我很驚訝地發現，這裡有許多女性業務員，以及沒有受過大學教育的交易員。種族與性向似乎並不重要，外貌與體重也不是人們在意的重點。重要的是理解力、決心，還有透過販售金融債券賺錢的能力。儘管華爾街的多數公司都陽盛陰衰（金融業因此惡名昭彰），所羅門沒有官僚習氣、組織扁平，所以創造出最純粹的菁英主義。這或許有時很殘酷、粗暴、帶有性別歧視的意味，但天賦終究主導了一切。

華頓學生這個身分並沒有讓我享有特殊優勢，我在交易大廳裡的那段日子過得不太順利。那年夏天的整個前半段，我都沒有過上一天好日子，我不忍想像自己額頭上閃爍的股價是多少。公司指派給我的導師不想與我有任何牽扯，他似乎覺得管理階層要他看管一個缺乏經驗且毫無價值的ＭＢＡ學生是一種侮辱。

但最後，我還是有了一張真正的辦公桌，並且負責接電話的工作。我會盯著那一排燈號看，等其中一個燈號亮起時，盡可能有禮貌地接聽。

「午安，這裡是所羅門兄弟。我叫克里斯．瓦雷拉斯。有什麼我能為您服務的嗎？」

當我第三次用這種方式接電話時，我的手上空空如也，因為有人從我手中抽走了話筒。我轉頭看見導師用極度厭惡的眼神瞪著我。

「你在說什麼鬼？」他問道，「你要說『所羅門』，而且只要說『所羅門』就好。如果可以的話，保持在兩個音節——『所羅．門』（Saul-man）」。讓我聽到你這樣唸。」

於是在眾目睽睽之下，我不停地練習唸「所羅．門」。我很肯定自己看起來、聽起來都像是個笨蛋；我確實感覺像個笨蛋。學會用正確的方式接電話花了我太多時間。在所羅門的文化裡，效率比禮儀更重要，這對受過迪士尼樂園訓練的我來說，是一個很大的衝擊。我的母親和華特．迪士尼都很重視禮節，我對此已經習以為常。然而在華爾街，沒禮貌是追求快速獲利時無法顧及的一種瑕疵。

那天晚上稍晚，當我在跟母親講電話時，我問她對這件事有何看法。老實說，在華爾街文化裡，禮節是我最不擔心的部分。但用這個主題來試探她感覺很安全，即便我已經知道她會說些什麼。她一直認為，以禮待人是一項基本行為準則。

「你說『沒有時間說午安』是什麼意思？」她說，「那個地方聽起來好瘋狂。」

「但是媽，這裡節奏很快、分秒必爭，大家沒有時間注重這種細節。」

「克里斯多金茂（Christokimou），」我的母親說（這是她幫我取的希臘語小名，意思是「我的小克里斯」），「你必須一直爭取時間有禮貌，這是我們和那些動物不同的地方。或許你應該離開那裡。你要記得，如果你和鬥雞眼的人待在一起，你也會變成鬥雞眼。」

「鬥雞眼」這句話我在小時候就已經聽過幾百次（通常當我和某群她不喜歡的朋友待在一起時，她就會說這句話）。儘管我同意她的論點，我也覺得不曾親身體驗的局外人永遠都無法理解所羅門的文化。但與此同時，我也不知道我是否只是在找藉口而已。

為什麼保羅．莫瑟要對國債拍賣動手腳，讓整家公司陷入危機？沒有任何人料想到，他會做出這種破壞與不道德的行為。他身材矮小、沉默寡言，但也極度爭強好勝——在華爾街工作，同時也是一位業餘網球選手的他特別喜歡與自己競爭。莫瑟是八個孩子當中的一個，所以他的種種行為或許是因為他生性好強使然。他只是很莽撞，試圖想戲弄財政部，即便最後他會為此付出代價。他太自作聰明，以為自己不會真的受到懲罰。

又或許莫瑟的這些行為是所羅門隨心所欲的文化造成的。這種文化擁護「懇求原諒比徵詢同意來得好」這樣的信念，他可能猜想自己會被饒恕，甚至因為將獲利最大化，並展現金融體系的這項缺點而獲得獎賞。抑或是另一個原因，這就要追溯到莫瑟在一九八三年被調到政府債券組，以及他和約翰·梅里韋瑟的歷史。

梅里韋瑟是公司裡最具影響力的人之一；他是董事會副主席，同時也是高風險權證交易[33]的主管。多數交易員與業務員都透過協助客戶進行交易賺取佣金，梅里韋瑟和他底下的權證交易員則是用公司的資本代表公司建立倉位（take position）[34]。他們的交易規模比其他交易員大上許多，所羅門則成了他們最大的顧客。我們最常以拉斯維加斯的賭場來比喻：基本的佣金交易如同一台台吃角子老虎機，穩定累積獲利，然而，權證交易就像是「二十一點」牌桌上獨自賭博的「大鯨魚」（whale）[35]，每次出手都是一場豪賭。這隻「大鯨魚」的成敗決定了賭場的獲利能力，而吃角子老虎機則影響不大。若梅里韋瑟賭對了，所羅門兄弟那一季的獲利就會很好。若非如此，所羅門那一季的獲利就會很差，無論銷售與交易收入如何。儘管為了創造並維持公司高達上兆元美金的資產負債表，佣金交易是必要的，規模最大的顯然還是梅里韋瑟的權證交易。

一九八〇年代晚期，梅里韋瑟成功說服公司改變薪酬結構；他衝進葛特佛蘭德的辦公室，說因為他的團隊賺的錢比公司其他部門多很多倍，他們的報酬應該要反映出這樣的獲利能力。葛特佛蘭德不僅默許這個提議，而且只把這件事告訴董事會執行委員會其他九位成員中的兩個。他允許梅里韋瑟的團隊賺取權證收入的百分之十五，但其他部門瓜分的獎金總額卻遠比這少得多。公司以前從來沒有這麼做過，而這產生了很深遠的影響。最後當其他部門發現這一點時，他們當然也要求同樣的報酬，這導致薪酬視個人表現而定的狀況越演越烈（員工所獲得的報酬與那一年公司的整體表現關聯不大）。

「在合夥人制度下，」霍洛維茲回憶道，「如果你的部門表現得比其他部門好，你會獲得更多報酬，但不會比其他人多很多。因為大家認為，一切都是全公司一起努力得來的，這種觀念源自於合夥人制度的倫理。比方說，你想買一台高級車，然後你跑去跟比利．所羅門說：『我可以從我的資本帳戶裡拿一些錢出來嗎？我真的很想買這台車。』他會取笑你。『第一，』他會說，『我們會把錢留在公司裡。第二，我們不希望我們的合夥人過這樣的生活。』」

但公司上市讓梅里韋瑟有機會建立「論功行賞」的獎金結構，他極力保護他旗下的那些數學家，以及成為套利（arbitrage）[36]專家的前常春藤名校教授。在保羅．莫瑟被調到政府債券組之前，他曾經是梅里韋瑟團隊的一員，因此當那些權證交易員的個人帳戶在那十年間被錢塞爆時，莫瑟開始覺得自己似乎被排除在外。梅里韋瑟團隊的新獎金結構祕密施行了一段時間，但當他們開始賺進八位數的報酬時，消息很快就傳開了。一九九〇年，莫瑟在政府債券組獲得的獎金高達近五百萬美金——這肯定不是什麼會被嘲笑的事，但當他聽說賴瑞．希里布蘭德這位他在梅里韋瑟團隊的前同事淨賺了兩千三百萬美金時，他應該覺得自己被藐視了。我們很容易就能明白，莫瑟心中的怨恨如何使他誤入歧途。

「在吃早餐時，」霍洛維茲這樣回憶莫瑟和財政部官員那場失敗的會面，「我們都不知道他已經有所隱瞞。在諸多欺騙對象裡，你偏偏選擇招惹美國政府？我的意思是，貪心就是貪心。他根本不可能逃得了。成為上市公司的最終結果就是貪心，因為它變成了別人的錢，結局就是如此。」

⊕

交易大廳裡的時間是以秒來計算的。市場會非常迅速地做出反應，你必須在數據公佈或新聞報導之前就準備好下一步行動。為了保持敏銳，交易員們會玩一種名為「如果……會怎樣」的遊戲，也就是互相挑戰，要其他人思考在世界上發生某個重大事件時（通常是一場大災難），要買進或賣出什麼東西。其中一位交易員會提出問題，其他交易員則大聲回答。

舉例來說，我的導師丟出一個問題：「如果東京因為核子反應爐爐心熔毀而被摧毀，你會怎麼做？」

接著，交易員們會開始大聲喊出答案：「放空（short）[37]日圓、買進美元。」（「放空」是交易員術語，意指「賣出」。）

「是啊，很明顯。」這個答案由於缺乏想像力而得到負分，儘管它令我大開眼界，因為我才剛開始學習怎麼從金融的角度來分析世界大事。

「做多（long）[38]美國和德國汽車製造商的股票，因為他們剛擺脫主要競爭對手。」（「做多」是交易員術語，意指「買進」。）

「我正在賣空迪士尼，」一位交易員從距離幾張桌子遠的地方大喊道，「因為他們的半數顧客都被氣炸了。」

每個星期一的一大早，我們都會召開全公司參與的會議，討論那一周會發佈的經濟數據。（這些數據幾乎每天都會公佈，它們將影響市場的走向。）數百位交易員會聚集在紐約廣場一號辦公大樓的大禮堂，一起討論各種統計數據，例如星期五早上八點三十分新發佈的就業數字。所有資深的人都坐在前排，此時來自各部門，像是承銷組、政府債券組和外匯組的專家會輪流上台報告，整個華爾街普遍認為這些數據對他們的市場有什麼意涵。接著，這些交易員會回到自己的位子上，並討論要建立哪些倉位，以及原因為何。

某一個星期五，在離就業數據的公佈時間越來越近時，交易員之間的討論也變得越來越熱烈。有一位交易員說：「若就業數字高，我覺得收益也將會跟著提升，因為這代表通膨壓力增大，而且聯準會可能會升息。」那時，我在一旁觀看。另一個傢伙大叫道：「胡扯！收益將會跟著降低，因為這代表成長。同時，我也認為還不需要擔心通膨壓力導致薪資成長，因為就業數字沒有那麼高。」然後他們開始爭論，如果最後發佈的就業數字比預期的少，會發生什麼事。就像之前一樣，有些交易員已經準備好針對同一則新聞提出完全不同的結果。

那時是八點二十八分，數據將會在兩分鐘內公佈。阿博出現在我旁邊，眼睛睜得大大地。「他們在這裡說些什麼啊？」他邊問邊在我身旁的空位上坐了下來。

「我也不知道，那聽起來像是一種不同的語言。有些人說，若就業數字高，收益就會跟著提升或下降，然後他們又說，若就業數字低，也會發生同樣的事。感覺他們只是用猜的而已。」

「你來錯地方了，老兄。」他回頭看了一下，接著把椅子挪得更靠近我一點。「我剛才聽說，梅里韋瑟的團隊打賭就業數字會很高，然後他們正要在三十年期國債上建立該死的龐大倉位。」

「梅里韋瑟怎麼知道就業數字會很高？這裡的人似乎對這個數字會是如何，或者它將對市場造成什麼影響都沒有共識。」

「因為他是該死的約翰·梅里韋瑟，就是這樣。」阿博驕傲地拍了拍我的背。

「但如果他錯了會怎樣？」

阿博只是笑了笑，然後搖搖頭。他並沒有回答我的問題。

在那最後一分鐘裡，所有的業務員都在跟他們的大客戶講電話，交易員們則已經準備好要進行買賣。阿博一邊觀察那些交易員，一邊心不在焉地撥弄著他的要塞軍校戒指。最後幾秒鐘，整個交易大廳安靜了下來，彷彿跨年倒數一般。接著數據公佈，大家瞬間燃起一股衝勁，對話齊發，既興奮又害怕。我看了看阿博，他傾身向前、嘴巴微微張開，當交易員們大聲喊叫、比手畫腳時，他都照單全收。他似乎很喜歡這一切，而我卻覺得這樣的盛大場面很奇特且難以理解。

我不知道那天早上梅里韋瑟是否賭對了，但那不是很重要。他的投資天賦以一個簡單的概念作為基礎，那就是市場最後都會回歸正常。當利差擴大時，他就賭它們會收緊；當利差已經收緊時，他就賭它們會擴大。而且，因為他有所羅門龐大的資產負債表供他使用，他有足夠的資金、可以一直等待，直到他是正確的那一刻來臨為止。

英國經濟學家約翰・梅納德・凱因斯（John Maynard Keynes）曾經說：「在市場回歸理性之前，你可能已經破產了。」在所羅門的資金與許多好運的支持下，梅里韋瑟一度否定了這句話。在離開所羅門之後，他創立了「長期資本管理」（Long-Term Capital Management，簡稱LTCM）這個避險基金。在那裡，他也用相同的理論打賭，但並不成功。因為不僅他的投資模式（它們無疑是建立在電子試算表上）有其瑕疵，他的賭注也變得太大，讓新的資產負債表無法支撐。這很快就帶來了大災難，而且由於「長期資本管理」與很多華爾街的大型公司都有生意往來，他們的失敗使整個產業都陷入了危機。為了降低對全球金融市場的傷害，有超過十幾家銀行必須聯合起來，並促成緊急援助計畫。「長期資本管理」只經營了四年就倒閉，這場大災難不但敗壞梅里韋瑟的名聲，也讓他和其他人損失慘重。

為什麼約翰・葛特佛蘭德一開始在得知保羅・莫瑟的違法行為時會選擇知而不

報，至今仍是個謎。二〇一六年，葛特佛蘭德帶著這個祕密與世長辭。知情人士說，他只是覺得這沒什麼大不了。其他人則說，他最後終於明白這件事有多嚴重，但他故作鎮定，試圖表現出無辜或不知情的樣子。有些人（包含所羅門的助理法務長薩克里．史諾）暗示，是約翰．梅里韋瑟說服葛特佛蘭德保持沉默，因為梅里韋瑟依然對讓莫瑟離開他的團隊感到內疚，所以他拚命保護他。

一九九一年七月，當聯邦政府再次抓到莫瑟超出債券拍賣百分之三十五的限制時，那些財政部官員終於意識到他的違法行為規模有多龐大。於是，政府展開偵查，同時所羅門也進行了內部調查。葛特佛蘭德、史特勞斯和梅里韋瑟很快就發現，莫瑟根本不顧承諾，還是繼續在債券拍賣中搞鬼，包括在五月的某場拍賣裡獨佔了百分之八十七的債券。莫瑟藉此強行敲詐，導致其他公司損失超過一百萬美金，甚至造成某些小公司破產。最後，葛特佛蘭德不得不向所羅門的其他高階主管、董事會，以及聯邦政府報告這件事。然而，他還是隱瞞了非常多重要細節（包含他其實從四月就已經知情），結果自取滅亡。

或許葛特佛蘭德選擇知情不報是因為自尊心使然。他是肉鋪老闆的兒子、大學主修英語；他爬到了華爾街的頂端，因此可能覺得自己高不可攀。當他終於在一場密室會談中向高階主管們提起這件事時，他說：「我不是為了任何事向任何人道歉。道歉一點意義都沒有，已經發生的事就是發生了。」

當報紙報導這件事時，多數人都不預期所羅門兄弟會活下來。聯邦政府可以直接勒令他們停業。葛特佛蘭德打電話給他的好友華倫．巴菲特。這位著名的億萬富翁幾年前在所羅門兄弟投資了七億美金，他同時也是公司的董事會成員。巴菲特不僅對莫瑟的行為大感震驚，葛特佛蘭德沒有更誠實地處理這種狀況也令他感到失望。但巴菲特也承認，若所羅門要存活下去，就必須仰賴某個備受敬重與信任的人。沒有比他更好的人選了。巴菲特明白，如果所羅門倒閉了，可能不僅會對全球市場產生毀滅性影響，他自己也會因為與這樣的墮落行為有所牽連而被玷汙名聲。所以巴菲特同意以臨時主席的身分介入。

在進入公司四十年後，葛特佛蘭德提出了辭呈。作為副主席的梅里韋瑟也和總裁湯姆．史特勞斯一起離開了，因為他明明知道莫瑟的違法行為，卻一直保持沉默。必須有人為此受到懲罰。這些人把所羅門帶進現代，帶領它從私人公司轉變為上市公司（無論這是好是壞），如今他們造就並擁護的文化卻導致這樣的結果。雖然比利．所羅門已經不再每天出現在公司裡，他還是繼續擔任榮譽職；他這樣告訴《商業周刊》：「若他們讓我卸下我的職務，我會很開心。」

保羅．莫瑟在一九九一年八月十七日被解僱。當他的案子終於結束審理時，他承認犯下兩項與假借所羅門顧客名義參與債券競標有關的重罪。據說在接下來的民事訴訟中，發現他至少在七場不同的拍賣裡動過手腳，投標金額總計高達一百三十五億美金。在一次和解中，他同意一輩子不得從事證券業。他的附加懲罰非常輕——在低度安全管理監獄服刑四個月，併科罰金一千一百萬美金。這和他在拍賣中搞鬼所得來的錢相比，不過是九牛一毛而已。他在一九九三年一月入獄服刑，接著在所羅門兄弟外頭人行道上那堆骯髒的雪融化後不久就會回家了。

⊕

整個夏天，華爾街的各家銀行都在為來自其他地方的暑期實習生舉辦雞尾酒招待會，好讓他們可以接觸公司的人。這些招待會大多在平日晚上舉行。我們有時會中途在某一場稍作停留，然後再前往其他地方。儘管它們通常很無聊，我們至少可以期待啜飲免費的酒開始我們在曼哈頓的夜晚。我的室友班很少能參加，因為他在投資銀行部上班，經常需要加班到很晚，甚至徹夜工作。但當摩根史丹利的招待會到來時，沒有任何事可以阻擋他。班的夢想是有一天能在那裡工作。所羅門位於交易與銷售業務的頂端，而摩根史丹利則被公認是投資銀行界的巔峰。

那天晚上我沒有事情做，於是就一起去了。班對這場活動感到很焦慮，但我卻對摩根史丹利毫不在意。事實上，我在紐約的前幾周，曾經很愚蠢地把這家公司叫成「史丹利摩根」。我以為那是創辦人的名字，直到某位覺得很好笑的交易員公開糾正我為止。這場宴會在洛克斐勒廣場某棟大樓六十五樓的時髦餐廳「彩虹廳」舉行，如果真要說的話，我覺得開胃菜應該會很不錯。

當我們一走出電梯，並來到光彩奪目的宴會廳時（裡頭有爵士樂團、華麗的花藝佈置，天花板上還有水晶吊燈），班就跑去跟摩根史丹利的重要人物閒聊，丟下我沿著窗邊漫步。我邊走邊俯瞰位於曼哈頓上城的中央公園，以及遠處的河流與其他行政區。這是我看過最驚人的景觀。

「從這裡看下去很小，對吧？就像是一座立體佈景。」

我轉過頭來，發現有一個年輕女孩站在我的身旁。她有著一頭及肩棕髮與瀏海、戴著方形眼鏡。

「看起來簡直不像是真的。」我說。

她伸出一隻手，同時自我介紹說她叫珍，目前在投資銀行普惠業務部擔任暑期實習生。她輕鬆愉快地笑著。

「很高興認識你，珍。」我抓起她的手，緊緊地握了一下，並自我介紹。

當她聽到我在哪裡工作時，瞬間揚起眉毛。那個夏天，我已經逐漸習慣人們有這種反應。

「所羅門兄弟，」她又重複了一次，「該死。」

一旦你告訴某個人，你在所羅門的固定收益商品部工作，對方立刻就會覺得你很猛，可能也有點危險。

我和珍單獨聊了一會兒，接著在前往位於曼哈頓中城的一流餐廳——愛麗舍飯店樓下的猴子酒吧之前，跟幾位摩根史丹利的資深銀行家交流了一下。我曾經聽說，數十年前，這個地方是曼哈頓文人與音樂家常去的俱樂部會所，我一直想去看一看。在進去酒吧的路上，我跟珍提到，美國劇作家田納西．威廉斯死在樓上的客房裡，他的死因很離奇——被眼藥水瓶蓋噎死。

「誰啊？」她邊說邊搖搖晃晃地倒向我。

「某位作家。」早知道我就不該跟華爾街的人提起文學的話題。她比我更能滔滔不絕地談論任何金融概念，但在銀行界，懂得欣賞藝術的人很少。

猴子酒吧比我原本想得更破舊，裡頭異常明亮，但散發出一種老派紐約的魅力——它有著斑駁的木質地板、牛皮沙發包廂、紅白格子桌布、古銅壁燈，以及褪色的壁畫，畫中的猴子們正玩著撲克牌或飲酒作樂。酒吧樓上的飯店被人們戲稱為「輕鬆睡飯店」，因為它過去經常變成婚外情發生的地點。在猴子酒吧內，你也依舊能感受到那些被遺忘的歷史片刻，以及在寬敞紅色包廂裡展開的偷情對話。

我們點了啤酒，然後在酒吧的最裡面找到了高腳凳。這提供我們一些隱私，但同時也可以觀察外頭的人群（那些人大多比較年長，而且穿著保守）。我和珍大致交換了一下我們從哪裡來、就讀哪所學校之類的事，還有她目前正在分析的金融新聞（這遠遠超出了我的理解與經驗範圍）。

「你覺得明天公佈的消費者物價指數（Consumer Price Index，簡稱ＣＰＩ）[39]會如何？」她問道。

「明天嗎？這很難說。」我感到很迷惘。「你覺得呢？」

「我認為指數將會很高，但通膨不會是個問題。聯準會可能會擴大降息，因此債券價格應該會上漲，而收益則會降低。」顯然珍做足了功課。

「是啊，」我大口喝下半杯啤酒。「這似乎是人們普遍的看法。」

她瞇起眼睛，然後把頭歪向一邊。「繼續說下去。」她說。

「這不會是第一次，對吧？」我繼續即興發揮，「但誰知道呢？不是嗎？若完全相反的事發生了，我也不會感到驚訝。」

她的臉上露出一抹淺笑，我以為她馬上就會說，我的言論毫無根據。但她卻溫柔地將一隻手放在我的膝蓋上。我鬆了一口氣，同時也感受到一股熱情。她還沒有把我當成一個冒牌貨。

我喝完我的啤酒，然後表示要再來一杯。我的腦海中響起所羅門招募主管的聲音，那是她第一天在進行環境介紹時說的話——「你所感受到的就是現實。」我心想：「這句話是多麼真實」；我明白，吸引珍的是神祕的所羅門交易員，而不是坐在她面前的這個人文社會學系畢業的書呆子，以及迪士尼樂園的前員工。從這個角度來看，感受與現實很弔詭，它們有時會讓你意外虜獲一個陌生女孩的心（她年輕而迷人）。我看著她纖細的手在酒吧燈光的映照下投射出影子，它仍舊放在我的膝蓋上。這感覺真是奇妙。

「告訴我一點瘋狂的事。」她刻意靠了過來。「我想聽發生在所羅門兄弟惡名昭彰的交易大廳裡的瘋狂故事。」

「嗯，讓我想一下。」

「來點刺激的吧。」

「好，我想到一個了。」我開始享受起珍指派給我的這個角色。「這其實是今天才剛發生的事。當股票交易大廳裡的人大規模操作某家公司的股票時，我正好人在現場。我不能說是哪一家公司，所以讓我們稱它為X公司吧。那段過程很緊張。」

「是嗎？」她又靠得更近了。

從故事的一開頭，我就懷疑是否該把它說出來，希望刪去這家公司的名字能給我一點保護。並不是因為其中有任何涉及不法的部分，而是因為聽我自己描述它，整件事開始感覺不太正當。

在所羅門的公司位階裡，股票交易員不太受重視（尤其是和債券交易員相比）。因此，為了展現自己的實力，他們運用了一個狡猾的手法。這個方法可以帶來額外的獲利，但必須配合幾個條件。

首先，他們悄悄地買進一堆X公司的股票。接著，再由其中一位交易員拿起電話，並對外放出風聲說，為了填倉，所羅門需要大量的X公司股票。這當然是謊話，因為所羅門已經囤積了很多X公司的股票，只為了演出這場戲。就像他們預期的那樣，這個風聲傳得很快，其他公司都爭相買進X公司的股票，試圖對所羅門進行敲詐——如果他們擁有所羅門需要的東西，同時又讓供給變得稀少，他們就可以高價出售這些資產（這和莫瑟對政府債券的操作手法非常類似）。當這場購買狂潮持續延燒時，這群人圍在一台科特龍的行情收報機旁邊，看著X公司的股價不斷攀升。他們正在等待適當的時間點，以便結束這一切。在這些股票操作中，時機非常關鍵：若太早喊停，你的獲利將因此減少；若等得太久，整件事可能就失敗了。

交易員們焦慮地看著那位資深股票交易員導演著這場戲。「時間還沒到，」他小聲地說，「還沒到。」接下來，在另一次價格躍升後，他終於大吼：「把它賣出。」交易員們撲向他們的電話，然後在他們的賣單對股價施加太多的下跌壓力之前，拚命出清X公司的股票。但他們必須小心執行，避免讓這齣劇本曝光。這段拋售的過程花了整整六分鐘。當最後一位交易員砰的一聲掛上電話時，他們全都跳了起來，並且大聲歡呼。他們快速賺取了可觀的獲利，所有人都熱血沸騰。

珍聽到嘴巴微微張開，她的手在我的膝蓋上變得緊繃。我也利用這個故事大做文章，盡可能戲劇化地呈現。當我說完後，她站起身來、將外套摺好掛在手臂上，接著不發一語地牽起我的手。不到半小時後，我們爬上了那棟紅砂石建築的樓梯、推開我房間的門，然後把燈打開。我頓時感到退縮，因為我沒有準備好要讓她看到那片炸裂的粉紅色、隨風飄動的白色花邊與蕾絲，還有那些洋娃娃與獨角獸。她一定會覺得我是個騙子。結果她卻咧嘴大笑。「你們這些所羅門的男人」她說，「都瘋了。」

那天股票交易員們所使用的敲詐手法並不是什麼新鮮事。自從交易市場出現開始，這種投機行為——用股票進行操作與賭博就一直存在。在有法規遏止某些更卑劣的手段之前，藉由建立「股票池」來賺快錢是一種很常見的方式。這個股票池裡有一群具有影響力的投資人，他們會集結手上的資源、在證交所交易大廳找一個同謀，然後針對某檔股票製造熱門的假象，以抬升它的股價。在這場搶劫中，一般大眾是受騙的那一方，不知情的他們還是會在股價上漲時買進這檔股票。接著，股票池會開始清倉，當股價暴跌時，其成員就會取得他們從大眾口袋裡奪走的龐大獲利。

一九二〇年代，股票池十分常見，民眾最後終於明白這種操作手法。大家不僅沒有反對它，還直接加入，他們似乎很享受這種挑戰，確信自己只要能駕馭瘋狂的市場波動，就可以賺到錢。但這些人很少成功，因為他們手中的資訊遠比操縱這場遊戲的交易員們少得多。某些股票池甚至有像嘉信理財集團創辦人查爾斯・施瓦布（Charles Schwab）、克萊斯勒汽車創辦人沃爾特・克萊斯勒（Walter Chrysler）、洛克斐勒家族（the Rockefellers）成員這樣的大人物，以及某些政府高官、大型銀行主管加入。但即便社會大眾與金融界大佬都接受這種做法，並不是所有人都認為它合乎道德。

一九二七年，一位名叫威廉・澤比納・雷普利（William Zebina Ripley）的哈佛大學教授出版了一本名為《華爾街與商業大街》（Main Street and Wall Street，暫譯）的書，書中針對市場上的股票操作提出反思：「最重要的是，我們必須承認這一切有些不對勁……我清楚意識到它是不恰當的。不要怕，天不會因此塌下來！但還是會出現一些奇怪的雜音，像是躲在牆壁裡的老鼠或木頭裡的蛀蟲發出的聲音。」

然而，這些股票操作恐怕仍無法代表華爾街對商業大街帶來的重大傷害。或許這項「殊榮」要歸於保羅・莫瑟和他的債券拍賣醜聞。華爾街過去已經用像股票池這樣的手法欺騙商業大街的投資人幾十年，但莫瑟在一九九〇年代早期的所作所為影響範圍更大、傷害更深，因為他不僅破壞了一個重要且規模龐大的市場，也損害大眾對金融體系的信任。在此之前，從來沒有一家華爾街的大型公司曾經對政府債券市場（這個制度對商業大街非常重要）造成嚴重威脅。莫瑟的醜聞是所羅門從私人公司轉變為上市公司所產生的自然結果。這一切證明了當公司不再為風險承擔責任時會發生什麼事。

此時看到像莫瑟和葛特佛蘭德這樣的人，我們很容易就得出這樣的結論——所有華爾街的人都墮落而貪婪。但這種看法並不準確。我每天看到在所羅門發生的事情當中，有超過百分之九十九都正當合法、光明磊落，公司的八千名員工多數都是很正直的人。這些弊端在公司高層最普遍，他們不但擁有最大的權力，要負擔的責任也越來越少。這一點不足為奇。

在合夥人制度下，莫瑟會做出什麼事？或者更重要的是，他能擁有些什麼？由於合夥人制度是建立在團結一致與共同承擔責任的文化上，大家會自我監督，同時確保其他人不會冒不必要的險。在變成上市公司之後，這些控管都蕩然無存。然後，可能就會出現像莫瑟這樣的害群之馬，做出毀掉整家公司的舉動。

華倫．巴菲特明白莫瑟對所羅門造成的傷害，以及他所肩負的艱難任務——重建政府與社會大眾的信任。雖然聯邦政府同意巴菲特以所羅門兄弟臨時主席的身分介入，這段過渡期還是進展得非常不順利。公司依舊深陷各種刑事指控與罰金的風暴，每當聯邦政府對所羅門執行一項新處分、以此殺雞儆猴時，他們的股價就跌得更低。儘管政府禁止所羅門在拍賣中代表客戶投標，他們還是可以繼續用公司本身的帳戶參與競標。然而，因為有這樣的限制，再加上大眾的厭惡，導致顧客紛紛逃離所羅門。在情況最糟的時候，所羅門的資產負債表每天下滑十億美金。

巴菲特大膽向美國國會保證，他將清除所羅門恣意妄為的文化，並且恢復企業品德。在他的證詞裡，他描述了他的領導願景：「損失公司的錢，我能諒解；讓公司失去名聲，我將會很無情。」同時，他也寄了一份備忘錄（其中包含他家裡的電話）給八千名員工，命令他們在發現任何非法或不道德的行為時直接向他報告。他在《華爾街日報》刊登了一則全版廣告，那是一封給所羅門股東的公開信，承諾他將大幅改變公司的管理與文化。他當然可以直接寄信給股東，但他希望能公開呈現信件的內容。巴菲特很清楚，重建政府與大眾的信任是拯救所羅門兄弟的唯一方法。

儘管花了一段時間，最後客戶終於開始回流，公司股價也開始復原。一九九二年春天，巴菲特卸下了他的職務。（一年前，莫瑟首次向約翰．梅里韋瑟坦承他的罪行。）

從很多方面來看，這個醜聞並不令人意外。當拉長時間再回頭檢視時，我們很容易就能看到「從所羅門還是私人公司時的黃金年代，到華倫．巴菲特在國會作證，懇求政府讓他來拯救這家公司」這一路的軌跡。在過去，所羅門兄弟曾經是這樣的一家公司——合夥人用自己的錢進行倉位操作，並承銷各種證券。然後，這個世界變得更大，公司需要更多錢才能與時俱進，因此它變成一家上市公司，而他們的資產負債表也成長了好幾倍。就在這個時候，資深員工們心想：「我們何不開始用公司的資金來賭博，為我們自己賺點錢？」於是，梅里韋瑟和他底下的那群權證交易員就出現了。

他們開始賺取鉅額報酬，最後要求公司給予相應的報償。管理階層只好同意他們的要求。接著，其他人也想分一杯羹，所以他們進一步挑戰極限，彷彿覺得他們必須成為為自己賺錢的機器，而不是團隊的一分子。合夥人制度宣告結束，同時伴隨合夥人制度的企業倫理與管理也被拋棄。所有人都變得只想到自己。從一九八一年變為上市公司開始，到一九九一年莫瑟差點毀掉整家公司的這十年，人們日趨自私、貪婪，而公司從未真正復原。

即便隨著華爾街與他們服務的市場規模日益擴大、漸趨複雜，對問責制度的需求也跟著增加，但這種制度依然持續被削弱。二〇〇八年金融危機的種子已經種下，並且在不到一個世代之後萌芽——再度發生同樣的事，這次影響範圍更大，使華爾街與商業大街陷入混亂。

⊕

某天當我出去買咖啡回來時，我看到年輕的實習生維克多把他的腳放在一張桌子上。他正和潘恩．金一起吃著中國菜。他們看起來像是大學兄弟會的夥伴，輪流說著黃色笑話；他們大笑著，並互開彼此的玩笑。但這其實是因為，維克多在金的指導下執行了一筆交易（從來沒聽說有暑期實習生這麼做過），他們正在為此慶祝。就在此時，交易大廳的「大聲公」傳來一個聲音：「『蠢蛋』維克多又成交了一百萬美金的債券。」

「維克多真是不錯。」我心想。他甚至被取了一個輕蔑的綽號，現在，他確實獲得了肯定。

當我斷定固定收益交易不太適合我時，沒有人感到驚訝。儘管根據重大事件立刻做出決定看起來很刺激，但我覺得那是一種胡亂猜測，或者頂多是試圖預測其他人對這些事件的反應，而不是事件本身所造成的直接影響。此外，我也不能接受用數百萬或數十億美金（那都是公司的錢）來賭看看，三十年期國債是否會因為某個看似不相干的經濟指標而上漲或下跌幾個基點。這裡很有趣、吸引人（卻也很可怕），但我很清楚，我的技能（無論它們是什麼）在其他地方會得到更好的發揮。

那個一九八九年的夏天，還有另一件事困擾著我：我不覺得我有提供任何附加價值——不只是對公司（沒有人會質疑這一點），整體而言，作為一個社會人，我也沒有任何貢獻。這感覺不是我要離開這裡，然後去加入志願服務組織「和平工作團」。但我希望做一個對社會有用的人，而不只是賺錢機器裡的一顆小螺絲而已。看著那些交易員宛如一群椋鳥般瘋狂地飛舞著，我不知道他們做的這些事最後是否有帶來任何「益處」。他們從事這份工作大部分都是為了追求刺激，以及賺很多錢。對他們多數人來說，動機都僅止於此。

但隨著時間過去，我有了更深刻的理解。我逐漸明白，不管這些債券交易員從事這份工作的動機是什麼，從複雜的歷史角度來看，他們很有幫助且不可或缺。債券市場起初是為了讓政府籌措資金，以便修築道路、設立學校、資助戰爭所需，以及興建並維護各種公共建設。到了二〇一八年，美國的債券市場規模已經超過四十一兆美金，但在一九九〇年時，其規模還不到八兆美金。政府需要有人操作這套系統：管理債券發行，並將它們分銷給買家與其他經銷商，藉此創造出一個活躍且有效的市場。這就是金融機構扮演的角色。他們創造了這個市場，使交易變得可行，所以能促進成長。他們是這台機器運轉必備的潤滑油。

這些金融機構同時也創造並持續經營次級市場，這個市場也同樣重要：如果民眾不想再持有他們手中的政府債券，可以到所羅門或其他投資銀行去賣掉。市場越有效且健全，投資人就越容易參與，這使政府的借款成本變得更低，用來支付利息的稅金也就變得更少。

因此我發現，這數千名交易員與業務員都是這台大機器中微小卻重要的零件。他們多數人看似極度瘋狂、好勝、貪婪，但其實都對社會有所貢獻（即便那只是一項副產品），因為這個市場本身就對蓬勃發展的社會不可或缺。

然而，由於私人公司轉變為上市公司，以及員工們不再為公司的資產負債表承擔責任，金融體系迫使人們面對新的問題：什麼是衡量好壞的新標準？要行得正，我們必須負起什麼樣的責任？考量到人性，若不再受限於損失個人資金的威脅，世人還應該預期我們是善良的嗎？鼓勵與控管行為的新界限與範圍是什麼？要讓一個人的長期最佳利益最大化，似乎必須對不良行為加以遏止，但因為有鉅額獎金的誘惑，在脫離傳統合夥人制度的上市公司，就更容易冒失去資產與名聲的風險。

⊕

我在所羅門的第一個夏天進展得如火如荼。八月終於到來，這意味著，又到了舉行招募酒會的時候。儘管其他公司舉辦的多數聚會都很無趣，所羅門的派對當然是個例外。

當我走進為了這項活動承租的酒吧時，我看見一位交易員站在酒吧的最高處、手裡拿著一顆迷你籃球，他的身旁圍繞著一群人，他們一邊大聲喊叫，一邊揮舞著手中的錢。這位交易員接受眾人的打賭，看看他能否成功挑戰長距離射籃，把球投進投籃機裡；賭注有數千美金。在我的左手邊，有十幾名業務員和暑期實習生圍成一圈，大肆暢飲著。他們的桌上堆滿了空杯子與啤酒瓶。

我恰巧在門前遇到正要離開的「賴瑞．柏德」。她穿著色彩鮮豔的香奈兒套裝（她有很多件這種套裝），看起來很美。

「這麼快就要離開這場派對了嗎？」我問道。

「是啊，」她說，「我必須回去工作。明天早上要進行一場報告。」

「你覺得這場派對如何？」我看了一下眼前的嬉鬧場面。

「很典型的所羅門式作風。歐萊瑞現在正在女生廁所裡。」

「你說什麼？」我問道。這時，一顆迷你籃球飛過我們的頭頂，接著許多交易員開始歡呼起來。

「歐萊瑞，」她平淡地說，彷彿在報告一件稀鬆平常的事。「他現在正在女生廁所裡。」此時，一位備受敬重的董事總經理從我們身旁經過，他把他的領帶綁在頭上，就像是藍波的頭巾一般。

「他到底在那裡做什麼？」

「不知道，」她說，「但我得走了。」

我看到一位交易員在角落的地板上倒下，然後在香菸販賣機旁昏了過去。「嗯，幸好你要離開這裡了。」

臨走前，她的臉上露出了疲憊的表情。

幾分鐘後，我走到吧台前要了一杯啤酒。這時，歐萊瑞正好出現在附近，我聽到一位交易員問他為什麼會在女生廁所裡。

「聽好了，」他說，「有人告訴我要多僱用一些女人。然後該死的是，那些女人就在那裡。」

「結果如何？」交易員大笑著問道。

「真是太棒了！」歐萊瑞大叫道，「她們都會來上班！」然後，這兩個男人都笑彎了腰。

夏天即將進入尾聲。我很快就要回到華頓，繼續我第二年，同時也是最後一年的學業。（世人都相信，這所學校為華爾街的價值與使命提供了學術基礎。）在水深火熱的交易大廳待了幾個月之後，我不確定自己對它有何感受。

我一邊啜飲啤酒，一邊尋找班在哪裡，但我找不到他。同時，我也在尋找其他暑期實習生，任何我認識或可以聊天的人，但我眼前的每個人都是陌生人。他們甚至似乎不跟彼此交談，就只是喝酒、大叫、打賭。我站在角落，屋內塞滿了我不曾共事過的人。我叫不出他們的名字；他們是失控派對上的一群狂歡者，彷彿覺得這場派對永遠不會結束。這永遠不會是他們的最後一杯酒；燈永遠不會點亮，他們很確定這一點。他們揮舞著一把把鈔票，拿不可能辦到的事來打賭，只為了好玩；他們拿著大筆金錢碰運氣，也許，只是也許，其中一台投籃機會升空，並高掛在酒吧上方。此時，他們全都抬頭看著天上，手裡的曼哈頓雞尾酒灑了出來。他們盯著空中的那顆橘色球體看，它將奇蹟似的閃過天花板上的燈具與橫梁、在黑暗裡消失一秒鐘的時間，接著重新出現，最後掉進那個小籃框內。這時，籃板上的金色閃光燈瘋狂閃爍著，紅色汽笛也大聲響起，宣告這場勝利……

就在這裡，他們為了一顆不可能投進的球贏得、輸掉大筆金錢。屋內歡聲雷動，他們點了一輪又一輪的酒，此時下一位交易員爬上酒吧的最高處、聽從指令，然後拿起球來（他對自己的青春與財富信心滿滿），讓球飛向空中。

註釋

22. 基點是金融工具（尤其是固定收益證券）常用的計量單位，一個基點等於零點零一個百分點（即百分之一）。利率、債券收益率，乃至股價的變動幅度都常以基點來表示。

23. 固定收益投資是指依照固定利率支付報酬的證券，例如政府公債、公司債，或支付固定股利的特別股。

24. 南街海港是位於紐約市曼哈頓的一個歷史街區，與毗鄰的金融區不同的是，這裡擁有曼哈頓下城（Lower Manhattan）最古老的建築，充滿懷舊氣息。

25. 自由債券是一種在美國出售的戰爭債券，藉此支持第一次世界大戰中的盟軍事業。在當時，認購債券成為愛國的象徵。

26. 次級市場是指買賣任何已上市金融商品（包含股票、債券、人壽保險等）的交易市場，可為金融商品的最初投資者提供資金的流動性。新股發行不屬於次級市場。

27. 貼現行又稱為「票據經紀人」，是指以折扣價購買承兌商（accepting house）承兌的長期匯票、商業票據與政府債券，並將它們作為投資工具持有或出售的一種金融機構。

28. 上西城是位於美國紐約市曼哈頓的高檔社區，介於中央公園與哈德遜河之間。

29. 紅砂石建築又譯為「褐石建築」，是使用褐色石材與紅磚建造的一種建築。此種建築風格起源於歐洲，十九世紀時廣泛用於紐約市的聯排別墅，住在這類建築裡的多半是中產階級學者、知識分子等。

30. 長期國債是指美國財政部發行的一種長期債券，用來籌措各種中央政策所需的費用。

31. 高收益債券又稱為「非投資等級債」或「垃圾債券」（junk bond），是指由信用等級較低（評等未達BBB-/Baa3級）的公司所發行的債券。這類債券違約的可能性較高、較難爭取民眾投資，所以收益也相對較高，藉此吸引願意承擔風險的投資人挹注資金。

32. 債券期限是指在債券發行時就確定的還本年限，債券發行人必須在債券到期時償還本金。債券期限越長，則借貸時間越長，配息金額通常也越高。（一般而言，償還期限在十年以上的稱為「長期債券」）。

33. 權證是一種運用選擇權概念的衍生性金融商品，投資人在支付權利金之後，可以在特定期間或時間點，以約定價格向證券發行商認購或賣出特定數量的股票。由於權證利用槓桿原理，讓投資人只要花小錢就能參與現股行情，風險也較高。

34. 倉位又稱為「部位」、「頭寸」，是指投資人實際投資與實有投資資金之間的比例。買進或賣出新的倉位稱為「建倉」或「開倉」，手中持有的倉位稱為「持倉」，將倉位以等量但反向買賣、沖銷則稱為「平倉」。

35. 「大鯨魚」是賭場用語，指的是那些會在賭桌上花大錢的豪賭客。

36. 套利是指在購買一項資產的同時，又立即賣出該資產，藉此獲得價差利潤的一種投資策略。

37. 放空又稱為「做空」或「賣空」，是指投資人預期某個投資工具的價格會下跌，在手中沒有存貨的情況下先行賣出（可先向證券公司借入後賣出），待價格下跌後，再於合適的價格水平將其買回，賺取賣高買低之間的價差。

38. 做多又稱為「買多」，與放空正好相反，是指投資人預期某個投資工具的價格會上漲，將其買進後持有，並待上漲後賣出，藉此賺取中間的價差。

39. 消費者物價指數是指從消費者的立場來衡量財貨與勞務的價格，它是一種評估通貨膨脹與通貨緊縮的指標，同時也是各國中央銀行制定貨幣政策時的重要觀察數據。

CHAPTER 3

牛奶與氣球

「懷舊不若以往。」

——美國小說家彼得・德弗里斯（Peter De Vries）

在迪士尼樂園的奧爾良咖啡工作通常不是進入華爾街的入門，但在我身上卻是如此。一九八一年夏天，從高中畢業的我找到了一份「接待員」——錄取通知書上是這麼寫的。我很喜歡這份工作，在開始上班時穿過「美國小鎮大街」（Main Street, USA）[40]，此時興奮的遊客蜂擁而至；遇見來自世界各地的人；和我的同事們在接待櫃檯轉來轉去，以及成為這家機構的一分子（它很著名且深受大家喜愛）。在進入西方學院研讀經濟學與哲學之後，每逢假日與暑假，我還是繼續在這裡工作。然後在一九八四年六月八日，這條美國最知名的商業大街與華爾街發生衝突，這不僅令迪士尼驚慌失措，也改變了現代企業的運作方式。雖然那時的我還不知道，但這段重要經歷也促成我進入金融服務業工作。

那天早上，報紙上刊登了某個叫人困惑的可怕新聞。有位名叫所羅．史坦伯格（Saul Steinberg）的企業掠奪者（corporate raider）[41]在一場惡意收購（hostile takeover）[42]中，以華特迪士尼製作公司作為目標。因為我們以前都不曾聽過「企業掠奪者」與「惡意收購」這樣的詞彙，沒有人明白這代表什麼意思，而對多數美國人也是如此。然而，我對這個新聞很感興趣，於是盡可能地從報紙與電視報導蒐集資訊。我發現，迪士尼並沒有出售。一個財力雄厚的投資人可以大量買進某家上市公司的股票，這樣他就能在該公司的董事會裡獲得某種程度的影響力。這時，有了董事會的支持，他就可以把公司的高階主管請走，並安插自己的人馬，最後接管整家公司。接著，他會著手改變（其中可能包含了將公司分拆出售），這幾乎都是為了增加獲利，同時塞滿他和擁護者們的口袋。

那天下午稍晚，我和一位名叫泰莉的接待員一起坐在休息室裡的桌子前。她是加州州立大學的學生，活力充沛，我們都用她名字的第一個字母「T. C.」當作她的暱稱，意思是「完全搞不清楚狀況」（Totally Clueless）。另一位接待員也加入我們的行列，她的名字叫葛瑞絲，是一個美麗嫻淑的女孩，她的父母親都是傳教士，在日本將她撫養長大。她能使我們這身以聚酯纖維材質製成的紅白圓點花紋工作服看起來像是最時尚的打扮。葛瑞絲喝了幾口馬克杯裡的茶，然後開始談論所羅．史坦伯格，以及他對迪士尼做出的舉動。她不僅有注意這個新聞，同時也對它有所了解，這一點讓我很欣賞。這在短期勞工中很少見，他們對各種事件的關心程度遠比全職員工低很多。

一位名叫麥特的外場助理在我們身旁的一張椅子上砰的一聲坐下，然後開始拆開他的午餐包裝。此時，T. C.正用叉子玩弄她盤子周圍的水果沙拉。「這傢伙怎麼有辦法買下它？」

「是啊，」麥特邊吃他的波隆那香腸三明治邊說，「迪士尼樂園不是歸政府所有，就像州立公園那樣嗎？」

葛瑞絲用手摀住嘴巴，咯咯地笑著。雖然她有六呎高、留著一頭金棕色頭髮，表面上看起來比屋裡的任何人都更像美國人，但在日本受到的教育使她的舉止優雅含蓄。

「我不認為迪士尼屬於政府。」她說道。

「沒錯，」我說，「它就像球隊一樣歸個人所有。」

聽到這些話，麥特若有所思地大口咬下他的波隆那香腸三明治。

葛瑞絲講述她所讀到的關於史坦伯格的報導，其中也提到他對迪士尼的興趣。

「這很奇怪。」T. C.邊說邊撥弄著一塊鳳梨。

「我完全同意，」麥特說，「這傢伙到底是誰？」

「不，我指的是這塊鳳梨，」T. C.說，「看，它被藍莓染色了。」

麥特笑了笑，然後突然安靜下來，彷彿白雪公主和夢遊仙境裡的愛麗絲走進了休息室。

一個低沉的聲音從我們的身後傳來。「你們兩個人怎麼對這件事這麼了解？」我轉過身去，看到一個太空人把墨西哥捲餅從微波爐中拿出來。

「我了解得並沒有那麼深入，」我說，「報紙上就是這麼寫的。葛瑞絲知道得比我更多。」

「不，克里斯是讀經濟學的人。」葛瑞絲邊說邊對我眨了眨眼。在她的注目下，我覺得自己臉都紅了。西方學院的課堂上並沒有談及惡意收購的事，所以我真的只知道媒體報導的部分。

這位太空人在一張椅子上重重地坐下。「我知道一件事，」他說，「那就是這艘太空船將改變航道。」他可以連休息時間都一直扮演這個角色，令我感到欽佩。

T. C.把她的盤子推開，然後從包包裡拿出一片口香糖（這在園區裡是違禁品）。

「但是各位，我們會失業嗎？在這個夏天結束前，我不能失去工作。我得買下學期的書。這個傢伙最好等到九月再行動。」

我們不知道這位太空人說的話有多正確。史坦伯格以一家深受人們喜愛的傳奇機構為目標，他對迪士尼的所作所為被媒體形容成對美國夢、我們的童年，以及珍貴回憶的一種攻擊。一九八〇年代中期，華爾街有一些新東西正在醞釀，完整市場似乎在一夕之間誕生。在這個年代，企業掠奪者與惡意收購備受關注。沒有人能預測公眾意識與意見的巨大轉變，以及史坦伯格與迪士尼的戰爭會激發出什麼樣的公司策略。

⊕

華特．迪士尼因為創作天賦獲得應有的讚譽，但他對美國企業最不可磨滅的貢獻可能是對客戶服務進行了徹底改革。對華特而言，沒有什麼事比顧客體驗更重要。迪士尼的遊客並沒有注意到客戶服務的多數環節，這當然是重點所在。比方說，在整個園區裡，每隔二十七步的距離就設有垃圾桶。（經過詳盡的研究，迪士尼發現，這是遊客會自己拿好垃圾而不隨便丟棄的平均距離。）一位《紐約時報雜誌》的記者對迪士尼的清潔人員感到驚嘆不已，他在一九六五年時這樣寫道：「有人曾經計算過，棄置菸蒂在被撿起來之前，不會在地上停留超過二十五秒的時間。」這種高水準的服務，以及數千名員工每天迎接客人時的笑容，是支撐著名「迪士尼魔法」的基礎。

儘管多數人都覺得迪士尼樂園本來就是一個充滿創意的地方，這種看法其實不太準確。對大部分的員工來說，公司的組織架構與工作環境都是極其嚴格而死板的。在奧爾良咖啡工作了五年，我仍舊是唯一的男性接待員。有人可能會認為，只要這樣的政策被打破，招募程序就會跟著改變。然而，迪士尼不是一家擁抱或允許改變的公司。這裡對每件事——服裝要求、頭髮長度、首飾配戴、與顧客說話的方式，以及工作表現的所有環節都有規定。他們不准個人表達意見，也不容許任何偏離規範的行為。除非得到明確許可，你不能做任何事，他們也不歡迎員工提出改善建議。公司告訴我們，只要微笑，然後在這個全世界最快樂的地方扮演好被指派的角色即可。這些嚴格的標準不僅造就迪士尼長久的成功，你可以說，它們也導致後來的衰退。因為在瞬息萬變的時代，完全不願意調整與進化會使公司變得不堪一擊。

華特・埃里亞斯・迪士尼（Walter Elias Disney）靠自己努力白手起家。他一九〇一年出生於芝加哥，一九二〇年代早期，他就開始為密蘇里州堪薩斯市的一家電影院繪製卡通與短篇動畫。即便他的成功起初僅限於當地，他還是信心滿滿地和哥哥羅伊一起到好萊塢闖蕩。一九二三年，他在那裡創立了迪士尼兄弟動畫工作室。

這家工作室當然變成了華特迪士尼製作公司，到了二十世紀中，它已經成長為歷史上最大的電影工作室。一九五五年，迪士尼兄弟開設迪士尼樂園，具體呈現出迪士尼經典電影裡所擁護的家庭價值觀與美國夢。華特信守創立初衷的其中一個例子，就是牛奶與氣球必須維持低價。他認為，所有造訪園區的孩子都應該獲得一顆氣球和一杯牛奶，無論他們的口袋裡有幾塊錢銅板。

世人對華特的普遍印象是他留著鬍子、慈祥和藹，創造出像「小鹿斑比」和高飛狗這樣受人喜愛的角色。儘管這種形象與事實相符，他同時也是一位極具野心的企業家，想要積極擴張，將遊樂園、飯店與房地產都囊括在事業版圖裡。或許把佛羅里達州的迪士尼世界納入他的王國，最能證明他的商業頭腦——充分利用造訪園區的廣大群眾所創造的房地產商機（從餐廳、住宿，乃至大眾運輸），這些機會是他一開始在加州安那罕建造迪士尼樂園時沒有善加利用的。在公開宣佈他打算開設迪士尼世界之前，他們祕密進行相關計畫；這項計畫在公司內部被稱為「X計畫」。華特的團隊成立了許多空殼公司，藉此購買超過兩萬英畝的土地。若佛羅里達州這片沼澤地的擁有者們知道，他們手中原本毫無價值的土地很快就會變成一個遊樂聖地，地價應該會火速飆升。很多當地人事後說，他們都被騙著把土地賣掉。

華特為大眾提供健康優質的娛樂，因此備受推崇，但他同時也是一名殘酷的商人與滿口髒話的老菸槍。這讓人不禁感到諷刺。一九五八年，他告訴《華爾街日報》：「我想我的準則是：夢想、多角化經營，以及絕對不要錯失任何一種角度。」他是個非常複雜的人，一個真正的美國人。

⊕

華特迪士尼製作公司不願意調整與進化，使其成為所羅．史坦伯格眼裡的誘人目標。在華特的一生中，他始終不辭辛勞地探索各種商業、貿易與娛樂的新領域——這當中包括為迪士尼世界（這座樂園在他去世幾年後開幕），以及為美國第一個耗資十億美金的私人開發案「艾普科特中心」（Epcot Center）[43]打下基礎。但他也提攜了一群很景仰他的後輩；一九六六年，當他死於肺癌時，這群人接管了公司。

長久以來，迪士尼一直提供安全且適合全家觀賞的娛樂內容，因此享有盛名。這些繼任者很開心地繼續扮演這樣的角色。公司珍貴的電影資料都放在一個虛構的「藏片庫」裡，經典電影，例如《木偶奇遇記》、《白雪公主》和《小飛象》在公開放映後，就會被放進這個藏片庫中，每隔七年才會重新上映一次。電影工作室的獲利持續衰退，他們推出的作品都令人失望，因為到電影院看這些電影的年輕人越來越少。直到一九八三年，工作室首次看到虧損（虧損金額為三千三百三十萬美金）。到了一九八〇年代，那些過去的忠實粉絲，也就是現在的青少年（他們都是看迪士尼的影片長大的）絕對不會去看迪士尼的電影。

這個品牌失去了它的魅力，公司的管理團隊要不是沒有意識到這樣的文化轉變，就是缺乏回應這一切所需要的決心與創造力。華特迪士尼製作公司只是仰賴過去的歷史而生存。然後，當公司停止創新時，他們（無論這個「他們」是誰）都變得軟弱無力，這通常都反映在股價下跌上。此時，企業掠奪者就出現了。

一九八四年春天，所羅．史坦伯格坐在他位於曼哈頓的辦公室裡，看見了迪士尼的頹勢。四、五月，他開始買進迪士尼的股票，直到數量大到引起公司高層的注意，並且開始感到憂慮。緊接著是一場激烈的棋局。那時，大眾還沒有意識到這家重要的美國機構正面臨威脅，雙方都已經做好戰鬥準備。

迪士尼的高層們自問：「華特會怎麼做？」這不是一個罕見的問題。在任何涉及迪士尼政策的討論中（從牛奶與氣球的價格，到應該由誰來執導工作室要推出的下一部重要電影），這個問題的假想答案將決定一切。當然，一個亡者的記憶不管有多偉大，都可能導致公司政策保守、裹足不前。這並不令人意外。在今天這種狀況下，我們很自然就會說，華特會保護公司不被外來者入侵；他會保護好他的員工；他也會奮力抵抗這些華爾街的併購客。（這些人只想賺錢，他們不在乎六十年前，華特在堪薩斯市用紙筆創造出了什麼。）

但另一方面，我們也很難不佩服史坦伯格的敏銳。華特迪士尼製作公司充滿了各種機會，尤其在那些不受傳統束縛的投資人眼裡更是如此，傳統是阻礙改變的敵人。在探討史坦伯格的動機時，也會喚起同一個問題——「華特會怎麼做？」華特很在意獲利，所以他會火上加油，迫使管理高層變得更有效率，同時繼續跨足新領域。華特絕對不會袖手旁觀，讓他的事業王國停滯不前。

華特終究同時具備上述兩種精神，他代表相互矛盾的華爾街與商業大街如何並存。或許他的偉大之處在於能平衡這兩股力量，這項才能使他得以創造出一家獨具特色的機構。但是現在，在他去世十八年後，這兩種力量都為了爭取主導權而彼此對抗。

一九八四年六月八日，當史坦伯格公開宣告收購意圖之後，他的動作就變得很迅速。迪士尼管理階層的選擇日益減少，到最後他們被迫接受某個他們原本承諾要避免的情況——溢價回購（greenmail）[44]史坦伯格持有的股票，讓他不要再打擾他們。六月十日，在史坦伯格公開宣告收購意圖後僅僅四十八小時，迪士尼開始與他協商，以便高價買回他手裡的股票。他們在隔天就完成交易。史坦伯格和他的投資人總共賺進三億兩千五百五十萬美金（光是他自己的團隊就快速獲利五千萬美金）。

社會大眾和媒體都十分憤怒，並且痛斥這些企業掠奪者的貪婪行徑。然而，惡意收購這種手法越來越常見，它往往都是這樣操作的。史坦伯格只需要買進大量的股票、令公司感到害怕，他就能獲得某種程度的支持，並對迪士尼形成可靠的威脅，進而賺取龐大獲利。

儘管史坦伯格收購失敗，迪士尼仍然餘波盪漾。一家依舊管理不善、績效不彰的公司，要怎麼不被其他併購客當成目標？在七周內，董事會就解散了原先的管理團隊，並且一致同意讓麥可．艾斯納（Michael Eisner）來接管公司。曾經在派拉蒙影業的電影工作室擔任總裁與執行長的艾斯納立刻施行了幾項改變。迪士尼放在「藏片庫」裡的那些電影資料得以重見天日，製作成錄影帶發行。他們調漲了各主題樂園的入園費，因為艾斯納精準預測，即便入園費變高許多，遊客數量還是會維持穩定。此外，為了販售周邊商品，並使迪士尼這個品牌重新成為流行文化的一部分，他們也在全球開設迪士尼商店。最後，艾斯納利用他在好萊塢的特殊經歷與人脈，聘請了很有才華的製片人來製作公司將要推出的新電影。這讓他們有好幾部電影都吸引了更廣大的觀眾，票房成績也非常亮眼。

在艾斯納的帶領下，迪士尼旗下主打成年觀眾的試金石影業推出了一連串的賣座電影（包含《金錢本色》、《家有惡夫》、《乞丐皇帝》和《早安越南》）。不僅迪士尼的股價持續上漲，牛奶與氣球的價格也是如此。

⊕

五年後，當我就讀華頓商學院時，那段近距離目睹史坦伯格企圖收購迪士尼的回憶依然在我的在腦海中徘徊。在一門金融基礎課程的課堂上，我們談及併購客與企業收購的興起。特別諷刺的是，這堂課的上課地點正好在史坦伯格．狄特里希廳，這棟建築的興建費用主要是由所羅．史坦伯格併購華特迪士尼製作公司這類公司得來的錢所支付的。來自橘郡、畢業於西方學院的我，可能是班上最不具金融知識的人。這些學生高中時大部分都是迪爾菲爾德學院、麻薩諸塞州菲利普斯安多佛學院、新罕布夏州菲利普斯艾克塞特學院的學生，然後進入常春藤名校就讀；從出生的那一刻起，他們就已經知道華爾街的事。早在我知道別人會期待你有「人生規劃表」這種東西之前，「成為華頓的學生」就已經在他們的規劃裡了。

某一天，這堂課以惡意收購作為主題，特別是針對史坦伯格對迪士尼所做出的舉動。對其他學生而言，那位教授對這個概念的解釋似乎無可辯駁，但這樣的說明完全與我的親身體驗背道而馳。他認為，當麥可．艾斯納接管華特迪士尼製作公司時，是他實行的那些改變拯救了公司。因此，最終還是要感謝史坦伯格這位入侵者。他強迫管理團隊端出正面的財務業績，否則就要被撤換。我對「應該感謝史坦伯格」這種看法感到憤怒，他造成諸多混亂與紛擾，實在很難合理化他的行為。

「你可以說，」那位教授對全班說，「在艾斯納接管之後，他帶來了一些明顯的改善。因為迪士尼是一項管理不善的資產，或許任何一位聰明的ＭＢＡ學生都能做出同樣的事。又或許是我太高估你們的能力了。」有些人笑出聲來。「然而，」他繼續說道，「史坦伯格的襲擊迫使這家公司澈底改變。在過去的迪士尼，管理團隊裡沒有人會採用這些想法，但史坦伯格引發的動盪在某種程度上，讓迪士尼得以脫胎換骨。」

我無法保持沉默。「從商業大街的角度來看，似乎並非如此。」

那位教授笑了笑。「那段時間，你有去迪士尼玩嗎？」

「我在那裡工作。」

「太棒了！」他拍起手來。「我們當中有一個圈內人。請告訴我們，瓦雷拉斯先生，商業大街的人對這件事有何看法。」

「嗯，大家都很擔心自己的工作。我們很難理解發生了什麼事，以及為什麼會發生這樣的事。但我可以跟你保證，沒有人覺得所羅·史坦伯格是那種把公司和員工的最佳利益放在心上的好人。」

「那並不重要。」塔克邊說邊把椅子轉過來面向我。他是我們班上的「白種新教徒盎格魯薩克遜後裔」（White Anglo-Saxon Protestant，簡稱ＷＡＳＰ）[45]，充滿自信、作風強勢；他家境富裕，曾經就讀私立預備學校，在進入華頓就讀前，他已經在華爾街工作過幾年。「像史坦伯格這樣的併購客，藉由刺激改變來讓美國企業起死回生。他們只會說：『你們這些管理者不能眼睜睜地看著一切毀滅，否則我們會緊跟著你們。』」

那位教授沒有插嘴，於是我對他的這番話做出回應。「但史坦伯格的動機是什麼？他根本不在乎迪士尼，他這麼做不是為了使這家公司『起死回生』。」

塔克驕傲地笑了。「你沒有抓到重點，瓦雷拉斯。他的動機並不重要，最後的結果才重要。員工有保住他們的工作嗎？這家公司現在還存在嗎？是否經營得比以前更好？是的，是的，是的。這一切全都多虧了所羅·史坦伯格，如果沒有他，迪士尼就死了。」

「也許它正在苦苦掙扎，」我無奈地說，「但它並沒有死。」

「無所謂啦。」塔克揮揮手打發我，結束了這段對話。

⊕

當我第一次來到華頓時，我期待它會為我的人生與職業生涯開啟更多可能性。但現在是我在這所學校的第二年（同時也是最後一年），結束在所羅門交易大廳的暑期實習幾個月後，我發現我的選擇並不多。

儘管我實習時是在所羅門的交易大廳工作，他們允許我最後幾周待在投資銀行部。到了那時，我才讓他們留下深刻的印象，並且在這裡獲得了正職工作。我很確定我會接受它——直到投資銀行德克索·伯納姆·蘭伯特（Drexel Burnham Lambert）也表示對我有興趣。大約十幾年前，德克索還只是華爾街叢林裡一棵矮小的樹，但一九七〇年代，在德克索吸引一位年輕有為的華頓學生麥可·米爾肯（Michael Milken）加入他們的行列之後，這一切就開始改變。

在華頓時，米爾肯就已經注意到一種單純的市場無效率現象——那些信用評等比較低的公司無法有效獲得資金。他們不見得是不好的公司，有很多都只是因為承擔太多債務，以致於對償付能力造成威脅，但他們還是有可能存活下來，並償還欠款。米爾肯發現，若有人把焦點放在華爾街多數人都不想觸碰的邊緣公司上，那這些發行與交易費用較高的債券（一般認為它們風險也比較高）就可以帶來可觀的獲利。

米爾肯把這個想法帶到德克索，然後在一九七〇年代付諸實行，為這些高收益債券打造出一個極其強大的市場（這種債券常被稱作「垃圾債券」）。由於米爾肯進一步利用手裡的垃圾債券來支撐另一個迅速發展的市場——企業併購，德克索變成了華爾街的一大主力。他從這個新興市場取得資金的能力變得很強，再加上他擁有廣大的人脈，很快就能召集一大群企業掠奪者。因為有垃圾債券提供的資金支持，這些併購客可以鎖定任何正在苦苦掙扎的公司，無論其規模為何。這就是為什麼所羅．史坦伯格有能力襲擊迪士尼。德克索．伯納姆．蘭伯特在華爾街贏得了這樣一個名聲「榨乾他們、燒掉他們，並海扁他們」。靠著米爾肯的高收益債券市場，他們不僅成為人們必去的投資銀行，同時也促成了這些惡意收購。米爾肯自己也變成華爾街的名人，並且被封為「垃圾債券之王」。

麥可．米爾肯在洛杉磯外側的聖費南多谷長大。他是一位會計師的兒子，從很小時就接觸各種數字與金融方面的知識。他不怕辛苦且充滿企圖心，也就是所謂的「工作狂」——就連讀高中時，他一天也只睡三、四個小時。他不僅參加籃球隊，同時也擔任啦啦隊長（想像一下他必須在中場休息時換裝）。為了賺外快，他還在當地的一家小餐館打工。

從一九六九年米爾肯到德克索擔任暑期實習生時的那一刻起，同事們就知道他很聰明，但他實在很難共事，因此曾經被放逐到後勤部門一段時間。「他非常傲慢，」他的一位前同事說，「而且他無法掩蓋自己的能力，總是強硬粗暴、咄咄逼人……他會認定他已經解決問題，然後就繼續前進。他在公司的委員會，以及任何需要群體決策的場合都毫無用處。他只在乎揭露真相。如果沒有從事證券業，他可能會帶領一場宗教復興運動。」

在德克索把米爾肯從後勤部門放出來之後，他們讓他參與一些特殊專案，並小心翼翼地開始讓他運用公司的資金。結果，他創造出全新的資產類型，將那些資金翻了好幾倍。很快地，他感覺就像是在帶領一場宗教復興運動一樣。因為米爾肯成了推動德克索運作、營收表現與企業文化的「金融先知」，信徒與追隨者蜂擁而至。率先使「企業掠奪者」與「惡意收購」出現在美國企業界的米爾肯宛如彌賽亞。

在初嘗成功果實後，他告訴他在德克索．伯納姆．蘭伯特的主管們，他將成立屬於自己的小型交易部門，並向西遷移至他的家鄉洛杉磯（大型金融機構很少在這裡設立總部）。他的事業版圖日益擴大，然後全都變得搖搖欲墜。到了我去那裡面試時，米爾肯已經被逐出德克索，而且被以九十八項涉及詐騙與內線交易的罪名起訴，公司本身也面臨大量刑事指控（這個案子是由紐約南區聯邦檢察官魯迪・朱利安尼進行調查與起訴）。但即便有這些問題存在，德克索還是經營得出奇地好。這件事讓一家熱門公司名譽受損，就像剛爆發性愛影帶醜聞的名人——每個人都在談論這件事，覺得它既刺激又驚人。

⊕

某天晚上，我和就讀華頓時的室友保羅・海涅克一起在某家餐廳吃費城一帶很流行的起司牛肉三明治。那時，我剛從德克索的洛杉磯總部面試回來。保羅是著名天體物理學家與幽浮學家約瑟夫・艾倫・海涅克（J. Allen Hynek）的兒子，他聰明古怪，而且會說很多國語言。保羅比較關注華頓與企業相關的教學內容，他曾經公開貶低這所學校舉世聞名的金融課程。他入學時可能是華頓有史以來最不具會計知識的人，但他畢業時肯定也是如此。他毫不避諱地表現出對金融從業人員的厭惡，甚至還發明了形容他們的獨特詞彙。「你們有『吸血蟲』顧問，」他這樣告訴我，「『沼澤怪物』創投，以及『臭無賴』投資銀行家。投資銀行家都是蠢蛋。他們不做任何事；他們只是掠奪。我的意思是，雖然這有點開玩笑的成分，但是的，他們這些『A型性格』（Type A Personality）[46]的混蛋只對錢感興趣。」

由於我不確定對這趟德克索之行有什麼感覺，而保羅是最適合討論這件事的人，因為他一定會對米爾肯和這家公司感到憤怒。能在華頓擁有這樣一位朋友（他對金融業的一切都抱持懷疑的態度）是件好事。

那時，德克索把我和其他應徵者安置在位於比佛利山莊的四季飯店，並且安排我們在那裡享用晚餐，好讓我們可以認識公司的人。在那一整天裡，我們和不同的主管面試，同時也有人帶領我們參觀使用玻璃隔間的辦公室。負責接待我的人名叫葛瑞絲，她是華頓畢業的校友，非常年輕、令人印象深刻。儘管她看起來沒有比我年長，卻已經爬到副總的位子。

在去程的飛機上，我讀了美國資深記者康妮．布魯克的新書《掠食者的舞會》。書裡講述的就是米爾肯和德克索打造垃圾債券市場的過程。書中有一個故事十分刺激，描寫米爾肯和他的團隊每年都會在比佛利山莊舉行一場為期四天的會談，邀請他們的一千五百位大客戶——包括投資人、企業掠奪者，以及各家公司的執行長參加。這場會談（米爾肯和他的夥伴們將之命名為「掠食者的舞會」）包含了各種簡報、奢華晚餐、法蘭克．辛納屈和黛安娜．羅絲等歌手的演出，以及在其中一個晚上，為最具影響力的賓客舉辦高級酒會。這場宴會都在比佛利山莊飯店時髦的「八號小屋」裡舉行，他們會為來參加的金融界大亨精心挑選女伴，以答謝他們的忠誠。

葛瑞絲應該已經察覺自己公司的黑暗面——如果她不是從布魯克的書裡看到，那至少是從員工之間的謠傳中聽說的。當她帶我四處參觀時，我很想問她，在「八號小屋」的宴會期間，女性投資銀行家們都在做些什麼。我不知道得知這些活動是否破壞了葛瑞絲對公司的印象。若是如此，她也不會對我表現出來。

「私募股權投資公司KKR（Kohlberg Kravis Roberts & Co）會選擇我們協助收購RJR（雷諾菸草公司，RJR Nabisco）是有原因的。」當我們穿過交易大廳時她這麼說；她一口氣說出了兩組三個字母的縮寫，當時的我不懂它們代表什麼意思。我們停在米爾肯著名的X型辦公桌旁，辦公桌依然佇立在交易大廳的正中央，彷彿標示著寶藏所在的位置，即便他已經不屬於這家公司。葛瑞絲應該覺得我知道這張桌子。她把一隻手放在桌面上，然後說：「德克索．伯納姆．蘭伯特現在變得比有麥可．米爾肯在時更厲害。我們是唯一一家可以有效分銷高收益債券的公司。我們仍舊擁有相關知識、資料庫、顧客，以及客戶。」她正在強力推銷。

保羅吃完他的起司牛肉三明治，沒有多說什麼。他擦擦嘴巴，接著站起身來。我們來到垃圾桶前，然後他把餐盤上吃剩的宵夜倒了進去。「這些該死的臭無賴。」他說道。

在眼前這兩個工作機會中，我很確定自己會接受所羅門的工作，但還是因為德克索充滿活力，以及位於洛杉磯而深受吸引，所以我還沒回絕他們。我會感到猶豫，有一部分是因為我在德克索的主要聯絡人馬克．艾伯特非常聰明、溫暖、坦率，而且在我們面談期間，以及好幾次電話對談裡不停地鼓勵我。這讓我差點想接受這份工作，這樣就能與他一起工作。我們在一九九〇年二月十三日聊了一下，當時馬克提出關於德克索的正反意見。

我會記得這個日期是因為在前一周，德克索剛宣佈他們虧損了四千萬美金（他們一九八九年的總營收是四十一億美金）。馬克直接告訴我這個新聞，感覺不像要編故事給我聽，或要隱藏些什麼。他說他並不擔心，因為德克索正在整合其他銀行的信貸額度，然後他再次說明德克索是最好選擇的所有原因，以及我很肯定將負責規模龐大且令人興奮的交易。我不太明白他為什麼這麼想說服我。由於只被兩家公司錄取，我知道自己並不熱門，同時也幾乎可以確定，我不是德克索的最佳人選，但他們似乎急切地希望我能答應。是因為他們很難找到人，所以降低標準，並且過度積極嗎？馬克的語氣逐漸顯得疲憊，彷彿他不完全同意自己說的話。

「這一切聽起來都很棒，馬克——同時我也要謝謝你的讚美。但其實我傾向選擇所羅門。」

「真的嗎？」他說，「但德克索還是投資銀行界的核心。沒有人比我們從事規模更大的交易；沒有人比我們的員工賺更多錢。你不想來參一腳嗎？」此時，我聽到電話的那頭傳來擴音器的聲音，有個女人正告訴大家不要移動公司裡的任何文件。

「這是怎麼一回事，馬克？」

「老實說，我不確定發生了什麼事。等我弄清楚之後再回覆你。」

「那裡一切都還好嗎？」

「對，還好。」他停頓了一下，然後又說：「我不知道。」

我隱約聽見電話的那頭有人在大叫，同時又有另一段廣播響起——我聽不清楚廣播的內容，除了「將會被起訴」這幾個字以外。

「聽我說，克里斯，我得走了。」話筒裡傳來的噪音越來越大。「好好考慮一下，我們很快會再聊聊。」

接著，電話就斷了。

隔天，報紙將這件事報導出來。因為無法找到其他銀行提供資金，德克索總共積欠了一億美金的貸款，並根據美國破產法第十一章申請破產保護。儘管德克索過去創造出改變美國企業的金融商品，這家公司還是瀕臨倒閉。目睹他們走向衰敗使我懂得一件事：就算你開發出很棒的商品，甚至創立偉大的事業，賺了很多錢，這也不代表你一定能存活下來。（在我的職業生涯裡，我將反覆體認到這一點。）德克索．伯納姆．蘭伯特成了歷史上的一個汙點。

⊕

漸漸地（這幾乎很難察覺），我開始同意我的同學對企業掠奪者與惡意收購的看法。這樣的想法轉變令我感到不安。我是否只是被華頓這間華爾街子弟聚集的昂貴郊區俱樂部改變了思路？這是一種教育，還是一種洗腦？我害怕我正逐漸失去美國西岸（商業大街）的本質。但與此同時，我也不知道所謂的「成長」是否就是如此——逐漸明白那些我曾經非常確定的問題，其實比我原本想的更微妙而複雜。這個世界並不是非黑即白，即便年輕的我曾經這麼以為。

我突然有個想法：麥可．米爾肯以經營不善的公司作為收購目標，藉此改造美國企業，在這一點上，他做得比任何人更多、更好。這種強迫運作，也就是「管理階層必須為公司獲利負責」，將讓一九九〇年代以及之後的美國更具競爭力。後來，米爾肯的垃圾債券為電信業、有線電視產業，甚至是科技業提供了可以運用的金融工具，進而促成它們的興起。如果少了垃圾債券，這些產業不會發展得這麼迅速、成功。

「米爾肯是我認識最聰明的人之一。」馬克．艾伯特多年後這樣跟我說。「沒錯，他犯下了重罪。但他創造出全新的市場，資助那些無法經由傳統程序從銀行取得資金的公司與企業家，因此改變了美國，以及人們做生意的方式。在賣方出現之前，他就先創造出買方，因為他知道永遠都會有賣方存在。麥可獨到的眼光與哲學確實深深影響著我們，而我們也都大力支持。這是一種資金自由化——我們覺得不該只有信用等級AAA級的公司才能獲得資金；那些想建立某種事業的企業家都應該享有這樣的權利。我們為他們，也為我們自己謀求好處。」

我花了很多年的時間才理解，並完全同意馬克和我華頓同學的看法。雖然還是學生時，我很討厭默認這一點，但是也越來越難否認，因為打造了高收益債券市場，米爾肯對美國國內與全球經濟都有極大的貢獻。

在一九八〇年代之前（許多世紀以來），金融服務業都一直在幕後默默運作；這是一個很重要，卻往往很隱祕的產業。銀行家的工作不會比商人或鐵匠更吸引人，你也可以說，它所需要的職前訓練更少。即便到了一九七〇年代，所羅門兄弟裡的交易員也很少（所羅門是當時金融界最大的公司）；他們的員工很多都有大學文憑，更不用說MBA學位了。當然，具備一點特殊才能、理解力與決心是這份工作成功的必要條件，但那些在交易大廳闖出名號的人並不為外界知曉。直到八〇年代，這一切才開始改變。

一九八〇年代末期，娛樂趨勢反映出大眾對華爾街的認識與興趣日益增加。一九八八年上映、榮獲奧斯卡獎多項提名的電影《上班女郎》，就是以華爾街一家投資銀行的企業併購部門為背景。另一個廣為人知的例子，是演員米高．福克斯在情境喜劇《天才家庭》中飾演的角色——穿著西裝、拿著公事包、對華爾街充滿狂熱的高中生亞歷克斯．基頓。他的目標是進入常春藤名校就讀、成為一位投資銀行家，然後賺一大筆錢。華爾街接受了社會大眾對金融界的新定義，卻從未想到多年後，這樣的形象將帶來不少問題。

對導演奧立佛．史東和演員麥克．道格拉斯而言，一九八七年上映的電影《華爾街》是他們職業生涯的亮點（麥克．道格拉斯因為他在片中飾演的角色贏得了奧斯卡最佳男主獎），這部電影本身也說明了美國文化與意識的巨大轉變。就在幾年前，我們還很難想像奧斯卡獎會頒給一個企業掠奪者的角色，因為多數美國人都還不太了解金融業。八〇年代，隨著華爾街逐漸浮出檯面，我們對財富累積的印象日益加深。於是，在接下來的三十年裡，金融服務業本身就變成了一種目的。無論如何，這個產業都成為眾所矚目的焦點，不再隱身幕後。

一九八四年史坦伯格對迪士尼的襲擊，是八〇年代「貪婪是好事」（greed is good）[47]的華爾街文化首次引起社會大眾的關注。由於迪士尼深受大眾喜愛，其面臨存亡威脅成了國內的大新聞。這使許多美國人很快就對這個他們原本不熟悉的領域有了認識。在美國人的心目中，華爾街變成一種非常強勢的存在，以致於在僅僅三年後，奧立佛・史東直接在他的電影裡大刺刺地說出像「黃金降落傘」（golden parachute）[48]這樣的詞彙，以及「在這世上，做窮人並不光彩」這種句子。他知道觀眾們都可以理解，並同意他的說法。

在一九九〇年上映、歷久不衰的電影《麻雀變鳳凰》中，由李察・吉爾飾演的愛德華・路易斯是一名企業掠奪者，他來到洛杉磯對一家垂死掙扎的船運公司進行惡意收購。在城裡時，他遇見了一位心地善良的妓女薇薇安（由茱莉亞・羅勃茲飾演），於是花錢請她當他一周的女伴。當然，這是一個老掉牙的故事，但這名殘酷無情的商人被這個活潑甜美的女孩深深吸引，並且被這場邂逅澈底改變。他決定替她贖身，結果到最後，他自己也完全轉變——不僅捨棄了他的惡意收購計畫，同時也決定要保護並協助管理這家瀕臨倒閉的公司。這暗示著，愛德華對薇薇安的愛促使他成為一個更好的人，我們應該把它解釋成愛與道德的勝利。在電影的尾聲，當愛德華抵達薇薇安居住的公寓時，他的白色豪華禮車在路上趕走了一群鴿子。此時，他從車子的天窗揮舞著一束玫瑰花。

在我就讀華頓的最後一個學期，春假時我回家探望父母親。為了看《麻雀變鳳凰》，我跑到洛杉磯市西木區；這部電影在當時非常轟動。我和三位西方學院的老朋友碰面：布魯斯曾經是我在聖塔蒙尼加的室友（那時，我在美國銀行工作）。他也在西方學院主修經濟，然後在美國太空總署的火箭噴射推進實驗室找到一份工作。阿泰正跟隨法蘭克．薛伍德．羅蘭德博士（Dr. Frank Sherwood Rowland）攻讀大氣化學的博士學位（這位教授對臭氧層空洞的研究後來讓他獲得了諾貝爾獎）。第三位朋友湯姆也是我西方學院經濟系的同學，現在在固安捷負責販售工業設備。

看完電影之後，我們決定順道造訪我們在聖塔蒙尼加很喜歡、以前也很常去的一個地方——狐狸酒館。那是我們舊公寓對面的一家德國啤酒屋，我們已經好幾年沒有回來了。狐狸酒館裡沒有電視，也沒有任何表演，只有幾張野餐桌、一架鋼琴，以及一些便宜的酒。這個地方是由一位國際知名的喝啤酒大王——比爾．「狐狸」．佛斯特所掌管。因為他的緣故，外頭的人行道上常有一群顧客排隊等著要進入店裡。他可以迅速拿起一杯酒、喝光它，然後再把酒杯放回去；他喝酒的速度比多數人都快。「狐狸」先生能在三點五秒內喝完一壺四十盎司的啤酒。這似乎是不可能的事，但千真萬確。他曾經在電視上表演過幾次，我們也在他的酒館裡看過很多次，現場觀眾都投以熱烈的掌聲。

「對多數人而言，要在三點五秒內喝光一壺酒太快了。」「狐狸」先生說，「所以他們不相信，而且覺得並沒有看到我喝完它，所以會說：『嘿，你可以再表演一次嗎？』於是我照做了。但在喝完兩壺之後，一切就結束了。地板上、我的衣服上都是酒……」大家會對狐狸酒館趨之若鶩還有一個原因，那就是老闆會用鋼琴彈奏一些低俗的曲子——不入流的酒吧歌曲、水手民謠，以及經過改寫、充滿髒話的經典曲目，所有人可以一起跟著唱。這個地方變得很有名氣。

在沿著威爾夏大道開往狐狸酒館的那十分鐘車程裡，我們談論了一下我們對《麻雀變鳳凰》這部電影的感想。我看完之後，內心五味雜陳；我原先預期布魯斯和湯姆也會有同樣的感受，因為他們以前都主修經濟，但我錯了。茱莉亞·羅勃茲飾演的角色的確既迷人又性感，同時李察·吉爾的角色身處的世界正好也是我最近經常深入思考的，這確實很有趣。但我覺得這部電影的結局——李察·吉爾決定加入這家瀕臨倒閉的公司，和他們「一起建造大船」，而不是繼續完成收購，太過浪漫且不切實際。

「所以李察·吉爾這個角色，」布魯斯邊說邊將他的老ＢＭＷ開進車陣裡，「他是一個企業掠奪者。你以後會變成這種人嗎，克里斯？」

「不會。」我說，「我的角色只有兩種，一種是從提供資金的角度，協助李察·吉爾這類人去籌措資金達成收購，另一種則是站在這家船運公司經營者的這一邊。」

阿泰把車窗搖了下來。六呎六吋高的他一向得坐在前座。「就像電影《華爾街》那樣嗎？你要做的是這種事嗎？」

「不盡然，」我說，「我比較像是《上班女郎》那樣。」這句話讓他們都笑翻了。「《上班女郎》講述的是企業併購，就是合併與收購，這是我將要做的事，至於《華爾街》則是一部關於交易與銷售，以及企業掠奪者的電影。」一般來說，好萊塢電影做最多的就是形塑大眾的刻板印象，以及散播對金融服務業的有限理解，即便是我這幾位聰明的朋友也難逃其影響。

「得了吧，克里斯。」布魯斯說，「你去讀華頓，結果變得和那些人一樣，覺得掠奪公司是件很棒的事。華頓幫你們這些人合理化，並捍衛華爾街的齷齪行為。」

「事實並不是這樣。」我說，然後心想這是否真是如此。「至少我不這麼認為。」

「那你告訴我，」阿泰說，「李察．吉爾最後做了一件好事，救了那家船運公司，對吧？」

「不！」我回應得比自己原本想的還激動。「那根本是胡扯，這家公司正在垂死掙扎，因此他們『應該』被收購，或者至少被迫拿出績效。李察．吉爾這樣的角色才不會決定加入他們，那只是好萊塢編造出來的謊言。」

「但就我們所知，這是一家誠實的好公司。」布魯斯邊說邊看著後視鏡，對某個在我們後面按喇叭的人皺眉頭。「他們是一家家族企業，李察．吉爾有辦法拯救他們，為什麼這是一件壞事呢？」

我把身體靠向前座之間的空隙。「因為這些企業掠奪者，也就是像李察．吉爾這樣的角色都站在最前線，藉由刺激改變來讓美國企業起死回生。」

「天啊。」湯姆在我身旁嘀咕著。

我沒有理他，只是一邊說出我的論點，一邊將座椅中間的中央扶手放下來。「然後，他們會說：『你們這些管理者不能眼睜睜地看著一切毀滅，否則我們會緊跟著你們。』他應該要掠奪那家公司。改變就是進步。」

「好啦，兄弟，放輕鬆，」布魯斯說，「這只是一部電影而已。」

「抱歉。」我說，「嘿，你們還記得茱莉亞．羅勃茲穿著浴袍坐在餐桌邊吃麵包時，李察．吉爾在讀報紙的那一幕嗎？」

「當然記得。」阿泰說。

「你們有注意到，李察．吉爾手上拿著的那份《華爾街日報》的背面，有一則所羅門兄弟的廣告嗎？我剛在這家公司找到一份工作。」

「到底有誰，」湯姆說，「會在茱莉亞．羅勃茲穿著浴袍坐在餐桌邊時，看李察．吉爾在讀些什麼？」

我聳了聳肩。「我覺得這很酷。」

布魯斯把車開到二十六街和威爾夏大道的轉角，並停在狐狸酒館前面。外頭沒有人排隊，店裡的燈也沒有亮。

「這究竟是怎麼一回事？」湯姆在我們走下車時說道。大門上不僅掛著一塊「已歇業」的告示牌，還附上一張簡短的便條，上面寫著「感謝各位顧客的光臨，以及這段時間的美好回憶」之類的話。狐狸酒館已經不復存在。他們停止營業，並把店面賣出，這裡很快就會變成其他商店了。

「該死，」阿泰說，「他們消失了。」

「但這是為什麼呢？」我說，「這個地方這麼有名。」

我們沿著威爾夏大道朝左右兩側張望。此時，紅綠燈不停地變換顏色，許多陌生車輛從這條路上經過。其中一個轉角有間加油站，另一個轉角則有家連鎖便利商店。路上有一些無聊的商店，也有賣速食的餐廳。除此之外沒有什麼特別的。

布魯斯走到我的身旁。「改變就是進步。對吧，『上班女郎』？」他們喜歡令我感到難堪，但這些話都沒有惡意。「來吧。」布魯斯把手臂環繞在我的肩膀上。「在華爾街將你吞噬之前，讓我們另外找個地方，給你一杯廉價飲料。」

⊕

二〇一五年，在《麻雀變鳳凰》上映二十五周年紀念日，編劇強納森・弗雷德里克・勞頓的原始劇本被釋出。其氛圍與視角和我們最後知道的電影相去甚遠。在最初的劇本裡，李察・吉爾所飾演的愛德華並沒有拯救那家船運公司，而是繼續完成收購，甚至開始計畫他的下一個收購目標——北美鋼鐵。在這齣劇本中，薇薇安是一名古柯鹼成癮者。還記得當愛德華衝進頂樓房間的浴室裡，確信她正在吸毒，結果卻發現她只是在剔牙的那一幕嗎？嗯，在最初的劇本中，他不會看見牙線，只會看到毒品而已。在和薇薇安在一起的最後一幕，沒有豪華禮車與玫瑰花的煽情；愛德華把她丟下車，當她在人行道上哭泣時，他塞了一袋錢在她的手裡，然後就開車離開了。她對他說的最後一句話是：「去死吧！我恨你！我恨你的錢！」茱莉亞・羅勃茲閱讀原始劇本的時候，她說：「這是關於兩個可惡傢伙的故事，極其陰鬱黑暗、可怕嚇人。」

有趣的是，《麻雀變鳳凰》正好是由迪士尼旗下主打成年觀眾的試金石影業所製作的，而且史坦伯格襲擊迪士尼只不過是電影推出前幾年的事而已。我們可以說，這個故事或許觸及了迪士尼的痛處，大幅更動劇情與人物設定則可能是對史坦伯格那群人的譴責。因為這部電影變成一個現代道德故事，故事裡的企業掠奪者看見了自己的罪惡，同時獲得「救贖」，沒有成為一個壞人。但比較有可能的情況是，迪士尼單純想要一個美好的結局。諷刺的是，迪士尼仍舊參與了《麻雀變鳳凰》的製作，這或許是因為史坦伯格的企圖收購迫使這家公司變得更有效率且具獲利能力。

華特販賣的商品是懷舊；迪士尼是一個建立在逝去年代上的品牌，它向十九世紀晚期的小鎮美國致敬。迪士尼樂園號稱是「全世界最快樂的地方」。但到了一九八〇年代，他們所謂的「快樂」變得老套、過時。當一個地方變得不再「快樂」，會發生什麼事？或者就迪士尼而言，當它不再製造大眾想要的歡樂時會如何？

快樂的定義不斷演變，管理階層卻幾乎總是不願意做出相應的改變。有可能他們不知道該怎麼調整，因此，往往必須有外來的媒介介入，強迫他們改變。對華特迪士尼製作公司來說，這個媒介就是企業掠奪者。這種改變所引起的紛擾很少令人感到愉快。對現任管理者（以及其他未來變得不確定的員工）而言，這些擾亂者是壞人，但他們帶來的這些改變對公司的存續可能是不可或缺的。

在八〇年代企業掠奪者出現之前，多數公司的使命宣言都著重「創造最好的商品」或「提供最好的服務」。然後，這些企業掠奪者迫使管理團隊重視股價勝過一切。「股東價值最大化」變成公司的新目標。在進行經營決策時，管理階層只需要問，這個決定是否會提升公司的股價（這是增加獲利最直接的方法）。如果答案是肯定的，這個決定就很容易被合理化。

增加獲利當然不是一件壞事，對任何公司來說，這都是很重要的目標。在進行困難的經營決策時，股東價值最大化的模式提供我們一個明確、具體的指引。這樣的模式注重行動，提升跨國企業的管理效率（這在商業界前所未見），並為全球化世界創造出龐大的商機與工作機會，帶來驚人的成長。

然而，在因應這些紛擾時，總是會有改變過頭的風險。在把焦點從創造最好的商品轉移到股東價值最大化的過程中，有某種重要的東西遺失了。企業變得更冷漠無感。我們不再需要自己開除鮑伯或蘇；我們可以把責任推給「RIF」（人力縮減，Reduction in Force），這個縮寫讓我們不必面對「鮑伯和蘇必須靠這份工作養家」的事實。現在更難考慮獲利能力以外的事。任何過去被視作冷酷無情的舉動，如今都很常用「這不是針對你」與「這只是公事公辦而已」這樣的說法來解釋。「個人」的消失破壞了員工與僱主、公司與顧客之間隱含的所有社會契約，經營決策被簡化成針對風險與報酬所進行的成本效益分析。

到了今天，翻開任何重要報刊的財經版，你將會發現，大眾對企業掠奪者的認知發生了非常大的轉變。媒體將他們稱為「流氓」的日子已經過去了，現在甚至不被稱作企業掠奪者，而是稱為「行動派投資人」。一般來說，他們都被當成好人，因為他們讓管理團隊保持誠實的態度，並且積極行動。我最近去看了一場舊金山巨人的棒球賽，那時是由誰擔任開球嘉賓呢？答案是從英雄轉為階下囚的麥可．米爾肯。現場的觀眾們放下他們的熱狗與啤酒，對他投以熱烈的掌聲。在因為多項重罪入獄服刑兩年後，他把自己改造成一名慈善家，就連他作為「垃圾債券之王」的羞恥過往如今反倒受到讚揚——現在沒有人再說這種債券是「垃圾債券」，大家普遍接受的用語是「高收益債券」。於是，麥可．米爾肯又再次成為英雄；垃圾債券成了「高收益債券」，而企業掠奪者則變成「行動派投資人」。這代表從史坦伯格襲擊迪士尼到今天，美國企業經歷了重大演變。

儘管這些行動派投資人確實能為公司帶來正面結果，可惜的是，管理團隊也因此變得更關注公司的盈虧（尤其是短期盈虧），往往犧牲了新商品的開發，以致於無法在三、五年後創造出最好的商品。他們其實沒有什麼選擇，因為身處的環境要求他們拿出亮眼的短期業績。這種做法似乎無法打造出全世界最快樂的地方。所以我們要如何找到一個中間地帶，在那裡管理者不會變得自滿，但也不會因為被迫只擔心目前的獲利而犧牲顧客、員工與股東的幸福？我們是否有可能找回那個平衡點？

現今人們對於上市公司應該肩負的使命有很多討論，同時也給他們施加了不少壓力，希望他們也能關心獲利與股東價值最大化以外的事。所謂的「B型企業認證」（B Corp）[49]就是其中一個例子，它針對那些主動「行善致富」，並達到透明度、問責度，以及社會與環境表現最高標準的營利事業體頒發認證。即便「獲利」這個概念除了盈虧結果以外，也應該囊括許多企業界與非企業界人士都紛紛開始響應的某種社會使命，任何無法捨棄自身競爭優勢的事業體，都很難接受這樣的想法。在我們身處的體系裡，持續維持獲利表現對企業的生存與永續發展還是十分重要。

儘管企業為了某種更廣泛的使命而努力，事實顯示，一般投資大眾對股東收益最大化模式非常滿意。實際上，他們已經因此不想，甚至不能影響管理團隊或讓他們負起責任。現在，大部分的上市證券投資都是透過被動的指數型股票基金（Exchange Traded Fund，簡稱ETF）來進行——這種工具早在超過二十五年前就已經出現，大眾可以利用它盡可能便宜地購買某個多樣化投資組合，藉此獲得市場或產業報酬。

雖然ETF使一般投資人能以便宜的價格獲取市場報酬，但也讓他們遠離自己投資的公司；他們因此少了評估這些公司管理團隊的需求與能力。由於投資人普遍接受股東收益最大化模式，毫無疑問地，他們不在意放棄這項責任。現在社會大眾都相信，公司的管理團隊會把重心放在獲利與股東報酬上。這樣的信任促使股東們「出租」手裡的上市股票、實現更大的投資目標，他們反而不太想要那些伴隨股權而來的責任。現今絕大多數的交易與持股都很被動，或依靠交易演算法來進行，這讓還會監督公司負起責任的股東變得很少。這樣的責任大多落在行動派投資人的手上，他們過去曾經被當成壞人，現在則成了公開交易市場的良知與保護者。

在《麻雀變鳳凰》原始劇本的最後一幕，薇薇安和她的室友與最好的朋友姬特一起坐在灰狗巴士上（姬特也是一位妓女）。愛德華剛把薇薇安丟在人行道上，現在這兩個年輕女孩已經動身離開，準備把薇薇安當愛德華女伴那一周賺來的錢花掉。她們能去的最諷刺的地方是哪裡？那就是迪士尼樂園。姬特問薇薇安，抵達迪士尼樂園的時候，她能不能拿一顆氣球。「你知道的，那種有耳朵的氣球。」筋疲力竭的薇薇安面無表情，內心沮喪。「你可以拿一顆氣球，」她說，「一顆有耳朵的氣球。」接著，畫面就漸漸淡出。這是一個淘氣的結尾，但同時也是一九八〇年代商業大街兩個迥異分支之間的強烈衝突——傳統、拘謹純樸的老美國（就像迪士尼樂園呈現出來的那樣）正被迷失墮落的年輕人（以兩位吸毒成癮的妓女來表現）入侵。

但從另一個角度來看，這或許也是一個很感人的結局。和愛德華在一起的那一周，薇薇安曾經懷抱著錯誤的幻想，以為自己的人生會就此翻轉，但她的幻想破滅，然後被丟在路邊。一個女孩要在哪裡找回找回純真善良與單純的喜悅？當然是在全世界最快樂的地方啊！

⊕

在奧爾良咖啡，每次輪班都會有一位接待員被指定擔任收銀員。我們多數人都不想接到這種工作，因為這代表要坐在餐廳的某個角落結帳，然後找錢給服務生。所以基本上，你不會跟客人互動，同事也不太會協助你。為了確保抽屜裡的錢金額正確，你也必須進行大量的數學運算。

我不太介意這樣的工作，雖然它實在很無聊。我會花好幾個小時的時間坐在那台骨董收銀機前做白日夢——想著那些最可愛的女孩（像是葛瑞絲，她從未跟我們認識的任何人約會）、我們自己組成的球隊，以及怎麼更有效率地整理桌子與餐廳的其他地方。我甚至想出了十種偷錢不被抓到的方法。當然，我不曾這麼做。為了展現我有多忠誠，我把它們寫成一張清單，並拿給我的主管們看。要從他們的系統取走現金是如此容易，我確信為了保護公司，他們會想做一些必要的修正。

那些主管看了一下我的清單。「我們不相信，」他們說，「示範給我們看。」

於是我做給他們看，並且跟他們解釋，因為這台收銀機沒有留存交易紀錄，收銀員可以選擇不要列印明細，或關閉收銀視窗，卻繼續結帳。我也示範了另外八種簡單的偷錢法。

「好，很好，」其中一位經理說，「不要做給任何人看。」

我點點頭，因為自己促成了某些改善措施而感到興奮。但接下來，他把那張清單摺起來，然後說：「我們不想弄亂這套系統，它會這樣運作是有原因的。」

我看起來應該很驚訝或難過，因為另一位經理用安慰的口吻說：「那些接待員不是有辦法做這種事的人，所以克里斯，不要擔心這個問題。」

我什麼事都不能做，只好就此作罷。

當我在晚班擔任收銀員時，我必須留下來計算一整天的營業額，然後把當天的總收入交給現金管理室。現金管理室位於遊樂設施「太空山」後方，而新奧爾良廣場在園區的另一個對角，因此若你一直以穩定的速度前進，走到現金管理室大約要花十分鐘。在寧靜的深夜穿過園區，那時燈光閃爍，還伴隨著音樂聲；這是我在迪士尼的那五年裡最難忘的時刻。遊客與員工們都已經回家了，清潔人員通常也還沒抵達，但這裡的一切每天二十四小時都在運作（不管是否有遊客在現場）。彷彿那些燈只為了我一個人點亮，那些音樂也只為了我而播放。

如果時間夠晚的話，我會看到「邊境世界」的維護人員重新粉刷射擊場的背牆。他們每天晚上都會做這件事，在當天神射手留下的BB彈孔上塗抹油漆，讓隔天早上又是一個全新的開始。在某些夜晚，我會繞經「白雪公主許願洞」，《神奇時刻》（*I'm Wishing*）這首歌的旋律會從那邊的井裡飄上來（我希望我愛的人能找到我……就在今天）。我有時也會在「明日世界」裡的電子遊樂場稍作停留，玩任何我想玩的電玩遊戲。

某天晚上，我正在前往玩彈珠台與射擊遊戲 Zaxxon 的途中，穿過「小鎮大街」上的廣場飯店餐廳時，我看到一位女性員工坐在欄杆上哭泣。我朝她走了過去，有一部分是出於關心，但同時也是因為好奇。我一直在園區裡獨自走著，現在身旁唯一的人就是這名身穿粉白相間「草原裙」（這是廣場飯店的工作服）的年輕女孩。她正在這個全世界最快樂的地方靜靜地哭泣。

我向她走去，然後溫柔地說：「你還好嗎？」

她轉過頭去，並做出手勢，要我別管她。「是的，我很好。」

「有什麼我可以幫忙的嗎？」

「不，謝謝你。」她一邊說，肩膀一邊微微地顫抖著。

「嗯，我很樂意跟你聊聊。」

我經常和奧爾良咖啡的接待員們談論感情問題與其他個人煩惱，所以我覺得自己能幫上忙。但她不再說話。直到我離開之前，她始終背對著我。

我在現金管理室停留了一下，然後走到更衣室將制服脫下來，並換上我掛在衣櫃裡的便服。在這段過程中，我一直想著那個身穿草原裙的年輕女孩，不知道她是誰，以及她為什麼哭。真希望我可以幫助她。

然後，我穿著便服回到廣場飯店，但她已經不坐在欄杆上了。或許我是深受迪士尼「英雄救美」的經典橋段影響，動機可能並非全然無私。我把頭伸進灌木圍籬、看了一下露台，接著又靠近前排窗戶，往空蕩蕩的餐廳裡瞧。我被自己的倒影嚇了一跳，因為我這身便服顯得與這裡格格不入，完全不像是個英勇的騎士。我走回小鎮大街，希望能找到那個年輕女孩，但她已經不見了。

我的眼前沒有其他人。某些旋律隨著四面吹來的風飄了進來，然後瞬間結合成某種不協調的雜音，宛如故障的旋轉木馬所發出的聲音。接著，這個聲音漸漸散去。燈光不僅照在空曠的人行道上，也照在一排排綠樹上，以及一棟棟建築物的門面上。在視線的遠處，這些樹與建築物都變得越來越矮，讓人有種錯覺，彷彿小鎮大街也變得更長。有那麼一刻，這個地方的魔力消失了。這一切都感覺不對勁、不自然，甚至有點不祥。在那一刻，我看見了迪士尼樂園的真實樣貌——這是一家凡事精心策畫、追求獲利的公司，而不是只為了散播歡樂的「神奇王國」。我轉身從遊客入口離開，沿著高聳的外牆走到員工停車場，看到我的車獨自停在遠處的角落裡，然後開車回家。

「我的天啊，我跟你們說，我都快嚇壞了。」

只要有任何不尋常的事發生時，T. C.就會驚慌失措。那時是這波動盪中難得的平靜，我們聚集在接待櫃檯，討論著即將到來的「組織重整」——麥可・艾斯納和新的管理團隊下令改造奧爾良咖啡。我們所有人都聽說了關於這件事的模糊資訊。接待員凱西・康威從一位副理那裡取得了內幕消息。他告訴她，我們的餐廳很快就會改成自助餐的形式，客人會在長型櫃檯前排隊等候，然後從各式菜餚中拿取餐點。我們想像著一個個以酒精燈加熱的自助餐爐，就像是中學食堂或牛排館「時時樂」使用的那種。

「說真的，這就像有人捏痛我一樣，」T. C.用力低聲說，「他們為什麼會這麼做？」

葛瑞絲靠了過來。「我猜這樣會省很多錢。把事情簡化，他們就可以服務更多人。」

「但我們會怎麼樣呢？」T. C.說得有點太大聲。「接待員會怎樣？那些服務生呢？外場助理呢？這個地方又會變成什麼樣子？」

葛瑞絲過去給了凱西一個擁抱。

「我很喜歡這裡。」

T. C.說得沒錯，奧爾良咖啡的工作人員關係非常緊密，而且充滿熱情。園區其他部門的員工都很羨慕我們擁有的一切，像是我們堅定不渝的友誼、在保齡球館私下舉行的聚會，到在迪士尼內部自己組成的壘球隊與划船隊。年歲漸長後再回想這些日子，同時意識到我們這些餐廳員工其實很少不對自己的工作冷嘲熱諷一番（這有益身心健康），我差點對自己的記憶產生懷疑。但我們的情況確實很特殊——我們在意彼此；我們在意奧爾良咖啡，我們也在意所身處的大環境，那就是華特迪士尼製作公司。

我們環顧四周，然後朝露台望去，欣賞這家餐廳的微妙姿態，它流暢地運作著——服務生和外場助理優雅地進出，像是在跳探戈；餐具叮噹作響，滿足的客人們嘰嘰喳喳地聊著天；廚房準時送出餐點，水杯和冰茶都裝得滿滿的；一旦客人離開，桌子馬上就會整理好。我們多數人都至少共事了幾年；我們都把工作做得很好。光是想像自助取餐的長長人龍就讓我們沮喪（這還是比較保守的說法）。這麼做會犧牲某種重要、無形且充滿人性的東西。

然而，我們會是唯一一群注意到這種改變，並為此感到困擾的人嗎？當管理階層著重效率時，這樣的組織重整是很常見的。但隨著時間過去，迪士尼對客戶服務的信仰將被拋棄，而奧爾良咖啡的流程簡化感覺就像是邁向這種衰敗的一小步。

葛瑞絲轉身去接待一組四位的客人。接著，她走向正在排隊候位的人們（我們經常這麼做），確保每個人都很開心。那裡有一群日本客人正以他們的母語交談，葛瑞絲用流利的日語加入他們的對話，他們自然地回應她，之後才非常訝異地發現，這個高大迷人、身穿紅白圓點花紋工作服的女人日語說得跟他們一樣好。這群客人一起吃驚地拉高了聲音，我們其他人都曾經多次享受這種反應。

這是我在迪士尼的第五個夏天，同時也是我、葛瑞絲、凱西、麥特和T. C.在這裡的最後一季。從我們認識的那一刻起，就一直半開玩笑地問彼此：「你『真正』的工作將會是什麼？」我剛從西方學院畢業，很快就會開始擔任信貸專員，負責貸款給珠寶商。葛瑞絲將成為一位空服員，被指派至加州南部和亞洲之間的跨太平洋航線服務。凱西．康威將成為一名幫病人洗牙的口腔衛生師。麥特決定脫下他的圓點花紋工作服，成為一位全身晒黑的優比速快遞（Universal Parcel Service，簡稱UPS）的司機。T. C.則已經與一個有錢男人訂婚，所以她很快就會變成養尊處優的家庭主婦。我們在迪士尼樂園的日子即將進入尾聲，大家心裡都明白這一點，其實我們不該擔心這家咖啡館的重整，但我們似乎都覺得這個地方與自己息息相關。

到了那個一九八五年的夏天，艾斯納已經接管迪士尼將近一年。從表面上看來，除了幾乎每樣東西的價格都調漲以外，這段時間並沒有太大的改變。但公司的基層員工確實感到不安。當你面對的是一家建立在美國的國家基礎上，並且著重悠久傳統的公司時，改變被認為是件很可怕的事。大家普遍覺得華特迪士尼製作公司正在成為一家「企業」，有些員工不確定他們對此有何感受（除了從史坦伯格企圖收購以來，公司的獲利因此提升以外）。然而，我們不知道這一切的代價是什麼。史坦伯格顯然對於這家公司、它的歷史，甚至是華特所懷抱的願景一點都不在乎。作為一個稱職的迪士尼反派角色，他追逐的只是錢而已。現在我們已經知道，新的管理團隊似乎重視獲利勝過顧客體驗。

我們的最後一個夏天正在逝去；我們穿著圓點花紋工作服站在那裡，無比年輕。太陽已經落下，你可以看見頭頂那微弱的星光。「現在是九點二十九分。」T. C.提醒我們。

接著咖啡館的燈光暗去，我們都聚集在通往露台的門口。我、麥特、凱西、葛瑞絲和T. C.排成一排，肩膀幾乎碰在一起。然後，一個熟悉的聲音從擴音器裡傳了出來。每晚同一時間，這個聲音都會響遍整個園區，那是華特在一九五五年的開幕演說：「給所有來到這個快樂王國的你們：歡迎你，迪士尼樂園是屬於你的國度。在這裡，年長者能重溫過去的美好回憶，年輕人則可以領會未來的希望與挑戰……」我的視線在腦海中那個自助餐檯上徘徊，想像著客人排隊將菜餚裝在盤子上。

那個聲音繼續說：「迪士尼為理想、夢想，以及那些建立起美國的艱困事實盡心奉獻，希望能為全世界帶來歡樂與啟發……」建立起美國的「艱困事實」——即便這段演說我已經聽過數百次，之前不曾注意到他提及這四個字。我心想：華特說這句話是什麼意思？是什麼樣的痛苦、困難、犧牲或不得人心的決定構成這些艱難，因而建立起這個國度，以及這個國家？華特．迪士尼本人是否有預料到，他一手打造的王國最後又要再次面臨這些困難？他是否在死後對我們說話，一段開幕日的預言，告訴我們未來必須面對重重阻礙。

這並不重要——或許它確實很重要，但從那時起，我就決定不再深究。在某個七月晚上，我依舊與這群朋友待在這家咖啡館裡，希望能再多相處待一會兒該有多好。

第一枚煙火在空中綻放，我們都抬頭欣賞那美麗的瞬間。這樣的繽紛燦爛只能維持幾秒鐘，但明天還會重現，還有後天、明年夏天，以及之後的許多年（但願如此），無論我們是否在場。

註釋

40. 「美國小鎮大街」是遊客進入迪士尼樂園後第一個抵達的主題園區，這個區域是以二十世紀初的美國中西部小鎮為設計範本。

41. 企業掠奪者又譯為「企業併購客」、「公司襲擊者」，是指藉由大量收購目標公司的股票，試圖取得該公司控制權的個人或公司。

42. 惡意收購是指買方公司未經目標公司董事會允許，就逕自收購股權，成為該公司的大股東。

43. 「艾普科特中心」是佛羅里達州迪士尼世界裡的一個主題樂園。

44. 溢價回購是一種反收購手段，指的是公司董監事為了確保經營權，不惜用公司的資金以高於市價或惡意併購者買入價的價格買回自家公司的股票，藉此消除併購者收購公司的威脅。

45. 一九五七年，美國政治學家安德魯・哈克（Andrew Hacker）首次提出「WASP」的概念，其原義是指美國上流社會的新教徒，現在則可泛指信奉基督新教、母語為英語的歐裔美國人。這群人出身高貴、生活優渥，從小被安排就讀昂貴的私立高中與常春藤名校，並且在社會上擁有龐大的經濟、政治勢力，他們的文化、道德觀與價值取向至今仍在很大程度上影響著美國的發展。

46. 「A型性格」是一種性格分類，指的是個人在語言、心理與動作上，表現出異常的急迫感、競爭性、好勝心、敵意與攻擊性。

47. 「貪婪是好事」是電影《華爾街》裡的主角葛登（Gordon Gekko）所說的一句經典台詞。

48. 「黃金降落傘」是一種補償協議，規定在目標公司被收購時，該公司的高階主管無論是主動還是被迫離職，都可以得到一筆鉅額補償金，其金額高達數千萬，甚至數億美金，藉此增加買方的收購成本，發揮遏制惡意收購的效果。

49. B型企業認證是由全球非營利機構「B型實驗室」（B Lab）為營利公司頒發的私人認證。此項認證根據商業影響力評估（B Impact Assessment，簡稱BIA）標準，針對企業的公司治理、員工照顧、環境友善、社區發展（供應鏈）與客戶影響力等五個面向，檢核其「全面性」的現況表現；在追求獲利的同時，也要兼顧利益相關者的利益，以達到三重底線——獲利（profit）、人群（people）與環境（planet）的平衡。目前全球有近四千家企業通過這項嚴格的認證。

4

CHAPTER

天空征服者

「美國就是速度快。非常快、超級快、無敵快。」

——電影《王牌飆風》引用美國第一夫人
愛蓮娜．羅斯福所說的話

「在過去，若我想殺了你，先生……」主講者用手指指著一名聽眾，然後手裡拿著麥克風從講台上走了下來。「我必須炸掉整間宴會廳。」他大幅揮動手臂，代表他正在毀滅這間宴會廳，以及廳內的六桌賓客。在場的男女賓客們哄堂大笑；他們都是身穿正式服裝的機構投資人與分析師，正在享用美味的藍帶雞排。「為了殺掉『這位先生』，你們所有人都會被犧牲。」這位主講者名叫吉姆・羅希（Jim Roche），他是軍工生產廠商諾斯洛普公司的高階主管，以前曾任美國海軍上校。他繼續在聽眾頭頂揮舞著手臂。「雖然之後作戰技術進步，我還是得炸掉他這張桌子，把他和其他九個人一起消滅。」賓客們紛紛做出滑稽的表情，然後坐在這位先生對面的一名投資人把手放在喉嚨上，並伸出舌頭，模擬被殺死的樣子，引起現場一陣竊笑。

「後來，作戰技術又變得更好，因此我可以只殺掉這位先生，以及他旁邊的兩個人。但是現在……」此時，一直在室內緩慢移動的他直接來到這位先生的身後，並且把一隻手放在他的肩膀上。他又繼續說：「現在的技術變得非常精準，我不僅可以只殺掉這位先生，同時大家也預期我——其實是要求我，不會造成其他傷亡。」

他從觀眾席走回講台上。這時，宴會廳裡只剩下餐具的碰撞聲。「『沙漠風暴行動』（Operation Desert Storm）[50]改變了一切。」他繼續說道，「我們事先準備了五萬個裹屍袋運到中東，但美軍死亡人數很少，而且當中有很多人是被友軍誤擊的。這完全改變了大眾對戰爭的預期。現在我們相信，我們可以打一場沒有任何傷亡的戰爭。」

這場特別的午餐會是在曼哈頓某家飯店的宴會廳裡舉行，它是本次「巡迴路演」

（road show）[51]的第四站。這些活動的目的是為了閒聊、講述公司的故事，並且炫耀一些更厲害的武器、裝置與技術，希望能吸引投資人高度關注，以抬升他們的股價。通常在午餐會的一開始，所羅門兄弟交易小組中的某位資深成員會先到講台上介紹接下來的主講者。和我一樣都是副理的同事彼得羅斯·基特索斯有時會擔任主持人，這令我印象深刻，因為我們都還很資淺[52]。

我只在所羅門工作了幾年、剛有了幾個大客戶，所以在巡迴路演裡扮演的角色都很微不足道。我會迎接到場的投資人、跟他們交流一下，然後與其他賓客一起坐在圓桌前，開始享用另一份藍帶雞排、牛肋排或烤鮭魚。我在麵包捲塗上奶油，接著轉過身來面對坐在我隔壁的一位女性（她來自富達投資）。她正小心翼翼地擠著檸檬片，讓檸檬汁滴進她的冰茶裡。「所以，」我愉快地笑著說，「在今天以前，你有聽過諾斯洛普的『聯合直接攻擊制導炸彈』嗎？」

從表面上看來，所羅門的投資銀行部與交易大廳是兩個完全不同的場域。投資銀行部至少呈現出彬彬有禮的模樣；這裡的辦公室使用玻璃隔間（而不是開放式樓層），大家穿著三件式西裝，來自「財星五百大企業」的客戶正在尋求專業建議。但在這裡，你還是可以明顯感受到某種攻擊性與緊張的氣氛。與交易大廳很像的是，這裡也有著隨心所欲的文化、競爭激烈，同時你也會認識一些令你難忘的人。

在這些人當中，有一個人來自密西根州的卡拉馬祖，他的名字叫麥可．索南（Michael Soenen）。他剛來公司時，是一個完全沒有經驗的生手，可能是我在所羅門遇過對華爾街的工作最欠缺準備的人；和我相比，他有過之而無不及。

麥可在底特律郊區長大，是四個兄弟姊妹中最年長的。他的母親柯琳是一名口腔衛生師，父親唐則為福特汽車公司設計引擎。在第四個孩子出生後，這個家需要更多收入，因此唐開始在晚上經營小酒吧。他在凌晨兩點鐘回到家，接著在太陽升起時，繼續去福特上班。他終於買下屬於自己的酒吧，然後又換了一家更大的，最後甚至擁有並經營一個可以容納一千五百人的音樂表演場地。還是個孩子時，麥可會穿著一件過大的酒紅色安全夾克來到這個表演場地，從前排或包廂區觀賞蒂娜．透納、哈利．查平、樂團「霍爾與奧茲」、警察合唱團，以及琳達．朗絲黛等歌手為密西根坎頓鎮的居民們演出。

周末早晨，他會偷偷溜到舞台上，試彈那些樂團前一晚留下來的樂器。然後，他會幫父親清點收到的錢，再拿到銀行去。「約翰．考格爾．麥倫坎普差點死在我們酒吧裡，」麥可回憶道，「那可是很重大的一件事。那是一場跨年演出，約翰．考格爾正在演唱，而吉他手在晃動吉他的過程中，用吉他尾端擊中他的頭；他就這樣在跨年夜被敲昏了過去。」

高中畢業後，麥可離家到卡拉馬祖學院研讀經濟學。一九九二年修完課之後，他在日本某家三級汽車零件供應商找到一份實習工作。但在國外住了半年左右，他漸漸對這份工作感到厭倦，同時也很確定這不是適合自己的職涯發展，於是在沒有規劃下一步的情況下，他就回到了卡拉馬祖。華爾街似乎是個不錯的選擇。

「所有人都知道你可以在那裡賺錢，」麥可說，「我過去就讀的底特律天主教中央高中有本書，在書裡你會看到每位畢業生，還有他們工作的地方。因此我抱著一絲希望買了它，然後瀏覽該死的每一頁，試圖找出某種連結——華爾街的公司有哪些，以及誰在這些公司裡工作。那裡面有一對我們高中畢業、姓氏是米哈利克的雙胞胎，他們長得非常英俊、進入常春藤名校就讀、擔任美式足球隊隊長。他們的一切都很完美，就是那種會在華爾街上班的典型。他們其中一位在所羅門工作。他大我三屆，而且從來沒有聽過我，但我們學校的校友都很團結，所以我寫了封信給他，然後這傢伙就打電話給我了。『嗯，既然你和我讀同一所高中，我會試著幫你安排面試。』」

有了這樣的大力支持，麥可來到所羅門兄弟參加面試。他不是在一般招募周期應徵的，所以享有很大的優勢。他不必與一堆常春藤名校畢業、飢渴不已的應徵者激烈競爭，但那仍舊不是一個輕鬆愉快的過程。

「那兩天之內，我應該進行了十三場面試。你可以看得出來，他們並不在乎你。你正試圖獲得一份分析師的工作（在投資銀行裡，分析師的位階是最低的），任何要從分析師做起的人都必須參加面試，這令人覺得很討厭。你才進去面談五分鐘，然後就又出來了。他們只是虛應故事、流於形式而已。我最後一場面試的面試官是大衛・魏蒂格（David Wittig）。」

當魏蒂格於一九八六年出現在《財星》雜誌的封面上時，他已經在華爾街變得惡名昭彰。照片裡的他高傲地拿著一支雪茄，照片上方的大標題寫著「坐領鉅額薪酬的華爾街金童們」，而標題下方的那段文字繼續談論他賺了多少錢，這個話題當時在華爾街是非常忌諱的。在登上《財星》雜誌封面後的七年內，他已經晉升至所羅門的企業併購組高層。在一九八〇年代的華爾街，他代表著極具野心的「宇宙主宰」——傲慢自負、勇於冒險，儘管對《虛榮之火》這部作品來說，他不夠文雅，但似乎還算是人選之一。麥可．索南才剛從卡拉馬祖飛過來，為了裝體面，他拿著空空如也的公事包參加一場又一場的面談；他從來沒有聽過大衛．魏蒂格。

麥可在大辦公桌對面的椅子上坐了下來，接著魏蒂格將一個打開的活頁夾滑向他。「你知道這是什麼嗎？」他問道。麥可把身體往前傾，一排排的字母與數字看起來像是密碼，旁邊還有一些公司的名字。「我不知道，」他說，「這是什麼？」

「機身編號（tail number）[53]。」

麥可從未聽過「機身編號」。他不知道所有載著產業大佬往返紐約的公務機都可以藉由這些機身編號來辨識，這透露了誰正在城裡做大生意。他坐在那裡努力思考著自己能否騙過魏蒂格。「沒錯，」他說，「就是機身編號。」

「你願意坐在泰特波羅的戶外，看每台公務機飛進飛出，然後告訴我誰來了、誰走了嗎？」

為了確認這不是在開玩笑，麥可抬起頭，把目光從活頁夾移向魏蒂格。麥可不僅不知道機身編號是什麼，也不曾聽過泰特波羅。他不可能猜到這個地方距離紐約一千英里遠。

「當然。」他說。

「你願意這麼做嗎？」魏蒂格問道。

麥可試圖讓自己的回答聽起來冷靜自信。「嗯，沒問題啊，我可以這麼做。」

「很好，」魏蒂格說，「《華爾街日報》什麼時候會印出來？」

「你說這句話是什麼意思？」

「印好的報紙什麼時候會離開印刷廠，然後印壞的部分會被丟進大型垃圾箱裡。」

「我不知道這件事。」麥可回答道。

「它們會在凌晨三點半被丟進去。你知道為什麼你必須知道這些嗎？因為你將要爬過那個垃圾箱、找出那份報紙，然後在我起床之前，幫我總結當天的頭條新聞。」魏蒂格停頓了一下，並看著麥可。「想成功就得這麼做。你願意嗎？」

麥可點點頭，彷彿他正在同意一個完全合理的指令；他非常想要一份工作。「我不知道魏蒂格是否想把我嚇跑，」他後來回憶道，「或者他說的話有那麼一點真實性。結果，那些全都不是真的——我錄取之後從來沒被要求做那些事。無論如何，魏蒂格是最後看著我說『我想你有這個條件』的關鍵之人。我對華爾街一無所知；我真的無法告訴你，股票經紀人與投資銀行家之間有何差異。但是，所羅門錄取了我。」

當我被指派參與諾斯洛普的案子時，只在所羅門工作了幾年，還是一個位階很低的副理。諾斯洛普是一家航太與國防公司，他們最為人熟知的就是製作出B-2轟炸機（又稱為「隱形轟炸機」），以及其他武器與戰鬥機。所羅門扮演的角色就是提供財務與策略建議給諾斯洛普，不管他們需要哪些銀行服務。由於在一九九〇年代中期，航太與國防產業出現了許多「創立合併」（consolidation）[54]的情況，我們雙方的關係核心在於提供全面併購的相關指引：是否要收購其他公司，以及如果要這麼做，該收購那些公司；要如何回應其他公司的收購提議，以及是否要將公司出售。

航太產業是一種具有高度機密性的產業。為了保密並避免利益衝突，每一家銀行都會與其中一家大型航太公司合作。舉例來說，所羅門代表諾斯洛普，投資銀行貝爾斯登代表馬丁・馬瑞塔公司。高盛則似乎避開了這種做法，他們幾乎在每一場航太產業交易中，都曾提供建議給其中一方。

我第一次接觸的高層協商，是我的主管麥可・卡爾與高盛的吉恩・「老虎」・賽克斯之間的談判。那時，他們正在商討諾斯洛普與另一家航太公司——麥克唐納・道格拉斯進行交易的可能性（「老虎」・賽克斯是這家公司的代表）。這筆交易最後沒有成交，但對我卻是一次很難忘的經驗，因為我過去從未親眼看過任何詳盡的併購協商——包括往返溝通、立場與目的迴避、交易條件與策略槓桿，以及協商過程中的每個用詞都經過深思熟慮。當時，我並不完全理解卡爾和「老虎」．賽克斯在說些什麼，但我還記得我心想：「天啊，我想學會這樣說話。」

隨著時間過去，我們參與諾斯洛普的其他幾場交易時，「老虎」．賽克斯似乎總是出現在談判桌的另一側。他是華爾街的傳奇人物，英俊瀟灑、很會打扮，而且從未顯得做作。在那些成為高盛合夥人的人當中，他應該是最年輕的一個。即便如此，他還是對我非常友善、尊重，儘管我在所羅門兄弟的位階很低。

當諾斯洛普開始與另一家航太公司格魯曼進行愉快的合併協商時，「老虎」．賽克斯又再次出現在談判桌上，代表另一方參與協商。這兩家公司的創辦人都是兩次世界大戰之間的飛行家，同時他們也都把重心放在軍用機上，這使他們成了天作之合。兩家公司的討論原本進展得十分順利，但接著雙方的溝通就斷線了。諾斯洛普的執行長肯特．克雷沙打了好幾通電話給格魯曼的執行長倫索．卡波拉里，他都沒有回應；他的祕書往往回覆說，老闆在滑雪。

在併購過程中，沉默向來不是個好兆頭。我們擔心會發生最糟的狀況，所以試圖與高盛的窗口聯繫，急著想獲得些許暗示，以確認這筆交易仍在進行中。但依舊一無所獲。在這種情況下，沉默可能意味著，有人跟格魯曼說了些什麼，令他們產生懷疑，例如說服他們中途退出或與其他人達成協議，或者他們只是想讓我們感到著急，以便得到更好的價格。在一場談判裡，沉默永遠都是最難處理的。為了討論接下來該怎麼做，我們立刻在諾斯洛普的洛杉磯辦公室安排了一場會議。

這場會議將由所羅門企業併購組的主管愛德華多．梅斯特領導。他在古巴出生，小時候一家人就為了躲避共產政權而逃到阿根廷。他和幾個兄弟姊妹一起被送到美國讀書，然後就不曾離開。最後，他來到華爾街並進入所羅門兄弟工作，接著一路晉升至董事總經理，以及投資銀行部高層。每天早上上班前，他都早起運動；他身材精實、穿著體面。儘管他對每個人都很嚴厲（無論他們的資歷有多深），他還是一個值得學習的好人。在每場會議召開前，愛德華多都會問我們，我們的報告內容有什麼獨特之處，與其他十位銀行家（他們來自我們的競爭對手）將要提供的報告書有何不同。

大約就在這個時候，在我的家鄉安那罕，我的母親被診斷出腦癌，並開始接受治療。為了把握探望她和父親的機會，我提早飛到洛杉磯參加在諾斯洛普舉行的會議。我在所羅門的洛杉磯辦公室上班，並且盡可能常開車回安那罕看看他們，或和他們一起吃晚餐。那時，我在飛機上與飯店裡度過許多安靜的夜晚。我花了很多個星期的時間，緩慢地閱讀托爾斯泰的《戰爭與和平》；每晚睡前，我都會讀一會兒。拖著一本一千三百頁的小說在各地來來回回像是在刻意懲罰自己，但在這樣的人生時刻裡，它是我最好的陪伴。

愛德華多也提早抵達洛杉磯，參與某場與日本索尼公司的交易。其他小組成員則預定搭乘當天的第一班飛機，他們將帶著後進員工徹夜完成的報告書出現。但甘迺迪國際機場起了濃霧，該班機因此被取消。

為了想出解決方案，我和愛德華多在所羅門的洛杉磯辦公室碰面。我們都知道必須說服諾斯洛普，若他們想存活下來，就要表現出堅定的態度。我們也都明白，這違背他們公司的文化。

「該死，」愛德華多說，「沒辦法拿到報告書嗎？」

「來不及。」我說道。看著他一邊踱步，一邊仔細思考這個問題，然後發起脾氣，我試圖放鬆心情。「這可能對事情沒什麼幫助，」我說，「但我發現某個人的座位上掛著幸運籤餅（fortune cookie）[55]裡的籤文，它似乎可以總結我們目前的狀況。」

「你到底在說什麼鬼？幸運籤餅？」

有人用全錄影印機把幸運籤餅裡的籤文放大；我拿來影印了一份。考慮到諾斯洛普對格魯曼音訊全無的憂慮，我想愛德華多或許會覺得這句籤文很有趣。「是啊，你看一下。」

愛德華多從我這裡拿走那張紙、讀了幾次，然後把它丟在桌上。「好吧，我們就帶著它進去吧。」

「帶著它進去？」

他聽起來已經耐心盡失。「是啊，該死的幸運籤餅。多印幾份，我們要帶著這份幸運籤餅進去。」

一個小時後，我們帶著十幾張影印稿走進會議室，這疊影印稿的正中央是那句籤文，兩旁則放了一些笑臉圖案。在這場與諾斯洛普的大型會議上，我們只有這份文件，而且得努力說服他們改變自一九三九年創立以來的做生意方式。諾斯洛普正處於一個重要的十字路口，任何決策管理都有可能成就或毀掉這家公司。儘管只帶著幸運籤餅裡的一句老套籤文參加這種重大會議讓我感到瘋狂，我還是有點興奮，想看看愛德華多會如何利用它。即便他經常很難搞，他總是很會煽動情緒，在來到客戶面前時，他就變得能言善道、獨具魅力。

當我把影印稿發給大家時，愛德華多已經做好準備。「各位先生，我們所有人都對格魯曼的沉默感到不自在，幾乎可以確定我們雙方的交易正陷入危機。」有幾位諾斯洛普的主管將影印稿翻了過來，試圖尋找我們提供的其他數據與分析。會議室裡有一些竊竊私語的聲音。愛德華多在主位上說：「對，你們沒看錯，這是一句幸運籤餅裡的籤文。但它傳遞了一個相關訊息。就我而言，我就不甘於被排除在這場交易之外。」他拿起他的那份影印稿，然後把那句籤文大聲唸出來：「不滿是一個人或一個國家邁向進步的第一步。」愛德華多環顧整間會議室，與每個人四目相接。

「各位先生，」他又繼續說，「我可以帶一堆數字與推估資料進來這裡。我也可以給你們看這個領域的所有分析，但那只會模糊焦點，使我們看不清楚真正重要的事，那就是：當一切不如所願時，我們要怎麼做？我們要直接認輸，或者這只是我們變得更好的第一步？諾斯洛普想成為收購者，還是被收購？你們是否希望已經存在超過半個世紀的公司名字能留下來？」接著，他放低聲音。「諾斯洛普是美國的優秀公司之一，它有未來嗎？這由你們決定。」愛德華多把那張紙舉到他的頭上，然後晃了一下。「各位先生，真正重要的東西在這裡。充分利用你們的不滿，讓它變成某件有意義的事。」

有那麼幾秒鐘，會議室裡只聽見愛德華多晃動那張紙時所發出的詭異沙沙聲。接著，他又繼續遊說。

「那些數字、分析、增值與稀釋（accretion/dilution）[56]，它們全都會發揮作用。不要擔心這些細節。你們必須決定的是……」這時，他把那張籤文放在桌上。「你們希望諾斯洛普面臨什麼樣的命運。」

一個小時後，我在諾斯洛普的走廊上狂奔，試圖跟上愛德華多的步伐。「這太神奇了！」我說，「你只帶著一句幸運籤餅裡的籤文走進會議室，就說服諾斯洛普轉向惡意收購。」

「是啊，這真是不錯。」愛德華多一邊按下電梯按鈕，一邊興味索然地說。「但你知道令人難過的地方是什麼嗎？」

「是什麼？」

「沒有人在現場目睹這一切。」

「你說什麼？」我說，「我在那裡啊。」

他聳聳肩，然後皺了一下眉頭。

「我會告訴所有人你做得有多棒。」我說道。

「但那不一樣。從你這邊傳出去的消息無足輕重。」

我花了很多時間回想這場會議，我心裡想的是：如果紐約的濃霧散去，然後那些報告書及時抵達現場，我們的狀況會變得更好嗎？我們的團隊花了許多個小時針對各種收購方案建立詳盡且精確的分析模型，這與諾斯洛普原本預期的精確程度沒有什麼不同。到了這筆交易進行的一九九四年，人們也預期華爾街可以做到這種程度——準確分析每個要素，以便評估此筆交易是否值得。假使報告書及時抵達，我們就會把大部分的注意力都放在那上百頁的內容上，仔細剖析增值／稀釋分析、公司估值、對競爭對手的影響，諸如此類。我們會一直侷限在小細節裡，這樣還會花足夠的時間從策略角度關照全局嗎？也許不會。但因為那些報告書沒有及時抵達，我們所有的時間都用來放眼大局，結果證明，這個領域的所有分析都沒有明白並確立公司的指導願景來得重要。

即便我們都知道，必須花更多時間好好思考長期策略是什麼，只帶著那句籤文參加與諾斯洛普的會議還是令人感到不可思議。我們所有人都受到精確評估的影響，覺得若一個人能衡量一切，他就應該走在正確的道路上。然而，只有當你掌握正確價值時，你才能真正做到準確；「精確」不保證「準確」。金融是藝術多過於技術，它是一種本領，協助人們在資訊有限的情況下做出最適當的選擇，以面對不確定的未來。

多年後，等我變得更資深，我也經常不帶報告書出席會議。我們做那麼多分析，都是為了幫助我們設想要提供給客戶的建議，但我不覺得非得帶著那本充滿數字與表格的報告書出席不可。我反而認為那是一種阻礙。幾乎所有客戶都覺得這樣的做法令人耳目一新，而且成效卓著，他們常說這種做法「讓大家討論真正重要的事」。有位客戶甚至跟他們公司的董事會說，他會特別聘請我們，就是因為我們不帶報告書出席會議。

我竭盡所能地告訴公司裡的所有人，愛德華多在諾斯洛普的表現有多出色，很快地，那場會議就變成了著名的「幸運籤餅大會」。但當我向愛德華多說大家有多麼印象深刻時，他只是聳了聳肩。他反倒藉機告訴我他的個人哲學：「我把這個世界分成三組人，」他說，「他們分別是馬匹、鳥類和馬芬。馬把事情搞定；鳥到處跳來跳去、感覺很忙的樣子，但他們其實沒有做任何事。至於馬芬則只是坐在那裡佔空間而已。」

我站在原地盯著他看。

「我對你有種感覺……」他這麼說道——開頭聽起來似乎不錯，但接著我聽到的卻是：「我肯定會把你分在馬芬那一組。」

我沒有回話，然後他就離開了。

⊕

又經過幾天漫長的沉默，我們的擔憂在一九九四年三月七日成真了。我們從《華爾街日報》得知，另一家規模更大的競爭對手——馬丁．馬瑞塔已經向格魯曼提出收購提議，而且雙方很快就對交易條件達成共識，讓諾斯洛普希望落空。透過這種方式發現我們被拋棄了，感覺很差。我們認為，是高盛說服格魯曼不要認真看待諾斯洛普。這可能是因為「老虎」．賽克斯先前在進行麥克唐納．道格拉斯那筆交易時與我們交涉，最後談判破局的經驗所導致。報紙報導指出，格魯曼會被馬丁．馬瑞塔吸引，是因為他們的業務範圍較廣。馬丁．馬瑞塔基本上是一家電子公司，他們為軍艦與直升機安裝雷達與感測系統，同時也製造飛彈、太空船，以及相關物件。

這些航太公司無論業務重心為何，都有美國的鉅額國防採購案支持。但就在一年前（一九九三年），舉行了一場稱作「最後的晚餐」的重要高峰會，在這場高峰會上，美國國防部的高階官員與大型航太與國防公司的十五位執行長一起用餐。美國國防智庫「列星頓研究所」在一篇文章中這樣描述這場會議：「據時任馬丁・馬瑞塔執行長的諾姆・奧古斯丁說，當時的國防部長萊斯・亞斯平告訴與會的產業大佬們，由於蘇聯垮台，以及美國國防預算減少，恐怕不會有足夠的經費讓他們都活下來。因此亞斯平宣佈，他們必須合併。」亞斯平的這項警告使諾斯洛普急著想與格魯曼聯合起來，或找到其他大規模的交易，以免他們被更大的競爭對手併吞。

這類大公司（包括馬丁・馬瑞塔、洛克希德、波音公司、格魯曼和諾斯洛普）的很多高階主管都是軍人出身。這個產業遵循著某種紳士風範。這些公司的執行長都是一個名為「西耶羅的征服者」的祕密俱樂部成員。一九三七年，這個俱樂部在亞利桑那州的一間度假牧場首次舉辦聚會，而且在此後的幾十年裡，每年都固定聚會兩次，他們每一年不僅會在紐約集合，也會在美國西部舉辦周末牧場派對。在派對上，這些男人會身穿牛仔裝，並進行各種比賽，主要項目有丟刀子、騎野馬、打獵、撲克牌、飛靶射擊，以及法式滾球。俱樂部成員們（包含商業航空公司、航太公司與零件製造商的高階主管）發展出一套繁複的入會儀式，在儀式中，他們會穿著西班牙征服者的服裝、騎著馬、手裡拿著火把，還會燃放煙火。他們甚至還有一首正式的飲酒歌，其中有四句歌詞是這樣的：

我們是征服者，快樂的征服者；
我們是鳥兒，有著一身美麗的羽毛！
無論他往何處去，我們還是一群開心的朋友；
就算一人、兩人、三人往別處去，我們仍舊永遠在一起。

在聚會舉行的周末，這些主管有時會私下進行關於商業交易的討論，但這其實是被證券交易委員會禁止的。最後，證管會試圖關閉這個組織，但據說直到今天，他們還是暗自聚會，地點通常都在高爾夫球場或懷俄明州的豪華牧場。

儘管諾斯洛普經常用「各位先生與女士，我們要再次重申，我們相信未來戰爭」這句話作為公司年度策略會議的開場；儘管航太與國防產業生產武器與戰爭裝備，這些公司的運作方式很像軍隊的延伸——這些主管不願意對彼此發動金融戰。禮儀與禮節是他們商務關係的基礎，彷彿他們必須表現得極度彬彬有禮，才能彌補他們設計並生產殺人機器的恐怖事實。在格魯曼宣佈與馬丁．馬瑞塔進行交易之後，我們提醒諾斯洛普，他們必須做出一個艱難的決定——不能再被動面對；他們得積極起來，即便這會破壞航太與國防產業長久以來奉行的繁文縟節。

所羅門兄弟的投資銀行部階級分明。資淺人員拚命工作，為了獲得資深銀行家的關注與尊重，他們必須窮追猛打。上層預期他們流血流汗、滿足每個要求，不管這些要求有多不合理、工時有多誇張。必須同時兼顧好幾個案子是很常見的一件事（每個案子都隸屬於不同的交易小組）。永遠不可能有時間為了將來的客戶會議或報告事先規劃；每一次都是十萬火急的緊急狀態。資深銀行家會在下班時間給你模糊的指引，告訴你他們想看到什麼樣的分析，然後你會為了達成這些結果徹夜工作。你往往得在清晨之前完成它，因為隔天就要跟客戶報告，這段時間剛好夠你裝訂二十份報告書，回家沖個澡、換件衣服，然後搭飛機前往會議舉行的地點（無論它在世界的哪個角落）。

對交易員而言，所有活動都在白天開市時、以最快的速度進行；他們的行動都受到宏觀因素的驅使。但投資銀行部的工作通常都在半夜進行，其速度先是狂飆，接著放緩，然後又再度狂飆。這裡的大學畢業生幾乎都沒有在華爾街工作的經驗，驅動他們的是微觀分析，以及熬夜思考。當許許多多的同齡孩子們在紐約城裡揮灑青春、肆意荒唐時，這些分析師和副理凌晨三點鐘都還在某棟摩天大樓的會議室內工作。他們喬裝成金融市場的征服者，設想要提供給客戶的建議，這些建議可能會影響該公司的名聲與命運。

讓人感覺最糟的是，在大半夜裡，那些數字運算結果不符合你的需求，或者無法支持資深銀行家想在稍晚的客戶會議上提出的某些論點。此時，你有兩種不好的選擇。你可以配合這些數字修改這場報告的論點，或為了與該論點相符而捏造數字。還有第三種選擇（這種選擇也很糟），那就是打電話叫醒你的董事總經理。這絕對不是一個聰明的選擇。因此，你通常會在這裡修改營收假設，接著又在那裡修改利潤率假設。你只要適度修正，讓這些修改不會顯得太過頭，但同時也能大致得出適當的營收與獲利成長，以便合理化這筆交易即可。你會有個短暫的念頭：「主觀的商業判斷與竄改數據之間的界線在哪裡？」然後，你會打著哈欠，並看著時鐘回答：「有誰在乎呢？」

不管你有多小心翼翼，光是疲憊就會造成可怕的錯誤，而且等到被發現時，已經為時已晚。這有時是因為所謂的「F9錯誤」引起的。那時候的電腦速度非常緩慢，所以你不想在每次修改時都等試算表程式自動重新計算。你會關閉此項功能，但這樣就必須特別留意，最後要記得按F9鍵，因為這個動作會讓電腦重新運算整個分析模型。然而，總是有分析師做了一堆修改，卻忘記按F9鍵，然後就把充滿錯誤數字的報告書印出來。他們可能會在跟客戶報告時或會議結束後發現，他們使用了錯誤的數據。這些模型十分複雜，所以往往不會有人察覺，但這導致大家會根據錯誤資訊做出重大決定。我們不知道在某位睡眠不足的分析師弄錯了分析模型之後，有多少交易因此完成，或者有多少人被資遣，像是「史提夫忘了按F9鍵，一萬人因此被解僱」。

當然，若在至少一天前進行這些分析，一切都會獲得改善。如此一來，小組成員可能會有時間討論出對客戶最好的建議。然而，在當今的銀行界無法這麼做。隨著資訊複雜度提升，以及處理這些資訊的工具與商品問世，能進行分析並設想相關策略的時間也急遽減少。我們哀嘆聯邦快遞的出現，讓我們必須在隔天早上就把報告書送到客戶面前。一九九〇年代，華爾街分析師都有每天和聯邦快遞的截止收件時間賽跑的荒謬經驗。接下來，在傳真機發明後，截止時間又從「明天」變成「越快越好」。「把它傳真過來，」你的客戶會這樣要求，「然後我們用電話討論一下。」在語音訊息出現之後，當你回到位子上，並聽取客戶的留言時，你已經晚了三十分鐘。Email和手機更是無情，讓我們必須隨時待命，完全無法延遲或躲藏。距離與界線就這樣消失了。科技進步使效率與便利性大幅提升，但也導致資訊複雜度日益增加、世人對分析精準度抱持更高的期待，步調也因此變得更快——這通常不會帶來謹慎的決策與最理想的結果。

從很多方面來看，速度都無疑創造出很大的價值。無論是透過Uber的動態供給與訂價，還是在進行交易時，讓買賣價差得以收緊的有效價格發現（price discovery）[57]機制，速度都為新商品提供不少機會，同時也促進了傳統產業的創新。但在普遍講求速度的金融界，它似乎對任何參與其中的族群都沒有好處；快速對任何涉及分析與策略思考的挑戰都沒有幫助。

羅馬雄辯家西塞羅在兩千多年前就明白這一點，他曾經說：「那些偉大的事能完成靠的不是體力、速度或肢體靈活度，而是堅強的性格、深思熟慮與審慎的判斷。」不只快，還要更快；為了保有競爭力（現在其他人也面臨同樣的限制），決策過程變得越來越快。在過去的金融界，你會進行分析、討論各種選擇，然後做出明確的決定。如今發生了轉變，你會先問：「我們有多少時間？截止期限是什麼時候？」接著你才決定，在這有限的時間內可以做些什麼事。你不再能浸淫在資訊裡，仔細思考這些資訊背後的意涵。在整個金融體系裡，時間成了進行決策時最重要的考量與變數。

在我第一次參與的交易小組裡，我們試圖為一位具有影響力的金融家尋找收購目標。在來到華爾街之前，我會稱他為「企業掠奪者」，而不是「金融家」。但當某個人變成了客戶，可能會給你一項利潤豐厚的工作時，你就會修飾自己的用詞。那時我只比實習生有經驗而已，幸運的是，我們的團隊中有一位優秀的分析師，他似乎不介意有個新手在他身邊。他的名字叫「帕帕」，來自塞內加爾，目前是他分析師訓練課程的第二年。

我們徹夜在為客戶鑽研這些潛在收購目標時，我都會知道什麼時候已經是凌晨三點，因為帕帕每天都會在這個時間打電話給他在倫敦和非洲的親人；高昂的電話費由所羅門支付。在通話時，帕帕都會開擴音，這樣他就可以一邊聽家人更新近況，一邊繼續操作電腦。

每完成一家公司的檔案，為了評估是否適合客戶收購，我都會徵詢帕帕的意見。我們把這個動作稱為「『攤開』公司資料」。當我們在討論這家公司的概況（包含財務與營運資料）時，帕帕會把電話轉為靜音。

首先，他會問：「他們能通過篩選嗎？」

「也許吧，」我說，「如果近期獲利不會阻礙交易的話。」

與此同時，帕帕的母親會提醒他的姊妹或表姊妹，約會時會遇到哪些危險。「這些倫敦的男人，」她說，「和塞內加爾的男人不一樣。」

「但是媽，」其中一個姊妹說，「大衛感覺人不錯。」

「他只是為了達到他的目的而已，」這位母親說，「這些英國男人或許願意花時間在你身上，但結果永遠都一樣。告訴她吧，帕帕。」

帕帕很快地伸手拿取那些資料，然後關閉靜音模式。

「不是所有男人都很糟糕，」他說，「那我呢？媽。」

我想像著在世界各地，類似的對話每天都會上演很多次，很多人為了追求更好的教育、工作與生活，被迫和家人分開。

「帕帕，」某天晚上我問道，「這些電話的花費不是很可觀嗎？」

「可能吧。我想它應該和水電費混在一起了。我已經這樣做了好幾個月，還沒有人說什麼。」

「但如果你被發現的話，你覺得會發生什麼事？」

他指著角落裡的一個咖啡色紙箱說：「若有人來跟我說『帕帕，我們必須討論一下你的電話費』，我會直接舉手投降，然後說『好了，你不需要再多說一句話』。接著，我會把所有的私人物品都掃進那個紙箱裡、走出這棟大樓，他們就再也不會看到我了。」他揮舞著手臂、做出一個把東西掃進紙箱裡的動作，彷彿已經默默演練了很多次。

「所以你願意為了打這些電話而賭上你的工作嗎？」

他聳了聳肩。在我們一起共事的那段期間，我漸漸明白，他為什麼願意這麼做。在因為參與這項工作而感到興奮的同時，我也意識到，帕帕可能是靠著每晚打這些電話存活下來。這些長途電話支持著他，讓他與真實世界保有連結。此外，這份工作工時極長，又極度孤獨，使他心生憤恨與不滿。考慮到公司讓他失去了這麼多，討一點東西回來似乎很合理。

第一次在交易小組裡和大家一起努力令人感到振奮。當這個案子終於完結時，我在下班時間走進一台電梯，有位資深的小組成員站在裡頭。他把外套摺好掛在手臂上、手裡拿著公事包，正準備要回家。「嗨，鮑伯。」我笑著說。我預期我們會再聊一下這個案子，接著拍拍對方的背，表示體恤彼此的辛勞。但他卻不發一語，連看都不看我一眼。我們安靜地抵達一樓，然後他就離開了，彷彿我們不曾認識，更不用說我奉獻了前六個晚上的時間，工作超過一百個小時。當下我立刻明白：「這些人只在意如何把工作做完，他們其實根本不在乎我或任何人。」

因著這份工作的諸多要求，要與同事以外的人維繫友誼是不可能的事。我曾經試圖努力過，但在爽約幾次之後，朋友們就不再打電話來了，而我也不想變成不斷取消聚會的那個人，所以也不再打給他們。我在銀行的同事們似乎多半也身陷同樣的窘境——我們所擁有的是交易小組裡短暫的同志情誼，以及待在某個地方的家人；我的家人距離這裡三千英里遠，帕帕的家人則在地球的另一邊。

所羅門兄弟有一個名為「分析師管理員」（analyst staffer）[58]的職務，在成為副理的第三年，我被指派負責這項任務。我的職責是將分析師配成一對（他們當中有些人天真溫順，有些人老練卻失去熱情），並放進適當的交易小組裡。這跟作媒差不多，必須同時考量幾個因素——性格、經驗、優缺點、專長領域、與同事之間的關係，以及工作排程。要做好這項工作，我必須同時滿足資深人員和分析師的需求與渴望，設法讓所有人都一樣開心且具有生產力（或者在最忙碌的時候，讓所有人都一樣不開心）。公正無私是分析師管理員必備的特質。

許多人都覺得這個職務權力很大，因為你手中掌握了很多資源。但我並不這麼認為。我覺得這項任務很嚴肅，而且往往讓人感到煩惱。其中最沉重的負擔在於，要選擇毀掉誰的周末與假期。那時，我很討厭在星期五下午接獲上層的指示、要求分析師在周末加班，然後我得決定要將這些工作指派給誰。

「我很抱歉，」我會告訴那個「倒楣鬼」，「不管你原本計畫了些什麼，現在它都泡湯了。」我試著平均佔用這些人的私人時間，如此一來，雖然所有人都會覺得有點痛苦，但沒有人會感到不堪負荷。從很多方面來看，分析師管理員都是唯一在意分析師們能否存活下來，並在心理上獲得滿足感的人。華爾街不是一個散播同情的地方。這裡步調太快、太殘酷無情，但身為一個分析師管理員，我很努力至少做到公平，即便我常被迫做出令人遺憾的決定。

當麥可．索南來到所羅門兄弟時，企業併購組已經不堪重負、急需協助，因此他才受訓四天（培訓原本為期一個月），他們就急著把他丟進某個交易小組裡。「我們將用壓力來訓練你。」他們用很典型的所羅門式說法告訴他。作為一個分析師管理員，我覺得自己有義務保護麥可（尤其是我可以看得出來，他根本還不具備應付這項工作的能力）。我擔心他恐怕無法撐超過幾周，所以好好安排了他去的第一個交易小組，希望他的處境會因此變得好一點，儘管我不太能讓他避免潛在的危機，因為他本來就該置身水深火熱之中。

麥可第一次被分配到和芭芭拉．赫弗南同一組。她是一位非常聰明的董事總經理，強悍、令人生畏，但以公正講理著稱。他這次面對的客戶則是一位年輕的墨西哥企業家——貝納多．多明奎茲。他有意收購威斯汀飯店，但沒有人知道他有多認真。

芭芭拉要麥可進行分析，並判定這是否是一筆好交易。她要求他做「折現現金流量分析」（discounted cash flow，簡稱ＤＣＦ）[59]，但麥可不知道那是什麼。她還希望看到「可比較公司分析」（Comparable Company Analysis，簡稱Comps）[60]和委任書（engagement letter）[61]，而麥可同樣也被難倒了。她以為麥可知道他要做些什麼。

即便麥可對這些事完全一無所知，他也明白盡早在所羅門留下好印象很重要。因此他努力鑽研，整整三天都幾乎沒什麼睡。當他把這項工作完成時，覺得自己可能創造了金融界的《蒙娜麗莎》。他很確定自己搞定了。

芭芭拉把麥可叫進她的辦公室，他的「傑作」就躺在她的桌上。

「聽著，」她說，「我有個疑問。」麥可笑了笑，急著想要芭芭拉幫忙微調他的分析。「我要知道你是愚蠢，還是懶惰，還是兩者皆是。」

麥可愣住了。他支支吾吾了好一會兒，不知道該怎麼回答，但覺得還是說些什麼比較好。他想他知道正確答案是什麼。

「在你回話之前，」她說，「我希望你先好好思考你的答案。」

這句話讓麥可目瞪口呆。他坐著心想：「該死，這難道是華爾街那些奇怪的心智操控話術嗎？」

在停頓了很長一段時間之後，芭芭拉繼續說：「好吧，我告訴你答案。不要回答『懶惰』，因為那我也無能為力。請回答『愚蠢』，這我還有辦法救。」

麥可已經整整三天都沒什麼睡。他知道無論芭芭拉桌上的那份分析有什麼不對勁，都不會是因為他不努力。「是愚蠢。」他回答道。

接下來，麥可還是繼續為了那位墨西哥企業家的交易而努力，結果對方卻沒有足夠的資金。到了最後一刻，另一家大飯店集團也想競標威斯汀飯店，協助促成這筆交易。

芭芭拉打電話通知麥可，她周末要去滑雪，因此需要他主持會議。到了那個星期六，他發現自己迎接的是那家飯店集團的執行長、財務長、事業發展部主管，以及其他高階主管，他們剛從倫敦搭乘私人飛機抵達這裡。他們在三十三樓的會議室碰面。對公司和華爾街而言，麥可是超級新面孔，而他是唯一列席的所羅門代表。

他們在一張桌子前坐了下來。接著，其中一位高階主管問道：「我們認為交易條件應該是什麼？」

麥可會意地點點頭。「交易條件。沒錯，讓我們一起找出我們要做些什麼。」他從第一個問題開始就澈底迷失了。

他們帶來一些文件、準備一起討論，於是問麥可是否有人可以幫忙影印。

「沒問題！」他有點太過熱情地說，「我會叫我的助理來處理。」

一分鐘後，正當麥可在影印那些文件時，影印機卡住了。他將碳粉匣拉了出來，油墨噴得襯衫上到處都是。這時，另一位初階分析師湯姆．普賽爾正好坐在附近的位子上。「嘿，湯姆，」麥可氣喘吁吁地說，「我正在進行一場交易，然後我現在把油墨噴得滿身都是。因為我剛剛告訴他們，我的助理會幫忙弄這該死的影印，但其實是我本人在處理。他們會發現我只是個分析師而已。我需要你身上這件襯衫。」湯姆只好照他的話做，很快地，麥可就穿著一件和剛才不同顏色的襯衫、帶著一疊影印稿回到會議現場。

果然這場會議進展得並不順利。只有在華爾街，同時也只有在所羅門兄弟，會有一個二十五歲的菜鳥坐在大飯店集團執行長的對面，主持一場交易談判。「那些主管應該要直接離開才對，」麥可後來這樣說，「但他們把你當作已經獲得認可的人選，因為你是所羅門兄弟的員工。所以他們可能心裡想的是：『哇，這位應該是他們公司的新銳菁英。』他們不知道我來自卡拉馬祖，連一台該死的影印機都搞不定。」

如果說在華爾街，高盛和摩根史丹利對出身與經驗抱持某種看法，所羅門兄弟則極端相反。高盛在錄取一名員工時，很重視畢業學校、家族姓氏、過往經歷與人脈。反觀所羅門，他們根本不在意你來自何處，只要你夠堅強、得以存活下來，並且願意辛苦工作就好。卡拉馬祖在哪裡？誰在乎？

「和其他公司相比，在所羅門兄弟，」麥可說，「有更多藍領階級出身的人硬擠進來。因此，那些公司高層會說：『先說清楚，我們將會折磨你。我會問你一個關於機身編號的問題，只為了看看你會怎麼反應。我會跟你說你很蠢，這也只是為了看看你有什麼反應而已。若你能輕鬆應付這些狀況，我們就會讓你負責一場交易。』」在威斯汀飯店這筆交易破局之前，麥可已經使會議桌上的每個人針對收購價格與交易條件達成共識。儘管最後沒有成交，芭芭拉還是對他的努力感到滿意。「感覺她沒有把這整件事當成一次挫敗，」麥可說，「因為我並非注定失敗。當然，這一切希望不大，但所羅門兄弟本身就是建立在微小的希望上。無論如何，幾乎所有爬到高層的人都敢於冒險。」

⊕

大約就在這個時候，我的妹妹蕾雅也來到所羅門兄弟擔任暑期實習生。夏季最後的活動之一（我在三年前也曾經參加過），就是在紐約州的長島牡蠣灣舉行的高爾夫球賽。

對蕾雅來說，那天一開始就是場災難。他們的規劃是在公司集合，然後實習生們會搭乘巴士前往牡蠣灣。蕾雅以前只在麻薩諸塞州鱈魚角打過迷你高爾夫，她穿著新買的高爾夫球裝現身。「你在做什麼？」她的主管難以置信地問道，令她在一屋子同事面前感到羞愧。「你在公司裡穿這樣不合適。」他們原本預期她會穿著正式服裝出現，接著在半小時後換上郊區俱樂部的衣服。

在抵達高爾夫球場之後，他們每四人分成一組（每一組裡都包含了兩位暑期實習生和兩位董事總經理）。對暑期實習生而言，和資深銀行家一起在球場上走動好幾個小時，是讓他們了解你的好機會。如果你打高爾夫球的經驗很豐富，這也可能會使你脫穎而出，讓那些最後決定是否要錄取你的人印象深刻。若你打得不好，你就必須用其他方式讓他們留下印象，例如幽默、個人魅力、勇氣、說故事的能力……無論你擁有哪些長處。

以傲慢著稱、曾經折磨過麥可．索南的企業併購組主管大衛．魏蒂格趾高氣揚地走到球場上，並大喊：「這裡需要一位暑期實習生，誰的高爾夫球打得最爛？」因為知道我妹妹從未打過高爾夫球，有幾個人都把手指向她。

在整場球賽裡，魏蒂格和另一位董事總經理都不停地給予蕾雅指導與提示，但我妹妹就是無法掌握打高爾夫球的訣竅。她覺得他們對她緩慢且飄忽不定的打法感到惱怒。最後，他們終於來到第十八洞（他們是最後一組抵達的）。當他們逐步接近時，有幾位已經打完全場的董事總經理和暑期實習生聚集在果嶺上帶頭起鬨。對暑期實習生來說，這是一個很嚇人的畫面——一群吵吵鬧鬧的同儕與銀行家正評論、捉弄著他們，這些人看起來都像是驕傲的小丑。

當他們打完所有球洞、還站在果嶺上時，魏蒂格（他從來不會浪費吸引觀眾注意的機會）說了前一年發生在某位實習生身上的故事。當時，這位實習生的球距離球洞一英尺遠，為了擾亂他，魏蒂格說：「你願意為了這一桿賭上你的未來嗎？如果你成功了，我一定錄取你。如果你打偏了，我們就不想再看到你了。」這傢伙必須接受這項挑戰，但在眾人面前打球使他太過緊張，結果他把球打到了球洞邊緣，被在場的所有人嘲笑。

魏蒂格講述這個故事時，蕾雅就站在他的附近。她問：「我也可以獲得同樣的交易嗎？」說完後，她讓她的球落在距離旗桿（即球洞處）十五英尺遠的位置。魏蒂格和另一位董事總經理驚訝地笑了一下，以為蕾雅在開玩笑，但她連笑都不笑。

「是的，當然。」魏蒂格回答道。這一桿並不容易。

蕾雅彎下腰來仔細觀察球場的狀況，就像是經驗老道的高爾夫球選手那樣。然後，她走上前去、抓起球桿，將球往球洞的方向打過去。當球在果嶺上滾動，並掉進洞裡時，現場一片沉默。

那時我不是董事總經理，因此還不夠資深，無法和暑期實習生一起打高爾夫球，但我有參加球賽結束後的那場聚會。所有人都在談論她打的那一球，他們跑來聽她描述這一切，然後跟她握手致意。有好幾個人對她說：「恭喜，你是第一個被錄取的人。」

很多人都向我道賀：「你妹妹的高爾夫打得比你好。」

幾周後，蕾雅拿到了她的聘書。（順帶一提，前一年夏天把球打偏了的那個孩子也被錄取了。）蕾雅了解到，重點其實不在於她是否成功把球打進洞裡，而在於她有冒險的信心與勇氣。這意味著，她不管怎樣都會贏。這種行為正是所羅門兄弟所擁護的。

⊕

愛德華多的幸運籤餅「遊說大會」成功說服諾斯洛普對格魯曼展開惡意收購，這使馬丁．馬瑞塔和格魯曼之間的協議陷入危機。這樣的舉動激怒了馬丁．馬瑞塔的主席諾曼．奧古斯丁；他是一個野心勃勃的商人，同時也曾經是五角大廈的官員。「諾斯洛普的襲擊，」奧古斯丁在一則公開聲明中說，「侮辱了所有在美國國家安全產業裡理性進行合併的公司。」他表示：「為了破壞馬丁．馬瑞塔和格魯曼之間愉快的合併協議，諾斯洛普選擇展開惡意襲擊，這令我極度失望。」奧古斯丁發誓，他們公司會對此做出回應。

馬丁．馬瑞塔對格魯曼的收購價格原本訂在每股五十五美金。我們團隊幫諾斯洛普設定的價格則高出五美金，也就是每股六十美金，總計二十億美金。（這個數字在當時似乎很龐大，但它其實約略等於一台B-2轟炸機的造價。）諾斯洛普的主席肯特．克雷沙和奧古斯丁打了一場公關戰。克雷沙說，他並沒有試圖破壞這兩家公司的協議，他是不得已才展開收購行動，因為諾斯洛普和格魯曼之間的協商先前被馬丁．馬瑞塔擅自中止。

接著媒體猜測，為了壓制諾斯洛普對格魯曼的行動，馬丁．馬瑞塔可能會對諾斯洛普發動金融戰。《新聞日報》刊載了一篇關於這類傳聞的文章，該文章的標題是〈獵人反被獵殺？〉。若猜測屬實，這就是「襲擊攻擊者」的典型做法。很快地，諾斯洛普就責怪我們讓他們捲入這一切。董事會成員們說，如果知道這個舉動會使公司成為箭靶，他們就不會這麼做。

一九九四年三月七日，馬丁．馬瑞塔首次公佈，他們與格魯曼之間的交易正在進行。三天後，諾斯洛普則以宣佈對格魯曼展開惡意收購作為回應。這場戰爭正式開打，而且戰況越演越烈。到了三月十七日，克雷沙被迫針對諾斯洛普所面臨的潛在收購企圖做出回應：「我們反覆重申，我們不預期任何收購提議。若出現這樣的提議，顯然我們必須仔細考慮。」在公司法的約束下，克雷沙不得公然阻止其他公司提出收購提議，他只說，收購條件必須「極為誘人」。幾周前，諾斯洛普還一如往常，持續製造武器與戰鬥機，向未來穩定前進。突然間，他們不但對一個主要競爭對手展開惡意收購，現在還因此成為另一家更大規模競爭者的潛在收購目標。

航太與國防公司通常都和政府簽訂採購合約，為其建造武器，這樣的工程可能耗時數年，而且需要龐大的團隊參與。這些工作具有機密性，是關乎國家安全的問題。諾斯羅普在面對每個合作對象（包含與我們合作）時，都同樣嚴格保密。所有參與這場交易的銀行家都被要求各自簽署保密協議，這是其他客戶不曾要求過我們的。雙方在諾斯洛普的洛杉磯總部會面時，我們每次進入那棟大樓都得出示識別證，這種保全等級在那時是非常少見的。那些會議幾乎總是在星期六舉行，這樣就不會走漏風聲，讓任何人知道我們在做些什麼。這意味著，我們必須搭乘「紅眼班機」，在徹夜未眠之後的星期天早上回到紐約，然後繼續為了準備星期一要召開的電話會議工作一整天。在這場交易進行期間，我們的工時特別誇張。

在所羅門兄弟，有台傳真機暗藏在一間上鎖的房間裡，只有愛德華多・梅斯特的助理法蘭才能拿到房間的鑰匙。如果你必須傳真給諾斯洛普，你得先請法蘭提供鑰匙，並打電話給諾斯洛普，提醒他們你要傳某份文件過去。在獲得准許後，你會從所羅門的這間房間，把那份文件傳真到位於諾斯洛普的另一間房間裡。

在格魯曼與諾斯洛普分享他們公司的非公開資訊之後，我們必須進行重要的「核實調查」，並整理其他諸多細節。我們在諾斯洛普的洛杉磯辦公室、格魯曼的長島辦公室，以及我們公司的曼哈頓總部之間來回奔波。即便嚴加保密，這筆交易的某些細節還是被洩漏給媒體，最後被刊登在報紙上。當時，所羅門的董事總經理麥可・卡爾（他負責帶領我們這個交易小組）與肯特・克雷沙碰面、商討這場交易的後續步驟；他提起了這件事。

「肯特，」卡爾說，「你必須跟你的團隊談談保密的問題，並防止消息繼續走漏。這對我們任何人都沒有好處。」

克雷沙調整了一下眼鏡，然後用冷靜而謹慎的口吻說：「讓我告訴你一件事吧。

在執行『B-2隱形轟炸機』計畫，這項全球歷史上規模最大的採購案時，我們總共有一萬人為了這項計畫工作超過十年。那時，沒有任何消息被洩漏出去。一個都沒有。現在，有八個人知道這筆交易的相關細節，他們當中有一半在你們公司工作。你覺得消息是從哪裡走漏出去的呢？」

在這段過程中，馬丁．馬瑞塔從未反擊，令諾斯洛普鬆了一口氣。三月二十九日，格魯曼公開聲明，他們希望獲得兩家公司最高且最後的出價，也就是讓他們進行競標。馬丁．馬瑞塔和諾斯洛普有兩天的時間可以回應。

在所羅門工作了約一年時，麥可．索南遇見了一個女人，讓我們叫她麗莎吧。在華爾街要維繫一段感情不是件容易的事。這裡的工時太長，不適合談情說愛，而且那時不像今天，有各種便利的溝通工具。為了跟某個人約會，你必須事先規劃，但因著極其苛刻的工作排程，這種規劃往往是不可能的。麥可克服了重重阻礙，某晚下班後在一家酒吧裡，他和麗莎搭上線。麗莎是保德信金融集團的一位股票經紀人，她對麥可在所羅門的工作印象深刻。

「我們約會了六個月左右。對我這個來自密西根州卡拉馬祖的孩子來說，這已經足以使我明白，我有個紐約的女友。於是我跟父母親說，我正在跟一個女孩約會，她在一家名叫保德信的公司上班，這家公司聽起來規模很大。」

對麥可而言，那是一段令人振奮的時光——住在曼哈頓，有新工作、新女友，還有優渥的薪水。然後，某天當他抵達公司時，他發現自己的語音信箱裡有一個陌生女人傳來的訊息；她在哭。「我知道你是誰，」那個聲音說，「我跟她談過了。你應該知道我們在一起。她是我一生的摯愛，這一點不會改變。（女人現在開始啜泣）你無法改變這一切。」這段訊息還在持續著，聽起來誠摯而悲傷。她剛從外頭旅行回來，發現公寓裡有某樣屬於麥可的東西，因此和她的女友正面對質，整個故事就這樣被全盤托出。麥可知道麗莎有個室友，但他不僅從未見過她，也不曉得她們之間的關係已經超出室友的範圍。當他在她們的公寓逗留時，她正好都不在家。「你現在最好馬上與她斷絕關係，」她懇求道，「請不要再跟她聯絡了。」

一九九〇年代早期（特別是在金融業這樣保守的文化裡），雙性戀是很少見的。這對麥可尤其陌生。「就連某個人是雙性戀這種『想法』我都不曾有過——我想都沒想過這種事。我來自卡拉馬祖，我他媽的怎麼會知道？」麥可很愛麗莎，認真到他在工作時告訴我們所有人關於她的事，對他來說，這不只是玩玩而已。當然，他也無意傷害這個陌生女人，他很迷惘，不知道該怎麼做，只好找坐在周圍的夥伴們討論。

那時剛推出一項新技術，這項技術讓某個人可以把一則語音訊息轉傳給另一個人或一組人。於是，麥可把這個女人的訊息轉發給坐在同一區的五位同事，徵詢他們的建議。他們聆聽這則訊息，並簡短討論了一下可能的回應方式，然後還沒達成共識就去吃午餐了。

麥可在吃完午餐後回到三十三樓，他一路走回自己的位子。此時，大約有十幾個人從周圍的位子上探出頭來，詭異地笑著，並且盯著他瞧。某個麥可從未說過話的傢伙大喊：「他來了。」當麥可走到他的位子上時，愛德華多・梅斯特的助理法蘭從旁邊經過，然後說：「哇，麥可，我不知道你還有這能耐。」他坐了下來，暗自評估眼前的狀況。「天啊，」他心想，「所有人都知道這件事了。」

但麥可不曉得消息傳得有多遠。到了下班時間，全公司的人都已經聽過這則訊息。接著，它又傳到了其他公司。「我要說，頂多過了四十八小時，」麥可說，「這則訊息就傳遍了整條華爾街。因為我不知道，一個人可以把它轉發給另一個人，但這個人又可以把它傳到公司外頭去。然後，大家都會跟其他人說：『你必須聽聽這個。』這是我第一次知道什麼叫『爆紅』。你有一個被雙性戀拋棄的有趣八卦？好，它會該死地四處流竄。」

這件事是發生在沒有手機、沒有網路、沒有社群媒體的年代。那時，甚至連「爆紅」這個詞都還不存在，它在網路普及幾年後才出現。在語音訊息技術問世之前，八卦故事是在吃飯、喝咖啡時，或在茶水間裡流傳的。這項轉發語音訊息的新技術讓更多人得以直接分享這樣的經驗，他們聆聽這個委屈情人的真實聲音，而不是從別人那裡聽說這則故事。因此在某種程度上，大家覺得自己也參與其中，這是他們過去不曾有過的經驗。到了隔天，幾乎華爾街上的所有人都在談論這則語音訊息。有傳言說，電台主持人霍華德・史登在他的節目中播放了這則訊息，並討論麥可該怎麼做。若謠傳屬實，這就意味著，這則訊息已經從華爾街傳到計程車司機、建築工人，以及廣大紐約人的耳裡。

在那天以前，所羅門交易大廳裡那些有頭有臉的董事總經理（他們都不曾移駕至投資銀行部）都紛紛到三十三樓來找麥可。「我們想跟你握手，」他們說，「你知道你該怎麼做，對吧？」所有人都給了他同樣的建議。

「是啊。」麥可說，他只能向自己的命運屈服。「我會試試來個『三人行』。」

「幹得好。」

麥可打了兩天電話給這個委屈的女人，但她都剛好不在；他們留言給對方，最後終於敲定時間通話。星期四四點鐘時，他將試著說服這個他未曾謀面的女人一起發展三人關係。與此同時，他在所羅門的同事們（還有所有華爾街上的人，以及多數紐約人）都在關心故事裡的每個轉折，彷彿這是某位名人的戀情八卦。「所有人都知道關於這通電話的事，」麥可說，「因此在我們進行通話的五分鐘前，其他人開始移動到會議室。」

許多企業併購組的同事，以及其他來自投資銀行部的人都要求聆聽他們的談話內容。麥可不想在眾人面前出醜，但他還很資淺，龐大的壓力令他難以招架。他們在會議室裡安裝了一個揚聲器（先暫時轉成靜音），如此一來，當麥可在他的位子上打這通電話時，聚集在那裡的群眾就可以竊聽他們的對話。「在打這通電話以前，我感覺很好。所有人都幫我打氣。那時我並不知道，他們其實根本不在意，他們只是想旁觀某件有趣的事。我有千百萬個不打這通電話的理由，但我也明白，這麼做沒有什麼壞處。在所羅門，只要我能做到這件事，我就會獲得讚賞。」

麥可坐在他的辦公桌前，深深地吸了一口氣，然後開始撥號。「於是，所有人都待在會議室裡，然後我打電話給她。接著，我開始吐露自己的心聲。『或許我們三個人應該聚在一起好好談談。我們似乎彼此喜歡——我喜歡她，她也喜歡我；你感覺人很好。』我試圖不要表現得很明顯，我並沒有直接遊說她接受三人行，而是在說服她『讓我們聚在一起好好談談，或許能找出解決方法』，對吧？之後的十五分鐘，她完全不回應我。基本上，每條路的盡頭都只有悲傷與痛苦。接下來，那是一個敏感時刻，她說：『你不知道這一切傷我有多深，我不確定我可以直接面對你。』於是我說：『我無意傷害你，我不知道你的存在，但如果我們可以聚在一起談談……』然後，我聽到她堅決說『不』。所以我只好在整層樓的人面前挫敗地掛上電話。」

這場「表演」結束了。眾人都離開了會議室，回到自己的位子上。「但確實在所羅門兄弟的文化裡，」麥可說，「所有人都感覺像在說：『幹得好。當你面臨充滿不確定的時刻，當你可能嚇得臨陣脫逃時，我們就期待你這麼做。』突然間，我這個來自卡拉馬祖的孩子有了名聲。華爾街議論紛紛，合作夥伴們也對我感興趣。我開始敢接聽重要電話、進行大規模的遊說。這讓我成為眾所矚目的焦點。所有人都知道這件事，這使我開始變成話題的一部分。」

今天麥可在講述這段故事時，對於讓這個女人的委屈與傷痛變成同事們的娛樂，他感到很懊悔。然而在當時，他無法預料到自己事後會有這種反應，而且他覺得自己沒有什麼選擇。我們所有人都是如此。眾人的情緒狂潮排山到海而來，我們都無力抵抗。我們任何人都可以為了這種冷酷無情的場面挺身而出；我們都可以說「這令人無法接受，這種事不會發生」，然後就掛上電話。但在當時，這樣的覺察與體貼是不存在的，更不用說這個產業並不注重這些人格特質。事實上，我們的思考模式恰好相反——因為我們親耳聽見了那則語音訊息，我們都覺得那是自己的故事，所以我們有權利看著它在我們的面前發展。這些事發生得如此迅速且出乎意料，導致我們沒有時間好好思考這可能會造成什麼影響。因此，我們開始練習面對眼前這個凡事講求速度、資訊瘋狂傳播的新世界。

從很多方面來看，諾斯洛普的處境和這個委屈情人的故事都很類似。麥可本來一直心滿意足地跟他的女友約會，然後另一個女人突然介入。大家說服他，若想打敗這個情敵，就必須表現出堅定的態度，並建議對方進入三人行，而不是被動地躲起來。麥可是來自卡拉馬祖的乖孩子，絕對不敢遊說對方這樣做，直到華爾街抓住了他。沮喪、痛苦的他原本可能只好自己重新開始。同樣地，諾斯洛普本來已經對格魯曼提出收購提議，然後被馬丁·馬瑞塔擅自中止。於是，我們說服諾斯洛普表現出堅定的態度，而不是被動地退居幕後。從概念上來說，諾斯洛普有意轉向惡意收購，但因為他們身處一個彬彬有禮的產業，再加上他們公司的文化不存在攻擊性，華爾街必須認可他們違背禮節。

麥可的失戀故事可能是最早爆紅的事之一，而這無疑也是我們初次認識「爆紅」這個概念。資訊傳播日趨快速，再加上人人擁有讓該資訊爆紅的能力，使我們必須在資訊有限的情況下迅速做出決定，同時也不太有時間衡量這些決定會導致什麼後果。很快地，所有人都覺得自己必須以最快的速度獲得資訊，否則將明顯居於劣勢。由於溝通特性發生轉變，現今的金融從業人員一直害怕自己消息不靈通，被遠遠拋在後頭。

隨著科技進步與對速度的推崇，投資時不需考量該公司的基本價值驅動因素，例如長期成長與長期價值，這已經成為大眾普遍接受的一種做法。投資人持有某一檔證券，只是因為眼前的資訊讓它看起來像是筆好投資。這帶來了意想不到的巨大後果，導致投機買賣興起（投機買賣是指在資訊有限或不完整的狀況下進行投資，可能會造成物質損失）。在進行交易時，大家原本會謹慎衡量，但因為取得資訊與進入市場的速度都日益提升，投機買賣感覺更適合當作一種正當的操作手法。

當這種做法被普遍接受之後，在沒有特別要求的情況下，只根據單一新資訊，以及該資訊將如何影響價格就迅速做出決定，變成了一種新玩法。那些能即時依據某組資訊的意涵做出最佳分析的投資人就能獲得鉅額報償。這也促成「避險基金」的出現；這個時髦的名字指的是一種相對有限的合夥人制度，這群合夥人採取積極且高風險的投資策略。投資期限（investment horizon）[62]縮短至數秒鐘。在不久前，那些被當成投機，甚至是賭博的投資方式，已經晉升為「審慎投資」。

過去的價值投資人只有相信自己在對的時間點投資時才感到安心。遺憾的是，對他們而言（又或許是對所有投資人而言），這樣的時間點就是遲遲不出現。取而代之的是，對每一個新資訊做出反應的短期價格波動。長期價值投資則成了那些固執或極具耐心的人才能享有的特權。

很多避險基金（包含後來的量化基金）將速度奉為圭臬。由於視窗呈現出的行情瞬息萬變，為了充分利用眼前的機會，交易員必須相信電腦與演算法，並以極快的速度行動。不根據獲利與現金流等基本指標進行投資變成一種普遍做法。動能操作成了普遍接受的投資策略，似乎沒有人在意許多交易本身都已經與標的物資產脫鉤。如今，價格反映的是時間與速度的限制，多過於任何其他與傳統價值評估有關的因素。時間的壓縮已經使價格脫離現實。

管理並提升個人形象是控管他人印象的另一種方式。在整個一九八〇年代，以及之後的九〇年代，「投資銀行家」的形象深植在大眾的腦海裡——它來自真實世界與想像中的人物，像是大衛．魏蒂格和電影《華爾街》裡的葛登．葛克；《虛榮之火》和《門口的野蠻人》等書籍加深了這樣的印象，同時也因為電影的刻畫，讓它深受大眾崇拜。比方說，《美國殺人魔》中有一個著名場景：一群在華爾街工作的人坐在會議室裡，他們拿出名片相互比拚，看看誰的名片設計比較精美、紙質比較好；這麼做的風險似乎非常高。在這二十年內，有越來越多銀行家穿著體面。一個人的外表、談吐與舉手投足變成一種地位的象徵。你希望被人們稱作「大老二」或「宇宙主宰」——沒有什麼比這個稱號更厲害了。

典型的所羅門銀行家——長久以來，所有人在聽到這家公司的名字時，腦海中浮現出的老套印象，都是那種大聲嚷嚷、粗魯野蠻的交易員，他們喝酒喝到宿醉，襯衫上還有芥末醬的汙漬。然而，華爾街的新形象也在粗野鄙俗的所羅門兄弟流行起來，迫使員工們變得更文雅、更注重自我形象。

與此同時，我仍舊對這些壓力渾然未覺。某天當我們正為了諾斯洛普這筆交易努力時，麥可・卡爾（他是我們這個交易小組裡的董事總經理）跟我說我很幸運，可以做自己就好。

「你說這句話是什麼意思？」我問道。

「你不需要創造另一種形象，你目前這個樣子似乎可行。」卡爾看起來就像是華爾街的雜誌廣告——穿著講究、頭髮整齊、笑容迷人，而且天生就適合穿西裝、打領帶。

我迷惑地看著他說：「我不知道還可以創造另一種形象。」卡爾聽完笑了笑，然後轉身離開。

在準備對格魯曼進行核實調查的那段期間，我們小組裡的兩位資深銀行家——愛德華多・梅斯特和卡爾都因為重要家族活動不能參與，所以我被派去諾斯洛普的洛杉磯總部主持一場大型會議。愛德華多直接表示，他對此感到不悅，但他沒有其他選擇。我和諾斯洛普的交易小組合作，對格魯曼與合併後新公司的營收與現金流進行推估。儘管這種推測需要憑藉經驗，在航太與國防產業執行起來比較容易一點，因為這類公司的多數活動都圍繞著已經公開的美國國防採購案打轉。愛德華多並未意識到我有這項優勢，因此當他聽說這場會議進展得很順利時，他印象非常深刻。幾周後，當得知我所做的推估相當準確時，他再度留下深刻的印象。當愛德華多休完假回到公司時，他走來我的位子上說：「幹得好，瓦雷拉斯。我必須為你創造另一個分類。」

「好。」

「你是偽裝成馬芬的馬。」

我忍不住對他表達感謝。

在格魯曼讓兩家公司進行競標之後，我們有兩天的時間提供最高且最後的出價。這樣的發展很不討喜，因為我們已經提出最高價格，所以基本上，格魯曼是在逼迫我們自行提高出價。若不提高價格，我們就會面臨輸給馬丁．馬瑞塔的風險，而我們並不知道他們會怎麼出價。肯特．克雷沙在媒體上公開嘲笑競標規則，說他們偏袒馬丁．馬瑞塔，讓這場「不公平的競爭」持續下去。但這麼做只是白費力氣而已。我們的出價即將截止。

我們的策略是將應變方案囊括在內，也就是把價格提高兩美金，這樣我們的出價將以一定的幅度超越馬丁．馬瑞塔所提出的任何價格。於是，我們建立了出價，並在截止日（三月三十一日）當天提交。隔天，格魯曼與我們聯繫，正式宣佈我們贏得競標。馬丁・馬瑞塔依然維持每股五十五美金的價格，我們則為了成交，同意將出價提高至六十二美金。格魯曼的董事會一致通過，表示認可這項結果。相關新聞將在周末過後發佈，讓兩家公司有幾天的時間可以針對合併協議進行最終確認。這筆交易在一九九四年四月五日正式完成，他們在合併後成立了一家名叫「諾斯洛普格魯曼公司」的新公司。

在公開宣佈這場收購兩周後，「西耶羅的征服者」舉辦了年度聚會。有位也參與這起合併案的同事——彼得羅斯・基特索斯問諾斯洛普的肯特・克雷沙，在展開惡意併購，並讓馬丁・馬瑞塔競標格魯曼失敗之後，要面對業界其他「征服者」是什麼感覺。「肯特必須決定他是否在出席這次聚會時，為這件事表達歉意，」彼得羅斯說，「或者他可以把整件事都怪在高盛和貝爾斯登頭上，畢竟他們分別代表格魯曼和馬丁・馬瑞塔參與這場交易，然後說：『聽著，我們是實業家。他們只是服務人員而已。他們要的是佣金，我們期待的則是重建這個產業。』他進行了整套心理分析，但他不覺得，他必須為自己的收購意圖做解釋或提供正當性。」克雷沙知道他收購的是捍衛名聲的武器，誰都不該招惹他。

⊕

幾個月後我接到父親打來的電話，說母親時日不多了。她已經與腦癌奮戰兩年，這場戰爭即將結束。我不得不承認，我腦海裡浮現的第一個念頭是，我可以在不疏遠交易小組成員的狀況下休假多久。並不是我不想待在橘郡陪她——這是我唯一想做的事——而是在這種情況下，華爾街文化能給予的同理心與彈性非常有限。雖然休假沒有明確的規定，但通常只有在面臨幾種人生大事，例如婚禮、蜜月、親人葬禮時，才能短暫離開公司。即便在孩子出生時，父親也只能請假一天；母親生產完不到一周就回到工作崗位上，也是很稀鬆平常的事。在為了死去的父親或母親感到悲痛，並處理各種相關儀式時，他們預期你只會請假一周左右，這是比較恰當的（儘管沒有說出口）。

帶著不安與罪惡感，我離開紐約，並飛回加州。我很討厭這種感覺。就如同我的預期，當我抵達時，母親的狀況不太好，已經住進安那罕的安寧病房裡，時而清醒，時而昏迷。就算醒著，她也很冷漠。此時，我剛讀完《戰爭與和平》，在書中我讀到了最寫實的死亡場景。一個人在臨終前會逐漸與外界疏離，幾乎像是一種過渡狀態。這樣的冷酷事實令人感到難堪。如果我沒有讀這本小說，我不認為自己可以理解眼前的這一切。當我和父親、妹妹圍繞在母親的床前時，我可能會覺得她不在乎我們。

她是一個驕傲的美國人。雖然她在希臘斯巴達出生、長大，她人生最後的幾十年都在美國度過。若有任何人批評這個收容她的國家，她都會極力捍衛。對於那些她覺得不夠努力工作的移民，她也很嚴厲；這種事她可是無法接受的。這有一部分是因為她來自希臘這個動盪的國家，那裡的經濟狀況很糟，政府也充滿腐敗。她經常提醒我們：「你們都身在福中不知福。」

她在國慶日晚上去世。當她嚥下最後一口氣時，圍繞在她身旁的我們可以隱約聽見在幾英里遠的地方，迪士尼樂園的煙火正在空中綻放。十三年前的這一天，我正好開始擔任迪士尼樂園的接待員，到了現在，迪士尼在獨立紀念日燃放的煙火又宣告了另一個重要時刻的到來。

在回紐約之前，那一周剩下的幾天，我都待在橘郡。到了洛杉磯國際機場，我穿越航廈裡的一片人海，身旁盡是陌生面孔。在這個十字路口，各種年齡、體型、膚色的人都有——我們沒有歸屬，但我們都是來自某個地方的旅客，將往某個地方去；我們所有人都在等待重生。

回到工作崗位令我感到興奮。在這家公司已經邁入第五年的我依然保有最初的興奮感，但與此同時，我也很害怕必須接受同事們的慰問。我的母親過去一直支持著我，她督促我努力工作，但也會因為我太賣力工作而責備我。每當我需要聊聊營收推估以外的事情、每當我必須提醒自己，我的世界不只有眼前的交易小組與客戶時，我都會打電話給她。但現在，她已經不在了。

有個聲音從天上傳來，並在航廈內迴響著，要我找到登機門的位置。我來到登機門，然後癱坐在角落的一張椅子上。我面向窗外，看著柏油跑道上熱氣蒸騰，到處都是宛如小水窪的路面蜃景，它們被正在跑道上緩慢滑行的飛機截斷；這些飛機行動笨重遲緩，彷彿一頭頭被囚禁的大象。

許多迪士尼經典電影裡的故事，都是因為失去或缺少父（母）親的陪伴而展開，像是《小鹿斑比》、《仙履奇緣》、《小飛俠彼得潘》、《美女與野獸》、《泰山》、

《小美人魚》和《獅子王》等。我翻出一枝筆，然後在登機證封套背面寫下一串電影的名字。

到那時為止，我的工作基本上都是聽從主管與客戶的指令。隨著在公司的資歷加深，將會出現更多的道德考量。我不知道自己會在接下來的戲碼裡扮演什麼角色，以及我會如何面對那些挑戰。我身旁的乘客們開始排起隊來，最後我終於也加入他們的行列。一個身穿硬挺花紋背心的男人掃描了我的登機證。「歡迎登機，瓦雷拉斯先生。」

「謝謝。」我邊說邊勉強擠出一絲笑容。三十歲的我筋疲力竭、失去母親；我背起包包、走下空橋，搭著飛機航向金融界高聳的摩天大樓，以及那不確定的未來。

註釋

50.「沙漠風暴行動」是指波灣戰爭中，由聯合國授權組成的三十四國聯軍與伊拉克軍隊之間進行的一場大規模軍事行動。這場軍事行動成功讓伊拉克將軍隊撤出科威特，結束了伊拉克為期五個多月的軍事佔領。

51.「巡迴路演」是指證券發行商在股票發行之前，針對機構投資人舉辦宣傳說明會，向他們介紹這家公司的經營團隊、股權結構、商業模式、產品、業績和未來前景等，協助投資人了解更多關於該公司的資訊。

52. 在投資銀行裡，副理是分析師之上的一個職級，有幾年金融從業經驗或擁有MBA學位的人，都可以從這個職位開始做起。此外，擔任分析師滿三年也有機會晉升為副理。

53. 機身編號又稱為「機尾編號」，指的是民航機在使用前，向該國的民航管理機構註冊後獲發的編號，就像汽車的車牌號碼一樣。

54. 又稱為「新設合併」，是指兩家或兩家以上的公司在合併後成立一家新公司，參與合併的原公司皆不復存在。

55. 幸運籤餅又稱為「幸運餅乾」，是一種由麵粉、糖、香草和奶油製成的風味脆餅，餅乾裡會包裹著印有箴言或隱晦預言的字條，這些字條有時也會印上中國的成語或俗語。在美國、加拿大，幸運餅乾是中餐廳裡常見的餐後甜點。

56. 增值與稀釋分析是一種公司估值法，用來計算收購方在交易完成後的每股收益（EPS）是增加（增值），還是減少（被稀釋）。

57. 價格發現是指某項投資工具的價格能正確反映出市場所有參與者的供給與需求。

58. 「staffer」是投資銀行裡的一種特殊職務，目前沒有固定的中文譯法。這類人員負責指派任務給分析師，通常由副總兼任，但有時也會由很資深的副理或較資淺的執行董事擔任。

59. 折現金流量分析是指將企業在未來存續期間內的所有現金流按照一定的風險（折現率）折現到今日，其數值即為一家公司的內在價值，藉此評估這家公司是否值得投資。

60. 可比較公司分析是一種公司估值法，這種方法利用同類公司的各種估值指標來推斷一家公司的市場價值。

61. 委任書是指委託會計師事務所查核公司財務報表時簽署的一種文件。

62. 投資期限是指投資人欲達到投資目標的時間。

5

CHAPTER

現代藝術

「老實說，我撒了點謊。」

——電影《唐人街》主角傑克・吉特斯

紐澤西州一家工廠的三樓聚集了幾十名工人。他們有些人把護目鏡推到額頭上，有些人的手裡則拿著手套，有幾名工人的重心不停地在雙腳之間來回切換，他們明顯流露出疲態。周末即將到來，過去的這幾天既漫長又悲慘。管理階層在星期一時表示，公司已經被收購，他們沒有人知道，這對自己的工作可能會造成什麼影響。這些人是工會成員，他們當中有些人以前也曾經歷過類似的慘況。這家公司會縮編、裁員嗎？是否會關閉工廠，並將生產線移到海外？

這個有錢的加州人站出來向眾人發表談話，他們仔細地觀察他——他穿著藍色襯衫、平底便鞋，臉上戴著圓形眼鏡；他留著一頭銀灰色微捲髮，皮膚晒得黝黑。他在他們的工廠裡顯得格格不入，就像他們看待白宮款待法國總理的宴席那樣。這個現在擁有他們公司的外來者究竟是誰？有傳言說，那個下午他剛搭乘私人飛機抵達，然後帶著一群保全衝進來，開除了這家公司的總裁、副總，以及四、五位高階主管。工會成員對這些主管並沒有多少同情，但空氣中似乎彌漫著一股殺氣，讓所有人都焦躁不安起來。

「我是美國濾水器公司的執行長迪克．赫克曼，」這個有錢人說，「我知道你們有些人對這樣的改變感到緊張，有些人甚至感到憤怒。但請幫我一個忙，別急著下結論，先聽聽教練怎麼說。」

迪克．赫克曼向後退了幾步，接著無比神奇的是，盧．霍茲（Lou Holtz）走上前來。傳奇人物出現了！有史以來最優秀的美式足球教練竟然出現在他們的廠房裡！他到底是從哪裡冒出來的？這時，些許迷惑卻充滿熱情的掌聲在屋內響起，其中還夾雜著幾聲不滿的噓聲。

「你們有些人可能認識我。」霍茲教練說道，然後開始細數在一九九六年退休之前，他在印第安納州聖母大學，以及其他大學擔任美式足球總教練的日子。他很風趣。他和他們四目相接。工會成員們頓時放鬆下來，並且被霍茲教練吸引，因為他謙虛的態度與自我解嘲式的幽默使他們卸下防備。

霍茲教練承認他們對這場收購的擔憂，並給予尊重。他描述自己在西維吉尼亞州度過的童年：他在一個地窖中出生，和姊妹與父母親一起住在只有一間房間的房子裡，永遠不確定是否有足夠的食物可以吃。他理解苦苦掙扎的感覺；他理解站在他眼前的這些男男女女。但他問他們：「為什麼你們想要不停地對抗？」

「我認為心懷怨恨是不對的。」霍茲教練一邊說，一邊在工人們面前來回踱步。「我們所有人都承受著這個社會、配偶所加諸的不公平待遇。但你們知道嗎？不要懷抱著怨恨度過日子，否則你們去世之後，另一半就必須聘請六個人幫你們送葬，因為你們沒有朋友。做正確的事就好！我覺得應該要抱持樂觀正面的態度。各位先生與女士，享受你們的人生，讓自己過得開心。你們將面臨各種困難，因為那是人生的一部分，但如果你們開心地做某件事時，周遭的人也會很開心。每天當我走到足球場上時，我都會跟自己說：『哇，真是美好的一天。』我是說真的。不要讓其他人左右你的心態。」

接下來，霍茲教練繼續說了一堆關於美式足球的故事，工會成員都全神貫注地聆聽。他說，他對站在他身後的這個加州人——迪克．赫克曼，以及現在擁有這家工廠的美國濾水器公司都很有信心。然後霍茲教練說，他堅信人品與團隊合作很重要；他一輩子努力工作，而且生命中充滿了愛。從來沒有人在工廠裡提過這些概念，「愛」這個字不曾被提及，除了「我愛義式辣香腸披薩」或「我愛我的新除草機」以外。但霍茲教練說了這樣的話：「在聖母大學有一尊我的銅像。我想他們需要一個讓鴿子停在上面的地方。但若你走過去看，只要看底座上的那三個字就好：『信任、承諾、愛』。這是我為我的孩子和球隊訂定的規則。」當霍茲教練說完時，屋裡有很多身材高大的硬漢都頻頻拭淚。

霍茲教練說，只要有人想要的話，他也很樂意留下來幫大家簽名。接著，那個加州人赫克曼站了出來，並以最後一道指令結束這場集會：「聽著，我希望你們周末回家後，想想教練剛才說的話。如果你們不想受僱於我，請勇敢地離開。如果你們繼續來工作，卻讓我聽到『公司過去都是怎麼做的』，或是你們對那些被我們解僱的人有多難過，我會立刻開除你們。就是這樣，我們不會容忍這種事。」

稍後在吃晚餐時，霍茲對赫克曼說：「哎呀，幹得好。我在想，到時有沒有人會出現。」

到了星期一早上，所有人都來公司報到。赫克曼回憶道：「他們當中有一半的人都戴著聖母大學的帽子、穿著聖母大學的毛衣。這裡是紐澤西州，所以他們不會說『老闆，我與你同在；我發誓對你效忠』，但他們要表達的是，他們了解我的意思。結果，它變成了一家很棒的工廠。這就是霍茲教練做的事，每當我們收購一家公司，他都會進來待上幾天。這些都是在工廠裡工作的人；他們會回到家裡，和朋友一起烤肉，他們的朋友都不曾聽過盧・霍茲本人說話，或者跟他握手，他們沒有這種機會。於是，你讓你的員工成了『社區之王』，他們因此變得忠心耿耿。」

霍茲和迪克・赫克曼是很要好的朋友，當他從聖母大學總教練的位子上退休時，迪克建議他繼續為「美國濾水器」工作，讓自己保持忙碌。每當這家公司在執行一項大型收購案時，霍茲教練都會出來發表談話。

霍茲會告訴惶惶不安的新員工一些故事，對此，「美國濾水器」的法務長達米安・格奧爾吉諾這樣回憶：「我想在聖母大學一九八八年的冠軍隊裡，有一個負責進攻的左哨鋒令他感到很困擾。於是教練說：『請你離開這裡。』接著，一個二線球員上前遞補他的位子。然後，教練又說：『不，也請你離開。』他們問道：『你為什麼要這麼做？少了左哨鋒，我們沒辦法打球。』他回答：『現在你們就要這樣打球。』於是，他們就開始比賽了。結果在球場上，四分衛被打趴；負責防守的跑衛也被打趴；那群孩子都被打得落花流水。教練說：『再試試別的打法，看看你們少了一個人時，會發生什麼事。我希望你們在每場比賽進行時都好好思考這件事。我希望你們能充分發揮團隊合作的精神。明白你的工作、明白你扮演的角色，並且知道你每次該做些什麼。』」

當一家公司被收購時，最艱難的挑戰就是建立員工與新僱主之間的信任。格奧爾吉諾說，「所以我們從教練那裡得到什麼？他是最值得信賴的人。因此在所有重大交易進行時，他都會出現。他是在迪克之後第一個發表談話的人。」

迪克・赫克曼是「美國濾水器」這家商用淨水設備公司的掌權者。在一九九〇年代，他從零開始，藉由積極收購許多規模較小的公司與資產躍升為產業龍頭。在銀行界，這類公司被稱為「融併企業」，指的是收購幾家相同產業的公司，然後將它們整併成一家大公司。想成功建立像「美國濾水器」後來那樣龐大的融併企業，一個人必須擁有出色的說服力、過度自信，並且擅長說故事。毫無疑問地，迪克・赫克曼兼具這些特質。此外，有個像盧・霍茲這樣的「敲鐘人」，在必要時協助釋疑、籠絡人心，也是不錯的做法。

我聽過其他人把迪克形容成一個富有遠見、走在時代尖端的傑出企業家。他明白，水是一種日益珍貴的資源，當時沒有人這麼想。而且，他比任何人都會編故事。我也不只一次聽到有人形容他是自負的胡扯高手，為了拓展他的王國扭曲事實。有些人說他是最佳業務員，有些人則說他是無情的自戀狂，還有人說他是魅力十足的萬人迷、貪得無厭的煽動者、「自來水之父」，以及海神波賽頓。事實是，迪克身上囊括了這些相互矛盾的特質。

即便是小時候，他也充滿了企圖心。迪克出生於密蘇里州聖路易，因為他的父親在奇異公司工作，童年時經常搬家。「在愛阿華州狄蒙市讀高中時，」他在接受《華爾街日報》記者傑夫・貝利的專訪時回憶道，「我都在店裡幫忙打包雜貨，還有送報紙。

在夏威夷讀大學時，我挨家挨戶地推銷富勒刷具公司的刷子。我並沒有畢業。一九六五年，我去到越南，然後被分發到美國空軍的第三十三航空救援中隊。一九六六年回國時，我完全不想回學校讀書，找了一份賣保險的工作。」接著，迪克運用他在軍隊裡的經驗，來製造飛機失事時使用的求救發報器。當這家公司因為缺乏經營相關知識而倒閉時，迪克借錢買下了一家生產手術填充物與義肢的公司。透過積極管理成本與營收，他在一九七七年將公司出售時賺了一點錢。這時才三十三歲的他「退隱」到愛達荷州太陽谷滑雪。

但他實在閒不下來，無法過這種整天滑雪的日子。他在前總統吉米・卡特政府轄下的美國小型企業管理局工作了兩年，儘管他們兩個人的政治立場截然不同。接著，他在太陽谷買下了一家飯店與一家計程車服務公司，並當選鎮長。（在參與投票的兩百零四人中，他贏得了一百二十四張選票。）但在四年任期過了一半時，遭指控計程車與飯店事業和公職身分之間產生利益衝突，因而被迫辭職。

與此同時，他投資股市的運氣也不錯。這促使他開啟下一個職涯階段——成為一名股票經紀人。他搬到加州棕櫚泉，並承攬客戶。客戶當中，有一位名叫凡爾納・溫契爾，他是甜甜圈連鎖店「溫契爾的甜甜圈」的創辦人，以及美式連鎖餐廳丹尼斯的執行長。凡爾納跟迪克提到，他的鄰居在附近的惠提爾擁有一家水務公司，這家公司正在苦苦掙扎，建議他們可以去看一看。

迪克似乎具備強大的自信、慾望與膽識，足以把握所有來到他眼前、貌似有點有趣的機會。他打電話給他的股票經紀公司研究部主管——葛雷格．史密斯，要求他提供一些水務企業的財務資料，以作為投資時的參考。葛雷格聽起來很狐疑，但還是同意協助調查。

他回電說：「迪克，沒有任何水務企業存在。」

「你說這句話是什麼意思？」迪克問道。

「這很驚人，」葛雷格說，「除非你想買一家自來水公司，否則你無法收購所謂的『水務企業』。完全沒有辦法。」

面對這樣的情況，迪克仔細思索著。「於是我心想，這是這個地球上規模最大的商品。少了它，任何東西都無法生長，無論是人類，還是動植物都一樣。沒有任何城市能缺少水，少了它，城市就無法擴展。它是我們飲食與日常用品的基礎。在這個世界上，沒有比水更重要的東西，而你卻不能投資它？當時，沒有人有這樣的想法，一個人都沒有。」

迪克和凡爾納對這家垂死掙扎的公司投資了一些錢，它有個不吉利的名字，叫「美國毒物控制公司」。（迪克很愛說：「它根本沒在控制它，而是在製造它。」）結果，這家公司的狀況又變得更糟，但這並沒有讓迪克和凡爾納打消念頭。為了親眼看看「美國毒物控制」，並與這家公司的執行長見面，他們開車來到惠提爾。「我直接愛上它了，」迪克說，「但我覺得他們的經營者是個白痴，只會自吹自擂。」因此在凡爾納的幫助下，迪克買下了這家公司。為了使公司名字聽起來成功且具代表性，他將之改名為「美國濾水器」；他們必須讓它變得與這個名字更相襯。他很快就展開各種行動、使公司狀況好轉起來，並且藉由收購其他公司讓它日漸壯大。

「對我而言，這是非常簡單的一件事。」迪克說，「我了解水，同時，我也明白它很重要。身為一名股票經紀人，我可以告訴你，大型鋼鐵公司是哪一家，還有最大的汽車公司、最大的玩具公司、最大的生技公司，以及最大的、該死的製藥公司。可是沒有這些鬼東西，你都可以活下去，但若五天沒有水，你就完蛋了。那最大的水務公司是哪一家？我告訴你，在一九八九年，就算如果你認為水將變成自己生命中更重要的一部分，甚至將會是企業、城市、國家賴以生存的命脈，你是找不到門路靠它賺錢的。這個市場怎麼可以這麼沒有效率，錯過這樣的大好機會？」

⊕

就在午休前，我辦公桌上的電話響了。「我是克里斯・瓦雷拉斯。」

「我的人生糟透了。」

會在打電話來時劈頭就這麼說，我只知道一個人，那就是馬克・戴維斯。他是在所羅門洛杉磯辦公室工作的一位業務開發銀行家（coverage banker）[63]。他大學時曾經參加棒球隊；總是可以分享他在日常生活中遭遇的各種困難，那些故事都很有趣。「這次又發生什麼事了？」我問道。

「我老婆想要搬動水池。」

「你是說游泳池嗎？是在地面上的嗎？」

「才不是，」他大叫道，「那是一個埋在地下的水池，她卻決定要把它搬到院子的另一邊。就為了獲得更充足的日照，還是什麼鬼東西。」

「那你要怎麼搬動水池？」

「小瓦，這是我今年遇到最該死的問題。她覺得你可以直接把水池拿起來，然後移動它。我一直努力跟她解釋，你必須把舊水池填起來，然後再挖一個新的，這不是件簡單的事，要花很多錢，但她才不管這些。對了，你過得好嗎？」

「很好，因為我不用搬動任何水池。」

「你要知足。聽著，我跟凱薩談過了。」凱薩．施懷哲是另一位業務開發銀行家，他在紐約辦公室上班。我一直很喜歡他和馬克，但很少有機會一起工作，因為我們著重的是不同的產業。「我們有個提議，這有點敏感。」馬克在說最後一句話時聲音變得很小，我反而聽到他背後有很多噪音，還有遠處傳來的微弱警報聲。他又說了些什麼，但我聽不清楚。

「你還在嗎，馬克？」

「是的，」他說，音量又恢復正常，「我還在，小瓦。抱歉，這件事有點敏感。」

「我明白。該死。」我把話筒換到另一隻耳朵。

「你來自橘郡，對吧？」他說得很小聲，我幾乎聽不清楚他在說些什麼。

「你剛才說橘郡嗎？是的，我是從那裡來的。」

「很好，很好。你是一個……主義者嗎？」有人開始在他背後嘰嘰喳喳地說起話來。

「什麼，馬克？」

「我剛說的是保守主義者（conservative），小瓦。」

他那邊的警報聲變大了，聽起來像是有人在辦公室裡唱歌劇唱得不堪入耳，聽眾已經失去耐心。

「你那裡發生什麼事了，馬克？我聽不太清楚你說什麼。」

我聽到一陣很長的嘶嘶聲，接著馬克的聲音又回來了。「小瓦，你在嗎？你聽得見我說話嗎？我們需要一個企業併購組的人來參與『美國濾水器』的案子。」

「美國濾水器」……我對這家水務公司不太了解，試著回想所知道的資訊——他們透過收購其他公司快速成長，有個活潑多話的執行長，就這樣。也許馬克剛才打算說的是「conservationist」（環保主義者）？他們可能正試圖開發橘郡某個保護區裡的水資源。但為什麼他們會想聽我的意見？我是一個企業併購組的人。

「你說的是『conservationist』嗎？」我問道。（為了抵抗雜訊，我提高了音量。）

馬克回答了些什麼，那聽起來像是「沒錯……」

「當然，」我說，「我喜歡健行之類的事。我從來不會說自己是個環保主義者，但我想我是。」那些警報聲又變得更大了，彷彿馬克的大樓失火了。

「健行？你到底在說什麼鬼？小瓦。」那個嘰嘰喳喳的人說話速度變得更快，讓我更難聽到馬克的聲音。「我對淹水的事感到憤怒。你是同性戀嗎？」

「抱歉，你說什麼？」我把話筒壓進耳朵裡。「我聽不清楚。你可以再說一次嗎？」

「你聽得見我說話嗎？小瓦。你是同性戀嗎？」

「你是說『我是同性戀嗎』？」

「是的，我們需要一個人……」又是一段很長的噪音，宛如收音機調錯了頻率。

「我不知道你能否聽到我的聲音，」這時，我幾乎是對著話筒大吼，「我也不確定你在問些什麼，但我不是同性戀。」

接著，電話就斷了。

我把電話放下，然後抬頭看見辦公室裡有幾個人正盯著我瞧。「收訊不良。」我邊說邊聳聳肩，他們則轉身離去。

後來，我跟馬克和凱薩聯絡，並釐清了一些事。「我們覺得你很適合這個案子，」馬克解釋道，「我只是在進行核實調查，看看是否有什麼事是我們不知道的。」迪克·赫克曼以極度保守著稱。凱薩和馬克知道我在橘郡度過青少年時期（大家都曉得這裡有許多富有的保守自由主義者），所以他們覺得這樣的關聯會令赫克曼感到愉快。

「這應該很容易，」我說，「只要提到我曾經在迪士尼樂園工作，我們應該就會相處得不錯。」

我很喜歡馬克和凱薩，儘管那時網路產業持續迅速發展，我因為負責科技業相關的併購案而異常忙碌，與「美國濾水器」的這些人共事感覺像是一個有趣的小專案。因此，為了提供一些關於收購公司的想法，我搭上了前往棕櫚泉的飛機。

⊕

安迪．賽德爾擁有比任何人都更長的舌頭。安迪很棒的一點在於，即便他身為一家成功且規模成長快速的水務公司的營運長，他還是願意展現他的舌頭。為了娛樂他人，迪克．赫克曼總是不厭其煩地要安迪把它伸出來。

迪克就像大學兄弟會會所的主席那樣粗暴吵鬧、難以捉摸，卻又很容易親近。他很喜歡跟每個人提起安迪剛開始工作時那段單調乏味的日子：「他離開華頓後的工作，是讓紐約州『新新監獄』的汽車牌照生產變得更有效率。你怎麼會喜歡那份工作？任何事都比在那裡好。他在『新新監獄』外頭打公共電話給我，然後我說服他來見我，我從一開始就很喜歡安迪。」他說的其實是加州的索萊達州立監獄，當時安迪在那裡的一家顧問公司上班，幫助犯人們改善家具製作的流程。這聽起來當然不像在「新新監獄」製造汽車牌照那麼有趣，但迪克就是能讓故事變得更戲劇化。

安迪後來飛到太陽谷和迪克碰面，並商討工作的事。「我們一起去吃晚餐，」安迪回憶道，「然後，他一路跟花式滑冰選手南西．凱瑞根和演員阿諾．史瓦辛格打招呼。他並沒有介紹我是誰。但感覺他們像是他最好的朋友。我還記得我對他的第一印象是：『這傢伙認識所有人。』」

迪克買下垂死掙扎的「美國毒物控制」，夢想建立一個水務王國，他著手召集了一群高階主管來協助他。在我開始與他會面時，他提到一些員工的名字，我對這些名字幾乎都很熟悉。「等等，」我說，「這些人都讀華頓嗎？」

「是的。」迪克回答道。

「你有看過安迪．賽德爾的舌頭嗎？」

「他的舌頭？」迪克露齒而笑，「我不能說我有看過。」

「當你回到公司時，叫他給你看一下。」

「不要告訴我，你是另一個華頓的畢業生。」迪克說道。

「你所有的員工都是我的同學。」

「那真是驚人。」這令迪克印象深刻，儘管在金融界與商業界，華頓的文憑和愛絲普蕾的公事包一樣常見。

「他是那種嫉妒高學歷的人，」安迪說，「在介紹我時，他不會說：『安迪．賽德爾，他是我們的營運長。』他會說：『安迪．賽德爾，賓州大學工程學系畢業、擁有華頓的ＭＢＡ學位，他是我認識最聰明的人。』他很在意地位。雖然他會做出那些批評，但在公司內部，他對我們非常尊重。當他向其他人介紹我們時，我總是深感榮幸。」

在「美國濾水器」的那群華頓ＭＢＡ畢業生當中，安迪的角色和迪克彷彿一陰一陽，和諧互補。迪克點燃熱情，安迪則提供實質支援；迪克反覆無常，安迪則穩重可靠。這樣的平衡對成功很重要。在與潛在投資人或華爾街分析師會面時，迪克會用故事，以及他對他的水務王國所懷抱的偉大遠景來讓他們感到驚豔。接著，安迪會帶他們瀏覽各種資料，並解釋一切如何實際運作。

「迪克會講一些簡潔有力的東西，」安迪回憶道，「讓所有人笑，並且感到愉快。然後，我們會進來談論關於技術方面的事，使大家冷靜下來。這樣他們就會知道，不只是眼前這個喜劇演員在逗他們笑而已；這是有真實技術存在的。我總是讓一切變得更實際。我最近在看我為分析師會議準備的一些筆記，發現我主講的部分全都具有高度技術性：『這是我們的EBITDA成長[64]；這是我們的自然成長（organic growth）[65]。』這就是我所扮演的角色。」

迪克因為在巡迴路演時的表現，開始變得有名起來，他很享受備受矚目的感覺。「韋恩・赫贊加讓他創辦的影音出租商百視達比什麼都紅，」迪克這樣回憶道，「而我們也在那時變得熱門。在那些分析師會議舉行時，我和韋恩都緊跟著彼此。我的意思是，大家都會聚集在門口、坐在我們面前的地板與側邊的走道上。在雷蒙・詹姆斯金融公司，他們總是把我們兩家公司的會議安排在一起；現場沒有人會離開，因為他們也有很棒的故事。你知道的，百視達的故事棒極了——直到影音串流平台Netflix出現為止。」

但「美國濾水器」牢牢地掌握著整個水務產業，沒有像Netflix這樣的對手來擾亂他們。因著華爾街對迪克的喜愛，以及他誘人的故事，「美國濾水器」急速擴展。

有時候，我一直參加同樣的會議、與同一個客戶見面。這時，只要我看到迪克的名字出現在會議時程表上，為了聽他的簡報，我都會試圖調動會議時間。他對水有著滿滿的熱情。就像是四處巡迴的布道者一般，他走遍美國各地，宣揚他的理念，並且和各式各樣的資金管道碰面（包括富達投資、威靈頓管理公司、退休基金，以及各種機構投資人，基本上，只要是可能會大量買進他們公司股票的人就好）。他會跟任何願意聽他說話的投資人聊天，藉此向投資大眾宣傳，為什麼「美國濾水器」將創造長期價值。

無論迪克是在對廣大群眾，還是華爾街的銀行家發表談話，他都會用關於水的故事來吸引聽眾：

「看看那張桌子，上面擺著的所有東西都是我們的商品。桌子上所有的東西都是。我的意思是，這個道理非常簡單。少了我們，你們就無法活下去。

「當明尼蘇達州河水氾濫時，愛荷華州的人就會喝到這些水，因為它會沿著密西西比河流下來。我們的商品很棒的一點在於，每個人都會使用水，還有每家製造商品的公司都會產生廢水。一旦你使用了它，然後讓它進入水管裡，無論你清洗了什麼，或者做了些什麼，它們全都流進水裡。所以你現在何不讓我們幫你把水弄乾淨呢？

「水他媽的很簡單。從古埃及時代開始，我們就開始處理它了。我們不會在水裡發現任何我們不知道，以及從未被發現過的東西。

「這個世界上大部分的淡水都被冰凍在兩極地區的冰帽內。當它們形成時，地球上的其他地方都不會分到其中的任何一滴水；當它們融化時，這些水也不會流到我們這裡來。那是一個封閉的系統。說起來，所有你喝進去的水某程度上都是別人產生的廢水，我想到最後，我們會有一根管子直接從馬桶接到水龍頭上。是的，當然，你必須先冷卻它……」

聽到這裡，聽眾們會哄堂大笑。

曾經有位投資人問他：「你們的策略規劃是什麼？你們要把『美國濾水器』帶往何處？」然後，迪克這樣回答：「只要在公司裡一看到任何策略規劃，我就會消滅它。我們必須見機行事、充滿彈性，我們的目標是成為全世界最大的水務公司。這就是我們的策略規劃。」

迪克一次又一次地說著這些故事，然後，安迪和他的團隊會提供技術與財務上的實質支援，他們一起釋疑、籠絡投資人的心。這使「美國濾水器」的股價持續飆升，讓他們得以繼續收購那些規模較小的公司，並整合這個產業。

安迪說：「『美國濾水器』是高度零散產業中的一家融併企業。在美國，水務產業的參與度很高——有八萬個行政區在處理廢水，接下來，有一萬個工業用戶會使用不同程度的淨化水，他們不是繼續進行廢水處理，讓這些水能排放至溪流裡，就是生產半導體產業使用的高純水。由此可見，你有兩種基本客群——地方政府與工業用戶，他們極度零散。要與這麼多公司合作，以符合各式各樣的需求，花費是非常可觀的。『美國濾水器』是第一家擁有這種願景的公司，我們要建立一個整合服務與技術平台，有了它，我們就可以去跟晶片大廠英特爾說：『我們將要賣給你們的，不只是生產半導體晶片所需的高純水而已，我們也將賣給你們一套廢水處理系統，使這些水得以排放出去，還會提供維修保養服務。』如此一來，『美國濾水器』便大幅改變水務產業的運作方式。」

他們與許多大公司都完成了利潤豐厚的交易。舉例來說，他們為星巴克設計出一套系統，讓全世界分店的自來水喝起來都一樣，這樣就可以保證他們的低脂榛果星冰樂風味完全相同。他們也與百威和美樂的啤酒廠，以及化學用品公司莊臣的工廠建立了類似的關係。由於這些公司商品的主要成分都是水，「美國濾水器」可以確保他們每座廠房裡的水永遠保持一致。

迪克在科羅拉多河的水權（water rights）[66]上進行了鉅額投資；這對加州的農業，以及洛杉磯和聖地牙哥都會區都是最重要的資源之一。（他在遊說投資人時說，有了這些水權，他們就可以「依照需求開啟或停止獲利，就像該死的水龍頭那樣」。）此外，他們也與科學家合作，設想出一項極為遠大的計畫——淨化受到重度汙染的薩爾頓海（Salton Sea，加州最大的鹹水湖），並淡化（即去除鹽分）其中的湖水，希望能將這個地區恢復成旅遊勝地。

對「美國濾水器」而言，沒有什麼機會是太過大膽或驚人的。憑藉著慾望與膽識，迪克・赫克曼正在建立全世界有史以來最大的水務王國。

⊕

接下來，有件弔詭的事發生了：這家公司開始找不到收購目標。「美國濾水器」已經收購了非常多規模較小的公司，在不到十年的時間裡，他們就進行了兩百五十幾次收購（這當中還包含在他們最忙碌的某一季所進行的二十二次收購，也就是大約每周兩次），能整併並納入旗下的公司所剩無幾。然而，若「美國濾水器」的成長速度減緩，他們的股價就會重挫。他們正面臨巨大威脅：季度獲利預期的殘酷考驗。

事情是這樣運作的：一家公司會透過每季的電話對談或會面，與華爾街的股票分析師討論他們公司的財務前景。如此一來，這些分析師就可以發佈他們的獲利預估報告。基本上，這家公司是在進行推銷，他們會盡可能地用樂觀的財務前景來說服這些分析師。接著，每位分析師都會針對該公司出具投資評等——「買進」、「中立」（即持有）或「賣出」，並為他們的股票訂定一個目標價。分析師們會說：「對於這家公司未來一季與一年的獲利，我們的看法就是如此。」然後，投資界會依據所有分析師的推估形成共識，於是這就成了該公司的獲利預期。

當獲利正式出爐時，其股價會根據兩件事上漲或下跌：第一，和原本的預期相比，這家公司表現如何；第二，下一季的獲利與成長預估修正為何。為了使股價持續飆升，一家公司必須不斷超越當季的獲利預估，接著再提高下一季的預估值——超越後再提高，超越後再提高，超越後再提高。

「美國濾水器」很清楚，讓公司成長減緩或停滯是不可行的。有股恐慌在公司裡延燒，他們急著想找出維持擴張速度的方法。突然間，在成功多年後，「美國濾水器」似乎一直面臨無法達到季度獲利預期的危機，但因為有著無比的決心與好運，他們還是能一路往前邁進。

曾經有一季，他們公司因為一起火車事故而倖免於難。「我們在惠提爾有家工廠，」迪克說，「我們在那裡建造大型汙水處理設備，以供『馬拉松石油公司』在墨西哥灣的鑽油平台使用。他們很急，我們也把這台設備做好了，但它實在非常巨大，無法行經洛杉磯。除非我們在半夜十二點到凌晨四點之間運送，這樣才不會阻礙交通。我們將它放在『馬拉松石油』特別訂製的一台專用卡車上，他們在半夜把車開出工廠外。剛上路十分鐘，車子就卡在鐵軌上，然後被一列以時速五十英里行駛的聯合太平洋火車撞上。這鬼東西噴得到處都是。幸好卡車駕駛看見火車迎面而來，在撞擊前逃離車內。」

這起事故對「美國濾水器」可能是場悲劇，因為這台昂貴的新設備被高速行駛的火車摧毀。光是這件事就足以使他們無法達成季度獲利預期，但在這台汙水處理設備離開工廠之後，責任就直接落在「馬拉松石油」頭上。

「因此，」安迪說，「我們的財務部原則上說：『這並不是壞消息，是該死的好消息。』他們有買保險，然後『馬拉松石油』要我們再建造一台一模一樣的設備，因為少了它，他們就不能架設這個鑽油平台。所以我們不僅拿到了保險金，也取得一張新訂單，必須加速完成。於是，我們得以清點店裡的所有存貨、把它們都用在這個案子上，並因此獲利——這都是合法的。」

「我們做到了，而且那一季的獲利很好。」迪克說，「那時，尼克．梅莫（Nick Memmo，『美國濾水器』的一位執行副總）在波士頓看到公司的獲利數字。他打電話來說：『你們是怎麼處理這次火車事故的？這是今年最棒的一件事。這太瘋狂了。』」

一旦他們無法仰賴這類事件，管理團隊就必須藉由更大膽、更具創意的收購想法，繼續達到華爾街的預期。這次，迪克以康濾根為目標。這家公司十分著名，口渴的家庭主婦，以及所有曾在茶水間裡聊八卦的上班族都對他們很熟悉。康濾根專賣瓶裝水、軟水機與過濾器。「康濾根男」——廣告中所刻畫的英俊、老派的送貨員，是美國人的典型象徵。在水的世界裡，康濾根的知名度讓他們顯得很誘人，但對迪克和「美國濾水器」而言，以這家公司作為收購目標有點太過大膽。有一部分是因為他們規模龐大，同時也是因為「美國濾水器」一直立足工業與商用領域，現在則要跳進不熟悉的個人與家用領域。

然而，懷抱這個新想法的迪克如同難以捉摸的惡劣天氣，實際與他一起工作就像是在追逐一場風暴。我常覺得我們彷彿一群氣象學家，開著廂型車、帶著攝錄影機與筆記板在高速公路上奔馳，試圖跟上迪克反覆無常的衝動。他的注意力可以立刻改變方向。他做生意的方式非常刺激，但也確實具有毀滅性。

其中一個原因在於，他往往堅持自己進行交易協商，擅自在具有高度敏感性的會議上，針對收購價格與交易條件討價還價。讓執行長單獨參與併購談判，沒有併購專家、法律顧問與分析師的陪同，通常不是一個好做法，但迪克很強勢，沒有什麼商量的餘地。

這就是與康濾根會談時發生的事。為了商討這筆交易的相關細節，我們在康濾根位於紐約的律師辦公室碰面。迪克要求與阿波羅全球管理公司的馬克・羅溫單獨見面（康濾根為這家私募股權公司所有）。在跟對方碰面之前，「美國濾水器」的法務長達米安・格奧爾吉諾協助我、凱薩・施懷哲和馬克・戴維斯在我們的會議室裡圍堵迪克。我們所有人都懇求迪克不要支付超過每股五十四美金的價格，但是他伸手準備開門時，卻詭異地笑了。

「迪克。」凱薩再次急切地說道。迪克轉過頭來，和他四目相接。「我承認，若你總是聽我的，『美國濾水器』可能還是一家毫無價值的小公司，因為我每次都試著說服你放棄交易。我知道你想買下康濾根，但我們必須堅守五十四美金的價格。答應我，如果他們要求更高的價格，你就放棄，好嗎？」

迪克沒有回應。

「好嗎？」

「好啦，好啦。」迪克一邊說，一邊揮手打發他。「五十四美金，我知道了。」

當迪克一離開會議室，我們就開始打賭，他的成交價會超過五十四美金多少。

我們一致認為，他可能會一路衝到每股五十六美金，但我們真心希望他不要這麼做。達米安在一張辦公椅上把身體往後靠，然後望向窗外。身為「美國濾水器」的法律顧問，他必須擔心併購合約的細節，每次迪克參與談判，他總是擔憂價格的問題。在多數公司裡，法律顧問都會參加所有的重要會議，但那時達米安已經習慣迪克把所有人都拒於門外。

身為併購顧問，我的角色是判定「美國濾水器」應該以哪些公司作為收購目標，以及最好的收購策略是什麼，並且檢視目標公司的估值分析——結論就是，在這個案子裡，我們不該支付超過約每股五十四美金的價格。最後，我通常會在談判桌上主持協商。作為業務開發銀行家的凱薩和馬克則負責維繫客戶關係，建議迪克如何籌措資金。凱薩和馬克已經與迪克合作過許多收購案，多數都令他們有點焦慮。然而，康濾根的案子風險明顯更高。為了成交，每股價格每增加一美金，「美國濾水器」必須支付的「知覺價格」（perceived price）[67]都會大幅提高。

我們在會議室裡等待，宛如在產房外焦急守候的朋友，希望一切順利進行，然後很快就可以抽雪茄慶祝。我們擔心的不是即將出生的孩子（我們預期最後能成交），只是不希望這個孩子長得很醜。

半個小時後，迪克用力推開會議室的雙開門，臉上露出得意洋洋的笑容。

「不要恨我。」這是他說出口的第一句話。

我們一起發出了嘆息聲。

我們已經知道他做了什麼事，但凱薩還是問他，想知道問題到底有多嚴重。「為什麼我們會恨你呢，迪克？」

「六十美金成交。」結果，迪克的成交價每股超過六美金，也就是整筆交易總計超出一億美金。對一筆規模高達十五億美金的交易而言，這個數字相當可觀。

我們本來對「美國濾水器」收購龐大資產感到雀躍，現在瞬間因為這個驚人的價格澆熄了喜悅。

迪克原本預期我們的反應會更熱烈。「好啦，各位。」他笑著說，試圖減輕我們的憂慮，但同時也無法掩飾內心的興奮。「我知道我支付的金額比你們想要的更多，但這『很值得』。他們是康濾根，現在我們擁有這家公司了！我們不會有事的。」

馬克邊說邊用手蓋住他的臉。「這樣不好。」

「我不認為我們的公允意見委員會（fairness committee）會核可。」凱薩嘀咕道。

「聽著，」迪克說（他似乎開始為自己辯護），「我又不是白痴。這筆交易將增加公司的獲利。你們自己想一下，好嗎？我們的獲利將會提升。」

馬克抬起頭來。「今年可能是如此，明年也可能是如此，但將來……」

「馬克，」迪克邊說邊捏了捏他的肩膀，「將來的事我來擔心就好。我們很好，好嗎？去吃牛排吧。」

在進行收購談判時，安迪．賽德爾都不在現場。但他仍然毫不猶豫地說明，為什麼他覺得康濾根，以及其他類似交易對「美國濾水器」都代表著麻煩。「我們正面臨大數法則（the law of large numbers）的考驗，而我們就是無法讓公司成長，以達到獲利預期。這使我們必須進行最大規模的交易，才能提列呆帳準備。然而，我們已經沒有任何這樣的交易對象。因此，我們開始做瘋狂到極點的事。」到了此時，「美國濾水器」只要是能買的公司都會買下來，只為了持續超出季度獲利預期。「康濾根確實與我們的核心追求不符。此外，我們還買了一家叫『Kinetics』的公司，他們與我們公司的業務完全沒有關聯。我們必須勉強自己進行更大規模的交易，這樣公司看起來就像在自然成長一樣。分析師都喜歡看到自然成長，因為『任何人』都可以直接買下其他公司。所有融併企業最後都會遇到這個問題。」

迪克也明白他們所面臨的挑戰。「在找不到整合對象時，」他這樣告訴《紐約時報》，「這些整併策略就會遭遇困難。」

在與康濾根完成交易時，迪克相信這場交易終究會是場勝利。是的，他支付的金額比我們建議的更多，同時也比該公司的評估價值更多。但在這個案子裡，公司的評估價值沒有「勇敢冒險，放手一搏」來得重要，在金融界與商業界，這是一個很普遍的中心思想。

「道理很簡單，」迪克回憶道，「但沒有任何銀行家這麼想。當時，美國只有一家公司能阻擋我、提高商品價格，或與我競爭，那就是康濾根。我讓他們出局了。我根本不在乎要花多少錢買下他們；其他東西都將變得很便宜，因為沒有其他買家存在。而且，他們是一個很棒的品牌。」

無論你怎麼看，買下康濾根都是一場重大收購。但在塵埃落定後，我們發現我們還是深陷在同一個困境裡——持續成長已經變得不可能，因為很難找到潛在收購目標。

我們必須在這家公司還很成功時，找到一位買家，然後退出。這意味著，在「美國濾水器」只能放慢成長速度之前賣掉它。迪克竭盡所能地抵抗。過去，他將「美國毒物控制」一手改造成「美國濾水器」這個龐大的王國。他不想放棄，但公司就是無法持續達成華爾街無情的獲利預期。最後，迪克終於明白我們的堅持，並且同意開始研究出售事宜。

在打造「美國濾水器」時，迪克一直在販賣夢想，宣傳「可以用水創造出一個強大產業」這樣的抽象想法。他就是從事這個產業的人，而且恰好抓住了時機。和所有夢想家一樣，他想像的是還沒到的未來。喜歡資助夢想的投資界支持了他的心願，迪克具備天賦與意志力，能取得成功（在他優秀團隊的幫助下），一季又一季地達到獲利預期，並帶領公司大幅成長。那個想法最初只是一顆種子，它因此變成了現實。但接下來，到了某個時間點，他也面臨那個無可避免的問題——這一切無法持續，他沒辦法符合要求。華爾街的季度獲利預期太過苛刻，不可能永遠達到這種要求。到最後，「美國濾水器」將在某一季無法達標。到了那時，他們就會跌落谷底。迪克這個出色的業務員必須找到最後一名信徒。他曾經對數百萬人宣揚「美國濾水器」的願景，現在他則要向一個人推銷，那個人就是尚・馬利・梅西爾（Jean-Marie Messier）。

在法國商業界，尚・馬利・梅西爾就如同帝王一般。他是個英俊瀟灑、穿著體面的富豪，在曼哈頓有一棟價值一千七百五十萬美金的公寓。他們公司擁有法國名廚艾倫・杜卡斯（Alain Ducasse）的旗艦餐廳，那可是巴黎最吸引人的景點之一。梅西爾經常在那裡的私人宴會廳舉行商務會議，並慢慢享用奢華餐點。三十九歲時，梅西爾已經晉升至威望迪（Vivendi）的高層（威望迪是一家法國的大型跨國集團，其業務重心在於娛樂、電信與公共事業領域）。對於如何多角化經營，以及讓公司成長，他提出了很多大膽的想法。

和迪克一樣，梅西爾也是一位極具野心的企業家，有時會讓慾望凌駕於理性之上。和迪克一樣，他也充滿個人魅力，具備遠大的眼光。但這兩個男人之間也存在著根本差異。梅西爾在最好的學校就讀，然後在很年輕時就爬到法國商業界的頂端；他品味高雅、穿著講究。他的公司威望迪在一八五三年時由拿破崙三世下令成立，已經走過了近一又半個世紀。另一方面，迪克則靠自己努力白手起家。他中途輟學，接著全憑藉意志力獲得成功；他在必要時創造歷史，從一家垂死掙扎的公司建立起自己的王國。梅西爾體現的是古老的法國，迪克代表的則是純粹的美國。儘管有這些差異，他們還是一拍即合，並開始會面，探討威望迪收購「美國濾水器」的可能性。

威望迪的商業模式像是一張三腳凳，跨足娛樂、電信以及公共事業領域。其娛樂事業以最近收購的洋酒公司施格蘭（Seagram's）為中心，並和旗下的環球影業與音樂集團（Universal Studios and Music Group）整合在一起。威望迪的電信事業也囊括了許多重要資產。然而，這張凳子的第三隻腳，也就是他們的水務與廢棄物處理事業卻比較衰弱，這曾經是他們的核心業務，早在一又半個世紀前，就以一家名為「通用水務公司」的公司開始經營。因此梅西爾正在尋找一個關鍵收購對象，希望能增強他們公司的公用事業，「美國濾水器」正好符合這樣的需求，同時也將使法國人在大西洋的另一側佔有一席之地。梅西爾想買下他們。他是一個放眼大局的人，總是事先思考，威望迪的各種組成要素能如何與其他美好事物融合在一起。

「你從這扇窗戶向外望，然後看見艾菲爾鐵塔，」迪克這樣回憶威望迪的董事會議，「凱旋門則在一個街區遠的地方。艾倫．杜卡斯會準備午餐，所有人都穿著燕尾服為我們服務。施格蘭的人會跟環球影業的史黛西．史奈德和朗．梅爾一起走進來。接著進來的是音樂製作人吉米．艾歐文，他穿著那該死的皮褲，並且將帽子反戴。來參加的還有法國電信公司SFR和付費電視事業Canal+：Canal+就像是歐洲的HBO。他們會展示新商品，這是他們很擅長做的事。這些東西全部都應該整合在一起。關於整併，梅西爾有這樣的想法——環球教Canal+怎麼製作好電影，然後我們再透過手機進行串流。這個想法很聰明。他比整個市場早了五年，他說會發生的每件事都發生了。每件事都是如此。」

「這就是他買下德國出版公司博德曼，」安迪．賽德爾說，「以及環球影業的原因——獨佔內容市場。他曾經提到，我們以後會在手機上讀書與看電影。但當時的手機都是諾基亞那種小小的爛東西，我們所有人都心想：『我的天啊，這傢伙真是個瘋子。』然而，他的看法毫無偏差。他的眼光是如此精準，而我們卻因為『在手機上看電影』這樣的想法笑得東倒西歪，甚至笑到連眼淚都流出來，這實在是太瘋狂了。梅西爾真的很有遠見，他的想法太超前了。」

一九九八年年底，我開始和迪克一起搭飛機往返巴黎。到那時為止，我明白為了達到季度獲利預期，「美國濾水器」一直很積極，同時也充滿創意。但不是這家公司成員的我並不清楚，要維持如此大規模的成長，是多吃力的一件事。迪克從來不會透露，這艘船正面臨沉船的危機。「和所有偉大的企業家一樣，」安迪說，「他相信轉機即將到來。他是永遠的樂觀主義者。」

「美國濾水器」的公司價值其實不像華爾街分析師看到的那樣，主要原因在於，他們使用了一種稱作「權益結合」（pooling of interest）的會計手法，這在當時完全合法，但自二〇〇一年起就被禁止。「權益結合很驚人。」迪克說。當他在描述那些過去的時光時，他會把身體靠過來，然後用職業運動員回憶冠軍賽時的口吻說話。

「少了權益結合，你絕對不可能像我做到那樣。這也就是為什麼，大家不曾再這麼做。在今天的環境裡，你收購一家公司，在達成交易的那一天，兩家公司的財務資料就必須合併。所以你會將他們的資產與負債一併納入，如果這當中有什麼壞消息，它也會被揭露出來，因為你別無選擇。

「在使用權益結合時，你必須符合六、七項條件，例如主要以公司股票，而不是現金或負債來進行收購。若符合所有條件，你就可以將兩家公司合併，彷彿他們自始至終都在一起。於是，你回溯至開始營運的第一天，並且重新編製報表，彷彿你這段時間一直擁有這家被你買下的公司。這使一切變得無從比較。」這讓公司得以藉由會計處理程序，掩蓋任何負面事實，基本上就是透過調整報表中的數字，呈現出任何他們想要的樣子。

「若你想確保接下來幾季的表現，你可以提列備抵呆帳[68]。於是，你都在提列這種東西。他們無法分辨，這是你們的應計費用（accrual），還是另一家公司的應計費用。他們也不知道你們的內部成長（internal growth）[69]為何。你們靠著收購其他公司取得成長，但你可以說：『我們每年的內部成長率為百分之四。』『你們要怎麼證明這一點？』『嗯，我們就是知道如此。』基本上，權益結合使你可以把公司描繪成任何你想要的模樣。」從本質上來說，權益結合讓一家公司能依照需求準備一大筆錢（無論他們想達成怎樣的季度業績）。

現在聽到關於權益結合的描述，感覺不太正當。這當中隱藏了許多障眼法。但值得一提的是，如果使用得當，這樣的手法在那時並無不法。事實上，權益結合這種在企業併購時使用的會計手法，起初的目的是為了讓投資人更清楚掌握兩家公司的財務狀況（包含兩者之間的相關性）。曾經有一些公司濫用這種手法，像是美國世界通訊

（WorldCom）、廢棄物管理公司（Waste Management, Inc.）和能源公司安隆（Enron），他們都因為違反會計法而遭到處分。雖然「美國濾水器」充分利用權益結合帶來的各種機會，但他們從未超越法律規範的界限。

「這是一種很好的隱藏手法，」迪克說，「祕密就在那裡，只是你找不到它。奇異公司就是用這種方式獲得他們想要的結果——連續三十季獲利成長。他們每季都收購一家公司，然後進行權益結合。由此可見，在九〇年代，這是一種建立大公司的好方法。」

「美國濾水器」這兩百五十幾次收購讓他們得以頻繁調整會計資料，並將公司的財務狀況描繪成他們想要的樣貌。而且，一旦開始就無法停止。這就像是吃辣味莎莎醬一樣：只要你不斷用玉米片鏟起辛辣的醬汁，你的舌頭就不會燒傷。你或許會流點汗，但還是可以承受這樣的燒灼感，甚至享受它，只要你不停地吃就好。

當然，權益結合的問題在於，一旦公司開始找不到收購目標，持續達到獲利預期遲早會變成一件不可能的事。因為你不能再調整會計資料，並把祕密隱藏起來。一家公司的真實價值將會浮現出來，只要有一季無法達成獲利預期，就足以使股價重挫。這正是「美國濾水器」面臨的危機。某天晚上在曼哈頓，我們乘坐的加長型豪華禮車停在一家餐廳門口，迪克要所有人到餐廳裡等待，除了我和參與威望迪這場交易的律師——羅德．加拉以外。迪克要禮車駕駛在附近繞一繞，直到接獲進一步指示為止。接著，在緊張的氣氛中沉默片刻後，他轉身對我和羅德說：「我們這一季將無法達標。」我們兩個人都沒有馬上回應。

迪克繼續說著，最後將實情全盤托出：「下一季我們只有幾場收購要進行。我已經留意了一年，然後我們的成長率將會暴跌，但我無能為力。因為我們已經遭逢大數法則的考驗。我不知道股價究竟會變得如何，但它將不會停留在二十六點五美金。」

他停下來深吸了一口氣，然後看著我們。此時，禮車還在餐廳附近打轉。

在這個與威望迪進行交易的敏感時刻，如果「美國濾水器」無法達到季度獲利預期，這場交易就會面臨破局的風險。其成功關鍵在於，讓威望迪在完成收購前對「美國濾水器」保有信心。現在，又有另一個急迫的問題衝擊著我。迪克一直在這筆交易上拖拖拉拉，不願意放棄他的熱情，並賣掉他從零開始建立的公司，但不能再拖下去了。

當我確定他已經把話說完，就把手伸進外套、拿出筆來，然後從座位上探出身子，一聲不響地遞給迪克。他把筆握在手裡，接著大笑起來。我散發出來的訊息很清楚：「快簽那些該死的文件。」

不久後，我們就來到紐約CBS大樓的會議室裡。我們這一方大約有十五個人，至於威望迪那一方也約略是這個數字。我們針對細節進行討論、爭論，但過了一個多小時，雙方還是沒有共識。迪克顯然也因為枯燥的法律與財務核實程序而感到沮喪。他隔著桌子跟梅西爾說話，問他想不想一起到樓下吃晚餐。

雙方的律師和銀行家都站起來大叫。「你們不能自己去！我們必須跟著你們一起去！這可是一筆數十億美金的公開交易耶！」

迪克看著梅西爾說：「我不知道你的狀況，但沒有人告訴我，我要跟誰一起吃晚餐。你想去吃點東西嗎？」

「是的，」梅西爾說，「我想。」

迪克和梅西爾把我們所有人都留在樓上，我們只能面面相覷，這令律師們很火大。在樓下的餐廳裡，服務生問他們是否想來一瓶酒。於是，迪克指了指酒單上的某樣東西。「我們想要一瓶『第一樂章』（Opus One）。」他說道。

當服務生把酒打開時，梅西爾問道：「你為什麼要點這瓶酒？」

「因為它是法國和美國最棒的兩家酒莊——羅斯柴爾德（Rothschild）和蒙岱維（Mondavi）合作開發的。他們一起釀造出一瓶很棒的酒，我想我們也應該共同做出一瓶很棒的水。」

迪克和梅西爾互相乾杯，他們在吃晚餐時就談成了這筆交易。

⊕

「我們走吧！」迪克對著飛機駕駛座大喊道。「讓我們他媽的離開這裡！」那時，我們正在巴黎針對這筆交易進行最終確認。迪克非常亢奮，在我們搭上「美國濾水器」的公務機飛回美國的十五分鐘內，他已經喝了第二杯蘋果馬丁尼。（迪克堅持，收購協議的內容必須包含由威望迪支付他公務機的所有開銷，他們也同意了。）

「以『六十億美金』全現金交易。你他媽的在跟我開玩笑嗎？在我們回家的路上，我們的排氣管會噴出一堆法郎！」這時，飛機開始加速、準備起飛。

交易完成後，威望迪將「美國濾水器」和他們的水務與廢棄物處理部門整合在一起，然後根據協議內容，迪克成了威望迪的董事會成員。在威望迪收購「美國濾水器」之後，氣氛當然有點緊張。但後來再問起這件事時，迪克就像多數樂觀、狂熱的夢想家一樣，想不起他和梅西爾之間有任何劍拔弩張的時刻，他只留下正面的記憶。然而，我們其他人聽到的故事都是，梅西爾在得知交易總金額後當面質問迪克：「我以為我們是夥伴，也是朋友。」

當時，迪克回答：「尚・馬利，那時我們坐在談判桌的兩側。」最後，他們確實成為朋友。多年來，他們曾經多次相互協助。

儘管迪克因為完成交易而歡欣鼓舞，在某種程度上，他放棄了他的夢想。他一直把「美國濾水器」當作重要資產，所以從來不覺得梅西爾是傻瓜。迪克不情願地交出了公司的經營權。事實證明，要持續達到華爾街的獲利預期令人筋疲力竭，而且到最後，這根本是不可能的事。華爾街與懷抱夢想的企業家之間，關係就是如此複雜——華爾街喜歡資助夢想，以及振奮人心的故事，但接下來，這位企業家就被永無止境的不合理要求壓得喘不過氣來。因此，迪克在被擊垮前逃離了這一切，但他始終相信「美國濾水器」是一家很棒的公司，而且之後也會是如此。

對此，以「美國濾水器」執行長身分介入的安迪・賽德爾卻有不同的看法。那些法國人發現在協商過程中，他們並沒有完整了解這家公司的實際狀況，即便核實調查為期數個月，他們完全可以仔細檢視「美國濾水器」的推估資料。這件事的後續效應幾乎由安迪概括承受。「迪克的傲慢使我們在這場比賽中來到『第四檔五十碼』的位置[70]，我們必須完成傳球。」安迪後來這麼說，「我們正好在對的時間點遇見一個更傻的人，讓這場交易有所突破。要是我們沒有遇到威望迪，會發生什麼事？那應該會是場災難。」由此可見，安迪手裡的這家公司根本是一團混亂，但他把公司經營得很好，很快就贏得威望迪管理高層的敬重。

在商場上，大家常把成敗歸因於時機。在這一點上，迪克倒是無可挑剔。他在最理想的時刻建立了一個水務王國，那時所有優秀的人才都圍繞在他的身邊；他在對的時間點創立公司，那時其他人都不把「水」視作有利可圖的產業；就在權益結合被禁止之前，他藉由這種手法讓公司日漸壯大；當「美國濾水器」處於上升期時，水務市場也正蓬勃發展；然後在季度獲利預期的負擔太過沉重時，他就像印第安納．瓊斯一樣，從正在倒塌的寺廟裡逃了出來。

另一方面，尚．馬利．梅西爾無疑是個富有遠見的人，但他卻因為時機很差而失敗。若他當初在五年後才整合他的想法，建構一個將好萊塢和法國文化結合在一起的全球媒體王國，並透過手機串流傳播，那時科技與消費習慣都已經跟上他對未來的理解，他可能就會被譽為法國的史蒂夫．賈伯斯。然而，他的想法太超前，而且也直接受到網路泡沫化的衝擊。因此，梅西爾沒有成為英雄，反而變成魯莽放縱的象徵，具有警示意義。儘管不只是收購「美國濾水器」毀了他，這顯然是壓垮他的最後一根稻草，讓他的名聲一落千丈。梅西爾被指控操弄股價、詐欺，以及濫用公司資金，他這個曾經備受寵愛的「法蘭西之子」被迫辭職。經過上訴，他的處分由三年徒刑縮減為緩刑十個月，併科罰金七萬美金。在身敗名裂之後，梅西爾悄悄地重建自己的人生。他現在是一名企業顧問。

為什麼一個人抓住了時機，另一個人卻落得破產或坐牢的下場？是由於機會或天賦使然嗎？是因為兼具務實的態度與長遠的眼光嗎？是否有種直覺，讓人知道何時該認輸？梅西爾是真的更傻，還是他運氣不好而已？

雖然最後導致梅西爾失去名聲的事件與錯誤有好幾個，迪克的解釋單純多了。迪克和前紐約證券交易所主席理查・葛拉索（Richard Grasso）是朋友，因此迪克協助梅西爾成為紐約證交所的董事會成員。二〇〇一年九月十一日，在恐怖攻擊發生後，股市立刻重挫，葛拉索極力想避免市場陷入全面恐慌。「葛拉索打電話給所有在紐約證交所掛牌的大公司執行長，」迪克回憶道，「威望迪也是其中之一。他說：『當我讓證交所重啟交易、開始買進股票時，我需要你們一起參與，否則這些股票就會大跳水。』梅西爾是一個非常感性的好人，他響應了這個號召。他到巴黎的銀行借了五十億美金，然後以每股六十至七十美金之間的價格買進他們公司的股票。接著，它跌到了十四美金，他無法償還欠款。這就是他在法國遇到麻煩的時候。他借了錢，卻沒有經過董事會允許，因為這一切發生得太快，但他會這麼做都是有正當理由的。如果沒有發生九一一事件，他應該會是個英雄。」

迪克協助威望迪在紐約證交所掛牌，這一直都是梅西爾的夢想。為了完成這件事，歐洲和美國的會計準則必須標準化，這代表必須有效廢除美國的權益結合。「我就是那個為了讓威望迪掛牌而廢止權益結合的人。」迪克說道。他似乎沒有意識到，這當中隱含著某種美麗且迂迴的諷刺——為了幫助威望迪，迪克廢止了權益結合，但他當初就是藉機利用這種手法，促成了「美國濾水器」的崛起，以及最後威望迪的收購。

權益結合讓像「美國濾水器」和奇異這樣的公司連續多季超越當季的獲利預期，接著再提高下一季的預估值。但如今，在廢除權益結合多年後，市場仍舊相信（並要求）公司能在很長一段時間內，持續維持大幅成長——即便他們已經無法一季又一季地超越並提高。這迫使管理團隊思考非常短期的事，著重每一季的業績，而不是公司的長期目標。為了達成季度獲利預期，一家公司可能會被迫以較低的價格與較差的條件快速成交，或者更令人擔心的是，從事利潤較少的業務，因為它們能更快產生營收。所以管理團隊恐怕無法保證整體股東價值最大化，他們必須把焦點放在「季度」股東價值最大化上，而這兩者很少是一致的。

一九七〇年代，在季度報告要求剛開始實行時，支持者指出，為了保護投資人（尤其是那些個別投資人，他們不像機構投資人掌握那麼多資訊），資訊必須變得更透明。這是創造公平競爭環境的一種方法。很難想像有任何人能預料到，這些立意良善的改變會演變成今天的模樣。就公司而言，因為某些公司無所不用其極（這當中有些手段合法，有些則不然），讓成長幅度超出正常運作所能達到的程度，導致長期追求自然成長的公司反而開始顯得劣質。奇異、美國濾水器和安隆讓公開交易市場相信並預期，一家公司可以一季又一季地超越並提高獲利預期，直到永遠。我們已經無法回到那個動機純良的年代，我們的財務基因似乎已經被改變。

時至今日，上市公司的數量變得越來越少，只有將近鼎盛時期的一半。有越來越多公司選擇保持私營，為了免除公開報告必須付出的代價與壓力，捨棄上市帶來的好處。這背後有許多意涵，特別是關於投資人能否參與投資的部分。一般投資人比較難直接接觸私人公司，這些公司的投資機會只能透過私募股權公司取得，而他們會將這些機會保留給機構投資人和某些財力雄厚的個人。由此可見，雖然我們增加了資訊透明度，卻也同時失去更多投資機會。由於市場堅持公司必須達到並提高季度獲利預期，股票公開交易的公平性也跟著降低。

⊕

在我們與威望迪完成交易幾個月後，我走進了位於棕櫚泉的「狂野水上樂園」大門。我把頭低下來，然後讓一個身穿花朵圖案比基尼的女人將花圈掛在我的脖子上。當一家公司慶祝被買下時，慶功宴通常都是十幾個人參加的正式晚宴，這些人包含了管理高層、幾位律師，以及實際執行這場交易的銀行家。但這對迪克來說太無趣了，所以他在晚餐時段包下水上樂園、請來樂團「海灘男孩」，並且召集了約三百人，所有人都穿著夏威夷花襯衫（這當中包括「美國濾水器」的員工、律師、銀行家，以及多年來幫助過這家公司的人）。他甚至透過模特兒租借公司找來一群女人。因為這場活動的開銷由威望迪支付，迪克心想：「何不辦得盛大一點？」絕對不會有人責怪他太含蓄或節儉。

當天提供的是南加州海灘派對的經典食物——漢堡、熱狗，還有酒。在迪克送給每位賓客的禮物裡，有一項是印著「一隻魚和一隻青蛙交配」圖樣的T恤。從生理結構來看，插畫裡的動作在現實中很難辦到，但背後的象徵意義很明顯：「美國濾水器」和這些美國人已經成功與威望迪和那些「法國佬」（French frog）結合在一起。T恤上還印著一句法文：「Merci pour le bon temps !」意思是「感謝那段美好的時光」。

安迪無意間在沙灘上聽到「美國濾水器」的業務副總史提夫．維特爾和「海灘男孩」的主唱邁克．勞夫之間的對話。

「老兄，」這位音樂人說，「這裡熱嗎？我們必須練習一整個下午。真是熱死了。」

「等一下，」史提夫說，「你們為什麼需要練習？這件事你們已經做了四十年了吧。」

邁克．勞夫回答：「噢，因為嗑了藥的關係。」

迪克在人群裡蹦蹦跳跳，他拿著裝在塑膠杯裡的雞尾酒跟大家打招呼，然後對著樂團咧嘴大笑，並且比手畫腳。有一群狂歡者跳著「扭扭舞」。對此，安迪回憶道：「有許多糟糕的白種人在舞台上跳舞。」這十年來，他們持續與市場預期賽跑、大量收購小公司、經歷火車事故之類的事件、差點達不到獲利預期，最後把公司賣給法國人、寫下收購傳奇。此刻，他們盡情享樂，彷彿他們從大學畢業後就沒有喝過酒，或聽過現場演唱。

迪克爬到舞台上，向群眾發表談話。「那時，他正在享受人生。」安迪說，「我不太記得他到底說了些什麼，我們都有點醉，但我想他把手臂環繞在邁克．勞夫的肩上，像是他們認識很久了一樣。接著，他說了類似這樣的話：『我和我最好的朋友邁克．勞夫一起經歷了很多事。美國濾水器對我是如此意義重大，他可以來到這裡表演，我非常開心。這家南加州的公司寫下了偉大的故事，能用這種方式為它畫下句點，真是太棒了。我們都是搖滾明星。』還記得那時我心想：『能用這種方式結束這趟瘋狂的旅程，是很棒的一件事。』迪克很擅長做這種事，他很擅長使用肢體語言，同時也很擅長讓一切變得難忘。」

這場派對一直持續到深夜。不時有人被粗魯地抓起來，然後扔進游泳池裡。「我還記得有幾個身材比我高大的人抓住我，」安迪說，「他們告訴我：『你是要被輕鬆丟進去，還是要很痛苦的？』於是我放棄掙扎，他們就把我丟進去了。我的意思是，大家都喝得爛醉，他們緊跟在這些模特兒身後，像是被催眠了一樣。」

我拿著啤酒站到一旁，然後看著眼前的這一幕，藉此回顧與「美國濾水器」一起共事的那幾年，真的很瘋狂。他們買下了很多公司，最後在跌落谷底前賣給了法國人。這令我忍不住懷疑，在當今的金融界，要成為上市公司的優秀管理者必須具備什麼條件。這個體系似乎要求太苛刻，也太無情，意圖使這些公司失敗，或者至少慫恿大家做出不恰當的行為。想成功不僅必須懷抱願景，並將這個願景付諸實行，同時也要具備某種直覺或好運，才能在火箭不幸墜毀之前逃脫。在我看來，我們的公開交易市場似乎正朝著不健康的方向發展。

管理團隊背負著將股東價值最大化的壓力，長期來看，這應該為股東帶來正面結果，但實際情況很少是如此。因為管理團隊被迫在獲利目標每三個月遞增一次的狀況下販賣夢想，然後在他們認為自己無法繼續做到時停止販售。

更令人擔憂的是，我最近意識到，金融體系似乎要求不停地伸張真相。我在想：這當中的界限在哪裡？是誰設立了這些界限，這又是為了什麼目的？也許這並不重要，畢竟到最後，獲勝的人將因為敏銳的洞察力而獲得報償，那些失敗者則將因為買了一個失敗的故事而受到懲罰。但我們的金融體系能否以別的方式運作？

我剛開始工作時，曾經希望這個體系能建立在絕對真實、資訊完全透明的基礎上。然而，人生不是這樣運作的。在婚姻裡，有多少配偶知道彼此的每一個小細節？有多少房仲業務員、汽車銷售員，或任何業務員完整公開所有資訊？併購顧問能獲得豐厚的報酬，是因為他們會盡可能將客戶與併購案最好的一面呈現出來。

我們的腦海中先浮現出未來的圖像，接著因為渴望達成目標，我們設想出更複雜的論述與詮釋。要知道如何伸展與擴張，以及做到什麼程度，必須具備嫻熟的技巧與豐富的經驗。對一個外行人而言，這似乎非常神祕莫測。當然，絕對不會有一個令人滿意的辯駁或解釋，說：「聽好了，孩子，在真實世界裡，一切就是這麼運作的。」我們想要純粹的真實。我們當然希望如此。但在這個世界上，有許多事都比這更複雜。在理智上，我明白這個體系藉由將所有參與者的自身利益最大化，帶來龐大的價值，但「美國濾水器」這筆交易還是感覺很極端，使我不想再次置身其中。然而，這個職業似乎就是有這樣的要求，真能如我所願嗎？

在離開「美國濾水器」之後的那些年裡，迪克並沒有減低建立公司的慾望。他曾經接任「K２ Sports」的執行長。這是一家專賣滑雪器材的公司，他也讓它像「美國濾水器」一樣大幅成長（雖然規模比較小）；他主要也是透過積極收購，創造出一家融併企業，K２的規模因此成長了好幾倍，然後再將它出售。

他很喜歡提起，當「美國濾水器」與威望迪的收購案完成時，他接到霍茲教練打來的電話。從一開始，霍茲教練就不肯領「美國濾水器」任何薪水。當迪克逼迫他一定要接受些什麼時（為了感謝他提供的諸多協助），他只同意享有認股選擇權（stock option）[71]。某天早上，霍茲教練醒來時發現，他的銀行帳戶突然暴增了數百萬美金。「我接到這通電話，」迪克說，「然後聽見教練對著電話低聲說：『迪克，有件事很不對勁。』於是我問他：『怎麼了嗎？』他說：『我的股票經紀人剛才打電話給我。我帳戶裡的這些錢都是美國濾水器給的，我們都覺得出了什麼差錯。我不想為了這鬼東西被課稅，你得處理這個問題。』我說：『教練，那是你認股選擇權的獲利啊。』他停頓了一下，接著他說：『這就是所謂的認股選擇權嗎？』他不知道認股選擇權是什麼。他只是嚇傻了。大約兩年後，我接管了K２，然後打電話問他：『你想成為K２的董事會成員嗎？』結果，他毫不遲疑地說：『除非我能享有認股選擇權。』」

對於一切用這種方式結束，安迪可能是最五味雜陳的那個人，因為他必須處理公司被收購後的混亂局面。但是他也不得不同意，一九九〇年代在「美國濾水器」工作，是他職業生涯中的關鍵時期。

「毫無疑問地，那是我在職業生涯中經歷過最棒且無與倫比的事。某些我負責整合，並接手經營的公司令我感到很驕傲，但光是『美國濾水器』活力充沛、因為年輕而感到興奮，以及身處恣意妄為的環境、有個有點瘋狂的老闆，就讓你有很大的發揮空間。迪克可以令你開心到極點，而你絕對不會想讓他失望，不管你有多厭倦，即便是在『美國濾水器』晚期也一樣。他是一個很好的領導者。這是一個ＭＢＡ畢業生的美夢：你很年輕；你有雄厚財力與龐大資產負債表的支持，而且在處理每一個營運問題時，都得考驗你的膽量。我和這家公司的管理者們有時會聚在一起，然後只是看著彼此，就像是在說：『天啊，我們也太幸運了吧？』從商學院畢業，然後實現你的每一個夢想，那是一段多麼美好的時光。有誰能在這麼短的時間內大量收購其他公司，最後以全現金交易賣出。你在唬我嗎？這實在叫人難以置信；這件事絕無僅有。」

達米安·格奧爾吉諾曾經是「美國濾水器」的法務長，即便到了現在（在威望迪那筆交易完成幾十年後），他還是那些偶爾會參加聚會的前主管之一。「無論你對迪克有什麼看法，」他說，「他進入市場的時機確實無可挑剔。他有獨到的眼光，而且沒有人能阻擋他。他抱持著堅定的信念。是啊，在這段過程中，確實發生了一些奇怪的事。但到最後，你所創造出來的東西如今還是以某些形式存在著。舉例來說，威立雅（Veolia，由威望迪分拆出去的一家子公司）仍然是一個水務集團。德國電子用品製造商西門子（Siemens AG）旗下的事業部（即『西門子水技術』）被賣給私募股權公司AEA Investors LP，並改名為『懿華水技術』（Evoqua Water Technologies），他們現在是一家上市公司。此外，康濾根和建材經銷商HD Supply也都有點像是『美國濾水器』的後代。他們都是市值超過十億美金的公司。」

「我在『美國濾水器』學到的事，包含如何建構『超高速成長』的公司、如何為他們籌措資金、如何管理他們，以及建立具有向心力的團隊，還有我們在『美國濾水器』完成的事，跟我們之間的友誼，都要歸功於迪克的帶領。這當中是否有些醜陋的部分？絕對有。但我們建立了一家沒有人能複製的公司，所有人都把它視作水務產業的標竿。我們一直在尋找之後的創業目標。然而，現在不會再有我們過去的那種環境。」

我從派對場地的邊緣走回人群裡。那時，安迪站在一座游泳池邊，全身溼透的他和迪克正因為某些瘋狂的舉動大笑著。

時間已經很晚了，但這場派對還在進行。在兒童游泳池裡，一位會計師正熱情地與一位模特兒打著水仗。「海灘男孩」看起來十分疲憊，此時他們應該已經表演完所有曲目，但他們依舊持續演奏著，開始演唱一些比較冷門的曲子。

歌曲一首接著一首，「美國濾水器」的人還是繼續手舞足蹈，只是動作慢了點、馬虎了點；啤酒桶裡的酒持續流動著，彷彿永遠不會乾涸。有群律師跳著「瓦圖西舞」，還有位助理人員在舞台上跳著「馬鈴薯泥」，他就站在邁克．勞夫的身旁。我所羅門的一位同事自己在樹叢裡跳著「游泳舞」。所有人都決定一直跳下去，直到「狂野水上樂園」喊停，然後把我們趕走。

在我的左手邊遠處，有一群跳著康加舞的人，他們越過一條滑水道，朝著舞台的方向蜿蜒前進。當他們蹦蹦跳跳地穿過人群、出現在大家的眼前時，我看見迪克走在隊伍的最前頭——他穿著衝浪板圖案的T恤、手裡拿著雞尾酒，雙腳不停地踢來踢去，臉上露出幸福的笑容，帶領著一行人走進黑夜裡。

註釋

63.「coverage banker」是投資銀行家中的一種，目前沒有固定的中文譯法。這類人員主要負責維繫前端的客戶關係、說服潛在客戶，並承接新案件，後續則交由「executional banker」實際執行。

64. EBITDA的全名為「Earnings Before Interest, Taxes, Depreciation and Amortization」，即「息稅折舊攤銷前利潤」，指的是扣除利息、所得稅、折舊、攤銷之前的利潤，是衡量公司盈利的一項重要指標。

65. 自然成長又譯為「有機成長」、「內生成長」，是指企業依靠自身營運，而非藉由收購其他公司所帶來的成長。

66. 水權是指與水資源相關的所有權、使用權、處置權，以及經營權等權利的總稱。為了避免其價格受到哄抬，多數水權皆由政府控管。

67.「知覺價格」是指將一項商品或服務的實際價格轉換成消費者主觀認定的「便宜」或「昂貴」。當知覺價格越高時，消費者所感受到的品質越好，但同時也因為付出這樣的價格，導致可支配財富減少，限制了購買其他商品或服務的機會（即所謂的「貨幣犧牲」）。

68. 備抵呆帳是指應收帳款中預估收不回來的部分，因為尚未實際發生，在報表上屬於債權資產的抵銷科目。

69. 內部成長是自然成長的一部分，指的是企業在不增加外部負債的情況下，完全仰賴內部累積的資金所產生的營收成長。

70.「檔」（down）是美式足球術語，指的是進攻機會。簡而言之，「第四檔五十碼」意即四次進攻都沒能把球往前推進，必須將控球權交給敵隊。

71. 認股選擇權是指公司依照其發展計畫或特殊政策，賦予員工「在約定期間內，以較低價格認購特定數量的公司股票」的權利，藉此吸引或留任人才、激勵員工士氣，提升對公司的向心力。

CHAPTER 6

射殺大象

「突然間，我發現我終究還是得射殺那頭大象。他們期待我這麼做，我非做不可。我能感受到兩千人的意志在逼迫著我，這讓我無法抵抗。」

——英國作家喬治・歐威爾（George Orwell）

當湯姆．斯瑪奇（Tom Smach）在甘迺迪國際機場降落，並把手機打開時，他的語音信箱已經被塞滿了。這通常是件壞事。他才剛從中國飛回來，而且在飛機上沒什麼睡，所以他拖著腳步，慢慢地和同樣飽受時差所苦的人群一起走向海關與入境審查櫃檯。他思考著可能會發生什麼事，才會讓人在他搭機時傳來這麼多語音訊息。牆面上張貼的告示提醒了他，這裡嚴禁使用手機。

身為電子代工大廠偉創力（Flextronics）的資深財務副總，他預定隔天早上要和他的同事在電視轉播下，一起為納斯達克股市敲開盤鐘[72]，以此慶祝他們公司上市十周年。有幾位公司的資深人員已經在紐約等他。這時，他口袋裡的電話又響了，他掏出手機，很快地偷看了一下。那是他財務室的夥伴傳來的訊息：「你到底在哪裡？」這訊息簡短而親切。或者它很緊急，而且是個不祥的預兆？在這種疲憊的狀態下，湯姆無法判斷。他很想仔細研究這些簡訊，弄清楚發生了什麼事。但從九月十一日以來，機場裡的人都提心吊膽，尤其是在紐約。所有人都提高警覺，渴望有扮演英雄的機會。所以湯姆只好遵守那些告示上的規定，把手機塞回口袋裡。無數排日光燈在他的頭頂忽明忽暗，並發出滋滋滋的聲響。他需要補眠。

他覺得可能是敲開盤鐘的計畫出了什麼差錯。又或者，他心想，這些電話可能與另一個問題，也就是一起平淡無奇的企業訴訟案有關——偉創力最近成了加州某家醫療器材製造商的控告對象。這家公司宣稱，偉創力決定關閉一家工廠導致違約，並因此影響他們出貨。

湯姆踏上緩慢前進的長手扶梯，手扶梯上擠滿了旅客與他們的行李箱。他遠遠地看見下方有一名保全人員正疑神疑鬼地掃視著人群。此時，口袋裡的手機再度響起。這次他能感覺到，那是一通電話。他估算著，抵達那名保全人員所在的位置要花多久時間，於是料想自己也許有整整一分鐘可以利用。「何不試試看呢？」他邊想邊抓住他的手機，然後把電話接了起來。那是偉創力的一位財務副總戴夫・帕蒂諾里打來的。

「你得說快一點，戴夫。我正要進海關，不能講電話了。」

「是關於那起訴訟的事，」戴夫說，「情況真的很糟。」

湯姆不能理解為什麼會這樣。因為對方要求三百萬美金，作為「補償性損害賠償」，而偉創力的年營收高達幾十億美金，沒有人對訴訟結果過度憂心。這是湯姆和其他管理高層得知的狀況，但他們並沒有特別關注這件事，因為這樣的求償金額很低。偉創力的律師團隊也一直告訴他們不用擔心。

「我們損失了那三百萬嗎？」湯姆問戴夫。

「更糟，情況遠比那更糟。」戴夫報告說，不只是法官判決他們必須支付原告三百萬美金的補償性損害賠償，陪審團也裁定，這家醫療器材公司可以額外獲得高達十億美金的「懲罰性損害賠償」（punitive damages）[73]。

「等等，你說什麼？」湯姆邊說邊思考著，這一切是否都是個笑話。「你剛才說的是『十億』嗎？」

就在這時，那名保全人員看到湯姆在講電話，大喊著要他把電話掛上。有幾個人回頭看著湯姆。

戴夫證實這個判決結果是真的，並開始提供相關細節。此時，那名保全人員還是一直要湯姆掛掉電話，他朝著旅客們大吼，彷彿湯姆正揮舞著武器。「就是現在，先生！就是現在！」但湯姆卻對這些指令充耳不聞。他的心思全都放在這起訴訟案上，再加上時差，使他對周遭的一切不以為意。

他正豎起耳朵努力聽戴夫說話，這時站在他下面一階的一位長者也加入了那名保全人員的行列。這位長者頓時變得非常激動；他的抗議越來越激烈——先是不停地搖頭、口出惡言，接著聲嘶力竭地大吼了約十秒鐘。他轉過頭來，直接對著湯姆叫囂，彷彿將要執行公民逮捕一般。然而，湯姆仍試圖理解戴夫所提供的最後幾個細節，所以他把手舉起來放在他們兩個人的臉中間，想讓這個老人安靜下來。

湯姆一邊聽，一邊設想最糟的狀況。為了取得上訴權，他們將必須全額支付補償性損害賠償的部分，以此作為保證金。但儘管偉創力的營收很可觀，他們的財務結構也不容許他們支付十億美金的保證金。如果他們沒有在那一周結束之前繳交保證金，這筆賠償金就會到期；因為無法支付賠償金，這可能會迫使他們宣告破產。在他跟同事碰面後，還有很多不同的細節與角度可以分析，但他立刻明白一件事，那就是他們確實面臨破產的威脅。

湯姆把注意力拉回到眼前，他發現在他手的另一側，那個老人還繼續大叫著。他和那位機場保全人員都變得很瘋狂，彷彿湯姆是個恐怖分子一樣。

然後，砰的一聲，這個老人突然踉踉蹌蹌地往後退，並用他身上所有的東西給了湯姆一陣痛擊。湯姆彎下腰來，但他並沒有摔倒，因為他知道那會在手扶梯上引發骨牌效應，讓許多人一起跟著跌下去。他把電話闔上、抓緊扶手，接著用力地吸了一口氣，盲目地走向不確定的未來。

⊕

隔天早上，湯姆和偉創力的同事們一起站在納斯達克證交所。他們曾經考慮要取消敲開盤鐘的活動，但這麼做可能會使情勢變得更糟，所以他們正在那裡倒數計時。「我們看起來像是世界無敵大蠢蛋，」湯姆說，「我們站在電視上微笑、揮手，心裡卻想著：『偉創力才剛因為陪審團判決而損失了十億美金。』我的意思是，這實在很尷尬。」當他們在台上故作熱情、樂觀時，偉創力的股價突然暴跌。

在剛敲完開盤鐘之後，依照慣例，有位記者在現場訪問偉創力的執行長麥可．馬克斯（Michael Marks）。「但是當然，」湯姆說，「這位記者完全沒有問我們為什麼要敲開盤鐘，她馬上用這家醫療器材公司的求償細節來攻擊麥可，暗指我們對病人造成傷害。她竭盡所能地讓我們難堪。」

隔天，湯姆回到他在加州聖荷西的辦公室，開始面對那個恐怖的事實。他們有幾天的時間（或許頂多兩天）可以設法籌到十億美金，否則他們將面臨一場財務災難，最後可能會以破產告終。身為資深財務副總的湯姆肩負著籌錢的任務。「因此，我四處打電話給所有與我們有合作關係的銀行——所有的投資銀行、所有的商業銀行，結果每個人都對我避之唯恐不及，因為沒有人想蹚這渾水。我們光是要支付保證金就如此困難，沒有人知道我們能否活下來。」

在納斯達克證交所敲完開盤鐘僅僅兩天後，偉創力似乎很有可能迎向末路。需要有人回電的湯姆緊盯著他桌上的電話，試圖用念力讓它「復活」。然而，他的電話就是無聲無息，得不到任何獲救的希望。湯姆已經快沒有時間了。

桑迪・魏爾（Sandy Weill）在爬到金融界的頂端，成為花旗集團這個史上最大金融機構的執行長之前，他曾經在紐約做過一陣子的電話簿銷售員。他在布魯克林本森赫斯特區的一個貧窮家庭長大，父母親都是來自波蘭的移民。他是個懶惰的學生，最後被送進軍校。之後他振作起來，因此得以進入康乃爾大學就讀；從康乃爾畢業後，他似乎想加入空軍。這時，他在紐約靠打零工度日，直到一九五五年的某一天，一場幸運的邂逅決定了他往後的職涯道路。在《舊金山紀事報》的人物介紹裡這樣描述這段經歷：「桑迪無意間路過一家充滿活力的股票經紀公司，就此踏入了金融界。他向父親詢問關於這個行業的事，然後在貝爾斯登找到一份工作。一開始，他在後勤部門上班，一個月賺一百五十美金，午休時則到股票經紀人工作的『大牛棚』觀摩。他深受吸引，於是很快就展開下一步，成為一名股票經紀人。一九六〇年五月，他和一位鄰居自立門戶，設立屬於自己的公司。」

這家公司後來取名為「希爾森・洛布・羅德斯公司」，他與合作夥伴將它發展成證券經紀業龍頭，接著在一九八一年以近十億美金的價格賣給了美國運通。在公司被買下後，桑迪在美國運通當了幾年的總裁，然後在五十二歲時離開，並自行開創一番新事業。

小說家費茲傑羅（F. Scott Fitzgerald）曾經主張，美國人不會有事業第二春，但他是個例外。他已經建立並賣出一家極為成功的公司，但他並沒有依靠這些獲利與榮耀，而是決定從頭做起。他在一九八〇年代買下一些金融與保險公司：最後收購了次級投資銀行──美邦公司（Smith Barney），並在一九九三年以四十億美金收購旅行者（Travelers），以及德克索・伯納姆・蘭伯特和安泰保險公司（Aetna）的部分股權。接著，他買回了他的舊公司希爾森・雷曼（Shearson Lehman），然後在一九九七年買下所羅門兄弟（這家傳奇公司的員工兇殘野蠻、特立獨行、很有存在感）。它們全部被整併成一個名為「旅行者集團」（Travelers Group）的龐大王國。因為整合這些公司，桑迪變成了我的老闆。

他的瘋狂收購並未就此停止。他的夢想是建構他所謂的「金融超市」，一個巨大的「一站式商店」，可以在同一家公司旗下提供各種金融商品與服務，而旅行者的logo（其中包含雨傘的圖案）也象徵了這一點。桑迪希望，這個金融超市模式不僅能讓他的公司在銀行界更有效地競爭，最後還可以使他掌控整個產業。他想建立一個強大的平台，讓那些大用戶都不得不與旅行者合作：若某位客戶同時有很多種銀行服務的需求，就可以由全球服務體系提供的現金管理、由商業銀行提供的信貸額度、由股票分析師提供的市場分析、交易支援、債券承銷，諸如此類，桑迪的公司就能擴大服務範圍，贏得這位客戶的高收益股票與企業併購業務，並賺取豐厚的報酬。這種模式將以平台，而不是才能為導向，因此降低人為要素的重要性（這一直以來都是投資銀行界的核心）。身為這個新金融超市體系底下的員工，我們都覺得自己只是這台龐大、複雜機器裡的一顆小螺絲而已。

一九九八年四月，桑迪採取了最大規模的行動，將旅行者集團與花旗銀行整合成「花旗集團」。這是歷史上規模最大的合併案，總價高達八百三十億美金。他將它稱作「金融服務業史上最偉大的交易，我職業生涯中最大的光榮」。這是兩個重要人物的結合——由桑迪和花旗銀行的領導人約翰．里德（John Reed）一起擔任共同執行長。

桑迪若要擁有率先創立金融超市的合法性，已經實行七十年的「格拉斯—史蒂格爾法案」（Glass-Steagall Act）就必須被廢除，因為自一九三〇年代以來，這個法案就一直是銀行法規的基礎。在經濟大蕭條最嚴重的時候，「格拉斯—史蒂格爾法案」的誕生是為了將投資銀行與商業銀行分開。如此一來，零售銀行（retail bank，即服務一般大眾與中小企業的銀行）就不得使用存戶的資金進行高風險投資。金融服務業已經這樣運作了七十年。有了前總統柯林頓的支持，桑迪成功說服政府廢止「格拉斯—史蒂格爾法案」，一九九九年，柯林頓簽署了取代舊法令的新法案，使桑迪和其他華爾街的主管們得以塑造出金融巨頭。

「不要在小型交易上浪費時間，」主管這樣告訴我們，「公司付錢請你們來，是為了獵捕大象，而不是獵捕松鼠。」現在，桑迪已經建立了一家超級銀行，他必須證明這是一個很可靠的概念。只要有一個規模龐大的新客戶就能讓那些唱反調的人閉嘴。

朗訊科技（Lucent Technologies）的案子可以證明這一切。這種熱門的業務關係通常都是由摩根史丹利或高盛囊括，但因為他們需要花旗提供的商業銀行與其他全球銀行服務，我們也取得了他們的企業併購業務。朗訊恰好是我們在尋找的客戶，可以證明桑迪的眼光是正確的。

朗訊這家電信設備公司幾年前（一九九六年）才剛創立，當時電信公司AT&T將他們的設備生產部門從核心的電信事業分拆出去。然而，朗訊的起源可以追溯到一八八〇年代，那時，發明第一台實體電話機的亞歷山大・貝爾（Alexander Graham Bell）成立了「貝爾實驗室」（Bell Labs）。幾十年來，這個實驗室榮獲四項諾貝爾獎，同時也促成了電晶體、雷射、電腦作業系統、程式語言，以及其他重大發明的出現。在用自己的品牌販售設備給競爭對手時，AT&T一直遭遇困難，因此他們覺得如果把設備事業部分拆出去，並且取一個新名字，應該能幫助銷售。

事實證明，這是個很聰明的舉動，因為在一九九〇年代晚期，朗訊的股價一路飆升；他們的股價在王牌業務員（以及後來的總統候選人）卡莉・菲奧莉娜（Carly Fiorina）的帶領下成長了十倍。在這十年的最後幾年裡，這家公司不僅營收翻倍，也增加了兩萬兩千名員工。很快地，朗訊的規模就變得很龐大，成了華爾街最熱門、也最多人持有的股票。此外，他們還曾經連續十四季超出分析師們的預期。

在剛從AT&T分拆出來之後，朗訊就聘請比爾·維奎拉（Bill Viqueira）來成立企業併購部門。比爾是一個聰明、性情平和、認真務實的古巴裔美國人，他在美林證券工作了十年，最後當上了協理。對朗訊這樣的大公司而言，在形塑企業架構、規劃收購計畫時，直接從華爾街挖角是很常見的。他們公司鼓勵激進的併購文化，這主要是受到趨勢，以及華爾街期待的驅使。「不管我們一直以來做了些什麼，」比爾說，「股價都上漲了。我會先針對一項收購案提出反對意見，然後我們就去執行。結果隔天股價上漲，就會有人來跟我說：『看吧，你多慮了。今天股價上漲了，可見這是一筆好交易。』『但明天呢？』我會這樣問，『那明年呢？那明年過後呢？』所有人都只看到隔天的股價。如果我們超過幾周沒有收購任何一家公司，我就會收到執行長里奇·麥金（Rich McGinn）的email：『我們在做什麼？為什麼我們什麼東西都沒有買？你可以到樓上來談談嗎？這太奇怪了。』」

一九九九年，有個嶄新的機會出現在比爾的眼前。那時，朗訊有一個「資金管理主管」的新職缺，他們的財務長要他擔任這個職位。他很想累積企業併購以外的經驗，於是接受了這個提議。起初，他每天的工作包含了所有大公司的資金管理主管平常會做的事，像是外匯交易、現金管理與應收帳款。但在上任的第一個月內，他底下的員工（多數來自銀行業）就不停地來捶他的門，說：「我們必須告訴你發生什麼事了。」早在比爾來到資金管理處之前，他的員工就已經為了抵制某種肆無忌憚的危險行為，和業務團隊與財務長的人馬對抗了很長一段時間。其他高階主管都對他們的顧慮漠不關心，但他們希望美林證券出身的比爾能看見他們眼中的問題。「不久後，我就說：『是的，這是一場災難。我們正坐在定時炸彈上。』」

這顆定時炸彈是由一種稱作「賣方融資」的做法所埋下的。賣方融資是指借錢給你的顧客，讓他們可以購買你的商品，很多公司都有效運用這樣的方法，並帶來正面結果，但朗訊肆意、草率地使用這種做法，就如同懺悔節時狂歡者漫天亂撒的珠鍊。

「假設一筆交易有五千萬美金，顧客會跟你說：『我將跟你們買五千萬美金的設備，但我還需要五千萬美金的營運資金（working capital）[74]，因為我還要買其他東西。』於是，在財務長那幫人的協助與教唆下，朗訊的業務員會說：『當然，我們會進行這筆交易。我借一億美金給你們，然後你們跟我買五千萬美金的設備作為交換。』簡單就能看出這不是一筆好交易。」比爾說。

朗訊的賣方融資程序會如此危險的根本原因在於，他們的顧客有很多都經營能力不明且前景未知，所以很有可能無法償還借款。然而，朗訊還是把這些交易認列為營收。「對我來說，『借你們五千萬美金買我的設備』這件事本身沒有問題，」比爾說，「有問題的是，沒有衡量風險。如果我覺得這麼做風險很高，我就不該認列營收，直到我確實看到你能付錢給我為止。在確認這是樁買賣之前，我不該跟全世界說，我剛才賺進了五千萬美金的銷售收入。業務團隊已經對此上癮，因為唯有提供融資，他們才能成交。」

在擔任朗訊資金管理主管的第一個月裡，比爾的屬下就告訴他問題有多嚴重，他也立刻明白，可能會發生大災難。「我跑去找主計長，問他我們為此提列了多少準備金。結果是幾乎沒有。我們已經借出了幾十億美金，然後還有另外一百億答應要借人，這很明顯非常危險。這些公司都尚未償還欠款。對這當中的每一筆交易而言，都算是一種違約。」

比爾評估著自己能做什麼事。他實在不想在剛接受這份新工作不久，就預告公司即將招致毀滅，但他沒有什麼選擇。在擔任資金管理主管兩個月時，他受邀參加董事會議。他覺得自己最好利用這個機會告知經營高層，公司的資產負債表上存在著一個大麻煩。

比爾來到會議舉行的地點，很肯定自己在發表完報告之後，現場一定會一片混亂。「我的襯衫兩側都在滴汗，因為我即將走進去告訴董事會，我們正坐在這堆垃圾——所有的不良貸款上，而這些公司都尚未清償欠款。我們必須把它們從資產負債表上去除，我們必須停止新交易。我很確定自己會受到嚴懲，雖然這個問題不是我製造出來的，但他們會因此把我殺了。」

在進去開會前，比爾在辦公室裡進行最後準備。此時，他被迫參與北美業務部的新主管和其他幾位業務團隊成員的電話會議。「他們所有人都對我大吼大叫，說我們必須資助這個顧客，但我之前已經拒絕了五次。我跟他們說，我不會批准這筆交易——那是一筆總價五千萬或一億美金的交易，需要我簽名核准，但我是不會簽名的。然而，他們不肯放棄，我也記得非常清楚，我最後對北美業務部的主管說：『妮娜，給我閉嘴！』我當然不覺得這樣嗆人是好的行為，而且在朗訊，你不會說這樣的話。他們的公司文化很講究禮貌……嗯，在你面前是如此。我在朗訊學到一個我從來沒有在其他地方聽過的詞，而他們把它發揮得淋漓盡致，那就是『笑裡藏刀』（grin-fucking）。他們在你面前微笑，卻在背後捅你一刀。無論如何，我已經忍無可忍，嗆人是個巨大的錯誤，但確實讓所有人都閉上嘴巴。『談話到此為止，』我告訴他們，『我得去參加董事會議了。』」

比爾把汗擦乾、將資料收拾好，然後進去開會。他開啟他的「公司末日」投影片，接著帶十幾名董事會成員和十位高階主管一起看上面的各種資訊與圖表，並且說明若這個問題沒有馬上處理，可能會發生什麼最糟的狀況。然後，他已經準備好接受他們的回應。

「我原本預期會有各種火花產生，結果他們完全沒有反應，沒有人提出任何問題。他們只對我說『非常謝謝你，比爾』，就這樣。沒有任何人給我回饋。隔天，我獲得回應的只有『叫妮娜閉嘴』這件事。我走進公司，然後經過投資人暨公共關係部主管的辦公室，她在朗訊是非常有影響力的人。她跟我說：『比爾，進來一下，你昨晚是不是叫妮娜閉嘴？』那時才早上八點，她已經聽說這件事了。『你不要再這麼做了。』由此可見，這是一個大新聞。」

多年後，當比爾回想為何董事會和那些主管都對他的報告沒有反應時，他認為要不是他們不明白這個風險，就是他們不想正視。「如果他們承認看見了這個風險，那可能會導致營收停止成長。你讓營收停止成長，股價就會停止上漲；你讓股價停止上漲，這一切就會像紙牌屋一樣崩塌。所以承認我發現的事，也就是那些被認列的營收並非高品質營收，而且根本不該被認列為營收，將促使終究會發生的事提早發生，同時導致股價瞬間暴跌。」

於是，比爾又像往常一樣，繼續與業務團隊，以及他們對賣方融資的貪得無厭對抗。他決定，若自己無法解決問題，至少不要造成問題。他們聘請了一位新的財務長，比爾一度希望她能發現這個即將到來的災難，但她並沒有。

「我想她覺得我太過悲觀，」比爾說，「因為我一直跟她說，這件事到最後會炸開來。但所有人都告訴她，這是一個很棒的成長機會。因此，她用自己的人把我換掉，接著他們要我回去管理企業併購部。我做了一陣子，然後在二〇〇一年辭職。我心裡的感覺是，用這樣的做法不可能會有好結果。於是，我盡可能地把手中的朗訊股票都賣掉。」

二〇〇〇年的第一周，朗訊宣佈無法達到季度獲利預估，接著他們的股價迅速下跌百分之二十八，讓公司市值減少了六百四十億美金。然後，菲奧莉娜和她的業務團隊並未如實報告營收，以及使用賣方融資的事被揭露出來。《財星》雜誌之後這樣寫道：「朗訊巧妙地運用了一點『會計戲法』，使這些借款在他們的損益表上開始看起來像是新增的營收，同時在他們的資產負債表上，這些具有風險的債務也偽裝成固定資產。事實根本不是這回事。」朗訊不得不承認，他們的財務報表存在著龐大的會計錯誤，於是股價又跌得更低。執行長里奇．麥金被迫辭職。到了此時，菲奧莉娜已經踏上新的旅程。即便導致朗訊瀕臨破產，她卻完全沒有受到懲罰，在一九九九年就順利獲得電腦製造商惠普執行長的工作，因此成為第一位帶領「財星二十大企業」的女性。

此外，《財星》雜誌也寫道：「菲奧莉娜剛離開後，朗訊就在證管會發佈的一份文件中透露，他們承諾借給顧客七十億美金（它們多數都是財務不穩定、還在建立各種關係網的新創公司）。在這當中，朗訊已經借出了十六億美金。」

「接下來在股市裡發生的事，」比爾．維奎拉說，「是使朗訊走向衰敗的主要原因。這家公司屋漏偏逢連夜雨——一個鼓勵不當商業行為的股市、溢價收購、賣方融資、低品質營收，還有一個根本不懂經營上市公司意味著什麼的管理團隊。」

在這些麻煩出現之前，花旗集團本來準備好要讓朗訊成為新金融超市模式的典範，並藉此對外界解釋，為什麼這種模式是個好主意。我們熱情地為他們安排了二十億美金的銀行貸款，並因此獲得一些重要的併購任務。但二〇〇〇和二〇〇一年，朗訊的表現開始走下坡時，他們似乎有可能會拖欠貸款。如此巨大的失敗不僅將對整個金融與電信界產生毀滅性影響，也可能會破壞花旗對新金融超市模式的策略論述。

我通常會提早抵達會議現場，特別是和管理高層開會的時候。二〇〇〇年年初的某個星期一下午，為了討論我們銀行的消費者網路策略，公司召集了一場會議，與會者包含花旗的執行長桑迪．魏爾、副主席鮑伯．魯賓（Bob Rubin），以及其他高階主管。我們都知道這將是一場充滿爭吵的會議。桑迪很不喜歡他看過的那些介面設計，因此所有人都預期他會心情很差，然後嚴厲批評出席這場會議的人，用權力提醒我們，我們是在替誰做事。當時，我帶著我們部門的一位副總史都華．戈德斯坦一起參加。

我和史都華提早在會議室裡坐下來，等著其他人出現。出乎意料的是，桑迪也提前幾分鐘走了進來。桑迪是個很難應付的傢伙，他很討厭沉默，往往會喋喋不休，不斷用一些無聊的話來填補。他先問我們周末過得如何，接著不等我們回答，他就開始告訴我們周末時發生在他身上的一個故事。

在公司裡，這件事是公開的祕密——一九九八年，傑米．戴蒙（Jamie Dimon，他是桑迪的後輩兼好友，大家原本普遍認為桑迪退休後，他會接替他的位子）在桑迪妻子的要求下被開除。根據傳言，這起爭端是因為戴蒙不肯提拔桑迪的女兒——潔西卡．畢布莉歐韋克茲（Jessica Bibliowicz）所引發的，她也在公司裡工作，與戴蒙有過幾次爭執。在挑戰潔西卡這件事上，他做得太過頭了。她是不能批評的，但戴蒙因為把自己當成桑迪的兒子而太過自信，以為自己一定不會有事。於是，戴蒙就此出局。兩年後的現在，他獲得了擔任第一銀行執行長的機會（這家銀行的總部位於芝加哥）。

桑迪說這個故事時帶著一種吹噓的口吻。「所以傑米在周末時打電話給我，然後說：『桑迪，我只是想讓你知道，我正考慮接受第一銀行的工作。我必須問一下，你沒有要收購第一銀行，對吧？』」那時，為了建立龐大的金融集團，桑迪依然在收購其他公司與銀行。桑迪對我和史都華露齒而笑，接著繼續說：「我告訴他：『噢，不，不用擔心，傑米。我對第一銀行沒有興趣。』」在說出最好笑的那句話之前，他停頓了一下。「我掛上電話，然後心想：『我會等他搬完家，再把它買下來。』」我和史都華都不確定這是否是個笑話，但還是緊張地笑了。

對桑迪而言，這似乎只是暖身而已。接下來，他直接進入第二個故事，告訴我們在那個周末，他接到花旗的傑克·葛柏曼（Jack Grubman）打來的另一通電話。那時，傑克·葛柏曼顯然是全世界最受人尊敬，同時也是收入最高的電信分析師，年薪超過兩千萬美金。此外，他也是當時最受敬重的三位股票分析師之一，與摩根史丹利的瑪麗·米克（Mary Meeker），以及美林證券的亨利·布洛傑特（Henry Blodget）齊名。

在職業生涯早期，葛柏曼曾經當了八年的量化研究員（quantitative researcher）[75]，那時他靠著看扁AT&T建立起名聲。在那段期間，聯邦政府強迫AT&T分拆成八家區域電信公司。二〇〇三年《紐約客》雜誌的一篇文章提到：「他主張，管制鬆綁將使這些規模更小巧、靈活的公司得以奪取他前僱主[76]的地位，因此變得很有名氣。結果證明，他的分析是對的。一九九四年，他來到所羅門工作，這時他對AT&T的鄙視有增無減。」葛柏曼持續對這家公司出具「中立」或「賣出」的投資評等，但不曾提出「買進」，所以一九九〇年代晚期當AT&T萎靡不振時，他一路把它往死裡打。此時，大家將他視為一位精明老練的股票分析師，他因此聲名遠播。

讓情勢變得緊張的主要原因在於，葛柏曼的老闆桑迪．魏爾是AT&T的董事會成員。當AT&T將它旗下的無線網路事業部分拆出去時，桑迪知道史上規模最大的IPO（Initial Public Offerings，首次公開募股）[77]即將到來，他希望花旗能贏得這次IPO。但試圖取得這項IPO業務的他立場很尷尬，因為這個領域的首席分析師提出的是「賣出」的評等，而且此人還是桑迪自己的員工。如果一家投資銀行對你們公司出具「賣出」的評等，你不可能聘請他們來負責你們的IPO業務。

「你們這些投資銀行部的人，」桑迪對我和史都華說，「你們欠我一次人情。我昨晚為了你們很辛苦。」

「噢，是嗎？」我說，「為什麼會這麼說？」我們都滿懷期待地看著桑迪。

「昨晚我幫你們贏得了一筆大生意。我打電話給傑克．葛柏曼、對他施壓，要他修正對AT&T的評等，這樣我們才能獲得無線網路事業部的那筆生意。」

「真的嗎？」我愉快地說道。（雖然我和史都華都心想：「天啊，他現在是為了這件事公開自誇嗎？」）

儘管股票分析師的投資評等是以實際分析作為基礎，多數人都明白，它是可以被影響的——有一部分是事實，另一部分則是行銷考量。但即便如此，桑迪說的這件事是對一切慣例與原則的極度藐視。那時的市場表現非常好，造成像桑迪這樣的高階主管似乎已經說服自己，為了銀行的利益，可以要求股票分析師炒作某些股票，而不是提供真實且合理的評價。對此，桑迪甚至不隱藏、不撇清關係。他正在吹噓。

接著，他又繼續說：「我只告訴他：『傑克，你必須修正你的評等，這樣我們才能獲得這筆生意。』」

這整段談話（從不經意對傑米．戴蒙造成威脅，到強力逼迫傑克．葛柏曼）花了整整五分鐘。桑迪的口氣很輕鬆，畢竟我們只是在等其他人抵達而在打發時間而已，但一個小時後，當我和史都華離開會議現場，我們還是對自己所聽到的事感到震驚。全世界最具影響力的銀行的執行長剛才告訴我們兩個故事，這證實了我們的懷疑——他人品可議，而他在訴說這些故事時，就如同描述一場高爾夫球賽或周末烤肉般滿不在乎。

在我的電話響起之前，我就已經知道會有這通電話了。我在所羅門的同事羅伯特．梅西打破不成文的規定，向《華爾街日報》披露某個不曾被公開討論過的不正當手法。我們都知道，無論原因為何，公司都不希望員工跟媒體爆料。羅伯特是科技組的一位董事總經理，在加州辦公室工作，他並沒有向我報告這件事，但因為與他隸屬於同一組[78]的我在紐約辦公室上班，跟他的主管們也都很熟，所以管理高層直接打了這通電話給我。我把話筒放在肩膀上，然後聽了一小段訓話。「我們不能跟《華爾街日報》爆料，小瓦。」我的主管說道，彷彿是我違反公司政策。

「是的，我明白。」儘管我同意羅伯特說的話，但公司的規定就是這樣。

羅伯特譴責的這種手法稱為「IPO自旋」（IPO spinning）[79]，它是這樣運作的：若一家投資銀行負責某家公司的IPO業務，他們會以優惠價格替其他新興公司主管的股票經紀帳戶保留這檔股票，然後等它在上市的第一天上漲時，這些幸運的主管們就能大賺一筆。這種做法的目的在於，希望在這些公司的IPO到來時，他們也能表示忠誠。

由於有非常多人牽涉其中，而且必須經過內部簽核，「IPO自旋」從來不是一種獨立完成的行為，而是由一群人一起完成的。你需要獲得股票承銷組（由他們負責買進這些股票）、管理高層，以及投資銀行部業務開發專員的同意，所有人都必須參與。強迫股票分析師炒作某檔股票，而不是提供客觀的研究結果（就像桑迪·魏爾要傑克·葛柏曼對AT&T做的事一樣）就已經夠糟糕了。但現在，作為金融機構的投資銀行，竟然還決定進一步利用這檔被炒作的股票來贏得未來的交易。

在整個金融界與科技界，「IPO自旋」成了眾人激烈爭論的話題。一九九〇年代中、晚期，多數銀行都默默運用這種手法，因此那些獲得好處的主管大部分也都保持低調，但有些人則極力擁護這樣的做法，像是當時擔任漢鼎董事總經理的克莉絲汀娜·摩根。（漢鼎是一家著重科技領域的精品投資銀行〔boutique bank〕[80]。）「你覺得帶這些人出去吃晚餐如何？」她在《華爾街日報》的同一篇文章裡這樣說道，試著為她使用

「IPO自旋」開脫。「我們舉辦提供魚子醬的奢華派對。難道這不是試圖影響他們，還有他們的行為嗎？我覺得它是……它並非不道德，這是一種商業手法。」

我很難接受摩根的論點。銀行人員確實會有為潛在客戶買咖啡之類的小動作，但用價值幾百萬美金的股票塞滿他們的股票經紀帳戶，完全是另一個層次的問題。我同事羅伯特在《華爾街日報》上的引言似乎準確許多：「『這無疑是種賄賂。』所羅門的一位董事總經理——羅伯特．梅西這樣主張，『你收買他們，然後期待當他們進行交易時，你也會得到同等的回報。』所羅門沒有股票經紀部門，也沒有使用『自旋』這種手法。」

因為在所羅門（和後來的花旗）工作期間，我一直不肯支持這樣的做法，這使我們成為唯一沒有進行「IPO自旋」的科技組。這也表示，我們錯失了很多與股票有關的生意，我的主管們經常逼我妥協：「為什麼你不像其他人一樣配售IPO股票給潛在客戶？這樣可以幫我們取得更多交易。」

我告訴他們，這是不道德的行為。「當殘酷的事實被揭發時，你根本無從辯解。」

管理高層會讓我如此明目張膽地拒絕接受和參與這種做法，老實說，只是因為我為公司帶來非常多併購業務，他們不能承擔失去我的風險。這篇報導在一九九七年底刊載，那時科技泡沫正邁向巔峰。在接下來的幾年裡，我變得更資深，要我使用「IPO自旋」這種手法的壓力也與日俱增。但作為投資銀行部最大的營收創造者之一，我還是有力量繼續抗拒。

那周稍晚，我和羅伯特聊了一下。主管們已經找了幾個人訓斥他。「希望你沒有因為跟《華爾街日報》爆料而惹來太多麻煩。」我說道。

「我只是揭露真相而已。」他這樣回答。

⊕

將朗訊的光纖事業部出售，是我人生中最糟的一次體驗。因為這場重要交易的成功攸關朗訊的存亡與花旗的「新任務」——為廢除「格拉斯—史蒂格爾法案」提供正當性，並證明創立超級銀行的想法是正確的，它非常急迫，必須要完成的壓力也非常大。二〇〇一年七月初，我們在紐約的會議室裡召開了一場緊急會議。負責管理花旗集團全球銀行服務的麥可．卡本特率先發難：「好，為了拯救朗訊，我們要做些什麼？」

會議室裡的每個人都輪流提出各種想法與挑戰。結果，大家一直反覆提到，必須移走某項大資產、將朗訊的某些業務分拆並出售，讓這家公司獲得現金挹注。所有我認識的人都已經參與銷售朗訊光纖事業部一陣子，但這類交易就是需要時間。而且，這次還有三項特殊挑戰，讓情況變得更複雜：由於網路產業陷入混亂，光纖業務的價值也跟著日漸減少；朗訊的名聲受到質疑，以及市場普遍動盪。因此，我們試圖賣出的這項資產正逐漸貶值，其母公司也面臨衰退，同時市況也很艱難。對整個銷售流程來說，這些狀況實在不太好。

二〇〇一年年初，花旗開始四處兜售朗訊的光纖事業部，我們預期可以獲得八十億美金。僅僅半年後的現在，其預估價值已經下滑至約二十億美金。

「我們正在努力。」我說，「相信我，我們正在努力。」

「你們不能賣快一點嗎？」卡本特半開玩笑地問道。

「我希望我們能這麼做。」我不必告訴卡本特，企業併購不是這樣運作的。你不能光是高舉「出售中」的牌子就好。你看起來越急，就越不可能成交。這些事他都知道。

「有任何東西是我們可以立刻賣掉的嗎？」卡本特問道。「『朗訊』這個名字如何？這是個很棒的名字。或是其他東西也行，我們手上有什麼？」

我看了一下手邊那疊朗訊的資料。「這裡不像你想的那麼有價值。」

「所以你是在告訴我，」卡本特說，「那是一袋屎嗎？」

「是的，」我說，「但這袋屎真的很好。」

我們都笑了，緊張的氣氛暫時緩和下來。

我們繼續集思廣益，但賣掉光纖事業部似乎是拯救朗訊的唯一方法。儘管這筆交易錯綜複雜，我們的團隊研判，在朗訊拖欠債務（基本上就是宣告破產）之前，我們有兩到三周的時間可以完成它。找到願意購買光纖事業部的買家，代表朗訊有現金挹注，這將使大眾對他們公司的穩定性重拾信心，並讓他們得以改善財務狀況、避免破產。

一開始，我們試著將光纖事業部賣給個別的策略性買家，但有很多問題不容許我們這麼做。在經過多次建議與說服之後，我們終於為朗訊的光纖事業部找出一個可行的解決方案——那是一場精心策畫的四方交易，參與者包括日本古河電氣工業株式會社（Furukawa Electric Co., Ltd.）、美國通訊網路基礎設施供應商康普（CommScope），以及特殊玻璃與陶瓷材料製造商康寧（Corning）。我們針對這筆交易協商了好幾周，然後到了二〇〇一年七月二十三日，一切已經來到緊要關頭——距離朗訊拖欠貸款可能只剩下四十八小時。

那天是我的生日。晚上我打電話給妻子潔西卡，並一直道歉。我跟她解釋，我可能無法回家吃晚餐，而且會在律師辦公室待到很晚；為了完成這場交易，所有人都聚在一起。「我不確定這件事會有好結果。」我這樣告訴她。她明白，朗訊的未來（在某種程度上，也是花旗集團的未來）必須仰賴這筆交易。若這場交易失敗，花旗並不會因此破產，但股價一定會受到打擊，而金融超市模式背後的立基也會被質疑。

在最後一刻簽署任何合約都是十分困難的。何況這是一筆四方交易，情況更是複雜許多。我們不只和一方談判；我們必須和三方談判，而這三方也會再相互協商。談判桌上有律師、銀行家，還有各公司事業發展部的人，大家都會提出各種問題。每個新意見都可能會對成交條件，像是營運資金調整、聲明與保證條款（representations and warranties）[81]，以及誰將在各種事件發生時承擔責任等產生連鎖反應，需要持續協調。每一方都囊括了不同個性、世故程度、交易偏好與風險承受度的人，更不用說這些參與談判的公司在地理位置和文化上都存在著差異——他們分別來自日本、北卡羅萊納州，以及紐約州北部地區。

每當你問日本團隊一個問題時，他們都會回答「是」，即便答案肯定是「不」時也是如此。舉例來說，我們會問：「古河是否可能完成整筆交易？」他們會點點頭，並回答：「是。」然後，我們會說：「太棒了！」但他們根本不可能完成整筆交易。據我了解，日本人會說「是」，似乎是因為不想在公開場合用否定的答案讓任何人感到失望或羞愧。同樣地，來自康普的那些北卡羅萊納州人在面對任何問題時，都不會回答「不」，這則是美國南方特有的一種文化。比方說，我們會問他們：「你們準備好資金了嗎？」「當然。」他們會這樣回答，但其實並沒有準備好資金。他們只是想表現出樂於接受一切的樣子，同時覺得自己會及時解決這個問題。

最後，我們終於對交易條件達成共識、在清晨簽訂合約，然後開了一瓶香檳。當筋疲力竭、衣衫不整的我們啜飲著香檳時，其他人開始進公司上班。那天早上稍晚，媒體公佈了這場交易的相關消息，朗訊因此得以讓市場重拾信心，並且存活下來。

在與法國電信公司阿爾卡特（Alcatel）合併之前，朗訊靠自己生存了五年，接著又被諾基亞併購。

⊕

我在所羅門兄弟工作的早些年，我們經常必須在周末加班。那時公司有一項政策：如果你在星期六或星期天進公司，你可以獲得每天六十美金，用來支付伙食費與交通費。我當時的室友吉姆．克利桑提會搭地鐵往返，他在公司附近找到一家提供烤馬鈴薯吃到飽的餐廳，只要花一點五美金就能享用，而且配料隨便你加。

我們兩個人分租一間公寓，同時也都很節儉，所以我也採取了克利桑提的這個方案。我們會一起去搭地鐵、買馬鈴薯，然後把剩下的一百一十美金留下來。我的法國朋友「賴瑞・柏德」[82]則完全相反。她會請高級轎車載她上班，接著再請餐廳外送美味的餐點，把每天六十美金全部花光。

某一天，所羅門發佈了這樣的公告：「我們發現有些人濫用這筆津貼。」這指的是我和吉姆，我們沒有按照它原本的目的加以使用，因此他們改變規定，要求我們呈報周末時的每日開銷。

「好吧，很好，」我和吉姆說，「現在我們要採用『賴瑞・柏德』的方案了。」於是，我們也搭高級轎車到公司，然後開始吃昂貴的餐點。

「你們這麼做只是改變我們的行為而已，」我們曾這樣表示，「你們覺得我們會怎麼做？繼續搭地鐵、吃烤馬鈴薯嗎？公司依舊付我們一百二十美金，讓我們在周末加班，但現在我們更不開心了。」結果，我們得到的回應只有「我們必須遵守規定」。

我們繼續據理力爭：「但你們並沒有幫公司省到錢，然後有一半的人都感到憤怒。因為他們不再為了犧牲星期六和星期天而額外獲得一百塊，現在反而必須思考要怎麼花這筆錢，並繳交收據。」

像花旗這種大公司的官僚作風往往會導致不好的政策產生。基本上，這樣的大公司都被迫為整個組織做出決定，這些決定不見得適用於個別業務單位。有人會想，由上層統一決定而犧牲彈性，是比較好的做法嗎？這顯示出規模龐大的公司所面臨的挑戰——一家大企業要管理數百個不同的單位有多困難。

舉例來說，二〇〇〇年代中期，我們公司發展出一套關於搭飛機出差的新規定。這套規定堅持員工以最便宜的票價抵達目的地，即便這代表要轉機好幾次，才能到達那些小城市。雖然在這個以揮霍著稱的產業，「省錢」這樣的出發點是好的，但規定裡完全沒有彈性。所以為了確保我能準時抵達在外地舉行的那些會議，我的助理安潔拉・莫瑞必須經常為此奮鬥。

若我早上十點在內布拉斯加州奧瑪哈有場會議，要商討一筆佣金可能高達六百萬美金的交易，花旗卻仍堅持為了省幾百塊錢，幫我預訂下午才抵達的班機，這樣我當然會錯過這場會議，除非前一天就去搭飛機。此外，由於搭乘這些比較便宜的班機通常前一晚就得先住在當地，所以會浪費更多的工作時間。就算有省到錢，也一樣會被浪費，因為公司還是得支付飯店與餐點的費用。據我所知，這項政策對公司的收益造成了負面影響。

「他們要的是遵守規定，」安潔拉說，「而不是對任何人最好的政策。在某種程度上，你確實需要有人花心思確保錢都有適當地使用。但是面對的是像花旗這樣的組織時，你必須理解，為了賺錢，你就必須花錢。有時候，為了賺六百萬美金，你就是得在機票上多花幾百塊。」

這項政策還造成另一個意想不到的結果，那就是如果為了搭乘那些比較便宜，卻需要轉機好幾次的班機才能抵達奧瑪哈這種地方，銀行家們必須一整個工作天舟車勞頓。為了避免這樣的勞累，他們就不會把會議地點訂在奧瑪哈。「公司的營收將因此減少。」我向管理階層如此表明，「沒有人會為了省幾百塊錢而浪費這麼多時間，他們就直接不在奧瑪哈進行交易。」

這也進一步證明，這些新金融超市的做法注重的是規模與效率，而不是賦予員工權力，並讓他們承擔責任。這讓員工們感覺自己只是這台龐大機器裡微不足道的零件，這當然使我們變得更疏離，因此在情感上，對公司未來發展的投入也變得更少。

在日益改善的就業市場裡，這種分離現象甚至變得更明顯，有才能的人紛紛離開花旗，到那些在更重視員工的公司工作。由於意識到這樣的挑戰，管理高層在二〇〇四年成立了一個關注企業文化的委員會，聲明其目標在於獎勵正向行為、提升員工士氣，以及降低官僚習氣。為了管理這個委員會，他們創立了一個名為「文化官」的新職位，並指派由我擔任。我從公司裡找來各種不同層級的人，讓他們加入委員會，然後一起針對公司文化進行討論——哪些是好的，哪些是不好的，以及哪些需要改變。我們想出一個很俗氣的名字，叫「熱情計畫」；我們的目標是思考「如何找回對這個產業的熱情」。

在開過幾次會之後，我們發展出全公司都會參與的各種調查、草擬各項指導原則，同時也制定了一套行動計畫與使命宣言。我們找出與企業文化有關的核心問題，把這些問題釘在牆上，並針對它們進行辯論：「我們的身分認同是什麼？」、「我們是否獎勵對的人？」、「我們是否有效地管理？」、「我們能否降低官僚習氣？」我們的指導原則包含了「錢不是問題的解答，儘管它是答案裡很重要的一部分」，以及「小事非常重要」。我們利用鑽石的「四C標準」和「信用五C原則」，想出了專屬於我們的「七C」。這「七C」是我們的核心價值，說明了作為一個個體與組織，我們希望如何表現自己，它們分別是：「承諾做到最好」（commitment to excellence）、「以客為尊」（client-focused）、「公民意識」（citizenship）、「品格」（character）、「合作」（cooperation）、「創意」（creativity）、以及「讚美」（celebrate）。

這個委員會提出了幾套會影響獎金與升遷的新規定與獎勵辦法，我們只抱持一個很單純的目標，那就是使花旗的工作環境變得更好。我們很清楚，不能光靠薪酬制度與其他大公司競爭。桑迪・魏爾太過吝嗇。我們只是給員工足夠的報酬，讓他們願意留下來，不會因為增加一點點收入就選擇跳槽。很顯然，如果公司不能提供薪酬以外的東西，報酬就成為決定大家在花旗是否快樂的唯一因素。

成立文化委員會並不是一項為了獲得外界讚譽的公關舉動。它是為了提升員工士氣與公司獲利，因為這兩者之間有著密不可分的關係。若員工變得更開心，他們的生產力也會跟著提高，於是公司就會蓬勃發展。投資銀行部率先採用我們提出的指導原則，後來它們也擴及花旗集團的多數部門。

文化委員會所施行的這些改變確實帶來持久的影響，因為將獎金很大的一部分與一個人的「文化分數」綁在一起，自然就遏止了不良行為。聽到帶有種族歧視或性別歧視意味的粗俗笑話，或看到管理者對屬下大聲吼叫、不必要地浪費後進員工時間的次數都變少了。儘管這些發展都很正向，它們也讓企業文化變得更枯燥乏味，因為那些「擾亂分子」不是被迫改變，就是到其他公司或產業工作。「熱情計畫」消滅了所有僅存的所羅門式作風（那樣的作風曾經惡名昭彰，麥可・路易士的經典著作《老千騙局》對此有非常貼切的描繪）。在仰賴變革與時俱進的任何公司或產業，這些擾亂者都扮演了很重要的角色。但我們是否有辦法只從他們身上獲得好處，卻不用面對那些伴隨而來的負面行為？

這家我曾經作為一分子的公司後來變得和以前完全不同。所羅門兄弟注重的是個人；他們的文化創造出傑出的表現，並藉此獲利。所羅門擁抱適者生存的菁英主義、避免官僚習氣，他們重視的是個性鮮明、無所顧忌與勇於冒險。另一方面，花旗注重的是平台；個人只是這台全球傳輸裝置裡的一顆小螺絲而已。在沒有得到明確許可的情況下，你不能做任何事——至少我們多數人都這麼聽說，也相信事實是如此。花旗是隻紙老虎，他們的心力大部分都花在要大家遵守與花費有關的規定，而不是在勇於冒險上。這使公司更無法控管不恰當的行為，從他們在金融危機中扮演重要角色就可以證明這一點。所羅門兄弟和花旗集團分別代表企業文化的兩種極端，但他們都有一個明顯的缺點：兩者都沒有領導者能建立個人問責制度的標準，而這是要有效管理金融服務公司所必需的，無論其規模或服務範圍為何。不管有多少法規、法令遵循人員（compliance officer）[83]或「熱情計畫」都無法取代優秀的領導者，這些領導者樹立良好的典範，並要求其他人效法。

在桑迪．魏爾向我和史都華透露他強力逼迫傑克．葛柏曼修正對AT&T評等的驚人消息之後，花旗贏得了那筆無線網路事業部的IPO交易，淨賺了近四千五百萬美金的佣金。所有人都對這場勝利抱持懷疑的態度，甚至引發主管機關的關注。

二〇〇一年，紐約州檢察總長艾略特．史匹哲（Eliot Spitzer）開始瘋狂針對華爾街；他先是對美林證券股票分析師亨利．布洛傑特的各項活動展開調查。他透過大量訪談、書面證詞，以及近十萬封email發現，布洛傑特和他們公司的投資銀行家串通，出具對客戶極度有利的投資評等，於是公司可以藉此討好這些客戶，並保有與他們的業務往來。這種行為犧牲了一般投資人的利益，他們一直很信任美林的分析師，特別是布洛傑特所提供的建議，因為他在華爾街擁有明星般的地位。很多人都損失了大筆存款，而美林則因此能賺進更多錢。（當然，其他公司也做了同樣的事，但史匹哲先找上了美林證券。）美林遭到懲處（包含罰金）、同意進行多項改革，至於布洛傑特則被禁止一輩子不得從事證券業。

一九九九年十一月，葛柏曼因為修正對AT&T的評等，引起了有關當局的懷疑，而所有在華爾街工作的人也都是如此。因為他過去總是公開嘲笑AT&T，這樣突然改變立場感覺很可疑，尤其花旗正好在此時獲得那筆無線網路事業部的大規模IPO交易。史匹哲和他的團隊仔細研究這個案子，他們蒐集了二十萬份文件，其中還包含了葛柏曼寫給卡蘿．柯特勒（Carol Cutler）的一封email（卡蘿也是一位電信分析師，她和葛柏曼有過一段曖昧關係）。葛柏曼似乎在信中坦承他的罪行，他是這麼寫的：

所有人都認為我提升T（即AT&T）的評等，是為了獲得AWE（即AT&T Wireless）的生意。其實並非如此。我利用桑迪，讓我們的孩子進入第九十二街文化機構暨社區中心的幼稚園就讀（這比進入哈佛還難），桑迪則需要阿姆斯壯在我們的董事會投票，藉此擊垮里德。只要我們兩個人的危機解除（也就是桑迪明顯獲勝，孩子也確定入學），我就會像往常一樣，繼續給T負評。阿姆斯壯永遠都不知道，我們兩個人（我和桑迪）都巧妙地利用了他。

這裡提供一點背景資料：長久以來，這間位於紐約市曼哈頓第九十二街文化機構暨社區中心的幼稚園非常挑剔，每年只收六十五個學生。媒體與審訊文件之後透露，桑迪倚仗他的人脈，用花旗的錢「捐」了一百萬美金給第九十二街幼稚園，想必就是為了讓葛柏曼的孩子得以入學。我很肯定，桑迪自行將「使用花旗的錢」這件事合理化，因為這讓公司離賺進鉅額佣金又更近了一步。

葛柏曼的email裡提到，這場賄賂也與麥可．阿姆斯壯（Michael Armstrong）有關。他是AT&T的執行長，同時也是花旗的董事會成員。桑迪和公司的共同執行長約翰．

里德之間的關係已經惡化到無法修復的地步，因此桑迪正在策畫一場「政變」，但他需要阿姆斯壯的支持，才能在董事會獲得足夠的票數，讓他成為公司唯一的執行長。修正對AT&T的評等將贏得阿姆斯壯的心，使桑迪能「擊垮里德」。

起初，一切都按照計畫發展：約翰．里德辭職，讓桑迪獨自坐在花旗的寶座上；葛柏曼的孩子們獲准進入第九十二街幼稚園就讀，接著在葛柏曼提升他的投資評等之後，花旗也贏得了AT&T無線事業部的那筆生意。但最後這些祕密細節被揭露出來時，葛柏曼被判處一千五百萬美金的罰金，並且一輩子不得從事證券業。桑迪則在二○○三年被迫從花旗離職，就此結束他漫長而輝煌的職業生涯，並使他的名聲永遠留下汙點。

桑迪選擇讓查克．普林斯（Chuck Prince）接任執行長。查克曾經是花旗的法務長，大家推測，這是因為桑迪希望由一位律師，同時也是他信賴的朋友來擔任公司負責人。因為有關當局一定會對公司採取法律行動，恐怕也會執行重大處分，由一個具備法律專業的人來掌管公司也可以確保桑迪不用坐牢。這部分確實成功了——除了失去他的工作以外，桑迪個人完全沒有遭受損害，但公司終究必須支付鉅額罰款。更糟的是，查克．普林斯現在掌管的是一家規模極大且極其複雜的銀行，而他根本沒有經營多元化的大型跨國企業所必需的經歷或知識。

多年後，在二○一○年，我在紐約四季餐廳碰見桑迪。當時他提到，他對查克．普林斯感到失望，並且說如果他自己還是公司負責人，花旗就不會陷入那些麻煩，因為他對風險更敏感，也能控制風險。桑迪甚至暗示，若他沒有被迫離開花旗，整場金融危機也可以避免。他的這些話與他在《紐約時報》的某篇專訪裡的說法是類似的。我覺得這整段談話很可悲——一個墮落的戰士正試圖透過批評別人來挽救他已經敗壞的名聲。桑迪在《紐約時報》的這篇文章中宣稱，他的金融超市模式並不是造成花旗諸多問題的原因，那是由於管理失敗所導致。對此，他承認自己有部分責任，但其實不然：「我犯下的大錯之一就是推薦查克．普林斯。」他這樣告訴《紐約時報》。《紐約時報》的報導則寫道：「魏爾先生責怪普林斯先生讓花旗的資產負債表膨脹，並承受巨大風險。」

普林斯在他的辯駁中說，目前全世界金融商品的總市值粗估約有兩千五百兆美金。這是一個極為龐大的數字，而且，這些商品種類繁多、複雜程度不一。這兩千五百兆美金並非主要由國債組成；在這兩千五百兆美金裡，包含了國債、地方債、公司債、股票、衍生性商品、商業本票（commercial paper）[84]、期貨、選擇權、交換（swap）[85]，以及其他多種金融商品。當一家公司在這個產業裡擁有最多種商品、服務範圍也最廣時，一個人怎麼可能了解這家公司的各種複雜細節與全貌？

在桑迪創立他的金融超市之後，很多公司，例如摩根大通（JPMorgan）和摩根史丹利添惠公司（Morgan Stanley Dean Witter）也仿效花旗，建立了自己的大型集團。前聯準會主席保羅．沃爾克（Paul Volcker）形容他們是「一堆利益衝突」。花旗是非常多不同公司的混合體，到最後，它沒有明確的文化——它具有規模與成本效益，但這些都不是企業文化的核心。上位者沒有人能使管理者負起責任，並讓風險維持在可控狀態。儘管有法令遵循部門，在許多不同部門各自為政的情況下，沒有人規定要如何有效監督。桑迪當然有他的缺點，但他是個老練的管理者，非常注重風險控管。但在查克．普林斯底下，花旗各業務單位的領導者大可為所欲為。

幾年前，我開始參加智庫阿斯本研究所（Aspen Institute）的活動，他們的目標是訓練出高效英明的領導者。有幾篇重要讀物是所有阿斯本參與者都很熟悉的，其中有一篇是英國作家喬治．歐威爾所寫的散文〈獵象記〉。這篇文章講述一位緬甸的白人警察（可能是歐威爾本人）被當地人說服，射殺了一頭逃走的大象。這位敘事者其實不想殺死這隻動物，因為他遇見大象時，牠正在田裡安靜地吃草，但他最後還是屈服於壓力，並扣下了扳機。

在阿斯本研究所舉辦的一場研討會上，我們針對這個故事進行討論（這場研討會對我個人產生了很大的影響）。我們的對話都圍繞著這個議題打轉：在你的一生中，其他人會一直強迫你射殺大象，但你知道自己不該這麼做。你在何時決定要或不要射殺這頭大象？為什麼你會做出這樣的決定？會場裡的每個人都輪流描述，在人生與職業生涯中的某個時刻，他們向壓力屈服，並做了某件自己知道是不正確或不道德的事。沒有人想到，身為投資銀行家的我會舉出一個正面例子，但我把我拒絕進行「IPO自旋」的事告訴他們。這引發了關於金融服務業，以及其從業人員失去品德的熱烈討論。華爾街的人常面臨一些不名譽的狀況，他們很容易就合理化「IPO自旋」，或為了贏得一筆生意而出具正面投資評等，抑或是為了提升銷售數字而過度提供賣方融資，因為所有人都藉由他人的默許為這樣的行為開脫。

要如何才能讓華爾街的人不射殺大象，不對業界的各種操作手法與期待妥協？什麼樣的基礎訓練可以使他們明白，不該跨越什麼界限，並且做正確的事？到最後，我們需要的是高效英明的領導階層不向傳統壓力低頭，避免貪婪的誘惑、自我膨脹與自我保護。公司無法監視每位員工的每一個部分，而法規也無法隨時控管每個人的行為，因此一家公司要有效管理的唯一方法，就是優先重視客戶、顧客的長期利益，以及公司的誠信。就如同偉大的籃球教練約翰．伍登（John Wooden）說：「一個人在沒有旁人在場時的所作所為，是對他品格的真正考驗。」

花旗團隊沒有「針對努力做正確的事的人給予獎勵」的那種文化。我們試著透過「熱情計畫」培養這樣的文化，但還是必須由高層承諾才算數，而桑迪和其他人顯然不夠重視這些事。查克．普林斯說過類似「只要音樂響起，你就必須站起來跳舞」的話，試圖藉此解釋二〇〇八年的金融危機。我不曾目睹或聽聞任何足以質疑他人品的事；但是光靠人品，缺少專業知識與指導文化仍不足以帶領一家大型金融服務公司。

由於二〇〇八年的金融災難，桑迪承受了很多批評。二〇〇二年，《財星》雜誌曾經說魏爾是全美國最受人推崇的執行長。但到了二〇〇九年，《時代雜誌》將他列入「金融危機要怪罪的二十五個人」，並指出「這些膨脹過度的銀行現在是美國的重大經濟問題之一」。雖然造成這場危機的因素極其複雜，相關人員的罪責也應該從多方面檢討，但桑迪建立金融超市模式，然後許多公司迅速仿效，肯定是一個主要原因。這些巨型銀行變得太過複雜，遠遠超出了任何管理者或企業文化所能掌控，並有效管理的範圍。

當網路泡沫破滅時，因為對這個產業的不穩定感到不安，華爾街的多數公司不是縮編，就是解散了他們的科技組。花旗同樣備受驚嚇，許多人都因此失業。電信業也連帶受到打擊，在二〇〇〇和二〇〇一年，整個銀行界都拚命設法讓它站穩腳步。我過去一直負責管理科技組，現在我的角色又變得更大──我成了TMT組的主管，把媒體與電信業都納入我的職責範圍。

我從前輩那裡承接了一盒盒檔案，某天在翻閱的時候，發現了一份內部備忘錄。其收件人名單包括所有曾經逼迫我進行「IPO自旋」的高階主管（他們很多人都在我們銀行裡位居高層），這顯示他們本身都偷偷參與，在媒體、電信和其他產業使用這種手法好幾年。這份備忘錄列出了這些股票的分配額度，詳細說明有哪些主管獲得股票、數量有多少，以及提供股票給他們的人是誰。

《華爾街日報》一九九七年的那篇文章讓公司的主管們非常惱火──羅伯特・梅西在文章裡譴責這樣的做法，但文中卻說「所羅門沒有股票經紀部門，也沒有使用『自旋』這種手法」。這當然不是真的，只是當時我並不知道。要求斥責梅西公開評論這件事的，正是那些參與其中的人。《紐約客》雜誌二〇〇三年的一篇文章報導，所羅門其實已經祕密進行「IPO自旋」好幾年：「舉例來說，一九九六年六月至二〇〇〇年八月，所羅門美邦在二十一次IPO中給了世界通訊的創辦人與前執行長伯尼．埃伯斯股票，讓他淨賺超過一千一百五十萬美金。奎斯特通訊的主席菲利普．安舒茲則在五十七次IPO中獲得股票，並賺進近五百萬美金。」

很快地，艾略特．史匹哲對華爾街的攻擊就從股票分析師，像是葛柏曼和布洛傑特的不正當行為，轉向「IPO自旋」這種手法。史匹哲的團隊發現，這一切都出自一個貪婪的龐大循環：由分析師先出具過於有利的投資評等，這樣投資銀行家就能贏得這些公司的生意，然後這些熱門的IPO股票就會被當成禮物送給新興公司的主管們；之後，他們也會利用這家銀行進行自己公司的IPO。這家銀行和他們的銀行家因此賺取了鉅額利潤，但信任他們的一般投資人卻損失慘重。

到了二〇〇二年十一月，史匹哲完成調查，並準備好對大型金融機構開鍘。這些銀行急著想擺脫他，所以很快就全部同意進行多項有助確保股票分析誠信的改革，同時接受總金額高達十四億美金的罰金，以及禁止使用「IPO自旋」。

⊕

湯姆．斯瑪奇和他的公司偉創力顯然被放逐到一座險象環生的島嶼。在危險籠罩下，他拚命將裝著求救訊號的瓶子丟進海裡，但它們全都完好如初地被沖回岸邊，沒有人發現，也沒有人讀取他的求救訊息。

距離湯姆在甘迺迪國際機場的手扶梯上遭受老先生痛擊，又過了兩天。過去這四十八小時，他已經撥電話給一些華爾街的人脈，但就是沒有人回覆他的電話。在一起訴訟案中，某家醫療器材製造商原本只求償三百萬美金，結果陪審團卻裁定他們可以額外獲得十億美金的懲罰性損害賠償——湯姆只剩下一天的時間能繳交上訴保證金，否則偉創力可能會因此倒閉。

我認識湯姆很多年，早在他的前僱主德麗科技集團於二〇〇〇年被偉創力收購之前，我就已經認識他了（這筆交易是我提出的建議）。湯姆在德麗集團的那段時間，我們常一起工作，但是他變成偉創力的一分子之後，我們就暫時沒有業務往來，因為偉創力有自己長期合作的銀行。即便如此，湯姆還是我的朋友，我也一直對他的能力與人品很有信心。和所有人一樣，我也聽說了關於這十億美金的事。我很容易就能料想到，偉創力還是需要有人協助解決這個問題。照理說，我應該打電話給湯姆、和他討論，但因為這時我正好在聖荷西處理其他業務，我想順道到他的辦公室拜訪，給他一個驚喜。

湯姆的祕書跟他說我來見他，我必須等幾分鐘。他可能以為我只是來串門子而已，因為偉創力並不是我的客戶。他正處於危機狀態，沒有時間與老朋友敘舊，但最後，我還是被請了進去。

湯姆正站在他的辦公桌前研讀文件。「你過得好嗎？克里斯。」他邊說邊抬頭望向我。

「非常好。」

他緊張地笑了一下。他看起來不太好。

我直接向他提起眼前這件事。「湯姆，我知道你正面臨一個問題，我是來幫你解決的。」此時，他把那些文件丟在桌上。「花旗已經準備以提供全額保證金的方式支持偉創力，我們會幫你搞定一切。」

聽到這句話，他跌坐在辦公椅上。幾秒鐘後，他開始大笑起來。等他冷靜下來之後，我們就針對相關細節進行討論。

雖然幫助湯姆和偉創力感覺非常棒，但其實我只是負責傳話而已。當然，光靠我自己是無法援助偉創力的，因為沒有任何個人或小公司，甚至是中型公司能真正幫上他們的忙，這就是為什麼都沒有人回覆湯姆的電話。我去找了花旗的資深風險管理師，跟他說：「偉創力是一個很重要的潛在客戶，我們可以藉機與他們建立關係。他們現在正面臨這樣的挑戰……」然後，他說：「好，我們會協助這件事。」

在危機時刻支援偉創力背後的道理，正是我在網路泡沫化狀況最糟時所奉行的：你要在時機不好時建立市佔率，幫助那些有價值的客戶在快被擊倒時克服挑戰，接著等時機再度變好，你們之間已經建立起重要關係。因此，儘管我很喜歡湯姆，也很相信他和他的公司，這個提議也是以穩健的策略作為基礎。

「在幾周內，」湯姆後來這麼說，「不只我們知道這筆懲罰性損害賠償是不合法的，原告也明白這一點。於是，我們開始對此展開討論，最後以兩千三百萬美金了結。」

在建立大型金融機構時，會有各種問題伴隨規模而來，例如企業文化變得薄弱、缺乏內部控管與監督、增加不必要的官僚習氣，以及若公司倒閉，帶來的損害與危機更大，但這同時也有不可否認的好處。雖然偉創力不該只因為一個最後證明是不正確的陪審團判決，就面臨破產危機，但確實幾乎只有花旗集團可以援助他們，因為我們規模龐大、能吸收風險。由此可見，金融超市可以有很大的價值。它讓公司得以提供美國企業某種重要服務，無論企業規模與全球化創造出什麼樣的要求。

但為了提供企業客戶需要的這種服務，伴隨而來的挑戰因此變得更大，這樣值得嗎？由於關注平台（而不是人）導致公司文化衰弱，這樣值得嗎？當一家公司變得像花旗集團或朗訊這麼龐大時，非常容易就藉由業界普遍接受的操作手法來合理化不道德的行為。我們在桑迪．魏爾、傑克．葛柏曼和亨利．布洛傑特的不法行為，以及使用「IPO自旋」的整個投資銀行界看到了這一點。在面臨朗訊濫用賣方融資的情況時，比爾．維奎拉也遭遇同樣的從眾心態：「因為所有人都這麼做，應該沒有問題。」

在花旗的規模膨脹到極點之後，公司最在乎的事就變成擴大平台，並維持其規模，而不是提倡一個正面、健康、合乎道德，同時優先重視個人責任與問責制度的企業文化。到最後，失去文化將導致公司走向衰敗。這種現象在華爾街普遍存在，每家公司之間的差異變得非常小。在過去，當你提到所羅門兄弟、高盛、摩根史丹利或幾乎任何一家公司時，你的腦海中就會立刻浮現出一個獨特的文化。但當這些銀行為了保有競爭力而採用金融超市模式時，他們的文化就變得模糊；這些公司變成了重視規模與效率勝過一切的無聊組織。

有鑑於花旗規模龐大、服務範圍擴及全球，以及缺乏集中式風險管理，和其他大公司相比，它更是位居二〇〇八年金融危機的核心。花旗這頭體型最巨大、最了無生趣的大象抱持著射殺其他大象的目標。這是否有任何令人感到意外的地方？一旦你創造出這些野獸，要馴服或殺死牠們就不是件簡單的事。儘管很多人都覺得這些採行金融超市的公司因為規模太大，很難倒閉，他們或許也因此很難成功。

註釋

72. 自一八〇〇年代起，美國就用敲鐘來宣告股市開盤和收盤，紐約證交所則在一九五〇年代首次邀請貴賓敲鐘，但一直到一九九〇年代，敲鐘才成為納斯達克和紐約交易所的日常儀式。受邀出席敲鐘儀式不僅是事業成功的象徵，還能提高曝光率，出席的企業執行長、政商名流和各界菁英無不倍感榮幸。

73. 「懲罰性損害賠償」是損害賠償的一種，與「補償性損害賠償」相對，是指當被告蓄意導致原告受到損害時，原告可以獲得除了實際損害賠償之外的賠償金。

74. 從會計的角度來看，營運資金是指流動資產減去流動負債後的差額。營運資金為正數，代表公司的流動資產（包含現金、應收帳款與庫存）超過流動負債，應該有能力償還短期債務；營運資金為負數，則代表公司的流動資產不足以清償流動負債，可能會有周轉不靈的風險。

75. 量化研究員（或量化分析師）在金融業是非常重要的一種人才，他們運用數學與統計學建立複雜的模型，依此研究、分析全球金融市場的趨勢，為各種金融商品定價，並為投資人提供投資策略。

76. 在進入金融業之前，傑克・葛柏曼曾經在AT&T工作。

77. 首次公開募股又稱為「首次公開發行」、「股票市場啟動」，是公開上市集資的一種類型。透過證券交易所，公司首次將他們的股票賣給一般民眾；私人公司藉由這個過程轉化為上市公司。首次公開募股通常被用來募集資金，以便盡早將個人投資者的投資貨幣化、資本化，同時讓公司的股份在交易所公開、自由地買賣。

78. 在投資銀行部底下，一般會依照產品與行業進行分組（企業併購組屬於產品組）。本書作者同時隸屬於企業併購組與科技組。

79.「IPO自旋」是指投資銀行將熱門的IPO股票以低價不當配售給第三方公司的高階主管，以換取之後的業務往來。

80.精品投資銀行是由大型投資銀行裡的資深投資銀行家出來創立的公司，這類銀行通常只聚焦一項或幾項核心業務。

81.聲明與保證條款是指合約當事人針對過去曾經發生，或目前存在之可能影響合約效力的一些事實進行聲明，並保證屬實的一種條款。

82.這名女子曾在第二章出現，本名為勞倫斯・博爾德，因名字音近NBA球員而得此暱稱。

83.法令遵循人員負責審查企業的制度與運作，以確保公司遵守並執行各種法律條例與政府命令。

84.商業本票又稱為「商業票據」，指的是由企業發行的一種無擔保的短期債務工具，通常用來為應收帳款、庫存等流動資產，以及支付短期債務提供融資。票據期限通常不超過兩百七十天，可貼現發行，也可採用支付利息的形式。

85.「交換」是一種衍生性金融商品，指的是交易雙方約定在未來某一期限內，互相交換各自持有的資產或現金流的一種交易形式，其中以外匯交換交易和利率交換交易較為常見，目的多為避險與投機。

7

CHAPTER

伸手觸及某個人

「科技是一種安排世界的技巧，如此一來，我們就不必親身體驗。」

——節錄自瑞士劇作家馬克斯·弗里施（Max Frisch），《能幹的法貝爾》（*Homo Faber*）

一九八〇年代中期，透過ＡＴＭ存、提款在金融界是一件熱門的新鮮事。顧客們無時無刻都在銀行外頭排隊，焦急等待輪到自己的那一刻到來。但這其實不是什麼先進的技術（雖然看起來是如此），因為基本上在存款的過程中，顧客必須將信封袋塞進牆壁其中一側的凹槽裡，接著銀行員工會從放在另一側的紙箱中取出那個信封袋。事實上，這和你把支票交給一位活生生、有血有肉的銀行出納人員沒有什麼兩樣，除了少了人際接觸以外。

所有出納人員都很討厭處理ＡＴＭ裡的存款，除了我以外。我剛開始工作時，在美國銀行才受訓了幾周；這個培訓課程要求新人在一年的時間裡熟悉每一種工作，而我的第一個職位是在工業市擔任出納人員。（工業市是拉斯維加斯東邊的一片狹長地帶，這裡有數千家公司，卻只有約兩百位居民。）其他實習生都覺得處理ＡＴＭ存款的工作很無聊，而且幾乎毫無技術可言。但對二十二歲的我來說，這是大學畢業後的第一份工作，我很享受任何新體驗，無論它有多千篇一律。

每天早上在我們銀行開門之前，我都會站在出納主任身旁。這時，她會打開ＡＴＭ背面的那扇門，然後我們會把存款箱拉出來放到一張桌子上，以便把裡面的東西倒出來，並加以分類。這使我有機會與真正的銀行出納人員一起圍坐在桌子前。他們多數是有家庭的女性，我們會聊他們的孩子，以及前一天晚上大家都看了哪些電視節目。

不管是使用ＡＴＭ存款，還是提款，顧客們都必須給予更多信任。我還記得第一次用自動櫃員機存入自己的支票，然後看著它消失在未知之中，這感覺如同我把它丟進了碎紙機一般。對於它能在這趟旅程中存活下來，並確實變成我帳戶裡的存款，我實在沒什麼信心。這段過程不需要把支票交給任何人、不用面對活生生的出納人員，此時我與金錢世界之間的關係開始變得冷漠而疏離。

⊕

一九九〇年代的拉斯維加斯也和今天一樣活力充沛，並且引發奇特的文化碰撞。這裡有繫著腰包或穿著相同螢光T恤的觀光客、歌舞女郎、皮條客、集會參與者、在單身派對上喝得爛醉的人、魔術師、新婚夫婦，還有賭徒。

大約在一九九六年時，我們看到「博佐小丑」（Bozo the Clown）[86]手中高舉著一片貌似信用卡的塑膠片。他在燈光下半轉身，看起來就像是好萊塢製片人哈維．溫斯坦的分身。這不是拉斯維加斯的一場幻象，而是一年一度的大型「消費電子展」；負責掌管這個攤位的是一個身型肥短的男人，他穿著開襟襯衫、戴著金鍊條項鍊，臉色紅潤、笑容可掬。他將兩側稀疏的紅髮向上梳起，以此遮掩禿頭；他高舉在頭頂上的那片塑膠片代表著某個未來，多數人都不知道它即將到來。一群穿著清涼的模特兒在他的身旁打轉，她們通常被稱為「展場辣妹」，而且似乎剛從大廳裡舉行的色情影片集會暨頒獎典禮閒逛過來——她們很多人確實是如此。她們將T恤、鑰匙圈，以及裝在小碗裡的冰淇淋發給經過的路人，這時「博佐小丑」會熱情地告訴圍觀的群眾，這片塑膠片——預付電話卡有多神奇。

鮑伯·洛希（Bob Lorsch）這個博佐和溫斯坦的混合體，正是SmarTalk的領導人，這家公司已經在快速成長的預付電話卡產業躍升至頂端。消費電子展和「成人影片新聞獎」這個被視為色情影片的奧斯卡獎於同一周、在拉斯維加斯的同一個會場舉行，這樣的交集讓洛希感到十分自在。他喜歡和成人影星、二流人物、邊緣人、特立獨行者，或者任何時運不濟的人待在一起。他們都是他的支持者。他是一個充滿自信與魅力、富有同情心，同時極具野心的男人，而且熱愛吃起司漢堡。

洛希每一年都試圖在消費電子展造成轟動，他特別喜歡聘請成人影星站在他的電話卡攤位上，她們會在那裡把贈品和冰淇淋發給那些滿臉通紅的科技迷，還有正在會場閒逛的公司業務代表。近年來，這些出現在消費電子展的展場辣妹變得越來越具爭議性，但是在那時，沒有人像鮑伯·洛希這樣大剌剌地將產品代言與女性的赤裸肉體結合在一起。

他是多數人第一眼看到時都會覺得討厭的那種人。然而即便你同時覺得反感，他還是如此具有魅力且令人感到愉悅，實在很難不被他吸引。因此，當鮑伯·洛希拿起一張電話卡，叫你注意看的時候，你幾乎不可能把視線移開。他不是發明電話卡的人，但他把它帶到大眾眼前。

他是一位優秀的銷售員。一開始，他用汽車後車廂裝香菸濾嘴，將它們賣給菸酒專賣店，接下來，他靠著銷售有著塑膠眼睛、名為「小精靈」的毛茸茸小球賺了一點錢。（這種絨毛玩具變成了一種很受歡迎的促銷工具，並在荷蘭掀起一股熱潮。）之後，他在迅速發展的預付電話卡產業建立起一個龐大的王國。這個男人沒有什麼東西不能賣。儘管洛希有很多讓人厭惡的地方，包含他的外表、大嗓門，以及衝動魯莽的天性，他的表現還是非常出色。

在一九八三年的電腦經銷商博覽會舉行時，為了要在兩萬個拉斯維加斯的枕頭套上偷偷放上微軟Microsoft Windows的logo，洛希以高達四十五萬美金的金額（全部都是摺疊好的現金）收買了飯店管家、行李服務生與保全人員。根據芝加哥的《每日前鋒報》報導，這促使比爾．蓋茲將洛希形容成「一位行銷天才與魔術師，他相信任何事都有可能發生，不會直接接受『不』這種答案」。就像許多富有遠見的企業家一樣，洛希是永遠的樂觀主義者，總是用他的信念、熱情與歡笑感染周遭的每個人。

某一年的消費電子展期間，我們所羅門的團隊在「硬石餐廳」佔據了一張「二十一點」牌桌。我們坐滿七個位子當中的六個，留下了尾端的一個空位。很快地，一個身穿暴露緊身洋裝的年輕女子就走了過來。她的手臂上佈滿刺青，眼妝則宛如沙漠裡的晚霞。她一邊微笑，一邊放鬆地在高腳凳上坐了下來，然後用塗著指甲油的長指甲整理她的籌碼。「嗨，帥哥。」她說道。所有人都含糊地打了聲招呼。「你們是來參加大會的嗎？」

「是啊，」其中一位比較資深的銀行家比爾說，「但恐怕跟你參加的不是同一場。」他低頭看了看自己的西裝與領帶。「我們是來參加消費電子展的，我想這應該很明顯。」

她笑了起來。「我也這麼覺得。我是來參加成人影片新聞獎的，而且其實我有入圍。」

「噢，真的嗎？恭喜你。那個獎項是什麼？」

「最佳肛交獎。」

這個答案頓時讓我們啞口無言，然後整張桌子的人都爆笑出聲，包括這位女演員在內。

「能入圍就是一種榮譽，」她說，「但我沒有機會得獎。其他被提名的人都非常有才華。」

所有人都開始不停地問她問題：「你覺得你為什麼會被提名？」「一個鏡頭與另一個鏡頭之間的差別是什麼？」「演員要如何變成最好的那一個？」

把在拉斯維加斯舉辦的消費電子展和成人影片新聞獎安排在同一周，似乎既殘忍又幽默，但阿宅與成人影星之間的這種交集是有長遠歷史的。矽谷的每個人都很熟悉成人影片，最重要的是，他們推動潮流與創新、帶來風險與成長，最終促成了新科技的引進。

⊕

一九九二年，我華頓的一位老同學威爾．佛萊明下班回家後，在信箱裡發現了一個厚厚的信封袋，那是另一位華頓的朋友亞當．魯賓斯坦寄來的。信封袋裡裝著的是一項新商品：預付電話卡的商業計畫草案。老實說，當時沒有人聽過這項商品，威爾在華盛頓特區有一份薪資優渥的顧問工作，但在周末仔細鑽研這份商業計畫書之後，他深受吸引。他因此辭去工作、收拾家當，然後搬到佛羅里達州，並加入亞當。

這項商業計畫的立基在於，對九〇年代早期的大多數人而言，要打長途電話回家不是件容易的事，更不用說他們必須拿一串串二十五分錢硬幣丟進公用電話裡。無所不在的手機還要到好幾年後才會出現。有一部分的人擁有電話簽帳卡，但也不是很多。威爾和亞當設計出一種預付卡，不僅能儲存通話時數，還可以輕鬆塞進口袋裡。當時，有幾家電信公司正在試水溫，但沒有任何人成功把這個概念帶進市場。

威爾和亞當以便利商店、連鎖超市和藥妝店（基本上就是那些在店外停車場旁設有公用電話的零售業者）作為目標，但他們很快就發現，要改變消費者的行為非常困難。每次他們與這些店家的老闆見面、解釋電話卡怎麼運作，對方的反應通常都介於抗拒與嘲笑之間。「他們認為這是我們編出來的。」威爾說，「他們會說類似這樣的話：『這是我聽過最瘋狂的想法。預付電話卡根本不是一種商品類別，而它永遠也不會是。』」

威爾和亞當請這些零售店的主管們想想，打電話的人跑進店裡要求換二十五分錢硬幣時有多麻煩。這種現象在繁忙的日子裡很常發生，排班經理甚至必須派一位店員去銀行換錢，導致店內人手不足。威爾和亞當推銷電話卡時，說它不僅能解決這個問題，還可以幫店裡賺錢。此外，這項商品還有個額外的好處，那就是不會佔用貨架上的空間，而且他們還能在這些卡片上面印這家店的店名與logo。雖然有幾位主管很感興趣，但多數人依舊覺得威爾和亞當不是騙子，就是傻瓜。

威爾曾經和北卡羅萊納州的一名零售業者碰面，他是一家連鎖便利商店的老闆。會面期間，他都把腳放在辦公桌上，而且一直抽菸。威爾成功讓他承認，很多人不停跑進他店裡要換二十五分錢硬幣，是很麻煩且無利可圖的，甚至還害他為此多花錢。但對於販售電話卡他還是不為所動。

「不，」他邊說邊揮舞手中的香菸，藉此駁回威爾的話。「沒有人會買這玩意兒，這是我聽過最愚蠢的東西。我的顧客不會在使用某樣東西之前就先付錢。」

此時，威爾用手指著這個人桌上一瓶喝剩下一半的二十盎司可樂。「嗯，那這瓶『預付』可樂是怎麼一回事？」

「你說什麼？」這位老闆問道。

「那瓶放在你桌上的『預付』可樂。」

「那才不是什麼『預付』可樂，只是一瓶普通可樂。」

「不，」威爾說，「它是一瓶『預付』可樂。你在喝它之前就先付錢了，這和通話時間是同樣的道理。」

這個人的嘴角露出了一絲微笑。到了這場會面要結束時，他已經同意販售這項商品。

威爾和亞當走遍美國各地，試著教育零售業者要如何透過銷售預付電話卡賺錢，他們證明了這種推銷方式是很有效的。慢慢地，他們的商品開始盛行起來。四年後，一家位於俄亥俄州的大型電話卡公司 ConQuest 買下了威爾和亞當的公司，接著不久後，這家公司又被 SmarTalk 收購，把威爾和亞當捲進鮑伯．洛希的奇特世界裡。

⊕

鮑伯．洛希將公司總部設在洛杉磯，他進入了預付電話卡的領域，並帶領 SmarTalk 走向成功。那時，身為所羅門副總的我聽了很多關於洛希有多瘋狂、迷人的故事，所以我同意和我的同事馬克．戴維斯一起參與 SmarTalk 在 IPO 約一年後進行的現金增資。

我們於午餐時間在他們的洛杉磯辦公室碰面。洛希衝進會議室時，看起來就像是一幅畫得很糟的丹尼．狄維托（Danny DeVito，美國演員）人物漫畫。儘管已經有人警告過我，他是一位很另類的執行長，我對這樣的相遇還是沒有心理準備。依照慣例，我們整理出詳盡的報告，報告中分析了股票市場目前的狀況、SmarTalk 的股票一直以來表現如何、誰持有這檔股票，諸如此類。一位所羅門的年輕分析師徹夜完成了報告書，他就坐在門附近的一張椅子上。

我和馬克把報告書發給大家。「所以我們準備了一個……」我開始說道。

「你只要告訴我，」洛希插嘴說，「我們是否有葛柏曼的支持？」傑克．葛柏曼這位所羅門的知名股票分析師，先前曾經對 SmarTalk 提出「買進」的投資評等，為他們的 IPO 背書。

「是的，」馬克說，「我們有傑克的支持。在這場會議進行之前，我們已經跟他談過，同時確認他會繼續保護這家公司，並支持這次增資。」

「那你們就被僱用了，」洛希笑著說，他把報告書原封不動地推到桌子中間。

「我們來吃東西吧。」

光靠這麼一點資訊就做出決定感覺很魯莽，而我只能想像那位坐在門附近的年輕分析師心裡有什麼感受——睡眠不足的他可能對自己辛苦工作的成果感到自豪，結果卻看到報告書被丟在一旁、完全沒有翻開。

我們吃著送來會議室裡的午餐，馬克提到，我正在籌畫將於那年夏天舉行的婚禮。

「不要結婚！」洛希這樣建議我，「這種想法很可怕、很可怕。」他描述自己的幾段不幸婚姻，並不時在故事裡穿插一些俏皮話：「當你能租的時候，為什麼要用買的……如果它會飛走、漂走，或者毀掉，就不要買！」

儘管洛希建議我保持單身，他還是結婚、離婚，又再婚好幾次，最後選擇一名上了年紀的成人影星作為他的妻子。在商業界，他那不受控制的慾望往往是一項珍貴的資產。就如同迪克·赫克曼選了像汙水處理這樣不吸引人的產業，並將「美國濾水器」改造成產業龍頭，一切全憑藉著他的個人魅力、眼光、決心，以及對收購其他公司的渴望，洛希也對 SmarTalk 做了同樣的事。他知道怎麼說出好故事，而他也說服了華爾街，他手上的東西大有可為。SmarTalk 一舉躍升為全美國最大的預付電話卡公司。

SmarTalk 和鮑伯·洛希如今已被大眾遺忘，特別是在這個手機可以享有無限通話時數的年代，現在預付電話卡顯得無足輕重，但幾乎所有的變革都是逐漸演變而來。我們正在從一個使用現金的社會轉變成所謂的「無現金社會」，大家越來越習慣錢以鈔票與銅板之外的形式存在。我們不再需要把紙鈔塞進錢包裡，或帶著二十五分錢硬幣去打公用電話。信用卡的普及也推動了這樣的改變，因為消費者開始用不同的方式看待金錢。但由於信用卡裡並沒有存放金錢，預付電話卡還是第一個以不同形式將日常使用的貨幣包裝起來的重要工具。就像北卡羅萊納州的那位便利商店老闆一樣，我們也開始用不同的方式來看待我們和金錢與商業行為之間的關係。

⊕

最近我去參觀某家網路數據中心，我和負責接待我的人談論了一個著名傳說——這個傳說傳遍了好幾家數據中心，即便事情已經發生超過二十年仍是如此。這是關於某一天在伺服器機房裡發現一個裸體女人的故事。

有些人說，這件事發生在加州帕羅奧圖的PAIX（帕羅奧圖網路交換中心，Palo Alto Internet Exchange）地下室。另外也有些人很肯定，故事是發生在聖荷西、位於高速公路下方的MAE-West（西岸大都會交換中心，Metropolitan Area Exchange, West）。據傳還有美國東岸的工程師宣稱，這件事發生在他們的數據中心裡。多年來，這個傳說被散佈、誇大、扭曲，變得分崩離析，成為一種「傳話遊戲」，一傳十、十傳百，故事裡的那些事實都被加油添醋地渲染了一番。有個人聽說，這個女人在伺服器機籠裡「真槍實彈」地演出性愛鏡頭，另一個人則聽說，她只是在她的網站主機前面拍攝裸露上身的照片而已。某個地方應該有實際照片可以作為證據，但沒有人能找到它。當時的值班經理因為這項殘酷考驗而被開除，或者等一下……他並沒有被解僱。也許他在面臨這種狀況時巧妙地處理，因此受到讚揚……故事如何發展要看你問的人是誰。

這個「伺服器機房裡的裸體女人」的故事發生在一九九〇年代中、晚期的某個時候，它變成了一個傳奇，在那一小群將網路世界普及化的人中，這是他們最喜歡的故事。對一般大眾而言，這個世界感覺是如此虛無飄渺，能在腦海中浮現出「有個活生生、有血有肉的美麗女人就在數據中心裡」這樣的畫面，幾乎像是在證實並認可網路的有形存在。「我發誓，她在這裡，就在這個地方。我知道有人看到她了。」

負責接待我的人停在一個伺服器機籠前面，然後用大拇指指著它。「這個故事是這樣的，」他急著提供自己的版本，「她走進來，想在她的網站主機——那是她的實際有形資產——前面拍一張裸照、放到自己的網站上，於是他們就幫她拍攝。據說負責管理這個機構的人打電話問老闆：『我們該怎麼做？』然後，老闆裁示不准拍照，但她對此提出質疑。有誰會知道呢？」

幾個與這件事有關的人（包括我們正在談論的這個女人在內）都同意接受訪問。儘管他們口中的故事無法相互吻合，每個人似乎說的都是真話。這些事實進入了某種模糊狀態，同一件事的不同版本可以同時存在。

但這個著名拍照事件的真實情況究竟是什麼，以及當這則科技界的傳說流傳開來時，有哪些細節被突顯了？多年來，這個故事已經過度膨脹、變得奇形怪狀，我們還有可能了解這一切嗎？

在經過一些鑽研之後，我們可以很清楚地看到，真相比傳說有趣得多，而這是常有的事。

對我們多數人而言，網路感覺不像是一個真實存在的地方，這也是它很神奇的一部分原因。但它其實是很多實際地點的集合體，這些地點非常巨大，通常是沒有任何標誌的倉庫，隱身在我們的社區裡；它們透過數百萬條玻璃纖維彼此相連。這個世界上所有擁有「網路能見度」的公司（包含網路服務供應商與電信公司），實際上都在一個以上的數據中心裡進行活動，他們在這裡儲存數位資訊、操作伺服器，以及在硬體設備之間配置數千條交叉連接線。時至今日，我們將這種網路系統稱為「雲端」，大家把檔案備份到這裡，可以在此找到我們的照片與音樂播放清單。同時，我們也在雲端裡進行交易。

多數人都不曾實際踏進數據中心，畢竟沒有必要，但任何有電腦或智慧型手機的人每天可能都會做幾十或幾百件事，這些事唯有依靠這些數據中心才能完成。每當我們傳簡訊、查看 email、在網路上買東西、在地圖上規劃路線、在手機上玩遊戲、將照片發佈到社群媒體上、看新聞、訂購外送餐點或使用叫車服務時，這些活動全部都是在數據中心宛如堡壘的厚實外牆內運作的——訊號透過玻璃光纖以光速抵達，接著藉由各種纜線與交叉連接線在中心裡四處傳送，然後再以光速傳回裝置上。

數據中心販賣的不只是儲存空間而已，他們賣的是安全性。這裡無時無刻都有警衛看守，要進入這座建築必須經過嚴格審查，或由一位資深人員陪同。其建築結構以克維拉纖維強化，並安裝了防彈玻璃。有些數據中心建造在龐大的減震器上，藉此保護設備不受到地震的損害。這裡裝設了數千台監視攝影機、由兩道互鎖門組成的「訪問控制前庭」（mantrap）[87]，你必須經過好幾層掌形辨識與多重身分驗證的程序。數據中心保全極度森嚴的原因在於，從很多方面來看，它們在現今都像是一種新型態的銀行，因為金錢變成了數據，而數據也成為某種貨幣。

這些數據中心裡有著狹長的走廊，走廊四周都是金屬製的機籠。機籠內擺放著層層堆疊在機櫃裡的伺服器，它們不斷發出嗡嗡嗡的聲音。這裡的照明有點暗，燈光是藍色的，彷彿你走進了全世界最不受歡迎的夜店。這個房間裡充滿了冷氣機，以及用來降低伺服器溫度的巨大冷卻系統所發出的「白噪音」。這裡的數千台伺服器因為每天二十四小時全年無休地運轉而發熱，有許多數據中心一個月的電費都超過一百萬美金。

這個據說潛入數據中心，並寬衣解帶的女人（如此一來，她就能讓她的觀眾知道網路是怎麼運作的，以及她的網站實際存在於何處），是這家數據中心最重要且最具影響力的顧客——「丹妮的硬碟」（Danni's Hard Drive）的創辦人與主角丹妮・艾許（Danni Ashe）。作為最早出現的成人網站之一，「丹妮的硬碟」是性感美女照與裸照這類「軟調色情」（softcore）[88]的集散地，這個網站起初只是為了使丹妮擴大觀眾群，並賣出更多商品。

她曾經在脫衣舞酒吧擔任脫衣舞孃，巡迴演出了幾年，但在與下流的酒吧老闆之間有過幾次痛苦的經驗之後，她離開了那個地方，並開始專心建立自己的粉絲俱樂部；她會在照片、雜誌與其他收藏品上簽名，然後寄到美國各地。這在一九八〇和九〇年代，可以為一名成人雜誌模特兒帶來不錯的收入。多數夜晚，當丹妮的丈夫下班回家時（他是連鎖電影院「地標影院」的高階主管），她都會坐在桌子前認真地處理訂單。她會一直重複這些動作：簽名、把商品裝進信封袋、用舌頭舔一下、封住封口，再貼上郵票。

她和丈夫很早就開始使用個人電腦，當時家裡有電腦的人還非常少。丹妮聽到有傳言說，她的照片已經在 Usenet 討論群組裡廣泛傳播（Usenet 是很原始的主題聊天室，出現時間早於我們現在所認識的網際網路），因此她開始在這些討論頁面上頻繁出沒，參與粉絲們的對話，並發佈自己的照片。她很快就變成了阿宅族群心目中的瑪麗蓮．夢露。

一九九五年年初的某個晚上，丹妮的丈夫給她看了他們公司的新網站。「它極度樸素、陽春，」她回憶道，「因為那時所有東西都出現在網站上，但『超文本』（hypertext）[89]這個像人類大腦一樣運作，能創造出大規模網頁連結的概念……一想到這個概念，我就深感著迷；我的腦海中就是閃過了這樣的靈感。」在 Usenet 群組其他成員的充分鼓勵下，她開始對創立自己的網站變得熱衷起來，但不知道該怎麼著手。那時不像今天有網頁設計與開發這種產業。丹妮先是聘請了那位架設「地標影院」網站的網頁開發人員，但他不懂要如何創造出她想像中的那種超文本結構。

丹妮這個來自南卡羅萊納州的高中中輟生其實很聰明。在深度時事節目《前線》二〇〇一年的專訪中，她對美國PBS電視台形容自己是「有著大胸部的『極客』[90]」。在和丈夫到巴哈馬群島度假之前，她找了幾本操作手冊來研讀，接著當她懶洋洋地躺在沙灘上時，已經自行大致學會HTML的基礎，回到家之後便在兩周內建立了自己的網站。「當時，我正在與安那罕的這家主機代管（colocation）[91]中心商討代管協議，」她在我們的訪談中說，「他們打算把我放在他們的其中一台共享主機上，於是我說：『我真的認為我需要自己的一台主機，因為我覺得這個網站會有很大的流量。』然後，他們就表現出一副『不，不，你不會有事』的樣子。」

丹妮將她的網站完成，並且把連結寄給五個和她在Usenet上有聯繫的人，接著她就搭上前往紐約的飛機，陪丈夫一起出差。「隔天，我的網路服務供應商就瘋狂打電話給我，說：『天啊，天啊，你已經把主機塞爆了。』可見有人通報了這個消息，他們很快就給了我專屬於我的主機。」在上線的第一周內，「丹妮的硬碟」就已經累積超過一百萬次的點擊次數。在接下來的兩年裡，它成為造訪次數最多的網站。

然而，這裡有一個大問題。在早些年，網際網路的骨幹網路（backbone）[92]不夠強健，不足以承載這麼大的流量。那時的數據中心大部分都一團混亂、沒有妥善管理，因為巨大的流量與伺服器需求不堪負荷。「丹妮的硬碟」和其他新興網站驅動了龐大的需求，他們對提供內容的渴望已經遠遠超出網際網路基礎設施的發展，造成了網路塞車的瓶頸與斷線的問題。隨著九〇年代持續推進，許多新創公司的創辦人為了追尋財富紛紛來到加州舊金山灣區，這些限制變得越來越令人感到困擾。網際網路的規模變得越大，就越容易因為網路活動帶來的負擔而崩潰。某些頂尖專家預測，網際網路將無法存活下來。它需要一個救星。

⊕

在一九九五年丹妮．艾許塞爆網站主機幾年後，有幾家公司試著思考，要如何解決網際網路日益嚴重的架構問題。產業龍頭迪吉多電腦公司（Digital Equipment Corporation，簡稱ＤＥＣ）也是其中之一。

他們成立於一九五七年，是一家位於麻薩諸塞州的電腦公司，其規模足以與ＩＢＭ匹敵。迪吉多派出一組研究人員與工程師，在帕羅奧圖一間廢棄電話機房的地下室建立了一個工作據點，這個據點被稱為「帕羅奧圖網路交換中心」（ＰＡＩＸ）。他們的任務是確認一直困擾著網路使用者的基礎設施問題，然後創造出能解決這些問題的新型態數據中心。因為由其他公司負責經營的網路交換中心（internet exchange point，簡稱ＩＸＰ）[93]也同時提供電信服務，他們都向利益衝突妥協。但迪吉多不是電信業者，因此他們的小組成員覺得，自己可以設立一個真正中性的空間，讓構成網際網路的各種環節能彼此連結，不會受到利益衝突的影響。這正是網際網路迫切需要的基礎設施發展。

負責帶領這個小組的傑．艾德森（Jay Adelson）和阿爾．艾佛瑞（Al Avery）和大家一起投注心力，他們非常了解這可能不會成功，但到最後，他們有了突破。他們確信自己想出了一種能成功建立中性網路交換中心的模式，於是將它呈現在主管的面前——這種模式很有可能拯救網際網路。然而，這些迪吉多的主管們並沒有意識到，將這種模式擴及世界各地的多家數據中心是多麼急迫的一件事。艾德森和艾佛瑞都明白，網際網路正處於一個關鍵時刻，急需大規模解決方案。所以他們辭去工作，並下定決心將這項任務完成。他們為自己設定了一個極為遠大的目標：澈底革新全球的網路運作方式。他們將新公司取名為「Equinix」，這個名字將「equality」（平等）、「neutrality」（中性），「internet exchange」（網路交換）這幾個詞隨意混合在一起。他們很快就募得了資金。「我們知道像 Equinix 這樣的公司必須存在，」艾德森說，「必須有人負責管理這些基礎設施。」

看來他們選擇的時機非常好，因為網路熱潮越演越烈。這和西部拓荒時期的農場主人很類似，他們搶到了一塊領土，矽谷的新興公司都爭相在這片網際網路的處女地上插旗。大約就在這個時候，所羅門的管理高層開始打電話給我。「那些西岸的大規模IPO發生什麼事了？」他們問道，「為什麼我們都沒有獲得這樣的生意？」輔導公司上市不是我的專攻項目；我專門負責企業併購業務，而且依然在紐約（而不是矽谷）上班。但由於我也同時隸屬於科技組，我在所羅門的主管們跑來向我探詢網路熱潮的實際狀況，以及為何我們沒有取得任何大規模公開募股的生意（那似乎隨時都在發生）。

在全盛時期，矽谷充滿了各種機會。彷彿每個擁有筆記型電腦、穿著帽T的年輕人都可以在任何東西後面胡亂加上「.com」的字尾，然後在一夕之間變成百萬富翁。創投業者對這些公司挹注資金，他們的市值一路飆升。

然而，沒有一首曲子永遠處於高潮，它終究會墜落。多數人身處泡沫之中時都無法察覺——又或者他們不想察覺這一點。各種產業與市場本來就有周期循環，在重要創新期，因為期待的成長速度比現實快、對未來懷抱太大的期望（那樣的期望超出現實太多），泡沫就此形成。問題在於，這些新創公司的組織架構、進入市場的時機與公司價值全都仰賴成長假設，以及將宏偉的商業計畫付諸實行。但這些假設與計畫往往不太合理或無法達成。

銷售寵物用品的網站「pets.com」所遭遇的大災難就是其中一個例子。這家公司在一九九九年年初成立，很快就獲得了成功。其成功主要是透過極為積極的廣告活動宣傳，還有以三分之一的價格提供商品給購買者，而且免付運費。「pets.com」的管理團隊下了一個賭注：如果他們可以說服足夠的人開始在網路上購買寵物用品，他們就能獲得可觀的市佔率，就算賣出每樣商品都在賠錢，他們也能持續經營下去。但他們賣出的東西越多，損失也變得越多。

然而，他們還是繼續這麼做。他們以自家公司的手指玩偶為藍本，重金打造了一個「falloon」（那是一個三十六英尺高、綁在花車上的巨型氣球），用它參加「梅西感恩節大遊行」。接著，即便會讓公司大失血，他們又砸了一百二十萬美金買下超級盃的廣告。在超級盃舉行十七天後，他們以每股十一美金的價格在納斯達克股市成功完成了IPO，但不到九個月後，他們公司的股價就跌到只剩十九分錢，於是他們清算所有資產，並且結束營業。「pets.com」曇花一現的整段過程——從公司成立、打造巨型氣球、買下超級盃的廣告到歇業，不過才兩年多的時間而已。

在網路泡沫形成的初期，有一種宛如淘金熱的氛圍，而這確實也勾起了加州首次出現淘金熱時的記憶（那本身也是種泡沫）。就在一又半個世紀前，有個來自紐澤西州的前木匠，在內華達山脈的山麓地帶發現了黃金。接下來，大批尋寶者從地球的每一個角落湧入加州，他們帶著鋤頭、鏟子和平底鍋來到山裡，幾乎所有人最後都身無分文。不過，還是有某些先驅享有成功與財富，一般而言，他們都對淘金這件事不是特別感興趣。那時的人創造出一句著名格言：「如果你想在淘金熱期間變得富有，那就賣鏟子吧。」

那些提供淘金客器具、各種生活服務，以及運輸工具的人都賺進了大筆現金。一位生於德國巴伐利亞邦、名叫李維·史特勞斯的商人創立了一家公司，販售紡織品、露營裝備，當然還有他在舊金山的工廠生產的藍色牛仔褲。亨利·威爾斯和威廉·法戈設立了一家運輸與金融服務公司。約翰·斯圖貝克早在因為汽車聲名大噪之前，就為礦工們製造手推車。第一個在舊金山街上大聲嚷嚷「有人發現黃金」的山姆·布蘭南，直到自己收購了市面上所有的鋤頭、鏟子和平底鍋之後，才將這個消息散佈出去，因此讓價格翻了好幾倍。正是這些提供器具、食物、衣服、住宿、運輸工具、娛樂、金融服務，以及修築道路的先驅（他們是基礎設施的創建者），使剛興起的淘金熱族群與經濟得以運作，並蓬勃發展。直到今天，我們都還記得他們的名字。

Equinix 變成了網際網路的「鏟子銷售員」。當網路新創公司紛紛湧入加州追尋他們的命運時，Equinix 忙著打造基礎設施，讓一切可以順利進行。然而，起初看起來很巧妙的時機很快就發生反轉。Equinix 依靠的是這些新創客戶的成功，但到了二〇〇〇年，網路泡沫已經破滅。這些瀕臨倒閉的公司曾經以「對未來的期望」作為指導願景，為了追尋這樣的希望而購買基礎設施，如今他們不再需要這些資產。Equinix 有許多帳款尚未結清，同時被棄置的數據中心也越來越多，他們面臨必須償還龐大債務的迫切挑戰——這日益累積的債務都是為了建構這些灰飛煙滅的公司所需要的基礎設施。

「丹妮的硬碟」成立初期（在網路泡沫破滅之前）迅速成長、前景可期，已經遠遠超出了她原先「經營粉絲俱樂部」的想法。「我開始進行這個叫『巨乳巡禮』的玩意兒，」丹妮在我們的訪談中說，「它過去常被放在成人雜誌《Score》上。他們會為這趟航程僱用幾個模特兒，然後粉絲們可以付錢來到船上，觀看照片拍攝的過程，並和這些模特兒一起吃晚餐。所以我在進行這件事的時候——我想是發生在我第二次的『巨乳巡禮』，我把網站內容篩選後放到筆電上，這樣大家就可以觀賞。」

《Score》雜誌的其中一位發行人也在經營大規模的影片郵購生意，當他在丹妮的網站上看到「巨乳巡禮」時，他意識到網路將成為一種新市場，於是請丹妮把他的整份影片目錄放到她的網站上。丹妮當然領先了他一步。「我的概念是利用超文本讓粉絲連結到不同的商品，比如你開始讀關於某位模特兒的資料，接著……噢，看啊，她這裡有這本簽名雜誌，那裡有這卷錄影帶。因此，我們開始做更進一步的討論。我的想法像是這樣：『如果我也同時擁有內容，例如這些模特兒的個人資料和照片，我可以只賣你的商品，因為如此一來，它們全都能發揮作用。』我們必須與雜誌社進行交易，以取得他們手上的完整內容，這樣我就擁有販售這些影片的相關材料。」

在這段過程中，有人提出設立付費訂閱專區的想法，因為有非常多有價值的內容將被上傳到丹妮的網站。「付費牆」（paywall）是另一個新的網路概念。「這種機制在一九九六年二月推出，它再度一砲而紅，真是不可思議。這使我完全不堪負荷。我一天工作十六個小時，在拿到印有信用卡號碼的訂單後，將它們手動輸入一套能進行信用卡授權的軟體裡。在信用卡發展到能即時處理款項之前，我只能這麼做。」

大約在一九九七年時，丹妮開始與一些開發付款處理軟體的公司開會，希望能找出協助處理龐大訂單與會員資料的方法。「他們走進來，然後我會說：『我的顧客資料有多安全？若這件事發生了會怎麼樣？若那件事發生了會怎麼樣？』我得不到任何讓我安心的答案。就是在這個時候，我開始聘請軟體工程師，發展屬於我自己的信用卡處理引擎。」

丹妮・艾許的傳說並不是在某家數據中心裡拍攝裸體照，那只是茶餘飯後的消遣。真正的傳奇在於，這個聰明且充滿企圖心的女人推動傑出的技術創新，世人應該記住她的名字。「丹妮的硬碟」示範了如何建立並經營一個成功的電商網站——不僅提供色情商品，還完全以電子商務的方式進行。因為為了更有效率且安全地處理每筆交易，丹妮發展出幾套先進的解決方案。「創新永遠都來自需要，」她說，「一種必須解決問題的迫切需求。那不太像是『噢，我要成為創造技術的那個人』，比較像是『我急需讓這件事發生』。」急著將問題解決往往促使公司取得成功。丹妮告訴PBS電視台：「多年來，為了支持『丹妮的硬碟』的營運，我們發展出許多技術，例如影音串流技術、網頁寄存技術、線上刷卡技術、付款處理，以及客戶服務。現在這些東西都運作得非常好，它們對其他公司也很有價值，於是我們開始銷售這些技術給他們。這其實是我們公司目前成長幅度最大的部分。」

由於社會大眾對色情產業抱持性別歧視與偏見，丹妮・艾許很少因為她的科技與企業才能獲得應有的認可。科學與科技記者帕琴・巴斯這樣寫道：「她和其他色情業者率先開創電子商務與安全解決方案，促成了PayPal、eBay、Amazon的誕生，以及網際網路的商業化。」

我們不難想像，某人首次從錢包裡拿出信用卡，然後勇敢地在表單中輸入信用卡號碼，並將它送進區域網路裡，希望網路另一頭的那個人能像丹妮・艾許一樣勤勞、正直。是什麼驅使顧客給予更多信任？那就是保證可以看到赤裸的肉體。人類的原始慾望

（以色情商品的形式呈現）是迫使技術創新的主因，這些創新最後卻導致我們在日常生活中，對個人互動的需求降低。這似乎很諷刺。我們是如此渴望人際接觸，以致於我們設計出毀滅它的方法。

如今在網路上用信用卡買東西是很稀鬆平常的事，所以很難想起在不久前，這對世人來說是個完全陌生的概念。這種數位交易的出現，也是拉開我們與金錢的實際距離，以及造成金融界人際接觸逐漸減少的關鍵。在進行商業交易時，一個人不再需要把現金或信用卡交給另一個人，以換取商品與服務。對非常多公司而言，去除「交易摩擦」（這是一個商業術語）都大幅提升了效率與生產力。儘管從很多方面來看，少了磨擦確實是很正面的，我們對他人的覺察、體貼與親近感卻也同時被犧牲。對我們很多人來說，商業交易都是身處現代社會的我們少數能跟和自己不同的人互動的機會。這樣的損失在整個社會、政壇，以及金融界都產生了廣泛而深遠的影響。

在一九九九至二〇〇〇年網路泡沫化之後，華爾街的多數公司都倉皇逃離科技業。他們在時機大好時賺到錢，但現在證實風險太大，可能會損失慘重。「達康」（dotcom）這個詞變成了一種詛咒，華爾街不想與它有任何牽扯。負責帶領我們科技組、在加州辦公室上班的董事總經理辭職了，於是，我與銀行部的主管碰面，並且毛遂自薦。「你確定你想做這份工作嗎？」他問道。多數人都覺得這是個很糟糕的選擇，因為這個產業的處境是如此混亂。但一直以來，我和妻子潔西卡都很想回到加州，因為我就讀高中、大學，以及剛出來工作的那幾年都在加州度過，而潔西卡也在這裡住過一段時間。因此，當一台台搬運公司的卡車從科技業的餘燼中向東駛離時，我們的卡車卻往西前進。

不好好利用危機是很糟糕的一件事，許多人都已經注意到這一點。此時是鞏固關係，也是建立特許經營權（franchise）[94]的時候。在今天這種情況下，科技公司的ＩＰＯ與企業併購活動正大幅減緩，是與那些在矽谷存活下來的公司發展關係的好機會。我們在為市場復原的那一刻做準備。

我在紐約有一個忠心耿耿的團隊，我把那些頂尖的人才找來，提議我們一起西進，並試著做出一番成績。他們所有人都贊成這個提議，願意放棄在紐約的穩定工作，到加州去冒險。

當我抵達加州辦公室、準備接管這個部門時，那裡的員工都籠罩在創傷後壓力症候群的氛圍下。他們曾經經歷網路產業的鼎盛時期，然後看著一切崩塌，現在每個人都擔心自己會被資遣。我想從一開始就建立一個正面積極的工作環境。我希望他們明白，我會獎勵工作表現優異、樂於與其他同事合作的人，以及我打算提倡一個健康的辦公室文化。

在我第一天上班時，行政經理拿著一張紙走到我的面前。她看起來很友善，卻也十分嚴肅。

「瓦雷拉斯先生，你必須把這份備忘錄寄給整間辦公室的人。我已經幫你打好草稿了。」

我以為那是某種歡迎詞之類的東西。「那是什麼？」

她把那張紙遞給我。「不要餵那些鴨子。」

「你是說『不要餵那些鴨子』嗎？」

「沒錯，就是門外池塘裡的那些鴨子。如果你餵牠們吃錯的食物，牠們的排泄物就會讓池水變得混濁。」她最後壓低聲音說，彷彿我們正在分享一個重要的祕密。

我看了一下那張便條，然後交還給她。

「你叫李伊，對吧？」我問道。她點點頭。「李伊，我很感謝，但我第一次寄給全辦公室的備忘錄不會是『不要餵那些鴨子』。第三、第四次也許會是，但不會是第一次。我們得先暫緩一下。」

她看起來很氣餒的樣子，似乎對這件事非常認真。

「何不由你來寄給人家呢？李伊，你是行政經理。」

「我想我可以。」她說道。

我露出鼓勵的笑容。「若訊息是由你發送出來的，我會全力支持。」

我的妻子潔西卡不停地在加州和紐約兩地往返，她在那裡結束了高盛律師的工作。到了二〇〇一年夏天的尾聲，我們把剩下的家當搬到加州，在附近的希爾斯伯勒租了一間房子，並定居下來。

二〇〇一年九月的第一周，花旗在曼哈頓舉辦了大型科技研討會。我還記得自己沮喪地四處走動，因為紐約感覺像是那種你一旦離開就不會再搬回去的地方，而我很喜歡紐約。在悶熱的八月過後，街上到處都是人，他們正快樂地享受著美好的天氣。

幾天後，當兩架飛機撞進紐約世界貿易中心時，我在加州的新家裡睡得正熟。那天早上六點，妹妹打電話給我，確認我當天沒有飛去紐約。當時，她的丈夫艾瑞克在位於曼哈頓格林威治街三八八號的花旗大樓四十樓，第二架飛機正好飛過他的頭頂。

在醒來聽過新聞之後，我傳了一個語音訊息到辦公室，因為我知道所有人都會在進公司上班前先確認訊息。我要他們這天休假、看CNN、確認親人一切安好，並做任何他們該做的事。「但是，」我告訴他們，「你們明天必須進公司上班，因為我們得幫助所有在紐約工作的人。他們失去了辦公室；他們一無所有。所以為了在紐約的朋友們，我們必須變成某種緊急應變中心。」

在九一一事件和網路泡沫化過後約一年，科技業仍在苦苦掙扎。即便所羅門讓我接管了科技組，並與未來的潛在客戶發展新關係，公司也變得和華爾街的其他人一樣，對網路業界戒慎恐懼。這個產業裡的活動減少，意味著能賺取的佣金也變得更少，因此我們無法維持在全盛時期建立的員工規模。每一季都必須等待上層指示，看看我們是否必須縮減人力，同時在心裡希望，我們能幸運地挨到下一季，但這種狀況很少發生。

某一季，我知道我得資遣幾個人，但實在很難決定要對誰動刀，以及該如何處理這件事。我走到二樓的落地窗旁，然後看著外頭的人工養鴨池。它點綴了我們這個位於帕羅奧圖的工業園區。有隻憔悴的老鴨子沿著池塘邊緩慢地走著，她顯然是朝那隻在湖面上虎視眈眈的老鷹走去，她勇敢地獨自面對。在春天和夏天裡，我都會看著這些母鴨子帶著六隻左右的小鴨子在池塘邊行走，這時偶爾會有老鷹從空中俯衝而下，把小鴨子抓走。到了季末，每隻母鴨子的身旁都只剩下一、兩個孩子。這已經是她們所能保護的極限，其餘的都是食物鏈底下的犧牲者。看到這一幕令人感到難過，但這就是殘酷的自然法則，必然會有這樣的結果（就連這個位處科技界核心的工業園區的人工池塘也是如此）。那是一個狂風呼嘯的秋天，這隻孤伶伶的鴨子鑽進水裡，逆風游向池塘的另一邊。

我的結論是我別無選擇；我必須資遣一位名叫安迪·黎果利的副理。他在中央情報局開啟他的職業生涯，那時他在位於維吉尼亞州蘭利總部的情報處擔任初階交易暨金融分析師。他在那裡的職責包含研究紐約金融界，以及撰寫相關報告。幾年後，他開始覺得自己距離叫人興奮的金融界太遙遠，只是窩在辦公桌前研究它，而不是實際參與其中。因此，他辭去情報局的工作，並進入他的母校加州大學洛杉磯分校的商學院就讀。很多銀行的招募人員都曾經表示，對他在中情局的經歷很感興趣。他來到所羅門、在紐約工作，然後主動提出要改在公司位於西岸的投資銀行部科技組上班，因為在當時的華爾街，科技業是最令人感到興奮的產業。

當安迪到加州加入我們時，他的主要任務是針對「好幾家矽谷公司合併後可能會是什麼模樣」建立分析模型。他很擅長這件事，在辦公室裡也很受歡迎，但在公司待了三年之後，這個產業跌落谷底，由他負責處理的那些科技公司多數都已經不復存在。

在所羅門資遣他之後，有好幾周的時間他都泡在公寓的游泳池裡；無所適從地看著天上的白雲不停飄過。他冒險離開中情局，希望可以在華爾街成功換得一份刺激且薪資優渥的工作。然而，現在的他失業、距離女友三百五十英里遠，他不知道應該在這個科技重鎮繼續苦撐，還是趕快回到洛杉磯重新開始。

我很討厭讓我的員工離開，因此總是很努力確保他們每個人都能在別的地方找到另一份好工作。我覺得他們的幸福與我息息相關。在所羅門，我們不斷在我們認識的朋友、客戶，以及其他公司裡挖掘，試圖幫安迪找一份符合他專長「分析與建立財務模型」的工作。我們曾經與 Equinix 有過多次合作，而我跟他們的新執行長彼得・范坎普特別要好（所有人都叫他「ＰＶＣ」）。一九九七年，他在網路服務公司 CompuServe 擔任高階主管，那時我曾經協助他們將公司賣給世界通訊和美國線上；那場交易談判為期三天。所有認識ＰＶＣ的人都非常喜歡，並且尊敬他。我的同事史都華打了通電話給 Equinix，看看他們能否為像安迪這樣的人安排一個位子。不久後，安迪就說，他來到一家他在幾周前從未聽說過的公司上班。

ＰＶＣ的人品與專業都無庸置疑，所有人都想加入他的團隊。在ＰＶＣ宣佈他打算離開世界通訊時，伯尼・埃伯斯（這位惡名昭彰的執行長之後將被判處詐欺與密謀罪，並去坐牢）意識到他的價值，因此提供給他一份「留任獎金」，並且暗示他，這筆錢高達七位數，而這樣的鉅額獎金是PVC不曾想過會得到的。埃伯斯不想失去PVC，但PVC很清楚，這家公司有些做法不太恰當。「我看到我們累積了龐大的資產，但缺少讓公司成為市場領導者的長遠眼光或領導階層。我知道這一切終將崩塌，不管有多少錢都改變不了這一點。」離開世界通訊時，PVC把那張支票留在他的桌子上──它還密封在信封袋裡──他不想被這筆獎金誘惑。

然而我們並不知道，我們正把安迪從油鍋送入火坑。在網路泡沫化之後，Equinix承受了巨大的痛苦。他們是一家貨真價實的公司，為許多公司提供必需的服務，結果這些公司全都是曇花一現的新創公司。當他們從這個世界上蒸發時，Equinix陷入了嚴重的困境。Equinix在二〇〇〇年八月進行IPO，募得了二億四千萬美金，公司股票則以每股十二美金的價格上市，接著曾經短暫上漲至十六美金。僅僅兩年後，這一切都瓦解了。Equinix的股價暴跌至每股十七分錢，他們剩餘的準備金只能再支付一個月的工資。Equinix並非大難將至，而是災難已經降臨。主要債權人堅持要他們宣告破產，但PVC和他的團隊想出了一套複雜且宏偉的重整計畫與募資方法，或許可以拯救這家公司。說這套計畫「希望不大」是很含蓄的說法，因為感覺幾乎像是個玩笑，沒有人有把握它能成功。而安迪．黎果利就是在此時走進他們公司，微笑著的他不知道這些問題，急著想開始新工作。

到Equinix上班的第二天，他就被要求參加一場會議。當他抵達會議室時，幾乎所有的高階主管都在現場，氣氛感覺非常凝重。「坐這裡，安迪。」他被帶到總裁兼營運長菲爾・柯恩身旁的位子——菲爾・柯恩以喜怒無常著稱。安迪在一台筆電前面坐了下來，螢幕上顯示的是一張有著 Equinix 財務模型的試算表。螢幕畫面被投影到牆壁上，這樣會議室裡的每個人都可以看到。

在說了幾句簡短的開場白之後，柯恩轉身面對投影畫面。「好，」他說，「我們要解僱曼谷和首爾的員工。」

為了確認自己明白老闆的指令，安迪看了他幾秒鐘。然後，他在鍵盤上按了幾下就摧毀了 Equinix 的這些營運單位。這將導致四十個人失業。

柯恩瞇起眼睛看著牆上的盈虧數字。「現在，解僱新加坡的半數員工。」

安迪照著他的話去做，會議繼續以這種方式進行：先瀏覽一下盈虧總結，接著裁撤 Equinix 的員工和全球各地的團隊。

午休時間結束後，會議繼續召開。柯恩依舊宛如中古世紀的劊子手般殘酷無情。他不接受異議。當會議室裡有人鼓起勇氣，針對某些更大規模的裁員提出抗議時，柯恩說：「這就像在戰場上進行檢傷分類一樣，我們必須切斷病人的手臂才能救活他。」

儘管安迪才第二天上班，也從未見過任何亞洲的員工，執行這些命令還是讓他感覺很差。這幾乎像是在黑手黨的入黨儀式上，他們遞給你一把槍，然後叫你射殺某個人一樣。但無論他用什麼黑暗的比喻（中古世紀的劊子手、檢傷分類、黑手黨暗殺）來理解眼前的狀況，他還是聽命行事，公司的財務報表也跟著做出相應的調整，漸漸使公司有存活下來的可能性。

在這場長達八小時的會議快要結束前，已經有七、八十個人將會失去工作，但這似乎是拯救公司的一個明確方法。「菲爾或許很粗暴，」安迪說，「但我也尊重這些決策背後的那套邏輯。」那天晚上，安迪回到公寓裡，內心有種既厭惡又激動的複雜情緒，但這次體驗讓他明白為何會被所羅門資遣。同時，他也對Equinix的未來感到有點興奮。他撥電話給人在洛杉磯的女友，告訴她：「我想這家公司要不是在六個月內破產、把鑰匙還給房東，並結束營業，就是股價會起飛。」

⊕

雖然菲爾·柯恩強行縮編、展開大屠殺式裁員，Equinix還是保有正面、健康的公司文化，即便拮据時期即將到來也一樣。這主要是由於兩位創辦人傑·艾德森和阿爾·艾佛瑞在某個時間點聘請了新的管理團隊來取代他們，如此一來，公司就能成長、進化，並繼續往前邁進。多數新創公司的創辦人都不夠成熟、無私，無法這麼做，但艾德森和艾佛瑞非常在乎Equinix與公司發展大局，因此願意放下自尊。

PVC在一個諸事不利的時刻接任執行長。那時距離他們公司的IPO只剩下幾個月的時間，但網路泡沫已經開始破滅。「我心想，當時有五家線上寵物用品店，你知道的，這不會成功。那時，我們參加巡迴路演與各種會談，投資人劈頭就問：『你們怎麼還在這裡？你們都沒有看媒體報導嗎？』」就連網路泡沫的倖存者也因為這場災難而步履蹣跚，這當然影響到他們與 Equinix 之間的關係。「像 IBM 這樣的主流公司都想擁有我們每家數據中心百分之五至十的流量。這些都記載在合約裡，因為他們認為自己將創立非常多網站。在第一年裡，所有人都向我們購買服務，他們都希望能在 Equinix 附近的網域露出。這是一個很好的賣點。但到了那一年的尾聲，當網路泡沫破滅時，每個人都跑回來重談合約。於是，我們就開始面臨這一切。」

為了支付建立新數據中心的龐大費用，Equinix 已經借了一億五千萬美金。當他們的顧客紛紛倒閉、消失不見時，Equinix 放慢建置速度，但他們仍舊必須解決可能無法償還借款的問題。銀行很快就會來要錢了。

為了讓投資人保有信心與希望，避免公司破產，Equinix 需要一家大型投資銀行的支持，協助他們募得生存所必需的資金。沒有人願意靠近他們，但由於我先前曾經與在 CompuServe 工作的 PVC 共事，再加上近期曾與 Equinix 管理團隊中的其他人接觸，我對他們的人品與能力充滿信心。有我們的支援還是不足以代表他們能存活下來，因為情勢對他們非常不利。但我的位階使我可以在某個人身上冒險。我心想：這些好人不就是我提供支持的最佳人選嗎？除非我能在這種情況下加以運用，否則在公司內部建立信譽與權威又有什麼意義？我甚至不想看 Equinix 的財務分析，因為那些數字可能會阻止我幫助他們；我想幫助他們是基於更重要的理由。唯有人品與良好的關係才能使你度過泡沫化的難關。於是，在我的引薦與認可下，所羅門開始支援 Equinix 進行募資。

「公司的生存計畫在二〇〇二年年中，」安迪・黎果利說，「也就是在我加入他們的幾個月前啟動。如果當初我知道這些細節，我一定會收拾所有家當、放進我的Lexus裡，然後開車到洛杉磯與女友團聚。」Equinix必須辦到的事非常難理解，更不用說將它完成了。對此，安迪是這樣描述的（對一般人而言，這段話像是種聽不懂的語言）：「我們必須完成『三十二股併為一股』的股票合併（reverse stock split）[95]，讓股價再度高於一美金的下限，以免被強制下市。同時，我們必須與債權人針對公司債務重新談判、透過發行可轉債（convertible debt）[96]的方式募得新資金、捨棄並出售績效不彰的資產、針對在房地產巔峰時期被綁死的租約重新談判、資遣更多員工，以及迅速賣出我們的剩餘資產，使EBITDA與現金流轉正。」若他們能做到上述這些事，下一步就是將完成重整的公司與兩家亞洲公司以股份交換的方式進行合併。

「這整件事不是十分複雜，」PVC說，「而是『極度』複雜。但我還是回到人為要素的部分，最重要的是合作關係、對團隊的喜愛，以及這種商業模式的前景，這些就足以使所有人說：『這套計畫必須繼續進行，我們都在同一條船上，禍福相倚。』二〇〇二年十二月三十一日，我們完成了這場交易；從二〇〇二年的尾聲至二〇〇三年第一季，我們的訂單成長為四倍。我們所有的競爭者都失敗了。我們是那時的倖存者，因此所有的生意都朝我們湧來，我們又開始向上攀升。」

儘管曾經死裡逃生，Equinix在不久後又必須面對另一個泡沫。他們安然度過了二〇〇八年的金融災難。在這個事件發生之前的那幾年，Equinix已經在金融服務界佔有一席之地，為最大規模的金融科技演進之一——「將金錢移動到雲端」提供必需的基礎設施。

約翰．納夫（John Knuff）第一次與 Equinix 接觸是以顧客的身分，那時他在一家名叫「NYFIX」的電子交易解決方案供應商工作。他對所看到的一切感到非常興奮，因此要求與傑．艾德森會面，並討論 Equinix 要怎麼擴大規模，以造福全球市場。「如果 Equinix 可以在像紐約、倫敦、東京、法蘭克福這樣的城市成為網路樞紐，」他這樣告訴他們，「或提供密集的互連介接點，將會改變全世界的人進行電子交易的方式。」

納夫在二〇〇七年加入 Equinix，並開始建構他們在金融界的地位。他們在紐約市外圍設立了一家大型的新數據中心。約翰說，「我們不曉得啟示錄中提到的『末日四騎士』將在不久後降臨金融市場。這些銀行開始倒閉。如果能從水晶球裡看到未來會發生什麼事，我不認為我們還會興建這家數據中心。但事實是，它不僅蓋好了，我們的投資也確實為我們贏得許多生意、讓我們成為金融市場的一分子。當其他人因為這場金融災難感到恐慌時，Equinix 還是很樂意投資。」

Equinix 使自己在金融業脫穎而出，並且為長期成功做好準備的其中一個方法在於，拒絕跟隨十分熱門，但也同時具有爭議性的「高頻交易」潮流。高頻交易是指藉由演算法，以極快的速度買賣大量股票；有了高頻交易，大家不再長期持有股票，因為目的只是為了快速套利而已。在鼎盛時期，美國股市的總成交量有超過半數都是透過高頻交易。Equinix 選擇避開這樣的機會，而把重心放在支援「低延遲交易」上。低延遲交易也是一種將交易決策與執行之間的時間，縮短至幾微秒的交易手法，但即便這兩種做法都優先重視速度，套利並不是低延遲交易的目的。

「比方說，」約翰．納夫解釋道，「控股公司波克夏．海瑟威可能想在幾年擁有多數鐵路公司的股票，所以他們會試圖在某個時間進入市場購買股票，而且希望能快速完成這個動作。因此，他們在意低延遲交易，但並沒有打算很快就賣出這些股票。Equinix成了著名的智慧型交易樞紐，你可以在這裡匯集所有的資訊與市場數據，然後向各個交易所的交易基礎設施發送訂單。我們的廣告標語是：『更聰明地交易，因為速度並不會讓糟糕的交易變得更好。』所以當高頻交易在二〇〇七、二〇〇八和二〇〇九年處於巔峰時，我們完全錯過了這方面的成長。但我們也無比幸運，因為它在二〇一〇年開始衰亡時，我們也躲過了高頻交易者的集體滅絕。」

Equinix的股價最低時只有每股十七分錢。到了二〇一九年七月，幾乎已經成長了三百倍——飆升至超過五百美金，這使它成為網路泡沫化以來表現最亮眼的股票之一。Equinix是目前全世界規模最大的主機代管數據中心經營者，他們在全球（從達拉斯到杜拜、從赫爾辛基到香港）共有超過六千名員工。這家公司的中性網路交換模式澈底革新了這個產業，他們提供網際網路成長與建立雲端環境所需的骨幹網路。儘管如此，若你隨便找一百個人來進行調查，恐怕沒有人知道Equinix是什麼，或者他們公司在做些什麼，即便我們多數人每天都在電腦和電話上接觸這家公司很多次。他們可能是你從未聽說過，卻也最重要的一家公司。

在搬到加州後不久的某一天，我開車前往在帕羅奧圖舉行的一場會議。那時，我在前方一台破舊的保時捷上看到一張很有趣的汽車貼紙，上面寫著：「神啊，拜託你，在我死去之前，請再來一個泡沫吧。」這時，網路泡沫化依然餘波盪漾。我心想：「不知道這個人是錯過了網路產業的全盛時期，還是原本賺到了錢，然後又全部輸光了？」

無論如何，這張貼紙都突顯出在矽谷仍普遍存在的某種有趣心態：我們是否希望有另一個泡沫出現，這樣就可以提振精神，帳戶裡的錢也會跟著變多，只要這場派對持續下去？這種願望很危險。當下一個泡沫破滅時，它會對我們造成什麼影響？許多世代的人都看過真正的進步與成長，但他們也都曾經面臨過度膨脹的泡沫與現實分離的時刻。很明顯地，期望超出現實太多，很多以「希望」作為燃料的公司都沒有存活下來。在矽谷有個通則是，每一個成功都伴隨著九個失敗，而這樣的高失敗率是敢於冒險創新的必然結果。即便如此，這些失敗都帶來不幸與傷害。新創文化的特出之處有一部分在於，具備速度、靈活度，以及抱持信念。然而，這些特質也可能會變成弱點，因為它們經常導致目光短淺、缺乏耐心，以及反覆無常。

傑．艾德森和阿爾．艾佛瑞這兩位真知灼見者改革了數據中心，將 Equinix 建構成一家提供骨幹網路的公司（這可以讓網際網路使用很多年）。他們在能分享這家公司的巨大成功之前就離開了。當 Equinix 還在為了生存苦苦掙扎時，阿爾就去世了，傑則是又做了很多厲害的事，但在Equinix之外，他們都不曾因為在關鍵時刻拯救網際網路，以及澈底革新它的運作方式而得到應有的認可。

丹妮．艾許這位「電子商務之母」在三十幾歲時就退出了網路色情業，因為她對這個產業的走向感到灰心，不願意再與這個領域的陰暗角落有所牽扯。她賣掉了她的公司（它最後被閣樓媒體集團買下），並搬到美國西北部的一間馬場居住。

鮑伯．洛希這位悲慘而偉大的預付電話卡推廣者離開了SmarTalk，然後創立了一家電子病歷系統供應商，他同時也是好幾家公司的董事會成員。他和曾經擔任成人影星的妻子一直維持著婚姻關係，直到死亡將他們分開。洛希原本是永遠的樂觀主義者，最後他病魔纏身，被這場漫長而痛苦的戰爭打敗。二〇一七年五月，鮑伯．洛希躺在自己家的床上舉槍自盡。

這些人不管是否已經被遺忘，他們都在現代金融的演進過程中扮演很重要的角色。洛希的電話卡使我們接受金錢以其他形式存在；丹妮造就了我們今天所認識的電子商務，Equinix則創造出讓錢可以移動到雲端的骨幹網路。

為了滿足世人不斷演進的需求，金錢的形式持續推陳出新。「以通話時數作為貨幣」這樣的概念最近在某些非洲國家開始盛行起來。在這些國家，民眾已經對他們的政府與法定貨幣失去信心，以「在行動裝置之間轉讓通話時數」的方式付錢給他人或進行金融交易因此變成了一件很常見的事。《經濟學人》雜誌在二〇一三年的一篇文章中報導了這種現象：「和行動支付不同的是，通話時數的價值不會直接受到政府抑制通膨的能力與決心（例如限制鈔票印製）影響。」錢已經不再必須是實體貨幣。由於群眾對政府與金融機構失去信任，許多轉變應運而生。

讓我們思考一下關於虛擬貨幣的興起。現代人已經非常習慣金錢以其他形式存在，同時也對傳統的金融結構感到失望，因此他們願意把自己的錢放進某個陌生個體創造出的某樣東西裡（這樣東西幾乎不能從事任何合法活動，除了交易與投機買賣以外）。將房子拿去抵押貸款後，把錢拿來買比特幣的故事時有所聞。他們不相信銀行，卻願意把存款丟進一個推出時間很短，合法性也不明的貨幣裡。我們變得如此憤世嫉俗；現在我們與傳統形式的金錢變得十分疏離。

近年來，矽谷因為虛擬貨幣流行而獲益，並且出現了某種新趨勢：在募集資金時進行ＩＣＯ（首次代幣發行，Initial Coin Offering）[97]。有了ＩＣＯ，公司基本上就會創造屬於自己的貨幣，並將它賣給投資人，而投資人只能用這種貨幣來購買這家新創公司所提供的商品或服務。新創界已經充滿危機與過度膨脹的承諾，因為發行各種脆弱的新貨幣進一步破壞了虛擬貨幣市場的誠信，ＩＣＯ又讓這些問題變得更嚴重。

很多人都認為，在虛擬貨幣泡沫中存活下來的將會是相關基礎設施，而不是貨幣本身。區塊鏈是一種數位帳本，起初的目的是為了將比特幣交易記錄下來，但目前已經發展出許多重要用途。區塊鏈是使大部分虛擬貨幣得以運作的基礎設施，它是「鏟子銷售員」，就像 Equinix 之於網際網路一樣，至於虛擬貨幣或那些新創公司則是挖金礦的人。區塊鏈有一項用途將對財富管理，以及我們看待價值的方式產生戲劇性影響，那就是依照需求將一項資產進行分割，然後再將它們賣給第三方。

理論上，任何資產（包含你的房子，甚至是未來的收入）都可以被分割並賣出，一個新世界因此誕生——所有權變得碎片化，由許多人共同持有單一物件，各種新的資產類型紛紛出現，這可能會變成一種常態。當我們不再擁有完整的資產，而只擁有其中的一部分時，我們與「價值」之間的關係，以及我們看待它的方式將如何改變？我們還會像擁有全部時投入那麼多嗎？

所有金錢世界的轉變都一樣，它們影響最大的莫過於人際接觸逐漸減少。這一切從ＡＴＭ存款的虛幻戲法開始，接著金錢改以電話卡，以及其他新型態貨幣的形式存在，最後網際網路的出現將我們推進一個全新的場域。在短短幾年內，日常生活中的各項任務與各種交易，例如叫車、購買雜貨（還有衣服或書籍）、訂購外送餐點、支付在餐廳用餐的費用，都只要觸碰一下螢幕就能完成。有非常多深受歡迎的App與技術力量——Amazon、Uber、Venmo[98]、Airbnb都弱化了人在商業交易中所扮演的中介角色。

現在，在好幾個城市的街頭都很常看到一種高度及膝的機器人（基本上就是一台有著輪子的時髦冰箱），它們在行人之間穿梭，將午餐送給飢腸轆轆的上班族。機器人不僅不需要支付小費，也省去了寒暄與閒聊。這些科技發展為我們帶來迅速與便利的美好體驗，但同時也有很危險的地方，因為我們和金錢與商業交易變得越來越疏離。有幾家公司正在努力改進無人車，我們可能很快就能在沒有基本人際接觸的情況下上下班。我們可以保護自己不受到任何事和任何人的擾亂或挑戰。

然而，當下一個大泡沫破滅時，什麼東西能保護我們呢？就Equinix而言，可以保護他們的是他們的正直，以及他們和員工、顧客與合作夥伴之間建立的信賴關係。但在現今這個世界裡，人際互動日益減少，所以能發展出信任感的機會也越來越少。我們要怎麼與他人建立重要關係？

在過去，我們需要麵包就會去麵包店。如此一來，我們會與同在店裡的鄰居交談：「你媽媽從髖關節手術中復原了嗎？」「你的花圃最近怎麼樣了？」「屋頂漏水的問題你處理好了嗎？」商業交易讓我們以真實世界為根基，迫使我們出現在城市、鄉鎮與社區裡。在金錢還是有形貨幣、具有實體（以鈔票與銅板的形式存在）的那個年代，我們會從錢包裡掏出錢來，然後把數好的紙鈔放在櫃檯上，以換取需要的商品。那時，我們把錢收在皮包與衣服口袋，藏在內衣、床墊與保險箱，或埋在後院裡。銀行的品質取決於金庫的戒備森嚴與武裝保全的機警程度。接下來的某一天，雲端出現了。我們待在室內，並拿起行動裝置；我們查看帳戶餘額、玩遊戲、訂晚餐、瀏覽社群媒體動態。我們的各種關係、交易，以及資產淨值都可以在螢幕上找到，並且加以管理。商業大街成了一個我們不再需要造訪的地方。我們的金錢開始像早晨的露水般「蒸發」到雲端裡，變成「零和一」世界裡的數位雨滴。

註釋

86. 「博佐小丑」是美國一九五〇年代電視節目裡的一個虛構角色，非常受到歡迎。

87. 「訪問控制前庭」又稱為「安全門廊」，是由兩道互鎖門組成的一種安全系統，在第二道門開啟前，第一道門就會先鎖上，將通行者暫時困在一個封閉空間內，防止其他人尾隨進入。

88. 「軟調色情」是指在商業上含有色情成分的照片或電影，和「硬調色情」（hardcore）相比，其暴露畫面較少（通常不會露出性器官）。

89. 超文本是指利用超連結，將各種不同空間的文字訊息組織在一起的網狀文本。我們一般在瀏覽網頁時看到的連結都屬於超文本。

90. 「極客」是美國俚語「geek」的音譯。隨著網際網路文化的興起，這個字開始帶有「智力超群」與「努力」的正面語意，也可以用來形容那些對電腦與網路技術有著狂熱興趣，並投入大量時間鑽研的人。有很多極客都在網路時代創造出全新的商業模式、尖端技術與時尚潮流。

91. 主機代管又稱為「主機託管」，指的是網路服務供應商（包含數據中心）所提供的一種服務，將機房裡的空間、頻寬與各種裝置出租給客戶，並由他們代為管理，而客戶則以遠端連線的方式登入伺服器進行管理。主機代管能讓伺服器管理者省去興建機房、申請網路線路、機房管理、空調冷卻等費用與麻煩。

92. 骨幹網路是指將不同的區域網路連接起來的高速網路，一般而言，比較大的網路服務供應商都直接與骨幹網路相連。

93. 網路交換中心是一種網路基礎架構，允許網路服務供應商相互連結。

94. 特許經營權是指特許人擁有或有權授予他人使用的註冊商標、企業標誌，以及專利等經營資源的權利。

95. 股票合併又稱為「股票反向分割」，是指公司將股票發行數量減少，以提高股價。股票合併不會影響公司的市值，也不影響各股東的持股比例。

96. 可轉債又稱為「可轉換公司債」，是指公司以發行債券的方式向投資人取得資金，將來債務到期、公司開始盈利，或是有新的投資人加入並進行新一輪募資時，公司再把資金還給投資人。投資人可以指定，未來當股價高於某個價格時，將債券用約定的價格轉換成股票。可轉債在發行時是債務，通常利息很低或不須支付利息，若是依照轉換價格轉成股票，則不須償還債務，但股本將因此增加。若是投資可轉債而不執行轉換，上市公司會依條件買回，償付本金或再加上一些利息作為補償，是一種靈活的募資方法。

97. 「首次代幣發行」是一種仿效證券市場ＩＰＯ的融資活動，進行募資的公司會運用區塊鏈技術發行代幣，投資人則以比特幣、以太幣（Ethereum）等較知名的虛擬貨幣，來購買這些新發行的貨幣（在某些情況下，也可以使用法定貨幣）。

98. Venmo 是 PayPal 旗下的一個行動支付服務。

CHAPTER

鑽石狗

「缺少某些你想要的東西，是快樂不可或缺的條件。」

——節錄自英國哲學家伯特蘭·羅素（Bertrand Russell），《幸福的征途》（*The Conquest of Happiness*）

我坐在主管的對面，等著他告訴我那個數字，以及我的價值為何。他看了一下手邊的那疊紙、從裡頭抽出一張來，然後面無表情、不帶任何情緒地跟我說我的年終獎金有多少。他嘴裡唸著的可能是晚上的火車時刻表，但在我聽來，那宛如貝多芬的《第九號交響曲》。我非常興奮。作為一位剛從商學院畢業、在所羅門兄弟投資銀行部工作的副理，這是我的第一場重要獎金會議。那個數字比零多一些，代表我沒有被解僱，而且它與我剛加入公司時，他們告訴我的數目差不多。事實上，和我過去賺過最多的錢相比，它是整整三倍。

我站起身來，並握住主管的手；因為獲得這筆豐厚的獎金，以及能有機會在這麼棒的公司裡上班，我滔滔不絕地感謝著。他狐疑地看著我，似乎想在我的口吻裡找出一絲嘲諷，但我的熱情並不是裝出來的。他把那張紙遞給我，然後說：「就這樣吧，瓦雷拉斯。」顯然我們的對話已經結束。這就是所謂的「獎金會議」。沒有概述去年的各項成功與挑戰，也沒有對於未來的溫暖鼓勵，只是照例宣佈一下獎金數目、無力地握一下手，然後就離開了。

我回到位子上坐下、把那張紙放在桌上，接著傾身向前，仔細研究了一番。最後，我將它塞進桌子的中間抽屜裡，然後把注意力拉回正在努力製作的報告上。（雖然我猜它永遠都不會被放在某位客戶面前，也不會為公司創造任何營收。）因為這份獎金感到振奮的我開始拚命工作，我很肯定那證明了自己在公司的價值，這種愉悅的心情持續了幾個小時。

到了下班時間，我和另外十三位副理在我們這個辦公區的一處「營地」集合。我拿著一張小紙片，並看著凱莉旋轉手中的帽子。「把它丟進來，瓦雷拉斯。」她在我面前晃動那頂帽子，其他碎紙片在裡頭翻滾著，宛如洩了氣的樂透彩球。我注意到帽子上的紐約洋基隊logo。對一個波士頓紅襪隊的粉絲來說，這不是個好兆頭。我覺得自己似乎已經輸了，而這場遊戲根本還沒開始。

這場遊戲由凱莉和比利帶頭進行，紙片上寫著的是那天我們每個人得到的獎金數字。雖然管理階層告訴我們，絕對不能跟其他人分享我們獲得多少獎金，但他們也教導我們「資訊就是力量」。當然，身為所羅門兄弟的員工，公司也期待我們挑戰規定與極限。所以我們（所有第一年加入公司的投資銀行部副理）聚集在這裡，在碎紙片上匿名寫下各自的獎金數字、把它們丟進帽子裡，然後等著被大聲唸出來。如此一來，我們就明白每個人在這個群體中佔據了什麼樣的位置。

凱莉拿著這頂不吉利的洋基隊帽子，在我們這一區走來走去。我們這群人當中有幾個自負、招搖的傢伙，他們一邊把紙片扔進去，一邊發表評論。

「這數字肯定是最高的。」

「抱歉啦，你們這些魯蛇。」

「我只希望，要是發現你們某幾個沒用的傢伙和我落在相同的區間時，我不會太不爽。」

我一聲不響地交出手中的紙片。我知道我的獎金數字並不高，但是也希望它不是很低的那一個。

當凱莉把帽子交給比利時，我開始緊張起來。他翻攪了一下那些紙片，然後開始一張接著一張地拿出來。從他唸出第一個數字開始，我就知道自己的獎金沒有「封頂」，但在他唸出第三和第四個數字之後，至少我的悲慘有人陪伴。沒有人當場承認自己的獎金有多少，因為我們都已經提前被公司認可，但還是不斷有人拋出他們聽到的傳言。

「我聽說他們打算下周解僱五分之一的副理。」

「我聽說他們可能會開除一半的人。」

「我可不想變成後段班，然後被炒魷魚。」

「他們不會解僱任何資淺的副理，因為這樣不利於招募新人。」

我不知道該相信什麼，但最後這句話的邏輯讓人感覺有點安慰。他們不會才剛發完獎金就開除我們，對吧？

當比利說出那些數字時，我很快地心算了一下——萬一上述傳言是真的，我能保住工作的機率有多少。如果裁員五分之一，我「可能」可以活下來；如果裁員一半，我很容易就會成為要離開的其中一個人。在投資銀行部，我們這十四個人代表著多年來規模最小的副理級別，這反映出目前市況不佳。

在所有數字都被唸出來之後，我發現很多人都拿到幾乎相同的數目，有幾個特別突出的人則是多領了百分之十五。這使我放心不少。我們可以很輕易地猜到，是哪幾個人封頂了。我開始根據這個新資訊評價我的同儕，當然也包括我自己。我們這些領到最少獎金的人應該沒有讓自己脫穎而出。

早上我所感受到的那種樂觀與滿足已經消失殆盡，取而代之的是失望與些許恐慌。我不記得之前有過這樣的情緒，至少沒有到現在這種程度。我必須更努力、更聰明地工作，並且表現得更好。我不能只是處理那些公司指派給我的案子，我必須獲得更厲害的專案，同時和更具影響力的人一起工作。這是保證能存活下來的唯一方法。

也才不過幾個月之前，我還因為自己的處境與獲得的報酬感到開心。該死，那其實只是幾分鐘前的事而已。我原本以為，我想知道自己在這一群副理中處於什麼位置，但從凱莉的帽子裡揭曉的一切，實在很難讓人有正面的感受（儘管這筆獎金比我曾經想過的任何金額都還要多）。這是我第一次因為「報酬透明化」這把雙面刃學到艱難的一課；我因此提升了動力，卻也變得不滿足。

⊕

在接下來的幾年內，我學會了如何不睡覺也能活下來。當這座城市裡的多數人都已經鑽進被窩裡時，我才吃晚餐，通常是便宜的披薩或中國菜。在忙碌的時候，我們每周會訂六、七個晚上的外送。極度疲憊往往會使我們進行關於快樂、目標，以及未來規劃的哲學討論。

有段時間，我和早我一年進所羅門的凱文・泰斯共同負責一個案子，有天我們一起在空蕩蕩的會議室裡吃中國菜。

「你的數字是多少？」他說道。當時，桌上擺著許多中餐廳的外帶餐盒，裡面裝著熱騰騰的菜餚。

「你是說我的電話號碼嗎？」我邊吃邊問。

「不，老兄，我說的就是你的『數字』。為了結束它，你會需要多少？」

「結束什麼事？」我小心翼翼地看著桌上的春捲。

「結束這份工作，結束這一切。」他手裡拿著筷子，並大幅揮動他的手臂。

我毫無頭緒地看著他。「你的意思是，我什麼時候想退休嗎？我都還沒三十歲。」

「不是退休，只是去做別的事而已。你需要多少錢，這樣你就可以直接離開，去過你想要的生活，做某件一直想要做的事？」

「我從來沒有認真想過這件事。」我說道。

「拜託！」凱文大叫道。「每個人都想過這個問題，每個人的心裡都有一個數字。」

我從會議室的玻璃牆看出去，外頭有很多人也在加班。他們對著電話大吼、隔著桌子對彼此喋喋不休，或拿著各種文件與交易備忘錄跑來跑去。這個地方既刺激又瘋狂，即便在晚上十點也是如此。這裡充滿了活力。難道這些人全都在等待適當的時機，跳槽去做別的事嗎？我不禁開始思考，我們投資銀行部如此精力充沛，是否其實是因為大家想逃離這裡。

「我很喜歡這份工作，」我說，「我現在不想去其他地方。」

「你胡扯。」

「你在這裡真的過得那麼悲慘嗎？」我問道。

「當然沒有，我也很喜歡我的工作。我不會覺得自己是邊數日子邊抱怨：『天啊，我什麼時候才能拿到支票、逃離這裡？』但所有人的心目中都有一個數字，以及他們最後真正想做的事。」

我不知道該說什麼好，於是聳了聳肩，然後舀了一些飯到我的紙餐盤上。「你還想做些什麼事呢？」我問道。

「你不想知道我的數字是多少嗎？」

「當然想。」我忍不住好奇，雖然這感覺像是隨意分享極為私密的資訊。

「四百萬。」凱文刻意停頓了一下。他的手裡拿著一口炒河粉，並停在我們兩個人中間。「我知道這筆錢可以讓我舒服地過下半輩子、照顧家人，並且留點什麼給他們。」他吞下那口炒河粉、擦了擦臉，然後把餐巾紙揉成一團。

「好，」我說，「你應該可以拿到這個數目。」

「在那之後，」他故意壓低聲音說，「我要成為一名籃球教練，然後整天在科羅拉多州滑雪。」凱文的身體往後靠，接著把揉成一團的餐巾紙朝會議室角落的垃圾桶丟過去，餐巾紙掉在偏離垃圾桶有點遠的位置。

過了一會兒，我在自己的位子上砰的一聲坐下，然後看了一下座位上的那些東西——一大堆文件、報告書、年度報告、一份摺疊好的《華爾街日報》，還有一瓶喝了一半的水。我不像其他人用照片或紀念品之類的東西佈置座位，但這個地方還是感覺像家一樣，特別是因為這份工作常需要我每周待在公司八十到一百個小時。對我而言，這裡比我在紐約分租的公寓更像家，公寓裡的家具總共只有一張床和一台二手的黑白電視機。

時間已經是半夜，但我並不覺得累。在停下來環顧整間辦公室之前，我一直心滿意足地分析著某家公司的可能營收。這個地方大致已經清空，但還是至少有六位二十二歲的分析師在這裡建立財務模型，並準備報告書要用的資料。有一名清潔婦正一邊聽著隨身聽，一邊吸地板。從我的位子可以朝北看到曼哈頓中城，這座城市的燈光在一片漆黑的中央公園四周閃爍著。是的，能有那筆錢確實非常棒，但在那一刻，我真的覺得自己願意為了能坐在這個位子上，而付錢給所羅門兄弟。儘管我還很年輕，但是已經能直接與「財星五百大企業」的領導者一起共事，在這裡的每一天都可以獲得啟發。

但我是否該有個數字？我希望不要。我覺得即使只是心裡有個數字，也可能會使我開始對自己正在建構的人生感到不滿，而且我才剛工作幾年，我覺得這份工作很有趣，同時也富有挑戰性。我不想要汙染它。心中有這個數字可能會讓我只關注獎金，而不是工作（包含那些交易、客戶，以及我的同事）。然而，是我太天真嗎？是否我終究會變得對這一切不再著迷，開始只把工作當成一個數字看待？

我現在說的是十幾年後的獎金日。這時，所羅門兄弟已經被旅行者集團收購，而旅行者又進一步和花旗銀行合併。我目前是TMT組的主管，是我們公司投資銀行部底下最大的一個組別，所以我必須把數億美金分配好，並發給許多在我們部門工作的人。此時在矽谷上班的我會跟著太陽走，在清晨開始打電話給所有在歐洲和紐約的小組成員，通知他們的年終獎金有多少，接著會親自與我們在美國西岸的成員會面。最後，我會等到半夜再打給亞洲區的人。我發給他們每個人的獎金比多數人一輩子見過的錢都還要多。

我很討厭獎金日。獎金日唯一肯定會發生的事就是，幾乎沒有人會覺得開心。多數投資銀行家都對自己應得的獎金感到失望，無論那是一筆多麼龐大的報酬。對他們來說，這個數目幾乎微不足道，因為他們的不滿是事前就可以確定的。

獎金會議不僅表示一年的結束，同時也代表著針對未來一年的首次協商。多數人似乎都覺得，若他們在被告知獎金數目時表現出感激與欣慰的模樣，你明年或許就不會那麼努力替他們爭取。但如果他們說你虧待了他們，你明年可能就會更盡力補足這個部分。他們像是大學籃球教練般抱怨裁判對某項犯規不予裁決，雖然知道為時已晚，但還是希望這樣的不滿之後會換來好結果。我寧可相信，作為一個承受辱罵的裁判，這招對我不管用。但有時我會想，它是否確實有些影響？不管他們的反應是什麼，我依舊試圖做出最公平且慎重的決定。

我看了一下這天要會面的人員名單，試著猜想，哪個人會很難應付，以及哪個人將相對和善。這從來不是有趣的一天，但身為一個管理者，這是一年當中最重要的一天。因為唯有在此時，我的員工才能得知自己在團隊與公司裡的價值，而且他們都知道，這樣的評價有明確的數據支持。有些管理者，例如我的第一個主管，只是宣佈一下獎金數字，然後就請屬下離開。但其他管理者則會利用獎金日與團隊成員多做交流，並且重新調整他們的重心。我傳遞這個訊息的方式可能會促使他們在接下來的一年更有動力，相反地，一個錯誤的用詞或不恰當的句子也可能會把事情搞砸，讓他們耿耿於懷，導致生產力、工作表現與士氣受到影響。大家在這一天都變得非常敏感。

一個人對他所獲得的獎金會有什麼反應，可以從三個層次來分析。第一個層次大多是以真實世界的感受作為基礎，幾乎所有在華爾街工作的人都承認，他們的獎金是一筆龐大的數目。他們的母親都會為此感到驕傲。但下一個層次進入了某種「另類現實」的境界，因為每個人都會想知道，和全公司其他相同層級的人相比，自己得到的獎金落在什麼位置。絕對數字變得不再重要。他在意的是，自己是否領得比坐在走廊盡頭的喬伊多。這個人會心想：「我比喬伊優秀，所以最好要領得比他多。」第三個層次則延伸至整個產業，他會自問：「和那些在摩根史丹利或高盛工作的人相比，我們公司給我，還有我這個階層員工的獎金是什麼水準？」此時，這些獎金數目已經超出一般大眾的理解與經驗範圍，即便它們仍然在華爾街的預期與標準之內。隨著時間過去，這些人會把他們的處境正常化，不再將自己獲得的鉅額獎金視為一種另類現實。反而還會開始覺得，老家所身處的商業大街世界，是個很奇怪的地方。

儘管大家往往會在獎金日不停地宣洩不滿，偶爾還是可以喘息一下。在很少見的情況下，收到獎金的人會確實表現出感激與欣慰的樣子。在清晨幾通劍拔弩張的電話之後，提姆是我第一批要親自碰面的人之一，這是他擔任副理的第二年。我們快要結束閒聊時，我可以看到他臉上露出緊張的表情。

「所以這就是……」他緊張地笑了一下，「不要在西班牙吃印度菜的原因！所以……」他有些吞吞吐吐。「我們現在要幹嘛呢？」他已經看過他的員工評鑑結果，現在只是想知道那個數字而已。

「嗯，提姆，根據評鑑結果顯示，你這一年表現得不錯。」

「謝謝你。我很享受，同時也對明年感到興奮。」

我看了看手裡的那張紙。「你先前的獎金是三十萬美金，今年我們把它調高到三十二萬美金，也就是提升了百分之七。」我試圖讓這件事聽起來很棒，即便對一個已經擔任兩年副理的人來說，這樣的調升幅度非常少，而且讓他的成績顯得比同層級的人低。但提姆只是笑了一下。

「噢，哇，」他說，「非常謝謝你。」

「就這樣吧。」我頓時鬆了一口氣，雖然沒有表現出來。我不能向提姆坦承，他今年是我們所謂的「塞子」——「塞子」是指在其他人的獎金數目都已經確定之後，為了使各項數字與計算結果吻合，把獎金池裡剩餘的殘渣塞給他的那種人。

「我的父母親不會相信這個消息的。」他邊說邊站起身來，往門口的方向移動。在他的手指觸碰到門把時，他停頓了一下。「我的父親總是說：『我們很了解你，你能做的事不可能值那麼多錢。一定是哪裡搞錯了。』」提姆大笑了起來。「無論如何，希望你的獎金也令你滿意。新年快樂。」然後他就離開了。這傢伙真是好樣的，我默默地牢記，明年一定要更努力替他爭取。

我看了一下這天剩下的獎金會議，還有那些要打的電話。還剩下不到十六個小時。我心想，或許一切不會那麼糟，可惜，情況就是這麼糟。

大家對獎金的反應通常可以分為五個等級。提姆是罕見的第一級，他在所有颶風裡是最溫和的，雖然氣氛有點緊張，但你知道自己能存活下來，因為當得知他會在幾天內收到超過三十萬美金的錢時，他是真的很高興。他會感到滿足，或許是因為他才當了兩年副理，對獎金日的體驗還很少。隨著時間過去，再加上相關經驗變多，他很有可能因此上升至更不願意接受這一切，同時也更兇狠的級別。

那天早上稍晚，我和亞歷珊卓會面，她的反應就是很典型的第二級。她是一位去年領了六十萬美金的副總，今年我則給了她七十七萬五千美金。「謝謝你，」她平靜地說，「我想要對這個數字感到滿意，所以請告訴我，你已經竭盡所能。這樣我就滿足了。」第二級的人通常會保持禮貌，不覺得有必要直接對我的決策過程或結論提出質疑，但他們希望我能保證自己已經努力替他們爭取。

第三級的人最常見，在我遇過的人當中，他們佔了超過一半。這些人的主要特徵是，他們會不停地質疑你，而且通常擺著一張臭臉。他們不斷追問的目的是要讓我感到不自在，但又想要避免全面衝突。傑克是很典型的第三級；他是一位協理，我把他的獎金從去年的八十萬調高到一百萬美金。「你的獎金提升了百分之二十五。」我這樣告訴他。對此，他並不感激，但也沒有非常生氣，就只是想讓給了他一大筆錢的我感覺很差而已。「一百萬？」他說，「天啊，你有唸對數字嗎？我這一年表現得很好，然後你只給我該死的一百萬？糟透了！我以為公司非常重視我，真不知道今晚回家我要怎麼面對我老婆。」

我原本打算用「領到一百萬美金感覺如何」來恭喜傑克——這句話我之前曾經用過，效果還算不錯，但顯然他不會想聽到這句話。在一陣嫌惡之後，他的問題排山倒海而來：「我是我們這個層級領最多的嗎？」「你是怎麼得出這個數字的？它很難嗎？」「你有去爭取嗎？」「有多少人封頂了？」

面對第三級的人，你知道他們其實是在裝模作樣，但那是一種「方法演技」，他們真的相信自己很可憐，還可以確實感受到那種厭惡（即便那是裝出來的）。他們可能不會直接指責你，但是會責怪公司，怪那個隱藏在會議室裡的委員會再次惹惱、藐視他們，竟敢給他們區區一百萬美金作為年終獎金。

當然，第四級的人更狠毒。瑞克這位年輕的董事總經理畢業於常春藤名校，享盡特權。「聽好了，瑞克，」我開口說道，「你不會喜歡這個數字。」

「噢，我的天啊，」他回應，「你說什麼？」

「首先我要說，雖然根據書面報告，你這一年表現得不錯，但你的獎金卻與去年持平，這是因為我們實施了一項新政策……」

「等等，」他插嘴說，「你剛才說的是他媽的『持平』嗎？你最好說的是『肥厚』（fat），而不是那該死的『持平』（flat）。」

我試著再說一次。「瑞克，主要原因是我們的新政策規定，獎金中有百分之二十五會與你的『文化分數』，也就是你在公司的群體裡表現如何綁在一起。大家都不會只因為為公司帶來多少營收而獲得獎勵或受到處罰。每個人都會從同事那裡得到一個三百六十度評估，而我們都不覺得你有盡力在公司文化方面做出貢獻。」他和我一樣很清楚，這就代表「你是個徹頭徹尾的混蛋」。

「讓我把這件事搞清楚。」他把手指放在太陽穴上，彷彿在試圖召喚某種特殊力量。「因為我實在很難理解，我們現在到底在說什麼鬼。」

「好的。」於是我依照他的需求，盡可能地提供他線索。這是應付「颶風等級」較高的人的唯一方法。

「所以你的意思是，一堆笨蛋評鑑我有多難搞，然後就因為這個原因，所以就算我今年為公司賺進了該死的五千五百萬佣金，我的獎金還是只能維持在兩百萬嗎？」

「恐怕是如此，」我冷靜地說，「而我正好是評鑑你的笨蛋之一。你的工作表現很出色，瑞克，但我覺得你可以更有效地傳遞公司文化。」

「傳遞公司文化？」他表現出極度鄙夷的樣子。「這裡不是該死的夏令營，這是一家投資銀行。」

多數第四級的人都和瑞克很類似。他們會氣到血脈賁張，而且可能會揚言要去找其他工作。他們八成會告訴你，自己剛從某家對手公司獲得一份條件更好的工作（時間點恰好就在今天早上），真不知道自己現在為什麼還要留在這裡讓人糟蹋。

在對付第五級的人時，你面對的是「狗屎風暴」（shitstorm）[99]全面來襲。明智的選擇是用木板封住窗戶，並趕緊撤離，但現在已經太遲了。勃然大怒的他們咆哮、咒罵；若現場有桌子，他們是會翻桌的。彷彿你損害他們的名譽、玷汙他們的名聲、在他們的祖墳上撒尿、跟他們的配偶上床、毆打他們的孩子。你會試著說：「但奇普，這可是四百五十萬美金……」然後，這場風暴又會再度狂飆。總是有少數幾個第五級的人存在，你未來絕對不會想再幫助他們。

奇普是一位董事總經理，他負責領導科技組底下的一個小組。我把他的獎金從三百萬調高到四百五十萬美金，提升了百分之五十，而且我很努力替他爭取。我真的以為他會因此感到興奮。但實在很難預測，哪些人會像提姆那樣愉快、感激，而哪些人又會像奇普如此暴怒，不停地詛咒、辱罵。

一般而言，大家的反應與獎金層級有關。等級一和等級二的人通常比較資淺，領到的獎金也比較少，但他們還是很開心、和善。另一方面，那些領得最多的人通常在公司待得比較久，他們往往會表現出不滿與自以為是的樣子，因為他們工作的目的更明顯是為了錢。因此，當這筆錢沒有超出預期時，他們就會感到惱怒。

電話會談的狀況絕對不會比較好，但至少在他們表達強烈不滿時，我不必看到他們的臉。最後，時間終於來到半夜，我掛上電話，然後拿起外套。「這些不知感恩的傢伙。」我把燈關上，並往出口的方向走去。

⊕

讓我明白地說，這樣的薪酬水準，以及伴隨而來的種種行為往往是很瘋狂的。據紐約州主計長估計，二〇一七年，紐約的證券公司總共支付了三百一十四億美金的獎金，這是自金融危機以來最高的金額。一般大眾對銀行與華爾街的真實反應，通常都是覺得金融界的人賺得太多。多數在華爾街工作的人都同意這種看法，即便隨著時間過去，他們可能會脫離這樣的現實。由此可見，這一切很瘋狂。但為什麼事情會變成這樣？為何這個行業的薪酬制度會如此極端？

一九八六年的某期《財星》雜誌以一位年輕的投資銀行家作為封面人物，這位銀行家高傲地拿著雪茄，冷酷自信地看著鏡頭，封面的大標題以紅色大寫字母寫著「坐領鉅額薪酬的華爾街金童們」。標題下方的文字說明則這樣寫道：「三十一歲、生於堪薩斯的大衛．魏蒂格在投資銀行基德．皮博迪一年賺約五十萬美金。」（魏蒂格就是後來負責管理所羅門企業併購組的那個人；他是一位董事總經理，曾經和我的妹妹一起打高爾夫球，以及在面試麥可．索南時，用泰特波羅的機身編號，還有在垃圾箱裡找出被丟棄的《華爾街日報》來折磨他。）這期《財星》雜誌的封面在整個金融界，以及金融界之外，都造成了很大的轟動。這是華爾街的薪酬首次受到廣泛討論，從很多方面來看，這都是促使金融服務業開始朝「報酬透明化」方向改變的關鍵時刻。當華爾街的人因為這些數字被大剌剌地攤在陽光下而目瞪口呆時，商業大街的人也同樣對魏蒂格的收入感到吃驚、厭惡，甚至好奇。

「這就是我到華爾街工作的原因。」凱文．泰斯回憶道，「我在一九八六年的《財星》雜誌封面上看到大衛．魏蒂格，他抽著雪茄、一年賺五十萬美金。我還記得我坐在那裡心想：『什麼啊？』當時，我在丹佛中央銀行一年才賺兩萬四千美金。雜誌封面上的魏蒂格是一個重要象徵。所有華爾街的人都嚇呆了，因為在那之前的風氣是，你不會吹噓自己賺多少錢。但魏蒂格直接公開告訴你，你在華爾街可以賺多少錢。」

資訊透明度增加通常會帶來正面迴響，但就華爾街的薪酬而言，這期《財星》雜誌封面所引發的討論在許多方面改變了華爾街的文化，以及商業大街對金融界的看法——大部分都不是好的。很多從事金融服務業的人都變得更注重報酬，獎金數目成了他們衡量自我價值與滿足感的指標。

隨著華爾街的獎金數字日益透明，金融業也變得越來越複雜難懂。一般人更難理解，這些人領那麼多錢到底都在做些什麼。他們獎金激增，原因卻不明，這導致大眾普遍不信任華爾街。等到事情真的出了差錯，負面報導只會突顯最糟糕的部分，以及那些最肆無忌憚的人，讓銀行家們很容易就激怒商業大街的人。在金融服務界發生的事有非常多都不在大眾的視線範圍內，但這並不是刻意避開大家的注意，而是金融工作的本質就是如此。比方說，在進行企業併購時，優勢經常來自獨家資訊。在交易進展的過程中，相關人員當然不能鉅細靡遺地透露他們做了哪些事。這也表示，會被報導出來的只有事情的最終結果，以及各種不良行為而已，而其他細節（複雜的過程與細膩的談判）都在幕後默默進行。

所以具體來說，這些華爾街的人究竟在做些什麼？要賺這麼多錢，必須擁有什麼樣的特殊才能？以企業併購而言，一個人必須同時具備多種知識與技能，從熟悉客戶身處的產業與策略樣貌、了解驅使兩個事業體結合的因素、進階財務分析、併購會計、交易策略、企業治理，到針對收購價格與交易條件進行協商。在交易進行的過程中，你必須掌握客戶的心理、意圖，討好他們（對參與談判的另一方也是如此）。「誰將在交易完成後成為公司的最高領導人」往往是優先考量的問題，這甚至比合併或收購所帶來的價值與效率提升還更重要。我很喜歡這份工作，是因為它至少需要我的「定性技能」（qualitative skill）[100]（例如建立信任的能力），以及量化技能與分析技巧。

企業併購是一場硬仗。在這當中，有大贏家，也有大輸家，而且過程複雜，充滿各種壓力與風險，這和任何保持最高水準的運動員所面對的沒有什麼兩樣。但更明顯的是，職業運動員這麼做是為了錢。我們可以打開電視機，看他們揮舞球棒、投三分球，或打長距離的五桿洞攻上果嶺。然而，華爾街不像職業運動和好萊塢電影一樣可以供人觀賞，因此金融從業人員的高報酬更難理解與合理化。

但就算我們拚命想為華爾街瘋狂的薪酬水準提供正當性，我們能否試圖理解自己是如何到達這種境界？高盛和花旗的科技組到底做了什麼，才能創造出十億美金的營收？他們負責承銷科技界最大規模的公開募股，或參與科技界最大規模的併購交易協商，例如企業軟體供應商甲骨文在二〇〇四年惡意收購商用軟體公司仁科（PeopleSoft）。這些公司都想聘請大公司裡最傑出的人才來伸張他們的利益；若你進行的是一筆囊括多項防禦策略與繁雜治理問題，總金額高達一百億美金的複雜交易，為了讓最優秀的人替你服務，你會願意支付四千七百萬美金（還不到交易總金額的百分之一）作為佣金。

這個道理適用於每一個產業。總是有幾個表現最出色的人存在，如果你是市場上最傑出、可以帶來龐大營收的人，基本上你就能從這筆營收中賺取一定比例的報酬。若你是全球頂尖的電影演員，你的表演可以為你贏得鉅額酬勞；若你是全球頂尖的美式足球四分衛，也能賺進很多錢。若你是最優秀的企業家、交易員或交易撮合者，也可能獲得非常豐厚的報酬；不管表面上看起來如何，要在金融界拿出最高水準的表現確實需要才能。

但即便你認同在華爾街工作的人具備多種特殊技能，他們的獎金數字是否一定要這麼驚人？難道不能做同樣的工作，然後領少一點錢嗎？或許可以，但一旦市場決定這份工作的必備經驗與才能有多少價值（這個價值總是一再被重新計算），要回到過往年代的水準就會是很困難、甚至是不可能的事。在一九九〇年代早期，所羅門兄弟發生國債醜聞（保羅．莫瑟在債券拍賣上動手腳，因此差點讓公司倒閉）之後，為了協助拯救所羅門，並矯正公司內部的弊端，華倫．巴菲特同意擔任臨時主席。當時，調降獎金就是他的主要目標之一。他覺得所羅門的銀行家領得太多——當然不是只有他這樣想——這種現象招致腐敗與龐大的風險。於是，他宣佈了削減整家公司獎金的計畫。

很快地，公司就面臨員工叛變的威脅。這是我在所羅門工作第二年時發生的事，那時我還在因為自己有領到獎金而感到驚訝。還記得有位更資深的同事凱薩．施懷哲說，如果謠傳屬實，公司真的只給他們這些董事總經理「區區」五十萬作為獎金，他會衝去跟主管說：「去死吧，我要離開這裡。」公司裡有許多人都有相同的想法，像凱薩這樣直接說出口的人也不在少數。他最後沒有受到獎金縮水的影響，但有很多人都被波及。他們收拾家當，到待遇更好的地方去，因為那些對手公司不僅願意也急著按照市場行情僱用他們。由於離職潮一直持續，巴菲特明白他只能收回成令，讓所羅門的獎金回到與華爾街其他公司一致的水準。他了解到，為了留住最優秀的人才，公司必須付出這些錢。

⊕

我和凱文在同一年（一九九八年）成為董事總經理。當時，市場上的大規模交易十分熱絡，這代表能賺取鉅額佣金，而那些最傑出的人報酬極為豐厚已經不是什麼祕密。公司之間經常相互挖角，凱文很快就成了他們挖角的對象。

二〇〇〇年四月，他從資深銀行家法蘭克．奎特龍那裡獲得了一份加入瑞士信貸第一波士頓（Credit Suisse First Boston，即瑞士信貸的投資銀行部）科技組的工作。更確切地說，奎特龍提供兩種薪酬方案，他不確定該如何抉擇。對凱文而言，無論哪種方案都是大幅躍升，所以他肯定會擇一接受。陷入兩難的他跑來找我商量。

「這是一個很困難的選擇。我必須和他們公司簽兩年約，奎特龍說我可以選保證年薪八百萬美金的方案，也可以選年薪四百萬美金，再加上業績分紅的方案——不許哭（no tears）。」

「他真的說了『不許哭』嗎？」「不許哭」是華爾街慣用的行話，意思是「接受你自己的選擇，若到時發現這個選擇是錯的，不要哀號」。

「是啊。」

業績分紅的方案很吸引人，因為這表示凱文的報酬將直接與整個科技組的成績綁在一起。這個選擇的風險比較高，因為市場說變就變，但最後也可能領得比一年八百萬美金多。問題在於，凱文希望自己的收入有多少確定性。一年八百萬、綁約兩年的方案則保證能賺進一千六百萬美金，無論市場或瑞士信貸發生什麼事。

「凱文，」我說，「我不知道你是否還記得這件事，但當年我們還是副理時，你問我，我的數字是多少。那時，你說你的數字是四百萬美金，只要賺到這筆錢你就想要離開了。瑞士信貸在兩年內就給了你這個數字的四倍。你何不選擇一年八百萬、綁約兩年的方案呢？」

他思考了一下。「是啊，」他有點不情願地說，「好主意。」然後選擇了這個方案。

在接下來的幾年裡，他將遠遠超出四百萬這個數字。我在想，這是否代表他終將結束這份工作，開始擔任籃球教練。這個問題不適合現在馬上問，畢竟他正要在新公司迎接令人興奮的新挑戰，但我實在忍不住好奇，在他超越自己的目標後會發生什麼事。

⊕

當花旗讓我和同事們用「熱情計畫」來改善公司文化時，我們所實施的新指導原則包含了五十五項改變，其中最具影響力的就是有關獎金的規定。若某個人工作表現非常出色，但他是個令人無法忍受的傢伙，獎金最多可能會被扣掉百分之二十五。他會獲得三百六十度評估，他的主管、屬下，以及其他在他身邊工作的人都會參與評鑑。（在我們的企業文化評鑑裡，我最喜歡的一句評語是：「我的主管賞罰分明，他會同時拿棒子與胡蘿蔔面對我。」）

在我們確立「每個人的獎金中都有百分之二十五取決於他的文化分數」這項規定之後，很多資深董事總經理都覺得自己會被豁免。但他們和所有人一樣接受了相同的評鑑；儘管這些人大多是我的同儕，我還是敢對他們施加壓力。

在一場會議上，我們針對某位董事總經理的獎金進行討論。他這一年表現得不錯，但他的文化評鑑結果非常糟，而薪酬委員會想給他最高的金額。

「我們不能給他那麼多，」我說，「他的文化分數其糟無比。」會議室裡的那些人都看著我，彷彿我在雞尾酒盆裡撒了泡尿一樣。

「你應該是在開玩笑吧，」有個人說，「我們沒有認真看待這鬼東西到這種程度，對吧？」這些人就是當初批准新規定，並指派我擔任文化官的那群主管。

所有人都轉過頭來，看看坐在桌子尾端的那兩位主管有什麼反應。他們兩個人很快就鎮定下來。「我們當然很認真看待。」其中一位主管說，另一位主管則跟著點頭。「我們必須為整間公司樹立行為典範。」

然而，我們都明白真相是什麼。他們之後很可能會私下調整，把這位董事總經理的獎金補回來。當然，他們必須在會議上表現出支持的樣子，但顯然對制定這些規定的主管而言，企業文化這種東西很少對獎金造成影響。

但在面對我自己的團隊時，我還是堅持遵守這項新規定。結果，瑞克這位「颺風等級」第四級的董事總經理獎金因此沒有成長，維持在兩百萬美金，即便根據書面報告，他這一年表現得非常好。對此，他極度不屑。他實在很難共事，所有人都同意這一點，所以當我們在董事總經理的薪酬委員會上針對他的獎金進行討論時，我們決定他的獎金必須被扣滿百分之二十五（因為他是個混蛋），我還特別確保公司有確實堅守這個決定。最後，瑞克被調到其他組別，那邊沒有這麼嚴格遵守這些關於公司文化的新規定。我寧可相信，儘管失去了一個能創造龐大營收的人，我們這一組在瑞克離開後會表現得更好。因為這能讓我們團隊有信心，他們的主管很用心打造一個正面積極的工作環境。

我相信，將一個人的獎金與他在公司文化方面的貢獻綁在一起，是很有效的一種做法。因為這會讓公司的重心保持平衡，避免大家過度執著於報酬，以及為公司帶來營收。但多數公司都不願意真正為企業文化付出，就連花旗的多數部門也是如此，我只能說後果自負。

⊕

在搬到加州前一年的某天下午（當時我還是在紐約辦公室上班的年輕董事總經理），我結束一場會議剛回到公司，就看到幾十位投資銀行家圍在一張桌子旁。他們一邊大叫，一邊揮舞著手裡的錢，似乎在為某場激戰加油吶喊。「上啊！對，就是這樣！你成功了！」我走上前去看了一下。我們企業併購組的主管葛瑞格正在那裡和一名年輕分析師比腕力。汗水不停地從葛瑞格光禿禿的頭上滴下來。這群銀行家正在打賭，他們很多人都賭主管會贏，儘管很明顯地，觀賽者都在幫這個年輕人加油。

葛瑞格身材高大、體格健壯，非常喜歡比腕力。渾身充滿睪固酮的他會拿著球棒在部門裡四處走動，一邊走一邊揮舞，彷彿在練習揮棒。深受歡迎似乎是他最大的願望。比腕力是男子氣概的展現，葛瑞格會把一張桌子清空，然後向大家下戰帖，看誰有勇氣與自己的主管較量。或許有人會以為像他這樣的人很少輸，但其實並非如此。這一天，這名年輕分析師就把葛瑞格逼到無路可退。

我之前已經看過這種盛大的場面許多次，再加上有份工作的截止期限正逐漸逼近，所以離開比賽現場走回我的位子上。才剛坐下來，圍觀的群眾就歡聲雷動，那個年輕人贏了。當人群散去時，他們紛紛把錢轉手，那些賭對人的傢伙大聲炫耀著他們打算怎麼花這筆錢，例如在彼得・魯格（Peter Luger）[101]享用牛排、周末和女友一起去度假，以及買首飾送給老婆。我瞥見葛瑞格一邊把袖子放下來，一邊衝了出去，他很討厭輸給別人。

葛瑞格在隔周安排了一場會議，他說要和我談論我在公司裡扮演的重要角色，以及科技市場過往的成長。那時是二〇〇〇年五月。就如同前一個月的凱文・泰斯一樣，很多人都已經被其他銀行挖角，因此大公司都想留住優秀的人才，並且讓他們深信自己的待遇很好。當時，炙手可熱的科技市場瀰漫著一股興奮且瘋狂的氛圍，同時也帶著一絲擔憂，害怕這樣的好日子會突然結束。即便到了那個春天，市場曾經重挫，還是沒有人願意接受這場派對或許已經結束，而是寧可相信這種現象只是市場修正。我覺得葛瑞格和他的主管們擔心我可能也很想離開，尤其是凱文才剛被一大筆錢吸引走而已。我是公司現在唯一一個負責科技業交易的董事總經理，如果我也離開，將對公司在科技業的成績造成傷害，而且那時市場還非常熱絡，不能再承受失去另一個重要人物的風險。

葛瑞格敲了一下門就跑進我的辦公室（我都還沒請他進來）。「小瓦！」他用低沉而有力的聲音說道。他的管理風格本來就很豪邁，彷彿是大學兄弟會會所的主席，而我們則是這個兄弟會裡的成員。他自行在一張椅子上坐下來，劈頭就說：「聽著，你今年已經表現得好極了。我們希望你明白我們很感謝你，所以我們『鎖定』你了。」

「你們鎖定我？」我知道「鎖定」這個詞是什麼意思。為了使我打消去其他公司工作的念頭，他想先讓我了解，我的年終獎金大概會是多少。但我還是很訝異，這時才五月，通常還有整整七個月，獎金才會確定。當然，我今年到目前為止確實表現得很好（老實說，在網路泡沫期間，很難表現得不好），而我也可以料想到，獎金最後應該會比去年多，但我根本還沒有思考過這件事。

「沒錯，」葛瑞格說，一邊不斷用手指關節敲擊桌面，「我們用四百三十萬美金鎖定你了。」

當時，我唯一的想法只有「真是見鬼了」，這個數字比我去年獎金的三倍還要多。然而，我受過的企業併購訓練教會我，絕對不能對任何不確定的提議做出反應，因此我的表情並沒有改變。葛瑞格看到我板著一張臉，他的笑容消失了。幾秒鐘後，我傾身向前說：「你應該不要給我任何數字，然後保留一點可能性，讓我相信你們會給我合理的報酬，而不是直接跟我提這個，讓我完全不期待你們會做正確的事。」

我坐回椅子上，心想：「我剛才到底說了什麼鬼？」葛瑞格臉上的表情也反映出同樣的感受，原本那副神氣的模樣蕩然無存。他起身離開，嘀咕著說很快就會再來找我。我看著他走出門外，短暫地想了一下，我剛才的反應屬於哪一個颶風等級。

為了釋放內心壓抑的情緒，我去吃午餐時散步了一會兒。花旗的投資銀行部位於靠近曼哈頓下城的翠貝卡區，往南走到三一教堂，再沿著華爾街走七個街區到東河，是我最愛的散步路線之一。在我剛搬到紐約，以及每當將要完成一筆重大交易時，我都會沿著華爾街漫步，當作個人的小型慶祝儀式。有那麼幾分鐘，這讓我感覺自己是偉大歷史的一部分，而我之所以會來到這裡，是有某種意義的。這條街其實很短，這令我感到驚訝，因為這裡可能是全球最著名，同時也最具影響力的地方。若走得快一點，只要五分鐘就可以從頭走到尾，但我喜歡慢慢走，好好欣賞這個古色古香的地方；這裡有以大理石建造的古老堡壘——紐約證交所，以及少數幾家在此處還有辦公室的金融機構（多數金融機構的辦公室都散佈在曼哈頓的其他區域）。

我思考自己為何會對葛瑞格的提議有這種反應。我應該對那四百三十萬感到非常滿足，但我也很清楚（那幾乎是一種本能），不能把心裡的滿足表現出來。我經常強調，我對獎金並不執著，它依舊不是我工作的動力來源，但是也不會假裝自己對每年調升獎金一點都不在意。這是人的天性，無論我們是老師、銀行家，還是長跑選手，都會為自己訂定目標、努力達成它，然後再設立新的目標。所以當獎金逐年提升時，我會感到滿足，因為華爾街就是用這種方式來表示我把工作做得很好。我心想，公司為什麼要因為我不在乎而得到好處？更何況，如果不展現出善於替自己協商的樣子，公司可能會認為你在代表客戶進行談判時，拿不出什麼好表現。儘管我相信這些論點，還是忍不住質疑自己想要更多的動機。

我當然不是華爾街上唯一試圖用健康的心態看待獎金的人。每年我的好夥伴史都華．戈德斯坦收到他的獎金時，都會帶妻子安妮莎去吃麥當勞，藉此提醒自己出身卑微。史都華在費城長大，父親是一位紙箱銷售員，因此無論他能獲得什麼好處、過怎樣富足的生活，他都不想忘記自己的根源。

然而，多數人在華爾街工作得越久，他們就變得越不知足，他們必須對自己的不開心有更深入的了解。他們總是試圖用某種角度來看待自己所獲得的報酬，希望別人協助他們判斷金額是否足夠。我還記得第一次聽到這些獎金數字時說：「你們怎麼可能會不開心？」對方就會開始告訴我，為什麼不該覺得開心：「嗯，彼特領得比你多，你不會生氣嗎？」我回答：「不太會。」他們會說：「你說這句話是什麼意思？你應該要覺得很火大。你比他聰明，也比他優秀，你比他更努力工作，為什麼他卻領得比你多？」在這種情況下，資訊透明是不滿的起源。我努力不讓自己犯這些錯誤，同時也替把賺錢當成工作主要目的的人感到難過。他們往往不喜歡這份工作，卻又很愛告訴別人自己都做了些什麼，而他們也喜歡從工作中獲得種種好處。

到了一年的尾聲，他們似乎都會用鉅額獎金買一份年節禮物送給自己，可能是一台車、一批新衣服、一間海濱別墅，作為一種犒賞。他們似乎需要藉由物質事物來使這筆獎金感覺更真實，證明他們又犧牲一年的光陰是值得的。生活失去控制的他們必須製造出快樂的感覺（像是在一月時買一艘遊艇之類的），才能彌補這一切。

我在這趟午間散步中抵達東河，有些遊艇在水面上輕輕晃動著（它們一直都停在那裡），還有幾艘渡輪駛離布魯克林碼頭，朝南邊前進。我右手邊的曼哈頓直升機場熱鬧非凡。地平線上有兩架從別處飛過來的直升機飛進我的視線，上面坐著的可能是某家公司的主管或某位政治人物。四面八方都有橫衝直撞的計程車呼嘯而過。這就是熙來攘往的紐約，各種人事物從上下、前後、左右等方位次第出現。

一周後，葛瑞格又來到我的辦公室，這次他氣勢全無。「好，」他說，「我們已經想過這件事了。你是對的，你對公司超級重要，所以我們用六百七十萬鎖定你了。」他說出這個修改過後的提議時，完全沒有熱情，證明他只是負責傳話而已。我知道他不想看到我領這麼多，但主管們認為，公司不能再冒失去另一位資深銀行家的風險，因此將四百三十萬提升至驚人的六百七十萬。

「好吧，」我說，「我接受。雖然這不太符合市場行情，但我明白，要在這家公司獲得與行情相符的報酬，必須先威脅公司說你要離開。不換公司也是有些好處的，所以為了留下來，我願意打點折扣。」葛瑞格看起來鬆了一口氣。我和他握手時，他似乎有點難堪。那年一月，也就是不到五個月前，我的獎金才一百四十萬美金，現在他們卻用六百七十萬鎖定我。結果我不僅不曾感謝他，連對他笑一下都沒有——我也變成了一個不知感恩的傢伙。

所有在華爾街工作得夠久的人都身處颶風等級第一到五級中的某個位置，我自己則是在職業生涯中的不同階段，體驗過每一個等級。我想相信自己比多數人都親切有禮，但是也必須承認，我曾經為了讓自己的報酬最大化，並贏得主管們的敬重（又或者是我利用了他們的恐懼？），裝出一副對鉅額獎金極度厭惡的模樣。

在這種情況下，資訊透明化讓所有人都變得不滿足，就連那些獲得大筆獎金的人也是如此。儘管多數人很容易就同意，這樣的報酬非常可觀。知道其他人究竟賺了多少錢促使我們要求更多，從而形成了一種獎金競賽，導致我們在心理上更在意自己的報酬，而不是工作。在某一年領得最多還不夠，你希望每年都能如此，你透過這種方式明白自己位處頂端，而主管們也覺得你是最好的人才。與此同時，金融界以外的人越來越清楚這個業界的薪酬水準，但他們還是不太了解，這些人領那麼多錢到底都在做些什麼。因此，雖然這些龐大的數字似乎不再讓人感到震驚，但外界對金融界依然變得更多疑。

結果顯示，大眾抱持懷疑的態度是有充分理由的。多虧了資訊日益透明化，現今的金融服務界已經與從業人員的年度薪酬周期有著密不可分的關係，而這是很不健康的現象。希望自己每年都賺得最多變成一種不正當的鼓勵，幾乎直接影響到銀行與投資界的所有面向。當對鉅額獎金的關注從投資銀行界轉移到投資界時，這場短期報酬的競賽就進一步擴及證券經理人，以及私募股權與避險基金的領域。由於想提高年度報酬或是季度報酬，驅使這些經理人運用讓年度收益最大化的投資策略，而不是長期持有。

於是，這樣的薪酬結構往往造成投資期限縮短，以及相對收益變低，這犧牲的都是投資人的權益，最後甚至連這些投資經理人本身的長期報酬也會一併犧牲。但在過去，情況並非如此。當然還是會發生這種事，但在投資策略沒有這麼偏重年度獎金周期的年代，這樣的狀況確實少很多。

夜深人靜時，筋疲力竭、陷入自我懷疑的你會坐在辦公桌前，對自己進行完整的評量。為什麼在華爾街工作？是為了令別人印象深刻嗎？是為了符合這個社會對成功的定義嗎？或者只是為了錢而已？你會把椅背往後傾、盯著座位四周的牆面看，然後開一瓶溫熱的汽水來喝（如果有的話）。在等待文書處理的過程中，你會一直用這些想法折磨自己。

華爾街的工作不僅對你個人的生活施加龐大的壓力，也使你無法與同事以外的人維持健康的關係。你就是沒有時間。就連保持最基本的衛生與處理雜事都顯得不太可能，除非你每天都可以在短短一個小時內匆忙地完成它們，然後把剩下的二十三小時都留給工作，以及偶爾讓自己忙裡偷閒。你再次取消某個行程，又錯過了與家人一起過節的機會，還晚了七個月才回覆朋友的電話。這種日子將持續好幾周，甚至好幾個月，你偶爾會休假幾天，但這樣的喘息時間都來得很突然，所以根本沒辦法做什麼特殊計畫。你會把一切簡化，大概就是到中央公園散步，接著閱讀星期天的《紐約時報》，彷彿這就是終極享受。看一部電影、喝一杯卡布奇諾。「這才是正常人的生活，」你這樣記在心裡，「它們都是基本的生活樂趣。」然後，你很快又會被捲進那個漩渦，而且可能會在更長的時間裡，都不知道這些樂趣是什麼。

在公司徹夜未眠的夜晚，你會問自己為什麼要這麼做。這些時候，你不在乎錢的事。這樣的犧牲似乎太大了。除了自我憐憫以外，你知道沒有人會替你感到難過，雖然他們都相信你的工作排程真的就是如此瘋狂。這是你自己的選擇。

但在夜闌人靜時，你會想自己是否真的有選擇。不僅僅是因為多年的學校教育與逐年累積的助學貸款使你困在這份工作裡，也不只是因為有許多人都很想踏進這個領域，或是你得跟所有人解釋為何要放棄從事這一行（特別是在你已經有了很大的成就之後）。而是因為華爾街是城裡最棒的行業，你怎麼可以輕易離開？你必須過挑戰比較少，也比較無趣的生活，與此同時也知道自己沒有回頭路，因為一旦你離開這個行業，就不可能再回來了。所以你只好繼續前進，試圖說服自己這一切都是對未來的投資，在將來的某一天，你就會擁有比較平衡的生活（包含愛情，甚至是一個家），這些錢到時就能讓你做任何你想做的事，例如成為一個拙劣的風景畫家、寫一本書、教別人打籃球之類的。但就算你某天真的做到這些事，你還能好好享受它們嗎？或者那部分的你已經死去？

「我的天啊，」你會心想，「我已經變得老套了嗎？我這是在回味某本書或某部電影中的內心獨白嗎？」

但這種焦慮是很真實的。你擔心這份工作會徹底改變自己，無論休多少假、財務狀況有多安穩都無法扭轉。「我是否已經變成金錢的奴隸，」你思考著，「無法再重視任何事勝過工作與報酬？」不管你怎麼說服自己，再犧牲一年也無妨，你還是會越來越難獲得真正的快樂。或許你終究必須離開這個行業。你總會針對腦海裡的各種假設進行微調，你可能會告訴自己：「反正我也不需要那麼大的房子，而且不一定要在海邊。度假可以更樸實一點。我可以學著自己煮好吃的菜，而不是去餐廳吃飯。」

時間來到凌晨兩點，然後四點，接著辦公室窗外的天空露出了魚肚白。你站起身來，然後在臉上潑了一些水。你沒有時間吃早餐。

但也許就是今天。你會在今天重新拿回人生的主控權，走進主管的辦公室，然後舉手投降。「鮑伯，」你會說，「我很喜歡在這裡工作，但我必須擁有自己的生活。」這一切是如此簡單！你會在今天說出那句很神奇，卻很難啟齒的話：「我不幹了！」

然而，你知道自己絕對不會這麼做。

⊕

凱文．泰斯到瑞士信貸工作八個月後，在某個周末打電話給我。幸運的是，那時我正好待在家裡，一邊收看新英格蘭愛國者隊最新一季的比賽，一邊吃著三明治。

「我搞砸了。」他說道。

我腦海裡浮現的第一個念頭是，他在某個醜聞或外遇事件中被逮個正著，雖然這不符合他的個性。我把比賽轉成靜音。「你做了什麼？發生什麼事了？」

「我應該要擲骰子才對。」

「你在哪裡？拉斯維加斯嗎？」我坐直身子。

「不，老兄，我現在說的是八百萬、綁兩年約的那個方案。我當初應該選業績分紅。」

「噢。」我再度陷進沙發裡，並拿起三明治。「你是說薪酬方案嗎？」我咬了一口三明治。

「是啊，」凱文說，「那該死的薪酬方案。你還記得嗎？我原本可以選年薪四百萬美金，再加上業績分紅，但我卻選了保證年薪的那個方案。」

「沒錯。」

「我應該明白：『怕輸就永遠贏不了。』」這是凱文最喜歡的一句話，同時也是他在人生、工作和賭場上的座右銘。「如果我當初選的是年薪四百萬，再加上業績分紅，我今年就能淨賺一千兩百萬美金。我不知道該怎麼辦。」

「你能怎麼辦？」我邊吃三明治邊問道。

「我想，我應該打電話給奎特龍說：『嘿，我知道我選了八百萬的方案，但我少賺了很多錢。你可以施捨一點給我嗎？』他是一個講理的人。他會發現，以我和我們團隊的成績來看，只拿那八百萬是不合理的。」

「凱文，」我說，「你已經做了選擇，就知足吧。不要因為你之前拒絕了分紅的方案而煩惱。」我連「不許哭」的部分都沒有提起。「況且，領八百萬的傢伙是不會被施捨的。」

⊕

和所有華爾街的人一樣，凱文．泰斯也陷入數字的迷思——他們追逐這個數字，接著達到它，卻發現這個數字變得更龐大、更遙遠，然後又繼續追逐。「我還記得我一開始的年收入是兩百萬美金。」他在很久之後回憶道，「那時我從商學院畢業了幾年，心想如果能賺兩百萬美金，應該就是這樣了。接著，對獎金的癮頭就出現了，你開始覺得：『嗯，我一直以為自己只會買價值五十萬美金的房子。』所以我的數字現在是八百萬美金，而且還在持續上升。這甚至變成了一種遙不可及的夢想。我們會開玩笑說這是所謂的『再過兩個獎金周期，我就不幹了』。等你做了兩年之後，又心想『再過兩個獎金周期，我就不幹了』，然後你的數字又變得更大，又會繼續追逐。」

但最後，凱文還是離開了這個圈子。在華爾街工作二十年後，他轉身離去、搬回他在科羅拉多州的家鄉，開始過著整天滑雪的生活，並且在美國業餘體育聯合會聯盟擔任籃球教練——多年前，他就告訴我他想做這些事。

儘管凱文很喜歡華爾街的工作，他已經準備好要改變了。「我會離開年薪數百萬美金的工作，是因為我想去做別的事，並不是因為我厭倦了。你知道嗎？無論從事什麼職業都會面臨這種狀況，比方你當了二十五年的牙醫，有天開始心想：『我不想再洗牙和處理蛀牙了。』我已經到了想體驗新事物的時候。我想開拓新視野，迎接新挑戰。我想認識不同的人，累積各種不同的經驗。我不斷收到好友的email，他們都還在努力拚搏，他們跟我說『你是這個世界上最幸運的人』、『我希望我也有勇氣做這樣的事』，諸如此類。你知道的，隨便他們怎麼說。」

凱文急流勇退，我很少在金融界看到有人這麼做。多數人都不能或不願意主動告別這一切。通常都是等到其他人發現他們的心已經不在，才請他們離開。凱文的情況很特殊，或許是因為他出身卑微，又或許是因為他已經接受「數字就只是數字而已」。如果你已經幸運地達到你心目中的那個數字，那就是尋找新目標的時候了。這是你為自己設定的目標，無法由你的會計師來衡量。

⊕

從華爾街開始實行的「報酬透明化」最後也擴及企業界。如今，大型上市公司主管的年度薪酬水準會公佈出來，像是比賽計分表一般，被同事、競爭對手，以及社會大眾檢視、分析與討論。人性就是這樣，這些執行長（其實是所有高階主管）會利用這些數字替自己爭取增加報酬，董事會成員往往不得不向他們的要求屈服。「你看，X公司的鮑伯比我多領五百萬美金，但身為Y公司執行長的我表現比他好很多，這點你不能否認吧。」結果，執行長的報酬日益透明化不僅提升了高階主管薪酬，同時也使大眾因為各階層員工之間的差距而感到憤怒。

我曾經擔任許多公司的董事會成員，並給予建議，我的親身體驗告訴我，領導階層的重要性無庸置疑。華倫．巴菲特也曾經說，他寧可擁有管理團隊很出色，商品卻很普通的公司，也不要擁有商品很出色，管理團隊卻很普通的公司。吸引並留住領導人才，是所有公司——無論是上市公司、私人公司，還是慈善機構——的董事會最重要的責任。因此，在決定執行長與管理團隊的報酬時，需要花費很多時間與心力。為了審慎決定出適當的薪酬水準，董事會必須參考其他類似公司的薪酬資訊，通常需要公司外部的顧問協助。這類對話感覺像是這樣：

「詹姆斯這一年表現得很好。」股東成員一號說。

「股價並非如此顯示，」股東成員二號說，「我們不該在股價下跌百分之七時，給執行長這麼豐厚的報酬。」

「但這不是他的錯，而且你也必須承認，他所提出的那些策略提案都將為公司帶來正面成果。」股東成員一號說。

「嗯，我們應該等這些提案確實讓股價上漲時再給他錢。」股東成員二號說。

「如果事情有那麼簡單就好了。」股東成員三號說，「大家都知道，我們的競爭對手X去年一直試圖挖角。我們不能冒險讓他們挖走他。」

沒有任何董事會想承擔失去優秀執行長，同時還得找人來接替他的風險。所以他們看了一下顧問提供的資料，然後同意給予高於中位數、但並非頂尖的薪酬——通常很接近第七十五百分位數，這樣他們就可以說，他們很大方地把詹姆斯放在第一四分位數（top quartile，即前四分之一）的位置。

接著，社會大眾就看到詹姆斯領到鉅額報酬，即便他沒有履行每位執行長都該設法達成的目標——股東價值最大化。因此，這看起來像是某種黑箱作業。往壞處想，這代表這家公司的董事會任由他們的執行長擺佈；往好處想，似乎可以肯定地說，美國所有公司的執行長報酬都高於平均值。

每個人選擇職業的理由各不相同。在最好的情況下，老師、醫生或牧師因為熱情、興趣、信仰，以及服務他人的渴望而從事他們的工作。他們的工作是一種使命。其他人則可能天生就適合從事某個職業，例如你在某個工業城長大，本來就有在生產線工作的機會。對老師或工廠工人而言，報酬絕對不會高到讓他們有「離開」這個選項。他們不會問：「我的數字是什麼？」若他們的心裡真的有個數字，那可能是可以開始領退休金或還清房貸的年分。

近年來，金融服務業出現了一個趨勢，那就是大家不再因為在這個產業工作而感到愉快。現在，許多進入金融界的人都把它當成跳板，當年我在商業銀行的第一份正職工作也是如此。如今美國的年輕人大批湧入矽谷，就如同過去湧入華爾街一樣；他們不僅能在科技界賺很多錢，也可以說服自己，這是一份高貴的職業。或者他們會鎖定私募股權公司，在那裡還是有機會賺大錢。

時至今日，為了吸引有才能的人到華爾街來，投資銀行必須比其他公司付出更多錢。因為這些人眼中看到的不只是能在科技界賺到多少錢，還有矽谷號稱每一個新裝置、App，乃至每一家新創公司都將「使這個世界變得更好」（不管這樣的主張是否具有那麼一點真實性）。

隨著關注焦點轉移，華爾街不再吸引最聰明、最傑出的人才。假使優秀的年輕人真的來到華爾街工作，很多人都將它視為某種新兵訓練營，讓他們可以在前往矽谷之前，先累積必需的經驗與技能。當我一九八九年開始在所羅門兄弟上班時，華爾街的社會價值還沒有什麼人懷疑，但現在狀況已經改變。雖然你還是可以說，現今多數金融服務業的從業人員仍舊對社會的正常運作有著正面貢獻，但過去三十年來，我們的金融體系變得如此複雜難解，商業大街的人已經幾乎感受不到這樣的貢獻。

就在幾十年前，只有少數人能變得極度富有，例如洛克斐勒家族、卡內基家族、范德比家族、福特家族，每個人都知道他們的名字。到了今天，情況則大不相同。

二〇一六年，美國有超過五百個億萬富翁，全球則有近兩千個。這時，美國有一千一百萬個百萬富翁，其中很多人都在金融服務業賺到這些錢。我們剛進入一個新時代：那些坐領高薪的人經常達到、並超越他們心目中的那個數字。於是他們拚命思考著，這代表什麼意義，以及如何影響他們的心理。所有人都曉得「擁有很多錢並不會令你感到快樂」這樣的陳腔濫調。這種說法或許是真的，也可能其實是「心裡有那個數字」使你變得不快樂。

在華爾街工作的人（如今也包含在其他地方擁有高薪職位的金融服務業從業人員）都落在兩條相互交叉的弧線上。起初，你從事這份工作是因為它令人感到興奮，同時也有機會賺很多錢。接著，你開始賺到這些錢，這份工作就失去了吸引力。就像規模龐大的交易、高風險的撲克牌遊戲、高空彈跳都有所謂的「衰減曲線」——當你對它越來越習慣時，一切就變得不再刺激。由此可見，有個時間點是金融工作的「甜蜜點」

（sweet spot）[102]，此時你依然很投入且充滿熱情，而收入也令你感到滿意。但接下來，當你走向極端時，這種興奮感就消失了。這份工作變得很苦悶，面對客戶、董事會或投資人也越來越不有趣；他們甚至變得讓人厭煩，彷彿他們只會妨礙你獲得豐厚的獎金。

你開始覺得自己宛如娼妓，只有在少數時刻才有那麼一點感覺。你正在出賣自己，因為你已經無法躲在經濟需求（支付帳單與照顧孩子）背後，也不能再偽裝自己還熱愛這份工作。你不知道錢竟然影響你這麼深，會使你無法喜歡自己的工作，但現在已經太遲了。它變成了一種「尋寶遊戲」，你還想要更多、更大、更好。你試圖假裝事情不是這樣，但一切變得越來越難隱藏。你身上某個神聖、脆弱的重要部分（讓我們稱之為熱情、真誠或靈魂）已經在名叫「快樂」的交易大廳被買賣。這場交易是以你內心的滿足感、你的友情，甚至是你的親情作為交換。

金融界的鉅額薪酬帶來了人類歷史上最嚴重的內在掙扎。明白「必須犧牲個人自由才能換取財務安穩」並不是什麼新鮮事。但這些在金融界與科技界工作、累積了龐大財富的人面臨的是更根本，甚至是關乎「存在」的問題：「我怎麼度過我的人生？」「我為什麼要工作？」「還有什麼事是我應該要去做的？」

金錢曾經只是為了滿足單純的生存需求，像是食衣住行和一些簡單的享受。那時，樹上枝繁葉茂，四處綠草如茵，是我們生命裡最美好的春天和夏天。接著，樹葉由綠轉黃，並掉落在地面上，我們開始看到山谷另一頭的田野，它們看起來更遼闊、更肥沃，所以我們很自然心生嚮往。空氣中開始透著些許寒意，於是我們在地窖裡放滿糧食、囤積木柴與各種生活必需品，然後關上門窗，準備過冬。最後，只剩光禿禿的樹木矗立在灰濛濛的天空下。我們望向數英里之外的那個地方——那些山丘與溪谷、房舍與農莊，我們全部都想擁有。突然間，屬於我們的這片土地顯得狹小而貧瘠。夜晚時分，我們在窗戶上看見自己的倒影，我們不喜歡這副模樣，我們不滿足的冬天已經悄然來到。

註釋

99. 在英語中，「shitstorm」這個字常用來形容在社群媒體上針對特定人物、機構或公共言論、議題等，突然爆發憤怒或不滿，這股情緒勢不可擋且持續不斷。

100. 定性技能和量化技能相對，指的是那些可以觀察到，但無法實際量化的技能。

101. 彼得・魯格是榮獲米其林一星的百年牛排館，位於紐約市布魯克林，曾經連續三十年被評為紐約第一名的牛排館。

102. 「甜蜜點」是指球棒或球拍上的最佳擊球點，若能擊中這個區域，球就會飛得比較高、比較遠。

9

CHAPTER

權貴階級

「讓貨幣貶值是最能顛覆現有社會基礎的微妙方法。」

——節錄自英國經濟學家凱因斯（John Maynard Keynes），

《凡爾賽合約的經濟後果》

（*The Economic Consequences of the Peace*）

這天，我們在大都會飯店裡的連鎖餐廳「桃福」享用遲來的晚餐。吃完飯後，我們走出飯店。在拉斯維加斯的繁忙夜晚，計程車通常都會排得很長，光是想到可能要等半個小時以上，就澆熄了我們的熱情。

我的朋友伊凡很熟悉這座「罪惡之城」的運作方式，他一邊朝領頭的迎賓人員走去，一邊從錢包裡掏出一些鈔票，並將它們摺疊起來。

「不好意思，先生。」

那位迎賓人員看了一下伊凡手中的錢，然後露出一臉燦笑。「先生，您請說。」

伊凡把那些鈔票遞給他，並問道：「有特殊待遇嗎？」

那位迎賓人員熟練地把疊好的鈔票塞進口袋裡，接著對停在附近的一台黑色汽車招了招手。「請稍等一下，先生。」司機把車開了過來，並把車門打開。於是，我們四個人擠進車裡，完全沒有跟司機談論車資的問題；我們因為省去漫長的等待而感到十分開心。

⊕

我在一九六三年出生，那時大家還不知道「權貴」這樣的概念。在我居住的麻薩諸塞州春田市，雖然有些家庭比較有錢，但所有人都在相同的街道上騎著腳踏車、看著相同的電視節目、得知相同的新聞。我們渴望得到的東西通常都很平凡，價格也不貴，像是一台比較好的腳踏車、新的棒球手套，或是當時很熱門的雅達利遊戲機。我們的父母親可能想要最新款的車子、一台比較可靠的烤箱，或是一間比較大的房子。但這些都是很普通的願望。我們不認識任何極度富有，或曾經搭乘私人飛機的人（我甚至不知道有私人飛機這種東西存在）。那時，不僅沒有智慧型手機、沒有網路，電視也只有幾個頻道可以看。在我們的小小世界裡，跟隔壁鄰居比較是常有的事，而他們擁有的往往不會比下一個鄰居更多。因此，我們的夢想都比較小，當時的社會沒有像之後充斥著不滿的情緒。儘管大家都為了更好的生活而努力，但並不會為此犧牲眼前的快樂。

在我們家，父母親經常提醒我們不要忘記自己出身卑微，因為他們的家族都來自希臘斯巴達。我父親在波士頓一個非常純正的希臘社區長大，他開始上學時完全不懂英語。我母親則在二十幾歲時移民到加拿大魁北克，後來又來到美國，她透過觀看動畫電視劇《摩登原始人》和影集《天才小麻煩》學習英語；她學這門語言學到精通，最後甚至在蒙特婁的學校教英語和體育。

我們是穩固的中產階級，但由於父母親都在缺乏現代化便利設施的環境下長大，家裡還是奉行大蕭條時代的節儉之道，例如絕對不丟掉任何東西、以撕碎的紙箱來補鞋子裡的破洞等。父親會敘述他們過去用彈弓獵捕鴿子，藉此餵飽家裡的人。母親則會摘鄰居院子裡的蒲公英葉給我們吃，這讓我的朋友們一直不願意在晚餐時間來我們家。她在斯巴達長大，那時沒有電，也沒有自來水。我曾經問她，為什麼我們不像其他家庭一樣去露營。「我從小到大都在露營，」她說，「我們不曾特地做這這件事。」雖然我自己從來沒有吃過鴿子，同時也花了很多年的時間才慢慢開始喜歡吃蒲公英葉，但我還是深受斯巴達式生活的影響，而且直到現在還是如此。

我還記得自己開始意識到潛藏在平凡美國生活底下的階級體系的那一天。我就讀的高中位於加州安那罕，我發現那裡的停車場比學校本身還要大，學生們開的不是普通青少年開的車子，而是賓士、ＢＭＷ、龐帝克火鳥跑車，以及雪佛蘭大黃蜂跑車。我似乎是學校裡唯一沒有車的孩子。等我終於在大學獲得屬於自己的車時，那是一台二手轎車。因為這台車是在車禍發生後被汽修學校的學生免費修好的，它車身的每一片面板顏色都不相同——紅色、白色、藍色，端看那次由班上的哪一群人負責那個區塊。整台車看起來像是某個瘋子胡亂拼湊縫製、帶有星條旗色彩的被子。我開著這台可笑的車子，把它當作一種驕傲。

我高中畢業後不久，電視節目《富貴名流的生活方式》在一九八四年播出，很快就累積了廣大的觀眾群。這個節目的每一集都會仔細介紹某位名人或商業大亨極其奢華的生活，並參觀他們的豪宅、遊艇、飛機棚、純種馬場、避暑別墅和海濱小屋。在每集節目的最後，英國籍主持人羅賓・利奇都會以他的經典名句作結：「香檳願望與魚子醬夢想」。對許多美國人而言，這都是我們初次認識所謂的「權貴階級」。我們不知道有人過這樣的生活，也不知道一切可以如此奢侈。

或許不滿足的種子一直都存在，只是後來它們生長的地方從社區擴展至全球。

二十幾年後，在俄亥俄州克利夫蘭郊區有個名叫羅根．保羅（Logan Paul）的十歲男孩，他學著用新買的攝錄影機，和弟弟傑克一起拍攝開玩笑與惡搞的影片。他將這些影片編輯之後，再上傳到YouTube上。這對兄弟的人氣持續攀升。後來，能讓使用者上傳六秒鐘短片的App「Vine」（這個App目前已經停止營運）使他們逐漸成為網路名人。

高中時曾經是美式足球與摔角明星的羅根，在被俄亥俄州大學錄取時已經是「網路名人」。因此，他放棄成為工業系統工程師的計畫、入學一年後就輟學，然後搬到洛杉磯，希望利用他的網路名聲進軍好萊塢。

羅根來自一般中產階級家庭。他本身沒有什麼特出之處，或許頂多是長相英俊、具備些許個人魅力，以及過度自戀。來自美國中西部的他身材高䠷、有著一頭金髮；他是一個普通美國男孩，可能在高中時很受歡迎，可以角逐舞會之王。然而，羅根．保羅有件事值得一提，那就是他進入市場的時機。若他在網路普及之前、攝錄影機與智慧型手機出現之前，以及App和影片分享功能誕生之前出生，恐怕不會有任何克利夫蘭郊區以外的人聽過他。但當他抵達洛杉磯時，他發現其他網路名人也做出了一番成績。而且，Vine上已經聚集了一大群觀眾，所以有幾個前衛品牌願意付錢給這些年輕人，讓他們在自製影片裡幫忙宣傳商品。突然間，這個迅速發展的業餘產業得以獲利，同時它很快就變得不那麼業餘，因為這些網路明星開始聘請攝影師與工作人員，儘管他們還是小心營造出自製影片的氛圍。

羅根和其他網路明星常被稱作「網紅」，因為他們不僅擁有廣大的觀眾群，也足以帶動潮流、影響人們的品味。他們非常精明，將自己塑造成深具影響力的品牌，因此擾亂了廣告界的運作。公司可以不必聘請廣告公司、找來大名人，到攝影棚裡拍攝傳統廣告，而是付錢給這些網紅，讓他們在「自製」網路影片裡宣傳商品，以此吸引大批年輕人的關注。

「這些網紅最獨特的地方在於，」我的朋友麥可．泰德斯科解釋道，「他們沒有才能。」他說明這些新媒體、行銷平台，以及位居世界頂端的網路名人如何誕生：「事實上，他們是內容創造者。他們利用像 YouTube 和 Instagram 這樣的影音平台來提供一些簡單的美容與保健訣竅。我想，說這些人沒有才能是不公平的。雖然他們在那些伴隨我們成長的傳統媒體，例如音樂、無線電視與電影上沒有才華，但他們在新媒體——發佈 Instagram 動態上確實具有才能。」

隨著名氣、財富與機會增加，許多網路明星不再只是依靠宣傳商品賺快錢，而是也開始宣揚一整套生活方式。因著科技與社群媒體，數百萬年輕人拚命追蹤這群「新名流」的動態更新，他們渴望獲得那些商品，並且變得魅力十足、受人歡迎。在社區附近悠閒地騎著腳踏車的日子已經過去。如今，年輕人探索的是更廣闊、更複雜的領域，同時他們也不斷意識到權貴的存在。

一九九〇年五月，走在春天的賓州大學校園裡，我已經開始懷念起在華頓的時光，我下周即將畢業。

儘管在進入華頓就讀前，我已經工作存了一些錢，同時也有獎學金、兼職打工，以及在所羅門兄弟擔任暑期實習生時賺來的錢，但我畢業時還有四萬三千美金的學貸債務。幸運的是，我已經找到一份工作，起薪幾乎是這個金額的兩倍，而且我也很節儉，否則這種狀況實在很可怕。

我根據通知來到助學金辦公室，跟相關人員討論貸款的償還期限。在幾次會面的過程中，那裡的每個人都很熱情，那天也不例外。坐在櫃檯後方的年輕女孩珍妮用溫暖的微笑迎接我。在進入正題之前，我和珍妮閒聊了一下，並談論我們的夏日計畫。

「是啊，」我說，「我之後可能會有好一陣子都不能像這樣長途旅行了。」

「你說得沒錯，」珍妮說，「我整個夏天都會待在這間辦公室裡，除了某一周會到紐澤西州的澤西海岸拜訪家人以外。所以好好去玩，讓我羨慕一下吧！你打算去哪裡旅行？」

「我要和其他MBA的學生一起去一個叫多明尼加的加勒比海島國擔任志工。然後，我想到巴黎拜訪一個朋友，但不確定能否成行，因為預算有限。我畢業時幾乎已經沒錢了，我想這個制度就是這樣設計的。」

「我的天啊，你是說加勒比海和巴黎嗎？」

「嗯，加勒比海的部分其實不太有趣，我們會住在茅草屋裡，並幫忙興建學校。多明尼加是全世界最貧窮的國家之一。」

「這聽起來像是一個很充實的夏天。你一定要留點時間給加勒比海的海灘。」

「是啊，我很確定我們會有一天的行程可以四處走走。」

珍妮在桌上攤開一疊文件。「你有想過再借一點錢來支援你的夏日計畫嗎？」

「這是被允許的嗎？」幾年前我曾在洛杉磯珠寶街擔任信貸專員，我很清楚自己不是理想的貸款人選，可以再借錢並用在長途旅行上。

「當然是。我們很樂意借款給我們學校的商學院學生，每個人的上限是五萬美金。讓我確認一下……」她看了一下我的資料，然後說：「你之前借了四萬三千美金，因此你還能再借七千美金。」

「我了解了。」我說，「所以你的意思是，我可以再借七千美金當旅費嗎？」

「是啊，你想怎麼使用都行。但我會建議你留一點錢，拿來支付搬家的費用，以及安排夏天過後的新生活。」

我心想，這是個很聰明的建議，雖然珍妮不知道那會是一筆多小的數目。我要搬的東西很少，一個行李袋能花多少錢？

「嗯，反正我都要還四萬三千美金了，」我說，「可能會直接借到五萬美金吧。」我想若我的工作已經安排好了，還五萬美金不會比還四萬三千美金困難多少。當然如果不幸搞砸，我不得不接受薪水比較差的工作，那時就會後悔多借這七千美金。但從整體來看，這似乎值得一試。

後來我逐漸明白，對商學院學生提供資金援助，和對大學生提供援助之間有很大的不同。由於ＭＢＡ的學生具備收入潛力，對學校而言，借錢給我們確實有利可圖，因為我們還錢的機率很高。他們非常希望能借我們錢。

珍妮協助我填寫了一些文件。接著從畢業後，到開始在所羅門兄弟受訓前的這八周，我都在旅行。在多明尼加，我白天幫忙興建學校與禮拜堂，晚上則要驅趕那些跑進我們茅草屋的硬毛鼠。然後，我又揹著背包從巴黎跑到希臘群島。那段時間，我很少想起這筆額外債務，反倒是對它所帶來的種種人生體驗心存感激。雖然當時華頓願意資助這趟旅行令人感到驚訝，後來我了解到，因為ＭＢＡ學位使我有機會在華爾街工作，這很有可能為我帶來可觀的財富，進而改變我的階級。因此，即便那時還處於負債狀態的我尚未清楚察覺，自己已經即將晉升權貴。

⊕

來到所羅門兄弟工作的第一個夏天，我一直聽到同事們互相詢問一個我聽不懂的問題：「你的『hamptonshaus』在哪裡？」我不知道這個字是什麼意思，它聽起來有點像德語。接著，不可避免地，有人也問了我這個問題——他名叫約翰，這是他擔任副理的第二年，而我在讀華頓時就認識他了。

「抱歉，約翰。你剛才說什麼？」我希望多聽幾次就能聽懂。

「你的『hamptonshaus』」，他說，「它在哪裡？」

我聳了聳肩。

「你確實有一間『hamptonshaus』，對吧？」他問道。
「我不這麼認為。」我坦言。
他瞇起眼睛看著我。「嗯，你有，或者你沒有。」
我無法迴避這個問題。「『hamptonshaus』是什麼啊？」我問道。
「『hamptonshaus』？就是在漢普頓斯（Hamptons）的該死房子。」
「喔，當然！就是一間在漢普頓斯的房子嘛。」
然而他似乎還在等我回答。
「漢普頓斯是什麼？」我問道，已經放棄為自己留點顏面。
「你他媽的在跟我開玩笑嗎？漢普頓斯在紐約的長島上。」
「噢，對啦，對啦，小說《大亨小傳》就是以那個地方為背景。」高中時都在加州度過的我，對這些紐約菁英的度假勝地不是很了解。在幾個更讓人覺得丟臉的問題之後，我這才明白華爾街的人預期，所有人每年夏天都會在漢普頓斯租房子，一整個夏天往往會花上五萬美金。他們會吹噓並比較游泳池的大小、花園裡的景觀、房子的地點有多靠近海邊，以及那些周末派對有多鋪張浪費。在他們往後的職業生涯中，等到賺了更多錢，花費六位數的金額在漢普頓斯購置自己的房子，並在裡頭大肆享受，是件很平常的事。

我想起我和約翰在一起時，另一個叫人困惑的時刻。那是我們還在讀華頓的時候，那天我和他，還有其他五個人坐在校園酒吧裡的一張桌子前。我發現他們六個人都曾經是某幾所菁英寄宿中學，像是迪爾菲爾德學院或菲利普斯安多佛學院的學生（他們從那時就認識彼此），然後他們全都進入達特茅斯學院、耶魯或普林斯頓大學就讀。我心想，他們所有人都讀同樣幾所學校的機率有多高？我無法想像，在華頓有任何一個人和我一樣就讀橘郡的同一所公立高中，同時這裡也肯定不會有其他西方學院的校友。於是，一切昭然若揭。這一點都不奇怪。這些人從出生時就加入了某個高級俱樂部——他們整群人一起從迪爾菲爾德學院進入達特茅斯學院，接著來到華頓、華爾街，然後每年夏天都到漢普頓斯度假。這是他們共同的行進路線。

我在漢普頓斯沒有房子，也不覺得有必要買或租一間。我顯然是我們這群人當中的尼克・卡拉威（Nick Carraway）[103]，一間在草地邊緣的樸實小屋就很適合我。那是我在所羅門的第一季，因此這項發現令我感到吃驚；其他人都邀請我到他們的海濱別墅去，我已經學會如何面對。我把這一切稱作「漢普頓斯效應」。這麼多人努力晉升權貴階級，因此反其道而行反而十分有利。周末去作客時，我都會堅持支付所有費用——酒水、晚餐、通行費、汽油錢，這讓每個人都很想邀請到我，因此我想去哪裡就去哪裡、想要什麼就有什麼。而且，和那些花錢租夏日別墅的人相比，我的花費非常少。因此，我完全可以彈性處理，也不會因為在漢普頓斯擁有房子而面臨管理或財務上的困擾。

迪士尼樂園裡有一些我以前常去的地方，我總是喜歡每隔幾年就回去重溫一下。

我最近一次造訪時，天氣十分炎熱，現場的排隊人龍無止境地蜿蜒。每項遊樂設施入口張貼的告示都估算了痛苦等待的時間：「現場等候時間約一百五十分鐘」。沒有人因此表現出惱怒的樣子。這些遊客花了數百美金進入園區，為了搭乘全程只有短短幾分鐘的遊樂設施，願意站在烈日之下等好幾個小時。有傳言說，鄰近的迪士尼加州冒險樂園裡新開幕的主題遊樂設施「星際異攻隊」甚至必須等整整五個小時。

我們十個人不打算加入他們的行列，緊緊跟在接待員蜜雪兒後頭。她身穿格子花紋的騎馬裝——戴著帽子、穿著馬褲與靴子，帶我們繞過排隊人潮，來到主題遊樂設施「加勒比海海盜」的出口處。我們從那裡直接進去，並且在船上坐好。儘管心裡因為不用排隊這件事感到一陣內疚，但當我們的船緩緩駛進海灣（我們的四周有許多螢火蟲點點閃爍），並行經那個坐在門廊上的老人面前時，這種情緒很快就消失了。

我們以每小時三百美金的價格，聘請蜜雪兒擔任貴賓接待員，這讓我們可以完全不用排隊。在這六個小時內，我們一行人將搭乘每項遊樂設施、坐在前排座位觀賞遊行表演，並且在「藍色海灣」餐廳悠閒地享用午餐。

多數比較新的遊樂設施都設有隱藏的貴賓入口，這樣就不會使排隊等待的人們感到更不滿，畢竟看到我們從旁邊經過，是不會對顧客體驗產生正面影響的。即便某些遊樂設施可以讓我們從出口進入，但由於這座樂園當初在建造時，並沒有考慮到「貴賓」這樣的選項，大部分的遊樂設施都還是必須直接從已經等了好幾個小時的人前面插隊。蜜雪兒會在那些遊客面前舉起手來，說「請稍等一下」，然後我們一行人就會踏進下一艘船、下一台車，或下一艘太空船裡，諸如此類。

接下來，我們直接坐上「巴斯光年星際歷險」的太空車。所有的太空遊俠們都拿著雷射槍，與邪惡的機器人作戰，其中的每一種射擊技巧都會讓你獲得不同的分數。此時，我們一行人進行了一場比賽。在離開這項遊樂設施時，每個人都各自報告戰績。我只以五萬五千分「吊車尾」；我的姪子得到六萬分；我的女兒得到八萬分；我的小姨子則以十一萬分奪冠。然後我問蜜雪兒，她拿到幾分。「兩百萬分，」她笑著說，「我今天打得不好。這和我或其他貴賓接待員的最佳成績還差得遠呢！」顯然她有很多雷射槍射擊的經驗，是個老練的高手。看來有不少人都曾經利用迪士尼的貴賓服務。

蜜雪兒帶我們去吃午餐，我們還從我以前工作的奧爾良咖啡旁邊經過（這件事我跟女兒提過二十次）。在「藍色海灣」餐廳用餐時，我還是對插隊這件事感到不安。我想著我們剛才遇到的某些反應（從驚訝、羨慕到不滿），那些人通常也會一併發表評論：「哇，他們都不用等，太酷了吧？」「為什麼他們不用排隊？是哪裡很特別嗎？」「這樣很不公平，他們應該要像我們一樣排隊才對。」採行這種貴賓服務的結果，就是可能會讓按照既有方式排隊的人感到憤怒，或覺得自己位居劣勢，彷彿整個體系都在與他們作對。

多數在迪士尼樂園的長長隊伍裡等待的人為了能來這裡玩，都非常認真存錢，舉例來說，連假期間，一家四口可能會在這個神奇王國花掉數千美金。對他們來說，造訪迪士尼樂園是很特殊的情況，有時一輩子就只來這麼一次，所以看到享有特權的人不用排隊，應該會嚴重破壞他們的顧客體驗。

我不知道當年在迪士尼樂園工作的自己，會對這種特權服務有什麼感覺，那時園區還沒有「貴賓待遇」這樣的概念。我無法做出決斷。一方面覺得我應該完全能接受，因為我明白這是一種「為價值付費」的做法（如今，這似乎已經滲透到迪士尼的每一個環節）。但與此同時，我的主要感覺是，那個十八歲的我應該會感到很震驚。在這個全世界最快樂的地方，平等似乎是它奉行的核心理念。「華特會同意這麼做嗎？」我思考著，「這種貴賓體驗是否符合迪士尼樂園提倡的價值觀？如果我必須排隊，我還會到迪士尼樂園玩嗎？每當我們不用排隊時，我的女兒都學到了些什麼？」

《紐約郵報》二〇一三年的一篇報導發現，某些富有的曼哈頓人在造訪迪士尼時，以每小時一百三十美金的價格僱用殘障人士作為「黑市導遊」。這些殘障人士會冒充他們的家庭成員，這樣他們就可以直接來到隊伍前方。該篇報導引述了某個使用這種服務的女人所說的話：「百分之一的有錢人就是這樣玩迪士尼的。」因此，迪士尼被迫修改殘障遊客的相關政策，讓他們不能立即乘坐各項遊樂設施。竟然連這樣的事都有市場，實在令人覺得反感，但話又說回來，現在每樣東西都可能有它的市場。

在這種特殊門路、賄賂，以及特權服務的新文化裡，我們遺失了什麼東西？我們為什麼應該感到在意？直接為每種好處、渴望、社會需求與活動建立一份價目表，是否比較有效率？或者我們是否正在複製某種新的階級體系，到最後，它只會變得越來越極端且分化？

迪士尼的貴賓接待員只是一種社會趨勢的展現，而這種趨勢正日漸增長。當越來越多人變得富有時，他們就會想花掉這些錢，以換取所有渴望擁有的物質享受。這些人越來越常用錢來取得更好的門路，也就是所謂的「特殊待遇」。

特殊待遇可以是享有更好的醫療服務：透過支付月費的方式，你可以僱用一名隨傳隨到的特約醫生，不管你遇到什麼樣的健康問題，他都會利用自己的人脈讓你獲得最好的治療。送大禮給醫院或醫療機構也能確保醫療資源的優先使用權。當然，在政治界、娛樂界以及夜店界等，也有所謂的特殊待遇。特殊門路並不是一個新概念，但它不曾如此普遍、被廣為接受，同時有這麼一大群人都在追求它。

這些權貴階級的人有一個主要目標（無論他們是否意識到這一點），那就是強化他們的特權，並延伸至下一代，這樣他們的孩子就能繼續享有相同的優勢。在這些有錢人獲得所有他們想要的物質事物與門路之後，就會開始設法把它們留下來，並確保自己的後代也能享有同樣的好處與生活方式。為了達到這個目的，現在有一種做法越來越受歡迎：購買某些學校的研究發展處與慈善機構會所提供的特殊門路。這些機構透過出售特殊門路，藉此募集資金。比方說，史丹佛大學提供的「特殊關照」據說要價兩千五百萬美金。「雖然捐款不保證你的子女一定能入學，」某位權貴人士說，「它確實可以確保招生辦公室的人對他們的申請特別關注。」這些因為送了大禮而獲准入學的學生如今被稱作「發展入學」，即便令人惱怒，這種方式完全合法。

其他不光明、不合法的做法恐怕也很常見。二〇一九年五月，有幾位名人與商業界大亨因為涉入一起規模龐大的大學入學醜聞，被美國司法部逮捕。這當中有一個名叫威廉．「瑞克」．辛格的男人，自稱是一家升學諮詢公司負責人，他的不法獲利約兩千五百萬美金。為了使資格不符的學生們得以入學，他不但修改標準化考試的成績，還收買了一些大學的體育教練。辛格供稱，某些家長支付高達六百五十萬美金的金額，讓他們的孩子走「後門」。情境喜劇女演員羅莉．洛林則據說花了五十萬美金，讓她兩個身材嬌小的女兒以假冒划船隊員的方式，進入南加州大學就讀。

她的其中一個女兒奧莉薇亞．潔德是社群媒體上的網紅，很明顯並非划船隊的隊員。奧莉薇亞把大學當成一個行銷平台，她不僅和 Amazon Prime 合作，也與法國美妝品牌絲芙蘭（Sephora）推出聯名彩妝商品。在開始讀大一之前，擁有數百萬名追蹤者的她曾經發佈了一支 YouTube 影片：「我不知道我會去學校上多少課，但我會跟學務長以及所有人談談，希望我能取得一個平衡。不過，我真的想體驗各種遊戲與派對……你們也知道我不太在意學業的。」因為這起醜聞，絲芙蘭與奧莉薇亞解約，而她也遭到輿論的強烈撻伐。

為了讓更多人能讀大學，聯邦助學貸款在一九五〇年代創立。雖然這項計畫起初立意良善——幫助那些無法上大學的人，它之後卻導致社會與國家財政方面的弊病。我們沒有支持並獎勵從事技職工作的人，反而以就讀名校來定義成功；我們越來越強調學校的品牌，而不是他們實際提供的教育。學貸市場促使學校大幅調漲學費，反而讓無法獲得貸款與獎學金的人更讀不起大學。

美國的教育泡沫已經膨脹到一點六兆美金，這樣的舉債金額比信用卡債與車貸債務都還要高（車貸是一個規模僅次於房貸的消費者信貸市場）。在美國，有兩百萬人積欠超過十萬美金的助學貸款。他們一輩子被灌輸「大學教育非常重要」的觀念，然後盡可能進入最好的大學就讀，畢業時卻陷入「卡夫卡式」的複雜困境——困在無力償還的龐大債務裡，而他們的工作只能勉強餬口。與此同時，那些有錢人和名人的孩子錄取更好的學校，他們不需要擔心錢的問題。因為他們會用攝影機為新商品拍攝宣傳影片，並且在 vlog 影片中分享他們多彩多姿的生活。

⊕

我和我的朋友兼所羅門的前同事麥可．泰德斯科（所有人都叫他「小泰」）一起前往科切拉參加一個音樂節。這是因為我們投資了一家公司，他們邀請我們參加這項活動。一個有著飄逸金髮、身穿鮮豔花朵圖案短褲和背心的年輕人踩著滑板，快速地越過柏油跑道。他把滑板停在一架私人飛機前面（這架飛機將載我們到棕櫚泉），打開手裡的斐濟礦泉水喝了一大口，然後說：「爽斃了，我們要搭私人飛機耶！」在跟我，還有其他站在飛機外頭的人進行一連串的擊掌與碰拳之後，羅根．保羅把他的手機遞給了另一位網路明星，自己在飛機前面擺出幾種姿勢——先是帶點孩子氣的興奮，接著是天真無邪的驚奇，然後是得意的喜悅；他還不確定他要營造哪一種氛圍。在把手機還給羅根之前，那個幫忙拍照的人確認了一下那些照片。

「等等，兄弟，」羅根說，「再拍一張有這個『緊急出口』標誌在裡面的照片。」

在我們所有人的注視下，他們向後退了幾步。羅根爬到飛機的階梯上，一隻腳站在階梯底層，另一隻腳則站在他腰部附近的那層階梯上，並張開雙腿，接著抬高下巴，並展示他的二頭肌。他看起來就像是某位希臘神明與馬戲團小丑的綜合體——或許他是故意這麼做的。他們一拍完照，我們就登上飛機，並且在位子上坐好。當飛機在跑道上滑行時，羅根修了一下他最喜歡的照片，然後發佈到Instagram上。他一邊為這張照片加上文字說明，一邊把它大聲唸出來：「我身上的穿著就是一場緊急事故。」此時，這些網紅們全部都笑了。

從洛杉磯飛到科切拉這個大型音樂節舉行的地點（它在棕櫚泉外圍的一座沙漠裡）只要半個小時。我和小泰是「網路影響力」的投資人，這家公司專門將社群媒體明星與各個品牌配對，提供他們嶄新的廣告模式，因此我們和幾位頂尖網紅一同搭乘私人飛機前往科切拉。（「網路影響力」將在此處一間名叫「錫屋」的別墅裡，舉辦一場為期數天的派對。）

當我寫下這段紀錄時，羅根．保羅在幾個不同的社群媒體上總共擁有超過五千九百萬名追蹤者，而這個數字每個小時都會改變。據估計，他的影片瀏覽次數超過五十億次，改寫了「名人」的定義。他和弟弟一起在克利夫蘭郊區的後院裡拍攝影片的日子已經過去。據財經雜誌《富比士》報導，從二〇一七年六月至二〇一八年六月，保羅共賺進一千四百五十萬美金的廣告收入，這當中有一部分是來自替商品宣傳，還有一部分是來自在他 YouTube 頁面上置入的品牌廣告。

難怪在他發佈的 vlog 影片裡，他的熱情經常近乎歇斯底里。就連羅根的寵物鸚鵡馬維里克，在 Instagram 上都擁有一百三十萬名追蹤者。此外，他飼養的毛茸茸博美狗在二〇一九年四月被豺狼弄死之前，也累積了三百萬名追蹤者。

許多品牌都持續透過這種廣告模式取得成功，這使他們以更自然、更直接的方式觸及他們的受眾。當新聞節目《六十分鐘時事雜誌》的製作團隊為了錄製羅根的介紹影片，花了一個下午的時間和他待在一起，那時他正在紐約的中央公園裡，為甜甜圈連鎖店「Dunkin' Donuts」即興創作一支廣告（這家公司完全沒有在場監督或出手干涉任何事）。然後，他把這支廣告發佈到 Instagram 上，因此賺進二十萬美金。「Dunkin' Donuts」宣稱，這部影片的瀏覽次數很快就達到七百萬次，其效果至少和在黃金時段播出的電視廣告一樣好。《富比士》雜誌二〇一七年的報導指出，羅根通常可以靠一則有使用動態贊助的 Facebook 貼文賺進十五萬美金，一張 Instagram 照片則可以讓他賺進八萬美金。

「他們是年輕人與千禧世代的文化偶像，」小泰說，「這就是為什麼對廣告主來說，這一切如此具有影響力——你真的無法藉由傳統媒體觸及這個族群。他們對電視廣告與大型活動抱持懷疑的態度，但是當某個人透過社群媒體跟你說他們喜歡什麼東西時，這群人比較相信他們說的是實話。」一項由麥卡錫集團在二〇一四年進行的調查發現，有百分之八十四的千禧世代不相信傳統廣告。而且，這樣的懷疑只是變得越來越深、越來越廣。二〇一七年，網站 MediaPost 報導了一項由哈佛大學政治研究所所進行的民意調查結果：「有百分之八十八的千禧世代說，他們『只有有時』或『從不』相信報章雜誌的報導，同時也有百分之八十六的千禧世代說，他們不相信華爾街。千禧世代對政府也同樣心存懷疑；他們有百分之七十四的人說，他們『有時』或『從不』相信聯邦政府會做正確的事。」由於大眾對我們的社會機構失去信心，這些在美國土生土長的網紅會獲得前所未有的明星地位並不令人意外。

當你瀏覽這些網紅的動態時，你會發現他們大部分的發文都沒有廠商贊助——除非你認為，他們不斷宣揚某種奢侈、逗趣的生活方式也是一種贊助。在宣傳某項商品時，他們往往會運用非常自然的廣告手法，巧妙地誤導觀眾。在二〇一七年七月的一張 Instagram 照片中，你可以看到羅根張開雙腿、坐在一台賓士 Mercedes-AMG G65 的引擎蓋上（這台豪華休旅車要價二十五萬美金）。他穿著超短褲與毛皮大衣、戴著鏡面墨鏡，腳上則穿著拖鞋。穿著毛皮大衣坐在羅根身旁的另一個人，是經常與他搭檔的侏儒網紅「矮子曼巴」。這張照片的文字說明寫著：「毛皮很柔軟，但我們卻硬得要死（hard af）。」（「af」是一個網路俗語，即「as fuck」的縮寫）。這篇發文很快就累積了超過一百三十萬次按讚數，以及兩萬一千則評論。多數羅根的粉絲可能都不會覺得這張照片是一則廣告，這就是重點所在。

或許是賓士為了這篇發文付錢給他，或許是他以這樣的置入性行銷免費換取一台車，又或許他只是利用與奢華汽車品牌的連結來為他的個人品牌宣傳。但無論如何，賓士的logo在畫面上都很顯眼。

有些發文不會隱藏它們的業配本質。舉例來說，你可能會在某張照片中看到某位網紅將自己埋在一堆JBL耳機底下，他會把它們贈送給對這張照片按讚並分享出去的人。或者你可能會在某篇發文中，看到某位網紅坐在浴缸邊塗抹她最愛的除毛膏，她在照片裡展現美腿，並且在文字說明中宣傳這項商品。其他發文則會試圖巧妙地誤導觀眾，例如羅根的弟弟傑克在二〇一五年四月發佈的一張 Instagram 照片就是如此（傑克自己也成了一名社群媒體明星）。

這張照片看起來像是科切拉「錫屋」的廚房為背景，照片裡有個赤裸上身的男人站在瓦斯爐邊，用瓦斯噴槍燃起熊熊烈火。此時，坐在廚房料理台上的傑克正專心地盯著他的筆電瞧。他的電腦旁邊擺著一瓶可樂。這張照片的文字說明寫著：「我現在根本無法注意李奇在做些什麼，因為我正忙著玩可口可樂（@CocaCola）的『舌頭英雄』（Tongue Hero）遊戲。你們也去玩一下吧（連結放在我的個人檔案裡）[104] #TasteBudTalent #DontTryThisAtHome」。儘管這顯然是在幫全球最大的汽水公司宣傳，這篇發文依舊獲得了九萬次按讚數，而且這個數字還在持續上升。

許多網紅都希望大家能注意到他們的其他才華。羅根想變成一名正式演員。那天也坐在這架飛機上的傑瑞・波普崔克則想成為一名饒舌歌手。即便我對他們抱持懷疑的態度，我還是忍不住被他們吸引。

我想說到底，這就是他們的才能所在。他們擁有美貌、充滿個人魅力，同時也容易理解。因為他們的成功渾然天成，使數百萬名年輕粉絲相信，他們同樣也可以獲得名聲、財富，並過著多彩多姿的生活。「羅根是一個來自俄亥俄州郊區的孩子，和我沒有什麼兩樣。看看他現在的模樣。」這些網紅的工作包含了搭乘私人飛機去參加音樂節、在充滿異國情調的地方度假、坐在昂貴名車的引擎蓋上、擺出撩人或故作正經的姿勢——然後確認附近有人拿著一台好相機，把這一切都捕捉下來。在企業的資助下，他們過的完全是權貴階級的生活，讓所有人心生嚮往。

我們在加州瑟莫爾的私人機場降落。這時，羅根點進App並查看這篇發文的狀況如何。「你看，」他邊說邊把手裡的手機對著我，「在半小時內，按讚數就來到了五萬次。」

「網路影響力」在科切拉承租的這間別墅位於一個保全極度森嚴的高級社區（有很多名人都會在音樂節期間出租他們的房子）。「錫屋」應該視為某個世界的縮影，那正是「網路影響力」大肆宣揚的——這個世界悠閒而奢華、慵懶而放縱。男男女女拿著免費酒吧提供的熱帶雞尾酒從你身旁經過，他們看起來都魅力十足。年輕女孩穿著清涼的比基尼做起日光浴來。室內的每個房間都各自被某個品牌佔據，如此一來，當這些網紅盡情享受時，他們就能順便透過宣傳商品賺錢。這是一個大型廣告活動，只是偽裝成一場不停歇的派對；這一切看似荒謬，卻也非常聰明。

我和小泰都預期，我們會覺得自己格格不入。我們也確實如此，但所有人都對我們異常友善。我知道「錫屋」裡有一些名氣很響亮的網紅，但我不曉得其他來到這裡的人是何方神聖。這些在游泳池裡打水仗的女人是誰？為什麼那個傢伙要在按摩浴缸旁邊做伏地挺身？小賈斯汀剛才是不是從我身旁經過？

據說小賈租下了隔壁那間別墅，這個消息在派對上引發熱烈討論。（聽說那天稍晚，他要舉辦一場狂歡派對，每個人都想參加。）我一直覺得我在「錫屋」的這場派對上看到他——他先是穿著白色T恤、頭上戴著綠色頭巾走了過去，接著幾分鐘後，他又身穿夏威夷花襯衫，跟草地上的一群女人聊了起來。然後，他穿著內衣，以雙手抱膝的「深水炸彈」姿勢、從跳水板跳進游泳池裡。接下來，我看到兩個小賈斯汀肩並肩地站在一起，從陽台上大叫，我找到小泰，問他這到底是怎麼一回事。

「小泰，我已經看到小賈斯汀六次，他穿著不同的衣服、出現在不同的地方。現在，我覺得應該是我產生了幻覺。」手裡拿著酒的我指了指陽台的方向。「是有人在我的龍舌蘭裡下藥，還是那上頭真的有兩個小賈？」

小泰解釋，派對上有一個人因為模仿小賈斯汀模仿得極為逼真而出名。這是他的拿手絕活。其他人（包括陽台上的那對「雙胞胎」）都僅止於外型神似，充其量只是一些非正牌分身而已。小泰說，這場派對上的多數人都是「很有企圖心的網紅」，他們忙著增加人氣，並建立各種行銷合作關係。那些名氣最響亮的網紅已經不再需要「網路影響力」的幫助，他們擁有自己的公關人員、造型師與經紀人，會直接與各種品牌接洽。

就在這時，其中一位頂尖網紅魯迪・曼庫索（Rudy Mancuso）走進派對現場，頓時引起一陣騷動。我聽見我們身後的幾個人稱讚他的穿著——他身穿寬鬆的紫黑條紋T恤與黑色緊身牛仔褲、臉上戴著圓形的飛行員墨鏡，頭髮則往上梳到頭頂，並紮成一個小圓髻，他們默默地將這樣的裝扮記錄下來。在我的日常生活中，我絕對不會注意或關心這些東西。

「看看那雙靴子。」其中一個人嘀咕道。

「帥斃了，」另一個人說，「我想那是法國品牌 Berluti 的靴子。」

就連小泰都是魯迪的忠實粉絲。他曾經向我說明，魯迪這個 Vine 上最早的明星有多棒；他像所有網路明星一樣有趣且充滿魅力，但同時也是個造詣很高的音樂家。在他的 Instagram 動態裡，除了有許多鋼琴與吉他的演奏以外，還有曾經被拳王邁克・泰森、歌手瑪麗亞・凱莉和NBA球員史蒂芬・柯瑞按讚的幽默短劇，與國際巨星，例如巴西足球員內馬爾的合照，以及和拳王佛洛伊德・梅威瑟，當然還有小賈的有趣訪談。「魯迪超級精明。」小泰說，「他是來自紐約的巴西人；他肯定是最有才華的人，因為他確實是一個很棒的音樂家。」湯姆・漢克斯曾經在一場派對上主動接近魯迪。「我必須和你來張自拍，」這位電影巨星說，「否則我兒子永遠都不會相信這件事。」

在「錫屋」閃亮登場後，魯迪走過來跟小泰打招呼。

「剛才沒有在飛機上看到你，真是可惜。」小泰說道。

「老兄，」魯迪說，「我必須開新的野馬（Mustang）敞篷車來這裡。你應該要看看這玩意兒。是前幾天福特送給我的。」

魯迪甚至沒有以幫福特宣傳的方式換取這台車。基本上，福特純粹只是想碰碰運氣，希望他之後能發佈關於這台車的貼文，讓「野馬」這個品牌增加新潮感，藉此幫助銷售。在這些網紅的生活中，這樣的事很常發生。幾年後，另一位跟小泰很熟的網紅也宣稱他獲得了一台BMWi8。「那是一台價值十四萬美金的電動車，」小泰說，「它向你展示了這個世界的演進。到了今天，我不認為魯迪還會接受野馬這種車。」

對我們這些普通人來說，或許會從Caprice Classic轎車改開廂型休旅車（minivan），再改開野馬，之後「可能」還會改開BMW、特斯拉或賓利（Bentley）之類的車，而這樣的演變或許會花費三十年。但對這些社群媒體明星而言，整段演進過程可能只需要幾個月（他們一定會跳過Caprice轎車與廂型休旅車的部分）。

我在這場派對上待了幾個小時。即便我對這個大膽的新世界抱持保留態度，我還是玩得很愉快（實在很難不如此）。「玩得開心」正是他們要行銷的生活方式。

這裡有一群我們國家的年輕人（他們是最多人追蹤、按讚、標記，以及崇拜的一群人），他們把「權貴」當成一種生活方式大肆宣揚。然後，有數百萬名年輕人照單全收，對他們深信不疑。流行文化與廣告向來都充斥著關於身體形象與物質享樂的誤導訊息，但這完全是另一個層次的問題。這些網紅的存在大聲宣告了某種新想望：你可以開豪華名車、穿毛皮大衣、搭乘私人飛機到巴西里約熱內盧、維持完美體態；你可以獲得最好的衣服、飾品與各種新裝置；你可以讓美麗的人們圍繞在你身邊，在美麗的地方享受美好的天氣——然後把這一切都拍下來，供他人觀賞。這澈底重新定義了成功，而其核心就是對「權貴生活」的瘋狂渴望。

羅根的弟弟傑克也在派對現場。他因為沾了哥哥的光而輕鬆成名，最後也在社群媒體上贏得相當高的人氣，並塑造出自己的個性。不僅如此，他甚至還在迪士尼頻道的影集《音樂友情路》中獲得了一個角色。

這時，傑克的工作人員都已經離開「錫屋」到隔壁去參加小賈的派對。但他未滿二十一歲，因此被拒於門外。他衝進後院裡，臉上露出堅決的表情，接著看了一下隔開兩間房子的那道牆。沒有任何人、任何事可以剝奪傑克．保羅參加小賈派對的權利。他屬於那裡；這是他應得的。

若你無法從前門獲得特殊待遇，你總是可以翻牆過去。最後，傑克緊緊地抓住了某樣東西，他爬到圍牆的頂端，然後消失在那道牆的後面。我只能想像，他這個徒有虛名的青少年沉浸在這酒池肉林、紙醉金迷、充滿鎂光燈的生活裡，完全樂在其中。他已經抵達那場派對的現場，很快地，他的追隨者們就會知道這一切。

⊕

在一九九六年上映的電影《征服情海》中，有這樣一個場景：一位名叫桃樂絲．伯伊德的勞工階級母親（由芮妮．齊薇格飾演）正坐在飛機上，擔心著她不舒服的兒子，他很快就吐滿了整個嘔吐袋。與此同時，在頭等艙裡，由湯姆．克魯斯飾演的傑瑞．馬奎爾正在跟一個金髮女子調情，同時空服員為他送上了一盤新鮮水果與起司。他和桃樂絲在同一家運動經紀公司工作，但位階截然不同。他是享受著頭等艙的知名經紀人，而她則是擠在經濟艙窄小座位裡的小祕書，身邊還有一個嘔吐的孩子。她從位子上恰好可以聽到傑瑞與那個金髮女子的對話，他正在敘述他在夏威夷向未婚妻求婚的經過。桃樂絲不禁將身子探出走道外；她聽得目瞪口呆。（此時，她一邊吃著手裡的那袋花生米，一邊看著那個金髮女子高舉酒杯，表示要再來一杯香檳。）突然間，空服員把前方的窗簾拉上。桃樂絲再度癱坐在她的位子上。

「怎麼了，媽？」她的兒子問道。

「問題就出在頭等艙，親愛的。」她用疲憊的聲音回答，「原本只是食物比較好而已，現在上演的卻是更好的生活。」

在搭飛機時，特殊待遇尤其明顯，經濟艙、商務艙以及頭等艙在舒適度與奢華程度上有著巨大的差異。貴賓們在機場報到、安檢與登機時可以省去漫長的等待。儘管我們很多人都嚮往這樣的特殊待遇，但這只是再次顯示我們如何被切割，然後再組合成不同的群體。這明顯使我們與那些和我們不同的人距離變得更遙遠。在追求特權的過程中，我們建構自體防護罩，讓我們不僅不會收到令人討厭的資訊，也可以避免不必要的互動。我們透過限制資訊接收來掌控我們的自我論述（有些資訊可能會挑戰我們的信念），但同時也想知道其他權貴人士怎麼生活，這樣就能明白自己少了些什麼。如此一來，我們就可以確保自己處於不滿足的狀態。藉由控制與陌生事物之間的距離，我們變得更疏遠、更孤立，完全侷限在那些我們想要相信並複製的論述裡。

每當我在飛機上看到乘客迅速地拿起耳機，這樣他們就不必跟坐在隔壁的乘客說話時，我都會思考這件事。到了今天，許多航空公司的頭等艙都解決了這個問題，因為它們被改裝成封閉式的獨立包廂。過去曾經有段時間，在我揹著背包到異國旅行的路上，都很期待認識坐在我身旁的那個陌生人。在整趟航程中，我可能會一直和那個人聊天，通常還會跟對方約好在旅途中碰面。由於我們不停地阻擋外界的資訊與刺激，飛機變成了一個疏離的場所。當我們與一群陌生人待在一起時，我們會竭盡所能地與他們保持距離。這很諷刺，或者叫人感到難過。

在獲得前所未有的網紅地位之後，羅根．保羅開始出現一些破綻。二〇一八年一月，他帶著他的人馬與攝影團隊走訪日本著名的「自殺森林」時嬉笑喧鬧，因此在國際新聞中遭到嚴厲批評。「自殺森林」位於富士山腳下、位置偏遠，很多人都來到此處結束他們的生命。羅根一行人在那裡發現了一個在樹上上吊的人。在羅根發佈的十五分鐘vlog影片裡，他向數百萬名年輕粉絲展示了這名死者的特寫鏡頭，並且用戲謔的口吻說：「什麼，你們從來沒有站在死人旁邊的經驗嗎？」然後，他滑稽地吸了吸鼻子，並爆笑出聲。他在這部影片的片頭裡吹噓「這肯定是YouTube歷史性的一刻」，甚至還說觀眾們應該要「閉上該死的嘴巴，因為你們絕對不會再看到這樣的影片」。

自殺防治團體、媒體，以及社會大眾都抨擊羅根麻木不仁。在眾多表達不滿的推特發文中，作家凱特琳．道堤（Caitlin Doughty）這樣寫道：「這些享有特權的年輕人以為這個世界的一切都是為了他們，必須由他們來評論。這位死去的年輕人並不是為了保羅——這不是他們的身體、不是他們的形象，也不是他們的故事……你可不是登陸月球的美國太空人尼爾・阿姆斯壯，老兄，這只是一件非常低級的事，沒有其他人會這麼做……」

羅根原本是「YouTube 精選」（YouTube Preferred）的合作夥伴。「YouTube 精選」是一項廣告拍賣計畫，這項計畫讓公司付費、在 YouTube 最多人觀看的影片內置入廣告，這些網路明星得以藉此賺取鉅額利潤。在這起醜聞爆發後，羅根的頻道暫時被 YouTube 禁止營利。他發佈了幾則公開道歉聲明（誠懇程度不一），但這部拿死者開玩笑的影片對他的個人品牌造成嚴重傷害，讓他失去了大批粉絲與追蹤者。羅根其他關於此次日本行的 vlog 影片也表現出強烈的種族歧視，以及對他國文化的不尊重。在幾個網路平台上沉寂了一整個月之後（這顯然是一段自我反省的時間），羅根又回到 YouTube 上，這次他在影片裡用電擊槍電擊一隻死老鼠，導致 YouTube 祭出更嚴格的制裁，同時也有更多人對他感到厭惡。二〇一八年四月，他宣佈停止 vlog 影片的每日更新。就如同羅根人氣一落千丈所顯示的，網紅的壽命往往很短暫。崇拜者與財富可能來得快，也去得快。

後來他弟弟傑克將自己的形象從迪士尼頻道的明星，改造成網路上的「反英雄」（antihero）[105]時，也遭受了一些負面報導。二〇一七年六月，洛杉磯當地的一家新聞台報導，傑克在加州西好萊塢市的鄰居罵他罵到咬牙切齒，他們正考慮一起對他提出公共妨害訴訟，但傑克不僅覺得這很有趣，還將之視為一項成就，並且引以為傲。他和他那幫朋友會做一些擾鄰的事來打發時間，像是在抽乾的游泳池裡裝滿家具，然後點火燃燒，或在這個純住家社區的街道上表演摩托車特技，抑或是公佈他家的地址，並慫恿大批粉絲湧入。他的鄰居們把這樣的場面形容成「馬戲團」、「人間煉獄」、「像打仗一樣」，對此傑克笑著說：「我是故意的，但大家不是都喜歡看馬戲團表演嗎？」《紐約時報》進行了相關報導，該篇報導的標題是「傑克．保羅，YouTube 世代的實境反派」。不久後，迪士尼就與傑克解約了。

保羅兄弟和其他網紅似乎都是直接效法特技表演、惡搞與噁心影片的頭號人物——強尼．諾克斯威爾（Johnny Knoxville）。這位演員與編劇於二〇〇〇年在MTV頻道推出《蠢蛋搞怪秀》（Jackass）系列節目，那時羅根只有五歲。在羅根的成長階段，後來的《蠢蛋搞怪秀》系列電影是一股強大的文化力量，產生了深遠的影響。從《蠢蛋搞怪秀》到今日這些網路影片的主要轉變在於，這個新世代去除了中間人的角色，他們懂得怎麼從自己的影片獲利、建立個人品牌，以及把自己當成商品銷售。在我年輕時，我們會將這種行為稱作「出賣自己」，但如今已經不再是如此。如果你夠精明，足以賺到錢（不管用的是什麼方法），你就能受人崇拜。

和現在這些從業餘表演者晉升為明星的人相比，不怕顯得可笑的諾克斯威爾老派而傳統。他付出了許多努力，先是向《老大哥》（Big Brother）雜誌講述他的故事與影片構想，接著發展出電視節目的概念，最後在一場競價大戰結束後，選擇在MTV頻道播出他的節目。在過去，一個人必須擁有才華、努力不懈（當然還要有點運氣）才能取得成功。但對當今的很多年輕人而言，他們的目標都是打破體制、省去漫長的過程，用最少的努力換取最大的成功。這使他們覺得自己應該享有特權，同時若無法輕鬆獲得特殊待遇，就會感到不滿。來自克利夫蘭郊區的羅根立刻就取得了明星地位。崇拜他的那數百萬名年輕人都想變得和他一樣。

這些網路明星的人氣變成了一種貨幣。於是，他們將這樣的貨幣賣給粉絲群，以及其他野心勃勃的網紅們。這些人買的是一個希望，希望自己也能獲得同樣的好處，甚至成為一名網紅。如此一來，他們也可以把自己的貨幣賣給那些想變得跟他們一樣的人。

就連許多不是網紅的人也花費非常多心思打造自己的公眾形象。在莫斯科，有家名叫「私人飛機工作室」的公司以每小時計費的方式，提供一台「灣流Ｇ６５０型」噴射機（Gulfstream G650）[106]給顧客（這台飛機不曾起飛）。顧客可以再多花點錢聘請專業攝影師、化妝師與髮型師。在這場刻意安排的攝影要結束時，他們會將照片上傳到Instagram上，試圖營造出他們搭乘私人飛機、過著奢侈生活的假象。美國國家衛生研究院針對自拍的致命風險進行了一項全球調查：「從二〇一一年十月到二〇一七年十一月，在一百三十七起事故中，共有兩百五十九人在自拍時死亡。這些人的平均年齡是二十二點九四歲。」

在俄羅斯，充滿企圖心的社群媒體明星往往為了追求網路名聲與財富，甘冒失去生命的危險。這些年輕人常做出危險行徑，例如攀爬摩天大樓與橋梁、懸掛在離地面數百英尺的鷹架上，或從高樓往下跳到路邊的積雪上。在追逐地位與財富的過程中，他們當中有很多人因此犧牲了生命。

二〇一七年夏天，一位二十二歲、名叫佩德羅．魯伊斯三世的明尼蘇達州人因為希望在YouTube上成名，讓自己的生命畫下句點。在這之前，他和他十九歲的女友蒙娜麗莎．培瑞茲為了增加人氣、取得網紅的地位，經常發佈一些開玩笑與惡搞的無害影片。某一天，他拿起一本書擋在胸前，然後慫恿她對著他開槍射擊。魯伊斯確信子彈不會打穿書本，結果當然不是這樣；這枚子彈當場殺死了他。《紐約時報》在相關報導中寫道：「負責承辦這起案件的警長說，這樣的死亡是可以避免的。很顯然，這是某種網路文化所導致──透過滑稽的舉動吸引網路粉絲，藉此獲得金錢與某種程度的名聲。在這對情侶星期一發佈的最後一部影片裡，培瑞茲小姐和她的男友思考著，成為那樣的網路明星會是什麼感覺──『當我們擁有三十萬名訂閱者時……』」

在開槍的當時，可以明顯看出培瑞茲懷有身孕（那是他們的第二個孩子）。二〇一七年十二月，她承認犯下二級謀殺罪。經過認罪協商，她被判處入獄服刑六個月，以及緩刑十年並交付保護管束。「我實在無法理解，現在的年輕世代會為了換取十五分鐘的名聲[107]做出這種事。」警長傑瑞米．桑頓這樣說道。

「網路最初的承諾在於，」泰德斯科說，「我們會去除把關者與品味仲裁者的角色，讓它變得民主化。但我們漸漸發現，一個人在開闢自己的道路時有某種程度的把關，以及某些社會規範存在，即便它們通常不太公平，還是具有很重要的功用。可以省去付出努力，以及磨練技藝的二十年歲月，一步登天，其中往往存在著許多陷阱。」

這些本土網紅能帶來龐大的影響，善惡皆然。在這些 YouTube 明星當中，名氣最響亮的是一位名叫菲利克斯・謝爾貝格（Felix Kjellberg）的瑞典人——他以「PewDiePie」這個網名發佈動態。一開始，他因為分享自己玩電玩遊戲的 YouTube 影片而成名。二〇一七年一月，在他成為第一個擁有超過五千萬名訂閱者的人之後，他發佈了一部影片。在這部影片裡，有兩個他透過仲介網站付錢找來的年輕的印度男孩，他們的手中高舉著「所有猶太人都去死」的標語，並手舞足蹈。YouTube 將 PewDiePie 從「YouTube 精選」廣告計畫中剔除，以此作為懲處。此外，《華爾街日報》也強調，謝爾貝格的頻道上還有九部反猶太影片，導致迪士尼與他解約。

對此，謝爾貝格宣稱，這些影片的目的不是以仇恨觀點來表達對納粹的同情。「我並非試圖挑戰極限，」他說，「我只是試著忠於自己的幽默感。」激進右翼網站「每日風暴」（Daily Stormer）這個白人至上主義者與其他仇恨團體的集散地，在他們的首頁加上了「全世界最大的 PewDiePie 粉絲網站」這樣的宣傳標語。根據《富比士》雜誌報導，謝爾貝格現在已經擁有超過九千萬名 YouTube 訂閱者，他在二〇一八年發佈的影片就讓他賺進了一千五百五十萬美金。

二〇一九年三月，紐西蘭有一個白人至上主義者在兩座清真寺裡，開槍打死了五十一名正在做禮拜的回教徒，另外還有四十九人受傷。這名凶手甚至在 Facebook 上直播這場殺戮，可以說是本土網紅時代的忠實反映。當他帶著大批武器闖進第一座清真寺時，觀看直播影片的人聽到他高喊：「訂閱 PewDiePie。」

雖然多數社群媒體明星都不會引發大規模屠殺，他們很多人都不輕率魯莽，也不是種族主義者，但這些形塑廣大年輕人品味與身分認同的網紅們也很少發揮他們的正面影響力。無論他們是否讓粉絲對自己的身體形象與各種商品變得執著，或把「權貴」當成一種生活方式大肆宣揚，抑或是因著某些衝動，做出更黑暗、更具毀滅性的行徑，市場經濟都已經凌駕在社會秩序之上，它開啟了一個快速、狂熱且令人感到害怕的新世界。

⊕

也許我們不會花時間擔心 PewDiePie 是否是個納粹主義者，或傑克·保羅是否會進一步激怒它的鄰居，因為世界末日即將到來。有越來越多有錢人都在為這一天做準備。

文明的崩潰一直是人類最喜歡談論的話題，每一個世代似乎都有各自對末日災難的鮮明詮釋。科技是讓今天的我們產生這種擔憂的一部分原因，尤其我們身處在一個全球化的時代。最近這幾十年來，我們的世界不停地擴展，其範圍已經超出了社區與地方社群。我們可以即時目睹在這個地球上發生的各種暴行，每天二十四小時不間斷地以串流的方式直播它們、在社群媒體上關注它們，或在有線新聞台看到它們。

於是，一種新的生存主義者開始湧現。在我小時候，社會大眾都把生存主義者當成那種身上穿著迷彩背心、手裡拿著十字弓，只差沒有躺在精神病院裡的瘋子。但如今已經不再是如此。富裕階級的人為世界末日做準備，變成了一種極為常見的現象。關於這些常被稱作「末日準備者」的人，有件很有趣的事，那就是他們已經超越了我們一般加諸在生存主義者身上的所有標籤。現今的末日準備者不隸屬於某個政治派別，出身背景與年齡層也各不相同。在矽谷和華爾街都可以找到這樣的人，他們有老有少；有自由派，也有保守派。這些末日準備者唯一的共同點在於，他們都擁有很多錢和資源，同時也能獲得許多特殊待遇。

一般來說，他們對造成人類衰亡的原因並沒有共識。有些人預期，那將會是氣候變遷或一場自然災害。有些人憂慮，政治與社會局勢、種族關係的緊張會導致更廣泛的動盪、騷亂，甚至是內戰。有些人則望向天空，擔心未來核彈會被引爆。但他們似乎都覺得，我們的體制（特別是金融體系）變得太複雜且不穩定，假使這些災難真的發生，其中心將無從固守[108]；此時，我們的社會所仰賴的金融結構將變得站不住腳。所以這些人擔憂，這個世界隨時都有可能會被摧毀。無論如何，他們都願意竭盡全力地做好準備。

二〇一七年一月，《紐約客》雜誌的記者伊凡・歐斯諾斯報導了這種為世界末日做準備的現象。他採訪了來自曼哈頓金融界與舊金山灣區科技業的人，其中有位投資公司的主管。這位主管不僅擁有一座避難用的地下碉堡，同時也一直為自己的直升機加滿油。「我有很多朋友都準備了槍、摩托車和金幣，」他說，「這一切已經不再稀罕。」一位矽谷的創投業者告訴歐斯諾斯：「我的腦海中有時會浮現出這樣的恐怖景象：『天啊，如果突然爆發內戰，或者加州因為一場大地震變得分崩離析，我們希望能做好準備。』」他已經準備好逃難時的行李，並四處投資房地產，這樣當末日逼近時，他的家人就有好幾個逃難地點可以選擇。

在這種末日準備者的族群裡，有一個很常見的趨勢：在紐西蘭購買土地與飛機跑道，然後花錢取得公民權。歐斯諾斯在他的報導中寫道：「在唐納・川普當選總統的七天內，總共有一萬三千四百零一位美國人到紐西蘭移民局登記，這是尋求居留權的第一個正式步驟——這個數字比平時高出了十七倍……就如同以前的美國人會被瑞士的保密承諾，以及烏拉圭的私人銀行吸引過去一樣，紐西蘭提供的是安全與距離。在過去六年裡，有近一千名外國人藉由參與一百萬美金以上的投資計畫獲得紐西蘭的居留權。」

末日準備者的興起只是廣泛文化失序的一種極端表徵。在過去，我們會和信仰體系與自己不同的人互動，但如今已經不再是如此。我們以往都住在同一個社區裡、觀看相同的情境喜劇與晚間新聞、坐同一班飛機、擁有共同的運動體驗；我們會跟雜貨店裡的人交談。然而，我們不再與可能會顛覆我們自我論述的人事物有交集，使這個論述變得僵化。「社群」的定義已經改變。它不再以你身邊的人作為基礎；它所囊括的漸漸變成那群與你有網路連結，以及和你有類似看法、品味與經驗的人。由你周遭的那些人構成一個社群的隨機性（與多樣性）正在消失。時至今日，許多人的朋友圈在某種程度上，都是由社群媒體上的演算法決定的。

我們的自我孤立造成了二〇一六年出現的政治生態。我們的國家變得極度分化，不僅對他人的想法與困難處境缺乏理解，同時也批判，甚至藐視他們的信仰與優先關注事項。此外，我們的自體防護罩也促使巨大的金融泡沫形成，因為我們選擇忽略政府債務、退休金債務，以及學貸債務的增加——就像我們沒能察覺導致二〇〇八年金融危機的房貸泡沫一樣。

在那些極度富有的人當中，很難找到有人公開反對這種生存主義趨勢。歐斯諾斯在《紐約客》雜誌的這篇文章也引用了 PayPal 共同創辦人馬克斯．列夫欽（Max Levchin）對他說的話：「這是我少數不喜歡矽谷的地方之一——感覺我們是能改變一切的大人物，就算犯了錯，最後也能倖免於難……我通常會這樣問其他人：『你說你擔心流浪漢的生活，那你捐過多少錢給你家附近的遊民收容所？』我認為，這種狀況主要還是與收入差距有關。所有其他形式的恐懼都是人為造成的。」

這些末日準備者真正害怕的是什麼？他們害怕的不是喪屍末日，其恐懼也不是直接來自地震。他們害怕的是這件事：他們知道這套體系正逐漸敗壞，而且變得更脆弱。他們不曉得什麼事將加速世界末日的降臨，但就是擔心它會發生；萬一它真的發生了，他們希望能確保自己的各種優勢不受侵害。

這些最有知識的人（建構金融界的華爾街人士與矽谷的科技界人士）最擔心整套體系會被摧毀，是很恐怖的一件事。這驅使比特幣與其他虛擬貨幣興起。當世人對文明社會、政府，以及金融機構失去信心時，就會開始投資其他替代品——囤積黃金、建造避難所、購買虛擬貨幣，並且儲備自己的武器。

但若這些策略是被誤導的會如何？我有很多朋友都是末日準備者。當然，他們不會四處張揚這件事，而且通常也必須容忍我質疑他們的動機，以及這些生存方法是否有效。我覺得這些末日準備者的問題在於，他們的假設可能是有偏差的。如果一起加入社群（而不是與世隔絕）才能讓我們活下去，該怎麼辦？假使文明崩潰了，我們很有可能不會用原本的方式生活。比方說，若金錢失去了它的價值，為什麼醫生還要到你的碉堡去？末日準備者設想出的這些策略或許真的可以讓他們在混亂狀態下生存一個月，或者一年以上，但都只是暫時的解決方案而已。然而，這些人就像是現代的法老王，他們堅信若他們和自己所有的資源與資產埋葬在一起，他們享有的這些優勢就會跟隨著一起到來世去。

最近，我們搬到南灣地區的另一個區域，這樣就能離我女兒的學校，還有我的辦公室近一點。我們已經受夠了矽谷每天都大塞車的日子。雖然這樣比較方便，但它也帶來了些許文化衝擊，即便我們的新家只距離舊家二十英里遠。

我在春田市和橘郡長大。那時，在我居住的社區裡，我們當然會試圖與隔壁鄰居比較，但周末時也會和他們一起在後院裡烤肉。在某個特定夜晚，社區裡似乎有一半的人都會來到我們家；不請自來的他們只是來串門子而已。「社區」就是一種社群。

在我們買新房子的十五年前，曾經與房屋仲介一起看過這個區域的房子。當時，她邊眨眼邊說：「不用擔心，你們的鄰居不會有人跑來跟你們借砂糖。」她說出這句話時一派輕鬆，而且充滿自信。顯然在過去，她只要祭出這招就能獲得很好的效果，然而我覺得這個消息令人既吃驚又沮喪，永遠都忘不了這件事。後來，我們決定到其他地方居住。但十五年後，當我們終究還是在這個社區買了間房子時，我不知道這裡是否依舊如此封閉孤立。於是，我們測試了一下。在搬進這個社區之後，我們寄信並發送email給最近的幾戶鄰居，我們在信裡介紹自己，並且邀請他們來家裡作客。結果沒有收到任何回覆。即便到了一年後，我們還是從來沒有見過他們。如果哪天世界末日真的降臨，我也不期待我的新鄰居們會團結在一起。

能否取得特權首先且主要由投胎運氣決定。你的種族、性別、居住的國家，以及家人的社經地位、心理素質與韌性都是決定因素。我很幸運地符合這些條件，但要不是我去華頓攻讀MBA，可能還是不會擁有晉升權貴階級的機會與資源。而如今，特權已經滲透到現代生活的每一個面向。

這不只是有錢人才會考量的事。時至今日，有越來越多人都面臨這樣的挑戰——懂得怎麼在社會上設下限制，讓追逐特權變得更容易、更令人滿意，同時也更值得慶賀。只要任何人獲得某種程度的成功，他都會拚命思考這些問題：「追求特權的風險是什麼？」「我們應該利用多少特權？」「特權生活會對我們的幸福造成什麼影響？」

我們希望我們的孩子過什麼樣的生活？我們要代表他們利用多少特權？我們為他們帶來了多少特權的負面影響？當我們運用我們的權力、影響力與金錢時，是否阻礙了他們成長，以及理解一個健全的社會應該如何運作？

另一方面，誘因確實很重要。我們所獲得的報酬必須值得我們努力。事實一再證明，期待人類會基於個人動機以外的理由，創造價值並對社會做出貢獻是不可行的。想像一個不存在特權的世界，是件不切實際的事。

但這當中的平衡點在哪裡？在過去，一個人的「社交貨幣」（social currency）[109]是以他的外表、性格、人品、智慧、家族史、所在族群，以及人脈等作為基礎。這種貨幣只能在他身處的有限圈子——工作場所、社區，也許還有更廣大的社交圈裡使用。「功勞」以往是決定我們最後成功與否的重要因素。想實現我們所信仰的美國夢，一個人必須付出許多努力。然而，功勞這種東西已經貶值，無法成為現代最具影響力的貨幣裡的一部分。

在過去，當我們在生命裡擁有某些值得紀念的特殊時刻時（而不是把追逐特權當作目的），這個世界似乎比較美好，也比較快樂。那時，我們想要一份有意義的工作、一間好房子與一台好車子；我們希望有能力支撐一個家庭、讓孩子們讀大學，然後舒服地退休。但現在，我們卻追求最高級、最上等的獨有享受。如今，那個美國夢變成了什麼模樣？

註釋

103. 尼克．卡拉威是小說《大亨小傳》裡的敘事者，以及主角蓋茨比（Jay Gatsby）的鄰居。

104. 因為Instagram的貼文不提供置入外部連結的功能，在想引導粉絲點擊某個網頁時，網紅就會把連結放進個人檔案裡。

105. 反英雄是指文學、電影、戲劇作品中，形象接近反派角色、在某種程度上違反道德，但又同時具有英雄特質或做出英雄行為的角色。反英雄可以是主角或重要的配角。

106. 「灣流G650型」噴射機是美國商務飛機製造商灣流航太（Gulfstream Aerospace）所製造的商務噴射機。此款噴射機是目前市面上最大、速度最快、功能最全面，同時也是最貴的商務私人飛機。

107. 普普藝術大師安迪．沃荷（Andy Warhol）有句名言：「在未來，每個人都可以成名十五分鐘」，預言了社群媒體的新趨勢。

108. 這句話出自愛爾蘭詩人葉慈的〈二度降臨〉（The Second Coming）：「萬物分崩離析，中心無從固守，世間一片脫序。」

109. 「社交貨幣」是一個源自於經濟學的概念，意指每個人為了提升自我形象，會參與談論某事，讓自己的社交身價升值。就如同使用貨幣能買到商品或服務一樣，使用社交貨幣能從家人、朋友與同事那裡獲得更多好評，以及更積極的印象。

CHAPTER

每件事都與「橘」這個字有關

「你是怎麼破產的？」比爾問道。

「有兩個階段，」邁克回答，「先是漸進，然後突如其來。」

——節錄自厄尼斯特．海明威（Ernest Hemingway），《太陽依舊升起》（*The Sun Also Rises*）

一九九〇年，有個名叫麥可的男孩在加州斯托克頓出生。之後，斯托克頓將被稱作全美國最悲慘的城市。在這裡，居民都接受飢餓與貧窮是無可避免的事，有數百個孩子住在河床上的帳篷與紙箱中。所有人都想離開這裡，但不知道該怎麼做，所以很多人漸漸停止幻想。他們被貧窮束縛，加上懷抱著些許自尊心，只好繼續留在這座城市裡。

麥可出生時，他的母親拉科爾是一名高三學生，他的父親也只是個青少年，被關在少年監獄裡。畢業後，為了養家，拉科爾先是在麥當勞上班，後來找到一份醫療領域的工作。她嚴格規定麥可和他的弟弟只能待在家看書，與此同時，他們的朋友則常在街頭遇到麻煩。麥可被允許上教堂，以及在他們家可以看得到的地方打籃球，但他的活動範圍僅止於此。斯托克頓南部的各種活動在他們的周遭展開，四處充斥著毒品與暴力，槍聲與警報聲不斷在耳邊響起。這裡是藥頭與幫派分子的地盤。

麥可聰明伶俐且充滿好奇心，拉科爾希望她的兒子能體驗他們這個貧困社區以外的世界。她把他送進這座城市北部的一間私立小學就讀。在他第一天去學校時，她這樣告訴他：「你將會跟醫生與律師的孩子一起上學，而你和他們一樣聰明、優秀。」儘管他相信她說的話，但等到他的同學邀請他到家裡過夜，他便發現他們住在有門禁的社區裡，同學家的房子不僅有兩層樓，後院還有巨大的游泳池時，這都讓他感到無比吃驚。他以前從來沒有看過這些東西。這是他第一次意識到自己的貧窮。在過去的成長過程中，他身旁的多數孩子都不曾離開這個社區。

我在橘郡度過我的青少年時期。在那裡，這種程度的財富與享受是很常見的，雖然大家還是會思考錢的事，但並不擔心基本生計的問題。我是從東岸搬過去的，還記得我因為某些高中朋友的別墅感到驚訝——裡頭有網球場、游泳池、按摩浴缸、酒窖，以及園丁與女傭。我們家的房子是一棟牧場式平房，它已經很好，但沒有那麼高級。在某種程度上，我是這個富裕世界裡的一個例外。為了支付讀大學的學費，我打了好幾份工；我開的是一台破舊的雪佛蘭轎車，但我依然享有許多優勢。我住在一個安全富足的地方，這讓一切都變得比較容易。

相較之下，麥可的家鄉極度貧窮且不幸。他父親的出獄時間最長只有幾個月，最後他因為「三振出局法」（three-strikes law）[110]被判處無期徒刑，並在州立監獄服刑。麥可曾經在十二歲時去探望他的父親，而他也只去監獄裡看過他這麼一次。「我不喜歡那裡的警衛對待每個人的方式，所有的搜索，還有那些孩子們的哀傷。這對我產生了關鍵性的影響。我知道我不想被關在牢裡。」他有好幾個同學中槍、被殺或被送進監牢。因此，他非常用功，並且在班上名列前茅。到了要讀高中的年紀，他取得了在他們家附近的一所公立學校修習國際文憑大學預科課程的資格。

「想成功，你就必須盡快離開城裡」是他從小聽到大的一句口號，對於任何前景可期的年輕人，當地人都會這樣建議。

既便遭遇很多困難，麥可還是獲得了進入頂尖大學的獎學金。不僅他們家族裡沒有任何人讀過大學，這種人他也沒認識幾個。對他這樣的人而言，上大學從來不像是一件可能的事。但他的母親，還有幾個鼓勵他的人都使他確信，他正在朝成功，也就是逃離這座城市邁進。麥可看著它在他的四周逐漸崩解——據報紙報導，它是全美國識字率最低、犯罪率最高的城市。到了他以最優異的成績畢業時，因為屋主付不出貸款，房子遭到法拍的案件數量創下歷史新高。有越來越多房子被查封，同時也有越來越多人住在河床上的帳篷與紙箱裡。斯托克頓成了二〇〇八年經濟大衰退的發源地。他在接受那筆獎學金後逃離家鄉，並下定決心不再回頭。

⊕

雖然我和麥可成長的地方現在有著天壤之別，它們也曾經沒有那麼不同。斯托克頓在變得窮困之前，起初是一個淘金小鎮。斯托克頓港坐落在聖華金河上，透過一條深水航道與舊金山灣區連接，對運送金礦產業所需的物資幫助很大，這座城鎮因著熱絡的商業活動而發展起來。一八五一年，加州最古老的特許大學——太平洋大學在斯托克頓成立，這所大學囊括了美國西岸的第一所醫學院。斯托克頓的地理位置很理想，不僅鄰近內華達山脈和太浩湖、到灣區只需要一小時車程，同時也擁有中央山谷的肥沃土地（中央山谷是全美國最具生產力的農業區），這使斯托克頓成為一個活躍的農業聚落。

同樣地，橘郡也有其農業淵源。直到一九六〇年代，警長都還經常騎馬巡邏。許多分佈在太平洋沿岸的城鎮都一度被農場工人與摘水果的器具佔據，它們很快就發展成極端富裕的社區。一九五〇年代，隨著州際公路逐步修建，曾經是橘郡名稱由來的柑橘園，以及乳牛牧場與酪梨農場都開始消失。高速公路吸引新的企業總部與購物中心進駐，也帶來了大批觀光客，因為一九九五年，迪士尼樂園在安那罕開幕。

橘郡沿著太平洋海岸往南延伸四十英里，同時也包含了內陸地帶，其涵蓋面積近一千平方英里。它從農業區搖身一變成為洛杉磯的近郊住宅區，到了今天，其人口從一九五〇年代的二十萬人成長至超過三百萬人。在這段過程中，它成了全美國最富有的郡之一。

斯托克頓的大型海軍補給庫在一九九〇年代中期停用。自二次大戰以來，這個補給庫一直為這個地區帶來相關產業與就業機會，曾經在淘金熱時期與海軍補給庫設立期間佔據重要地位的斯托克頓，如今多數居民都在苦苦掙扎，它必須進行改造。市府團隊眼裡看到的是那些高速公路，它們盤踞在褐色山丘上，然後又蜿蜒至絢爛繁榮的灣區。他們想把那樣的閃耀吸引到東邊來，於是便把斯托克頓重新塑造成一個近郊住宅區，希望讓那些在舊金山和矽谷買不起房子的人也能負擔得起。他們開始以極快的速度建造新房子。

到最後，斯托克頓和橘郡都面臨美國歷史上最大規模的破產。這兩起事件的成因很類似——領導不力、短視近利且對未來過度樂觀，以及對華爾街的危險與貪婪沒有抵抗能力，但這兩個地區的居民貧富狀況不同，因此地方政府破產對他們造成的傷害也大不相同。

一九九四年十二月，在我走過所羅門兄弟辦公室所在的樓層時，聽見同事們竊竊私語地談論著關於一樁大規模破產案的消息。同時，我也看到幾家報紙的頭條新聞。《紐約時報》和《華爾街日報》的頭版都出現了「橘郡」兩個字，但我覺得那不可能是我的家鄉，那個在加州的橘郡。一個那麼有錢的地方不可能會破產。我知道佛羅里達州也有一個橘郡，還有另一個橘郡則位於曼哈頓北方的哈德遜……也許就像春田市一樣，每一州都有一個同名的市鎮。但當我回到位子上，翻出手邊的那份報紙時，發現新聞中說的就是那裡——我的故鄉破產了。

那時，所羅門剛被橘郡聘請，我們將針對他們的財務損失進行評估。公司會派一組人在早上飛過去，並判定問題有多嚴重。我才剛升上副總，主管們都知道我來自橘郡，所以他們問我是否願意負責這項工作。這整件事可能會需要幾天的時間。

隔天早上，我帶著一個輕便的包包飛回我的家鄉，看看他們到底陷入什麼樣的困境。等我回到紐約，已經是一年半以後的事了。

⊕

這個困境的形成花了很多年的時間，一切原因都在於，大家以為長年擔任橘郡財政與稅務主管的羅伯特．希特隆（Robert Citron）可以賺大錢。所羅門第一次與希特隆交手是在很多年前，當時我們公司的利率衍生性商品業務主管麥可．高沛德（Michael Corbat）曾經飛過去與他會面。生性浮誇的希特隆穿著寬鬆的鮮黃色西裝抵達現場。希特隆對他所做的投資並不了解，高沛德（他在二〇一二年成為花旗集團的執行長）對此一點都不意外。高沛德用公用電話打回紐約辦公室，說鮑伯．希特隆[111]根本不知道自己在做什麼，因此所羅門不會跟橘郡做生意。只要有心想尋找警訊，不可能看不到。

但橘郡的人選擇視而不見。他們很喜歡鮑伯．希特隆。在這個共和黨與自由派的大本營，作風招搖的民主黨員希特隆因為擁有各種怪癖而受人喜愛，他就如同橘郡的非正牌吉祥物。《橘郡紀事報》這樣形容他：「羅伯特．希特隆是一個很古怪的人。他非常喜歡綠松石；他是南加大美式足球隊的狂熱粉絲，他的車上總是播放著特洛伊人隊的加油歌，同時還在車牌上宣告『我愛南加大』（LOV-USC），即便他並沒有從這所學校畢業。這位橘郡的前財政與稅務主管，會針對市場走向尋求靈媒與占星師的建議。他收藏了三百條領帶，但又很少使用；他寫了一首長達十四頁的頌詩，以此歌頌克萊斯勒汽車；他戴著一只計算機手錶，用它來精準計算在餐廳吃飯的費用。眾人之所以會放過他，是因為他們相信他是個天才。」

鮑伯．希特隆一九二五年出生於洛杉磯，一九六〇年代，他在橘郡的稅務辦公室從基層做起。十年後，他獲選為稅務辦公室的高層；由於橘郡當時把財務長與稅務主管的工作結合在一起，使希特隆得以掌控郡政府的資產，儘管他完全沒有投資與財務方面的經驗。於是，在一九七〇年代早期，他仰賴華爾街公司（最主要是美林證券）的指引，開始為橘郡進行投資。他用於投資的錢來自人民繳納的財產稅（property tax）[112]，而取得這些資金的過程極度不正常——橘郡的屋主繳納財產稅時，被要求將稅款支票交給羅伯特・希特隆，而不是按照正常的做法交給橘郡政府。事後看來，這也顯示出希特隆企圖利用財政與稅務主管這份工作建立個人名聲，而不是無私地提供高效率的公民服務。作為一個民選官員，他發現這是讓選民留下深刻印象的有效方法，因為他們每年都必須把寫好的支票交給他兩次。

希特隆在華爾街的投資以衍生性商品為主，那些金融商品只有少數人聽過，這讓他感覺更像是個金融專家。衍生性商品以高風險著稱，它們非常難懂；華倫・巴菲特曾經把它們形容成「危險的大規模毀滅性武器，即便現在相安無事，未來也可能導致大災難」。衍生性商品是買賣雙方之間的一種合約，其價值來自於它與某項標的物資產的關係。以橘郡來說，希特隆購買的不是標的債券，而是債券衍生性商品，其價值與市場利率變動密切相關。在幾乎每一筆交易裡，希特隆都賭利率會持續降低，這將對這些衍生性商品產生正面影響，如果利率下降，橘郡的資產價值就會跟著提升，反之亦然。但他以為自己真的知道利率會發生什麼事，根本是種傲慢。

這當中有太多因素（通貨膨脹、就業狀況、GDP成長、企業的生產能力，以及外匯匯率等）會對利率造成影響，完全超出任何人能預測的範圍，很難將之視為審慎投資。事實上，你可以說它是一種大膽的猜測，就如同對超級盃下注一樣，但賭的不是實際比賽，而是下一支廣告的主角是人還是動物。一個坐在客廳裡、手上拿著一大盤墨西哥烤起司辣味玉米片的人怎麼會覺得自己知道這種事？

但希特隆卻認為他解開了這個難題。從雷根擔任總統開始（雷根是橘郡的代表人物），利率就持續降低。這個趨勢維持了很長一段時間，使希特隆誤以為自己很聰明，同時民眾也對他信心大增。於是，他開始砸重本投資，起初是數百萬美金，接著是數千萬美金、數億美金，最後則是數十億美金。因為這樣的賭法與資金規模，利率不需要有很大的變動，就能讓希特隆賺進或損失一大筆錢。只要長期國債的利率變動一個基點（即百分之一），就可以讓橘郡的財產發生數百萬美金的變化。其他行政區、城市、學區與公務機關也注意到希特隆的投資成果，希望能分一杯羹，因此他同意建立一個資金池，與他們一同合資。對於這些參與合資的投資人，希特隆給予他們很高比例的報償，並容許他們隨時把錢領出去，以維持其公務運作。

除了想成為優秀的政務官、盡可能提供民眾協助以外，希特隆同意接受外來資金對橘郡沒有什麼特別的好處；他並沒有從中賺取佣金。強烈的自尊與自負，以及喜歡成為眾所矚目的焦點，才是驅使他這麼做的主要動機。他身穿色彩鮮豔的西裝、配戴俗氣的首飾，還有要求橘郡居民把寫好的財產稅支票直接交給他，也都是基於相同的理由。他想要被大家注意，並且被記住。

儘管沒有明顯違法，一個郡用這樣的方式進行投資還是極不尋常。因為這些稅收原本是為了支付日常開銷、公務花費，以及公務員（包括老師、警察與消防人員）的薪水。若要用這筆錢投資，應該是放進某個單純且安全的金融工具裡（像是支票帳戶），並從中支應這些開銷，才是恰當的做法。對那些參與合資的外部投資人來說，也是同樣的道理，而且他們還冒著失去重要營運資金的風險。若希特隆不像他們想的那麼天才，他們就犯了一個嚴重的判斷錯誤，可能會因此帶來大災難。

民眾似乎沒有注意到希特隆在做什麼，即便只要回頭檢視橘郡財政崩潰之前的那些年度報告，就可以明顯發現，這當中有某個不對勁的地方。橘郡的年度報告是對外公開的，其中包含了收入來源的詳細資訊。比方說，報告前幾頁裡的簡單圓餅圖顯示，在短短十年內，郡政府的利息收入佔可支配收入的比例就從百分之零躍升至百分之四十。沒有一個人想到要問，這筆錢是從哪裡來的。當一個人正輕鬆地賺取鉅額利潤時，就不太會想仔細審視這背後的原因與道理。

希特隆購買的這些衍生性商品，以及他所面臨的風險層級都絕無僅有。他先從公款中拿了七十六億美金，然後在債券附買回交易（repurchase agreement）[113]市場借錢，讓資金池裡的錢大幅增加至兩百億六千萬美金。他透過抵押的方式提高負債，因此利率變動對他的影響又變大了好幾倍。到了九〇年代早期——那時，希特隆已經擔任橘郡的財政主管二十年——美林證券說服他將手上的資金丟進更特殊的債券衍生性商品裡。這些商品有著像是「兩倍槓桿型反浮動利率之梯升債券（step-up bond）」[114]的複雜名稱，它們挾帶龐大風險，卻也可能產生可觀的獲利。事情順利進行了一陣子，像是某一年，這些衍生性商品的投資就為橘郡賺進了三億四千四百萬美金。「我不知道希特隆是怎麼做到的，」一位督察委員會的委員說，「但他能這麼做，真是感謝老天。」這個資金池持續賺進大筆獲利。

接著很突然地，一切都變了。

一九九四年二月，利率調升，導致資金池裡的資產少了一大塊。然而，希特隆再度聽從美林證券的建議，繼續加碼。利率持續與希特隆作對，但他還是繼續提高負債；他天真地相信，利率會重新回到長期向下的趨勢。這個資金池正在大失血。

希特隆剛開始投資衍生性商品時，美林證券與許多華爾街的公司紛紛貸款給他，使他得以擴大投資。基本上，如果希特隆想要下注一塊錢，華爾街會額外再借他兩塊錢，如此一來，他的賭注就會變成三倍。但他所進行的賭博遠比這更可怕，因為他購買的那些債券往往都已經透過槓桿放大了好幾倍。現在，它們的價值正急速暴跌，讓這些華爾街的公司開始緊張起來。他們估算希特隆的損失，並要他償還借款，這迫使他賤價出清資金池的很大一部分。最後，到了一九九四年十二月四日，郡政府官員決定收回希特隆手裡的骰子。他們開車到他家、按了一下門鈴，然後把他的辭呈遞給他——他在上面簽完名之後就哭了起來。兩天後，橘郡就申請破產了。沒有人（也許除了賣衍生性商品給他的那些銀行家以外）預料到會有這種結果。

早在一九九二年，美林證券內部就已經流傳著一些備忘錄，裡面提到希特隆的投資組合有多危險。但這些警告並未引發進一步行動，更不用說特別留意了。很顯然，這家銀行裡有很多資深人員都知道他們在做的事並不恰當，但還是讓它繼續下去；他們每次都賣給他風險更高的衍生性商品，然後從中賺取佣金。橘郡不僅變成美林的前五大客戶，同時也成為全世界規模最大的債券衍生性商品買家之一。無論希特隆的這些投資有多危險、多不適當，銀行都不想承擔失去這筆生意的風險。

之後，希特隆的律師辯稱，六十九歲的他數學只有七年級程度、有嚴重的學習障礙，而且一直飽受失智症所苦。希特隆自己則坦承，他對他所做的事缺乏基本認識，他只是聽從銀行家們給他的建議而已。順從引領的他宛如待宰羔羊，何其無辜。

⊕

華爾街也讓斯托克頓深受其害；他們巧妙地販售一個夢想，即便到最後，這個夢想肯定無法堅持下去，而且還會帶來災難。

從一九七〇年代的經濟衰退期開始，斯托克頓就陷入了絕望。市中心幾乎空無一人；這座城市被八〇年代的古柯鹼流行，以及伴隨而來的犯罪擊敗。幫派活動激增，斯托克頓變成了毒品與暴力氾濫的城市。

到了一九九七年，蓋瑞．波德斯塔（Gary Podesta）成為市長時（他會連續當兩任），儘管多數居民仍身陷貧窮，但經濟正逐漸好轉。波德斯塔想要留下一些政績，覺得翻新老舊的市中心正好符合這樣的需求。當時也正值房地產泡沫時期，這樣的上升趨勢促使市長辦公室與市議會，開始藉由大型開發案來振興斯托克頓。波德斯塔和市議會聘請了一位野心勃勃的市經理[115]——馬克．路易斯（Mark Lewis），並給予一年近二十萬美金的豐厚酬勞。路易斯主動說服市議會，他們值得更好的一切，現在屬於他們的時刻已經來臨。他在二〇〇五年召開的一場市議會議中說：「斯托克頓就是那個地方，我的意思是，它真的是加州的一塊瑰寶。」就連最忠誠、喜愛的斯托克頓人都聽得出，這番誇張的鬼扯是在唬爛。

波德斯塔和路易斯提出一些大規模開發案，希望能讓這座城市重新取得優勢，藉此吸引灣區的人移居，同時說服這個世界再次認真看待斯托克頓，把它當成貿易、資源與娛樂的集散地。他們在鄰近市中心的聖華金河沿岸展開一系列計畫，畢竟一又半個世紀前，斯托克頓就是圍繞著此處的港口發展起來的。這是一次澈底改造，他們將興建新的大樓與活動中心、一間體育館，以及相關基礎設施。這種規模的計畫案當然超出任何城市的營運預算，於是華爾街就出現了。他們提供斯托克頓可以一口氣實現夢想的方法，那就是透過發行債券來支付這些開銷。市議會熱情地投票支持這項計畫，在七位議員中，只有一位表示不同意，並表達了他的憂慮。然而，首批價值四千七百萬美金的地方債券發行時，很快、很輕鬆地就賣出去了。

於是，斯托克頓體育館開始動工。那是一個能容納一萬兩千人的大型場地，可以舉辦各種演唱會與體育比賽，裡頭還同時囊括了一家旅館與一個戶外棒球場。此外，他們也開始興建新的立體停車場、砸大錢翻修碼頭，並且建造要價七位數的公寓。據估計，興建體育館的花費高達一億五千萬美金。這間體育館不到一年就蓋好了，接著斯托克頓市安排歌手尼爾．戴蒙在二〇〇六年一月十五日的開幕晚會上演出。

斯托克頓是以勞工階級為主的城市，居民有近半數都是西班牙裔，但戴蒙的歌迷大部分都是歐洲裔，這些人只佔斯托克頓市民的百分之二十。因此，讓戴蒙擔任新體育館的開幕表演嘉賓不是適當的選擇，果然，這場表演的門票並沒有賣完。戴蒙的演出費用是以公款支付的，斯托克頓市不肯透露實際金額有多少。最後在一連串的媒體壓力下，他們才坦承，邀請這位光芒四射的歌手前來演出共花費一百萬美金。

在使用經費時，馬克．路易斯這位由市長波德斯塔請來的著名市經理有很大的自主權，也包含決定重金聘請尼爾．戴蒙。在這場演唱會舉行的前一周，路易斯坦言，他們原先就預期這項活動會賠錢——納稅人必須為此支付約三十九萬六千六百五十美金。更糟的是，這場演唱會的收入原本要捐給斯托克頓公園暨遊憩基金會這個慈善機構，結果他們連一毛錢都拿不到。在演唱會結束兩天後，市議會表決通過開除馬克．路易斯，他近五年的恣意妄為就此畫下句點。

花一百萬美金請尼爾．戴蒙來表演這個例子充分顯示，市府團隊有多不了解他們的市民。同樣地，翻修碼頭的計畫案也反映出他們不懂得如何服務斯托克頓的民眾。這裡的居民飽受貧窮所苦，應該不會有很多人想找停放遊艇的地方。

「對當時的市府團隊而言，」市議員麥可．塔布斯後來這樣說道，「他們是有某種壓力存在的。你想留下一些政績，同時也希望有努力的目標。但在這裡，有百分之二十二的人身陷貧窮、孩子們不讀書、半數工作都只能領最低工資，你無法造就一座偉大的城市。你將永遠無法擁有足以支撐這些昂貴建設項目的稅基（tax base）。讓我們先做那些最重要的事吧。我覺得作為市政機關，我們的投資準則是有偏差的——我們想要粉飾一切，於是翻修一座碼頭、蓋一間體育館，希望它們會為這座城市帶來收入。在未來的某一天，它們『將會』如此，但在市民擁有足夠的可支配收入、可以利用這些設

116

施之前，這種事絕對不會發生。」

⊕

二十一世紀早期，當加州北部開始從網路泡沫破滅中復原時，房價逐漸攀升至歷史新高。整個斯托克頓都在蓋新房子，希望能吸引灣區的通勤族搬來此地居住。對多數地方經濟體來說，住宅供給都只佔整體成長與價值創造的很小一部分，但在斯托克頓，有極大一部分的擴展都是由房貸提供資金，因為他們把產業重心轉移到房屋建設上。鄰近科技界與文化界中心的斯托克頓急著想從中獲利，他們的財產稅收入很快就大幅增加。在短短六年內，這個地方的房價中位數就成長了四倍。

此時，斯托克頓也對大眾將來的退休金提供過度的承諾——不僅讓薪資過低的警察與消防人員在五十歲時就能退休，同時也提高他們的退休金與各種福利（包含提供終身醫療保險）。據估算，給予一位五十歲的退休人員退休金與醫療保險福利將產生近一百五十萬美金的未來債務（以現值計算）。這些重要的社會成員當然需要受到照顧，這點沒有人會否認，但是斯托克頓的做法還是很不負責任。在二十世紀末、二十一世紀初的那些市場全盛時期，對退休金過度承諾可能看似風險不高。

然而，市府團隊犯了和那些由債券提供資金的大規模開發案一樣的錯誤，也就是預期好日子永遠不會結束。「當好日子還在持續時，我們做出了很多承諾，」市議員塔布斯說，「但那是假定我們的稅收會永遠以驚人的幅度成長。為了使一切能順利執行，市府進行了虛假的算術。」

所有人都記得接下來發生了什麼事。從二〇〇七年起，許多東西都開始滯銷。在接下來的幾年裡（這段時間被稱為「經濟大衰退」），全美國有近九百萬人失業，房產市值蒸發了數兆美金，而且每年都有約四百萬間房子遭到法拍。光是二〇〇八年，道瓊指數的總市值就少了超過三分之一。儘管這樣的傷害是全球性的，不僅對個人，同時也對房貸機構、投資銀行、保險公司與汽車製造商造成影響，商業銀行很快就不願意發放小型企業貸款（因而導致兩百五十萬家公司倒閉），恐怕沒有任何群體受到的打擊比斯托克頓更大——他們讓全美國的法拍案件以每人平均來計算。

這代表財產稅收入蒸發了。很快地，體育館與其他大型開發案也證明是輕率的決定，因為斯托克頓沒有能力償還這些債務。市府團隊發現，他們面臨嚴重的經費短缺。斯托克頓市民普遍失業，連維持生計都很困難，更不用說花錢振興地方經濟了。很多公司都關門大吉。這是一個惡性循環：公司倒閉，再加上建設項目中止，讓更多人失業。他們因此在貧窮困境裡陷得更深，在很多情況下，甚至還失去了自己的家。

似乎在一夕之間，斯托克頓的復甦再度崩潰。這座自信、樂觀、四處都是建築起重機的城市變得憤恨、絕望，大批遊民在此地駐紮。

一九九四年年底，就在橘郡申請破產幾天後，我與所羅門的一個小組飛了過去，因為我們被橘郡聘請，將針對他們的損失進行評估。我們準備清空他們的資金池，並且在有必要的情況下重新投資。我們在洛杉磯的肯尼斯・哈恩行政大廳建立了一個工作據點；第一周，我們的電話一直響個不停，其中包含來自聯準會的高階官員、證管會主席亞瑟・李維特、前總統柯林頓的資深顧問喬治・史蒂法諾普洛、所羅門的主席鮑伯・德納姆，以及華倫・巴菲特的顧問，他們全都打電話來確認發生了什麼事，並且提供建議。

橘郡這個案子是美國有史以來規模最大的破產案，所以成了重大國際新聞。媒體蜂擁而至，到處都變得很緊張。我們很快就發現自己做的每件事都會被攻擊。無論那件事是什麼，都有人高聲反對。即便我們不該被怪罪（因為在橘郡申請破產之前，所羅門與他們並無關聯），大眾也只能對我們大聲嚷嚷。基本上，督察委員會已經跑去躲起來，把我們留在前線回答問題、提供最新資訊，以及設想解決方案。

這些民選官員與督察委員會竟如此缺乏財務素養，令我們十分震驚。他們沒有人明白希特隆到底做了什麼，導致這個郡走向破產，同時也沒有人對衍生性商品具備基本的認識，而監督他的所作所為該是他們的職責。但話又說回來，每場危機似乎都會帶來一種新怪物。整體而言，這個破產案使許多人感到焦慮，也引發了關於衍生性商品的爭論——若它們在橘郡帶來這麼大的傷害，是否應該受到管制，甚至被禁止？或者對一個行政區來說，橘郡所做的這些投資風險太高、太複雜，因此並不恰當？這些都是在穩定不變的地方財政界掀起的新問題。對我們而言，這些問題都是次要的；我想，在橘郡脫離困境之後，就會有其他人開始討論它們。

到了那個月底，我們完成損失評估，並將資金池清空。儘管希特隆的投資讓橘郡陷入財政混亂，我們這個由麥可·高沛德領導的小組還是能以市價賣出這些資產。但這依舊使橘郡損失了十億六千四百萬美金——在當時，這是一個非常驚人的數字。而且，現在他們不能仰賴來自資金池的收入，導致可支配經費短少了百分之四十，更不用說橘郡沒有資金償還即將到期的鉅額債務。由此可見，郡政府的損益表與資產負債表存在著重大問題，他們的財務必須澈底重整；他們眼看就要拖欠債務，必須懸崖勒馬。

我們已經完成最初的任務，但即便有幾個回紐約的有力理由，為了帶領橘郡走出破產陰霾，我還是決定留下來。這違背了所有所羅門同事的建議，他們堅稱，繼續參與這個案子等於自毀前程。然而這是我的故鄉，這場危機將帶來前所未有的挑戰。

我們把頂樓的會議室改成作戰室，並開始思考可能的解決方案。有人每天都會帶甜甜圈來，吃甜甜圈成為我們召開策略會議前的暖身。

前加州財務長暨財務主管湯姆·海斯經常參與我們的會議。當時的加州州長彼特·威爾森要他以郡政府資深員工的身分加入我們團隊，協助我們清空資金池，並展開復原行動。

我們注意到，海斯不曾拿甜甜圈來吃。「有什麼問題嗎？」我們投資銀行部的分析師湯姆·普賽爾問道，「你不喜歡吃甜甜圈？」

「身為郡政府員工的我不能收禮物。」

「那不是禮物，只是該死的甜甜圈而已。」

「那些道德規範又不是我訂出來的。」海斯說道。

但我們還是一直拿這個問題煩他。

「好吧，」最後他終於說，「這東西多少錢？」

「甜甜圈嗎？嗯，收你八十二分錢如何？」普賽爾笑著回答。我們為海斯擺了一個杯子，讓他每天早上把錢丟進去，這樣他就可以吃甜甜圈了。我們會看著他把挑出來的零錢放在掌心、將它扔進杯子裡，然後坐下來，開始談論橘郡先前怎麼讓資金池裡的錢變成三倍，接著因為投資高風險的投資性商品損失了近二十億美金。然而，那些高層卻禁止政務官接受一枚甜甜圈。

一九九五年四月，鮑伯．希特隆向警方自首，並承認犯下六項證券詐欺罪與挪用公款罪。這意味著，他將面臨十四年徒刑。這個案子將在十一月開庭審理。在這當中，有一個最足以定罪的證據，那就是針對其他參與合資的行政區，希特隆偷偷使用了另一套帳簿。他取走這些錢不是為了他自己，而是為了橘郡。他非法移轉了八千九百萬美金到郡政府的帳戶裡；他這麼做的理由在於，既然這個資金池因為他的聰明才智賺進了如此豐厚的利潤，橘郡應該比其他投資人獲得更高比例的報償。

為了解決破產問題，我們做出的第一項重大努力是提議把銷售稅（sales tax，相當於台灣的營業稅）稅率微幅調高百分之零點五。這不僅將提供財務重整所需要的收入，同時也能用來償還很大一部分的債務。在等這個議題付諸公投時，我們團隊繼續仔細探究，是否還有其他資金來源。在試圖尋找新收入管道的這段過程中，我在一場公共討論上聽到最發自內心、最令人難忘的一個問題。這場討論的主題是「橘郡的垃圾掩埋場是否可以接收外來的垃圾」，那時，有位憂心忡忡的居民認真地問道：「有可能只收那些『比較乾淨』的垃圾，然後避開那些比較骯髒、比較臭的東西嗎？」

我們持續努力從各種可能的來源尋求收入（包括違規停車罰單這種小東西），或調查是否有土地可以出售，抑或是我們能否取得在整個橘郡設立手機基地台的權利（到目前為止，這件事還沒有人做過）。我們甚至著手研究，能否把這個郡的公園，還有約翰韋恩機場轉為民營——結果發現，這座機場不太有價值，因為它被各家航空公司把持。我們已經想盡一切辦法，但就是無法產生足夠的錢。

某天下午，在離行政大廳幾個街區遠的某個地方，我正和橘郡的警長布萊德·蓋茲，以及所羅門在地方財政界的頭號人物——戴爾·霍洛維茲一起等著過馬路（霍洛維茲固定會從紐約造訪橘郡）。我們原本在談論每個郡政府單位背後複雜的政治因素，然後又繼續討論午餐要吃什麼。那時，街上空無一人，而紅燈還沒變成綠燈，在看了一下左右來車之後，戴爾開始穿越馬路。

「不行、不行、不行，」警長說，「請在那裡等一下，霍洛維茲先生。請等綠燈亮了，再過馬路。」

「你在跟我開玩笑嗎？」戴爾說，「路上根本沒有任何車子。」

「我沒有在跟你開玩笑，」警長說，「你如果隨便穿越馬路的話，別怪我不客氣。」

戴爾這個紐約人默默地生起悶氣來。

我們都知道在橘郡，警長蓋茲是支持我們的首要人物。身材高大、體格魁梧的他體現出舊時的橘郡風光——粗獷豪邁的男人們騎著馬，到處都可以看到農場、果園與牛隻。他明顯是這個郡最受歡迎的民選官員，大家常說他宛如約翰．韋恩那些西部片裡的角色。事實上，這些年來，這位警長已經與韋恩成為朋友，甚至讓這位銀幕牛仔在選舉期間替他背書：「我很喜歡布萊德．蓋茲這種從事艱難工作的人；他真的很有勇氣。」（警長蓋茲的履歷裡有個亮點：他曾經指揮警方追捕涉嫌犯下雙重謀殺罪的前美式足球員O. J. 辛普森。）

由於大家都很尊敬，往往也很害怕警長蓋茲，當他對調高銷售稅表示支持時，我們都鬆了一口氣（因為他承受了許多保守選民的批評）。諷刺的是，為了獲得橘郡居民的同意，我們需要明顯對財務不太了解的警長站在我們這一邊。不過，他確實明白誠信與信守承諾有多重要。

這個郡的其他民選官員則不肯支持增稅，擔心這樣的立場會對自己的政治生涯造成損害。為了留點顏面，五位督察委員思考著他們要由哪兩個人出來反對這項議案。

「等等，你們五個人都必須支持這件事。」我們說道。

「為什麼？」他們問道，「我們只需要三張贊成票，就能讓它進入公投程序。」

「但不只是讓它進入公投程序而已，」我們懇求道，「重點是要讓它順利通過。為了達到這個目的，你們所有人都應該表示支持。」

一般民眾似乎也同樣不知道、不在乎拖欠債務會帶來什麼嚴重的後果。在無數公開與私人會談上，我們不停地解釋並討論這個問題，但就是沒有人在意。

「你們必須償還你們的債務。」我們會這麼說。

接著，他們會問：「為什麼？不這麼做有什麼壞處？」

「比方說，必須支付比較高的利息。」

「好，那我們就支付較高的利息，或者不要借錢就好。」

「但你們必須借錢。」我們會說。

「為什麼我們得借錢？」他們會這樣問。

然後我們會解釋，若不投入市場，郡政府就無法運作，因為市場能提供興建基礎設施、設立學校、修築道路，以及各項發展所需的資金。如果橘郡拖欠債務，它可能會被市場排除在外。但他們還是很難理解，這一切會造成怎樣的傷害，還有為何會影響到他們。於是，我們又從頭開始談論這件事，但似乎完全沒有任何進展。

這些居民已經和橘郡的財政與運作變得疏遠。他們對它不了解，也沒有參與感，所以不覺得自己有責任修正它。這套體系變得太過複雜，包含了深奧難懂的賦稅抵償債券（tax and revenue anticipation notes）[117]、出資證明（certificates of participation）[118]，以及各種沒有任何人聽過的債務憑證（debt instrument）[119]。

我們廣泛地與政府財政疏離，正好是過去幾十年經濟擴張的產物。全世界的央行總裁與財政部長都宣稱他們創造了正向成長，我們都信以為真。我們第一次開始相信，這些位居高層的「魁儡操縱者」只要拉動幾根繩子，就可以讓這個世界變得更好、更具生產力。舉例來說，若央行總裁將利率微幅調升或調降一碼（即百分之零點二五），就能促使經濟成長，或防止經濟成長過快、導致通膨飆升。

儘管不了解政府在財政上發生了什麼事，我們還是一味地信任這些人所做出的宏觀經濟決策[120]，例如利率政策與聯邦政府開支。這讓我們對政府多數財政事務的監督，以及其決策是否審慎降低標準。地方政府的政策似乎不再重要。我們誤以為，只要稍微調整一下利率或增加聯邦政府開支，所有的經濟弊病就會被消除。宏觀經濟政策在一團迷霧中被提出，使我們對政府財政的認知與理解變得模糊，而我們似乎也甘願放棄自己的責任與參與權，交給上位者全權處理。我們漸漸接受政府的借款與開銷攀升至無以為繼的程度，同時對這些龐大數字背後的意涵日趨麻木。

在試圖評估金融體系的穩健性時，哪一個數字比其他數字更重要？簡單地說，就是我們先前的承諾與現在擁有的東西之間的差異。這個差額代表著我們的金融體系所承受的負擔；它是一個負數，因為我們的未來債務遠遠超出了現有資產。為了方便討論，就將這個負數稱作我們的「財政負擔淨值」，此外，為了更清楚說明這個概念，這些財政責任與承諾囊括所有的政府退休金與退休福利，以及社會安全、聯邦醫療保險、低收入戶政府醫療補助，當然國家債務也包含在內。（根據多數專家的計算，美國目前舉債二十二兆美金，這個金額正逐漸逼近我們的年度ＧＤＰ。）我們的欠款就是由這些責任與承諾所構成。從我們現有的資產中減去這個數目（這些資產包括為了實現承諾而積攢的現金，再加上用這筆現金投資所產生的報酬，以及未來的預期出資），得出的差額就是我們的財政負擔淨值。

問題在於，這些數字極為龐大，很多人都不認為它們能讓我們算出真正的財政負擔淨值。以資金短缺的退休金為例，其赤字是四兆美金，還是二十兆美金？要看你問的人是誰。難以確定真正的數字，只會使我們無法理解這些數字的規模有多大。在面對如此龐大的數字時，「規模」是非常難掌握的概念。對一般人而言，「兆」和「多到數不清」一樣抽象且虛幻。然而，這些赤字與資金缺口非常真實，同時也非常危險。

我們確實知道的是，我們欠的遠比擁有的多很多。我們的財政負擔淨值已經高達數十，甚至數百兆美金，這顯然對我們的金融與經濟體系未來能否穩健運作造成極大的壓力。我們無從得知，這股壓力是否會大到無法承受，或者何時會大到無法承受。但物理定律是絕對無可避免的，因為一切事物都有它的臨界點。這只會讓我們心想，為什麼我們沒有更在意，同時更認真評估這樣的風險？

另一方面，也有越來越多人主張，為了達成各種政策目標，應該要提高借款金額與政府開支。諾貝爾獎得主與抱持類似想法的政治人物提出了一些理論，這當中包含重新提倡早在一個世紀前就有人提出的「現代貨幣理論」。這套理論主張，政府壟斷貨幣發行肯定能使所有確保充分就業的財政政策得以施行，例如盡量印製鈔票，無須擔心這種舉動會導致通貨膨脹，或讓國家財政不再健全。不管現代貨幣理論是否有成功的可能（而且必須特別留意的是，它目前還沒有被成功執行過），支持這套理論似乎顯示，我們對日益增加的負債不太在乎。

首先，從橘郡居民的行為就可以明顯看出這種不在乎的態度。當調高銷售稅這項議案在一九九五年六月二十七日進行公投時，它遭到了否決。這些選民傳遞了這樣的訊息：他們不在意，或不覺得自己對橘郡的財務狀況有任何責任。是這個郡的領導階層使它陷入這種困境，所以讓它脫離困境並非居民們的責任。

在增稅案被否決之後，橘郡的債務被以大打折的方式進行交易。此時，這些債務甚至根本沒有市場；我們無法獲得報價。雖然這樣的發現實在違反常理，但我們終於明白，儘管郡政府有些許期待，只有我們這些局外人（包含所羅門的團隊，以及與我們共事的那些顧問）真正關心怎麼解決破產問題。所有人都告訴我們，他們想擺脫這個問題，但沒有任何人——包括各地方政府單位、民選與指派官員，似乎還有那些居民——願意為此承受一丁點不便。「解決它，」他們說，「但不要妨礙到我。」這不關我的事。

我們的銷售稅公投結果突顯出一件事：在出現成功的可能性之前，通常必須先經歷失敗——在所有傳統方法都用盡前，大眾往往不會嘗試那些新想法。即便在這個以自由派著稱的郡，增稅案遭到否決並不令人意外，我們還是必須先試試看，畢竟多數財政危機或赤字都是透過這種方式增加收入，因此獲得解決。雖然這樣的方法在橘郡澈底失敗，也使我們得以嘗試一些新構想。

負責帶領法律小組的布魯斯・班奈特是一位聰明伶俐、能言善道、專門處理破產案的律師，他是我們的重要合作夥伴之一。布魯斯事前就預料到我們會失敗，於是他想出了另一套計畫。這個法律解決方案將讓三種關鍵選民都承受一定程度的痛苦——大幅縮減居民服務、削減應該支付給債權人的金額，以及減少未來的退休金債務。

與此同時，我和同事賈斯汀・貝里斯也開始默默設想我們自己的備案（我們保密了一段時間）。我們希望讓急切的情緒蔓延開來，使所有人都確實理解，橘郡很有可能會拖欠債務。在增稅案被否決幾周後，我們樂觀地認為，所有人不僅都將樂意接受一項新提案，同時也很渴望有這樣的提案出現。我們的這套計畫名叫「羅賓漢計畫」，它將針對那些最有錢，但較不重要的單位（像是供水區、交通局、各市政府、公園暨遊憩處、海灘暨港口管理處等），技巧性地把它們的收入轉至郡政府的主要財庫，同時確保各學區、執法機構、消防單位，以及健康服務中心的經費不受影響。即便我們取了「羅賓漢」這個名字，這當中並沒有任何涉及偷竊的部分，這套計畫是利用現有的稅基來償還即將到期的債務，它不會明顯降低郡政府提供居民服務的能力。

為了成就「羅賓漢計畫」，我們必須找出錢來。我們開始研究，有哪些單位似乎擁有源源不絕的現金，同時由賈斯汀負責蒐集這些單位的財務資料。他通常會先打電話給某個人，然後再開車到他們的總部辦公室，拿取財報影本。「我可能是少數索取這些鬼東西的人。他們依法製作財報，但不必將它們散佈出去，所以在任何地方都找不到。」此時，這些文件還無法線上儲存、讓大家容易取得。

「加州這套系統設立了一堆不同的財庫，」賈斯汀這樣回憶道，「光是橘郡應該就有三十個供水區。每一個供水區不僅有各自的財產稅分配額度，它們也有自己的收入來源。舉例來說，爾灣市供水區擁有飯店與高爾夫球場，而且還提列了龐大的準備金。所以基本上，我們是在找出那些潛藏的金錢。它們有些感覺像是給房地產開發商的行賄基金。這裡有很多錢，但郡政府都無法使用。因為根據州法規定，財產稅收入會直接分配給這些供水區，同時其中有一部分會提供給各衛生區，還有一部分會分給橘郡交通局。我們的想法是：找到這些獨立的財庫，若它們財力雄厚，那我們就重新調配這些錢。」

基本上，我們的計畫就是要打破這些財庫的藩籬，並挪動資金。雖然從數學的角度來看，這套計畫是可行的，但我們都知道，負責管理這些單位的政府官員將群起反彈。一九九五年七月三十日，我們向督察委員會提交了這套計畫，然後他們表決通過（儘管其他人都表示厭惡）。這些單位的主管都重視自身利益勝過橘郡的利益。就連作為主要受惠者的債權人都鄙視這套計畫；《洛杉磯時報》引用了他們的一名顧問喬・夏茨所說的話：「他們有一併發放暈機嘔吐袋嗎？」他們認為這套計畫行不通，而且因為很懷疑，它有那麼一點付諸實行的可能性，他們不想在確信會失敗的事情上浪費時間與精力。

⊕

一列輪椅在擠滿人的走道上穿梭，它們在講台與麥克風前停了下來。每個人都等著對坐在前排的那些銀行家，以及橘郡督察委員會的委員們大聲怒吼。現在正在發言的這位居民說他有糖尿病、無法享有好的醫療服務，而且他沒有工作。「如果你們覺得你們可以走進這裡，然後讓巴士——『我的巴士』停駛，那你們最好改變主意！」他身後的群眾鼓譟著，這宛如火上澆油。「沒錯！」他說，「你們最好改變主意！沒有五十九號巴士，我就不能去看醫生了。」

督察委員會主席加油・瓦斯奎茲靠近他的麥克風，告訴這位發言者，他的三分鐘發言時間已經結束。

「你說什麼？」這位居民大吼道。此時，會議室裡再度處於混亂邊緣。

坐在所羅門團隊旁邊的我看了一下瓦斯奎茲，他看起來非常需要一根木槌、讓大家保持安靜。但他只有一枝原子筆，還有眼前的一只小麥克風。「謝謝你。」瓦斯奎茲說。他聽起來像是在回應一個滿心崇拜並起立鼓掌的聽眾，而不是憤怒群眾的咆哮。「各位先生與女士，謝謝你們。好的，謝謝你，謝謝你。」在屋內安靜下來、足以聽見他的聲音之後，他又重複了一次一開始的指令：「各位先生與女士，請把你們的發言控制在三分鐘以內。我們今晚要聽很多人說話。」

下一位發言者走到了麥克風前。在這群情激動的房間裡，她是一個例外——這個平靜鎮定、溫和有禮的女人先是感謝督察委員們讓她發言，接著開始訴說，假使大眾運輸遭到縮減，將對她的生活造成哪些骨牌效應。「我搭巴士上班。我去上班，是為了賺錢自己租房子。我必須租房子，這樣才能離開虐待我的丈夫。如果你們讓巴士停駛，我會失去在餐廳的工作，然後就無法租房子，因此被困住。請不要讓巴士停駛。」

當她坐下來時，一個穿著女裝的男人突然站起身來，他高舉著一個小籠子，裡面黏著一對銀行家造型的粗糙塑像。「這些罪犯！把他們都關進牢裡！」他晃動著手裡的籠子，使那對塑像發出碰撞聲。其中一尊塑像脫離了它原本附著的位置，然後在柵欄前上下彈跳著。這位總是身穿網襪與迷你裙的威爾．金是地方上著名的話題人物，只要他的時間能配合，就會出席橘郡的督察委員會議，以及其他由政府召開的公開會議。他常在我們的督察委員會議上演出某種奇觀，例如一邊揮舞著通馬桶的吸盤，一邊大聲嚷嚷「橘郡的一切將付諸流水」，或者在跟督察委員說話時，從他塞得滿滿的內衣裡拿出橘子來，但「被囚禁的銀行家」肯定是他的代表作。他晃動著手裡的藝術品，並大喊道：「把他們關起來！把這些銀行家關進牢裡！」

主席瓦斯奎茲為了威爾．金的演出向他道謝，接著下一位居民來到麥克風前。

這群人的發言持續了好幾個小時。儘管這些較不富裕的橘郡居民確實表達出深切的憂慮，這場抗議本身似乎是由橘郡交通局的主管史丹．歐菲利一手策畫的。他坐在附近嚴肅地聆聽這些民眾的證詞。史丹不希望交通局的經費被刪減，同時他也明白，唯有主張削減經費將對弱勢族群造成影響，他才有可能達成目的。他事後堅稱，這些人會出席都是出於個人意願。我很喜歡也很尊敬史丹，即便在這突如其來的戲碼裡，我們抱持相反的立場。此外，我也覺得這場督察委員會議上的抗議活動是種巧妙的政治手段——尤其是刪減預算不可能影響到巴士營運，除非他和橘郡交通局董事會決定讓巴士停駛；在交通局的龐大預算中，巴士的開銷只佔了很小一部分。

世界上的多數人都知道橘郡這個加州南部的濱海地帶，是全美國最富有，同時也最保守的地區之一。「在橘郡，沒有人搭巴士。」在我們試圖解決郡政府面臨的重大預算危機時，一再有人這樣告訴我們。但現在，這些橘郡交通局的巴士乘客都在這裡，一個接著一個提供明確的理由，告訴我們為何必須從其他來源解決破產問題。最後，到了深夜，他們終於離去，幾乎是一口氣全部離開，彷彿為了趕上末班巴士一般。這場由督察委員會召開的特別公開會議就此散會。

我們的破產處理計畫讓更多人仔細審視這個郡的整體運作，因此促使各地方政府單位態度軟化；他們突然開始願意配合。「如果你是橘郡交通局或爾灣牧場水務局的主管，」賈斯汀說，「你不會想強調，你們單位的財力有多雄厚。這是我的解讀。他們很低調。他們能獲得這些輕鬆的指派職位，是因為認識縣委員（即督察委員），或那些足以影響縣委員的人。低調的他們不想受到太多關注。」

在橘郡艱辛地工作了十八個月，我們四處奔波，並且與橘郡居民、督察委員、媒體、律師，以及債權人戰鬥，終於有所突破，以重新調整現有稅基的方式來解決破產問題。當然，這個方法在事後看來可能很簡單，但過程中特別困難的狀況在於，我們往往面對的是覺得事不關己的民眾、自私自利的政治人物，以及華爾街的貪婪，而不是經濟與財務基本面的實際問題。

二〇〇七年，斯托克頓開始面臨日益嚴重的退休金危機。前幾年，斯托克頓市在設定公務員的退休金分配額度時，他們就已經沒有足夠的現金可以支付這些錢，這根本無以為繼。這些款項現在已經到期，他們欠了「加州公務員退休基金」一筆錢——還有數千萬美金無法支付。

華爾街被吸引過來，宛如一隻在水裡嗅到血腥味的鯊魚。雷曼兄弟的主管們帶著一份投影片跑到斯托克頓市議會，向他們推銷一種名為「退休金負擔債券」的籌資工具。有了這些借款，斯托克頓市就有資金應付目前必須支付的退休金，同時也能延後更大規模的危機爆發，直到新任官員當選為止。一切就是這樣進行的。退休金負擔債券的風險非常高：這些債券是以斯托克頓市的普通基金作為支撐，這意味著，假使出了任何問題，斯托克頓不僅將在債務裡陷得更深，這座城市的營運預算也會面臨危機，包括現任員工與前員工的退休存款、醫療保險，以及市民服務都將受到影響。

市議會一致通過發行退休金債券，並且由雷曼兄弟負責承銷這些債券。但在不久後的二〇〇八年九月十五日，雷曼兄弟宣告歇業。市場崩潰了；斯托克頓無法償還債務，他們的普通基金也受到侵蝕。在接下來的幾年裡，斯托克頓跌進了貧窮與法拍屋的萬丈深淵。

市議會成員們在密室會談中決定根據《美國破產法》第九章（此章內容為「地方政府的債務重整」）申請破產。在這之後，他們在二〇一二年六月二十六日召開了一場特別會議。這讓人想起多年前，在那場橘郡的督察委員會議上，當地居民與公務員排著隊、輪流走到麥克風前，對福利削減大聲譴責。但相較之下，斯托克頓這個案子風險高出許多，因為醫療保險與退休金眼看就要保不住了。

「你們今晚所做的決定，對我的人生投下一顆強力震撼彈，摧毀了我努力累積的一切。」這是克莉絲汀娜．潘德格拉斯的證詞，她在斯托克頓當了十七年的緊急調度員。潘德格拉斯已經失去她的醫療保險福利，同時也正面臨失去退休存款的風險，因為債權人的律師們揚言要奪取這個部分。

「我想對市經理和市議員們說，你們的訕笑……還有你們對我們的滿不在乎，並非沒有人注意到。」另一個男人說，他幾乎無法壓抑自己的情緒。「全世界都在看，真是感謝老天。大家都可以看到，這個社會辜負了我們。」

另一位發言者是前特警隊主管蓋瑞．瓊斯，他目前正在與腦癌搏鬥。斯托克頓破產意味著，他無法再繼續負擔那些讓他活下去的治療。「若失去了醫療保險，」他這樣告訴市議會，「對我而言，那可能相當於被判處無期徒刑。」因為瓊斯的腫瘤壓迫到語言中樞，他在跟市議員說話時非常吃力、費時；他邊說邊強忍住淚水。「你接到一通電話，然後像這樣的事就立刻改變了你的人生。」

此時，屋內的計時器開始嗶嗶作響。

「瓊斯先生，」一位市議員說，「謝謝你，你的時間已經到了。」

這些預算削減不只使眾多公務員的退休福利灰飛煙滅。在次級房貸危機發生四年後，斯托克頓爆發了警察離職潮（一年平均減少一百人），他們搬到退休金與各種福利比較不會被刪減的地區居住。警力流失導致凶殺與暴力犯罪案件顯著增加。這個地方的失業率攀升至全國最高。至於造就這場悲劇的市府團隊很快就會離開舞台，並消失在人群裡。

⊕

在斯托克頓以外，這個國家有個更龐大的退休金危機正逐漸逼近。斯托克頓或許是一記警告，讓我們預見美國的未來。目前，這些失敗分為好幾個層面，它們都各自引發惡性循環，使我們默默地在坑洞裡越陷越深。以下簡單說明退休金如何運作，以及為什麼這套制度嚴重崩壞。

公務員（這個族群在全國共有數百萬人）將獲得退休金與其他退休福利，這是他們薪酬的一部分，這是他們退休後的依靠。無論他們是在聯邦政府、州政府、郡政府或市政府工作，僱主都會提撥一筆錢到退休金帳戶裡。一般而言，這筆錢都會被放進某個公基金（通常是指某個退休基金）裡，接著再由各地方政府進行投資，並承諾一定程度的報酬。然後，他們會根據這些投資的預期報酬，為員工設定退休金分配額度。預估報酬越高，地方政府需要投入的現金就越少，同時每年必須為此編列的預算也越少。

這套制度主要在兩方面出現問題。第一，地方政府沒有為這些未來的給付義務提供足夠的資金，這造成了立即的資金缺口。舉例來說，據保守估計，伊利諾州和紐澤西州的退休基金都只準備了不到百分之四十的資金，其資金缺口高達近一千五百億美金。第二，有很多退休基金都向他們的投資人（將作為退休金使用的資金拿來投資的地方政府）承諾百分之七，甚至更高的年報酬率。但專家們目前預估的長期報酬率為近百分之五，而且當市場發生變動時，這些退休基金並未做出相應的調整。這百分之二的差異感覺或許不多，但當你面對的是如此龐大的資金時就不是這樣了——根據計算，全美國在這些退休基金裡的資金缺口約高達四兆至二十兆美金之間，而這個數字還在不斷增加。一場巨大的金融災難正逐漸逼近。

這當中有個很明顯的問題：伊利諾州、紐澤西州，以及其他地方的退休基金為什麼不直接提高資金提撥要求，以滿足未來的給付義務，並且將預期報酬從百分之七調降至百分之五？答案是政治。多數退休基金的監督委員會都是由民選官員與工會領袖組成。若這些監督委員調降預期報酬，為了填補資金差距，地方政府的現金負擔將變得更大，而且這些委員還會被指責。因此，為了降低地方政府的現金負擔，他們還是維持原本較高的報酬假設。沒有人願意為了做出審慎且必要的改變而承受政治批評。所以每個人都視而不見，他們都知道（或者至少希望），在自己的委員任期結束之前，債務結算日將不會到來。

問題不僅止於此。許多地方政府都沒有為開始給付退休金充分提供資金，但是為了合理化給予更多退休福利的承諾，選擇對退休基金採取激進的投資報酬假設，導致問題惡化。儘管面臨預算壓力，政治人物通常都會為了填補現金缺口，提供公務員更多退休與醫療保險福利，而不是增加他們的薪水。如此一來，當年度預算中的現金提撥需求就能降低。因為這些福利代表的是未來的給付義務，他們肯定認為，在採取激進投資報酬假設的情況下，它們的影響可以控制，或者至少不會造成沉重的負擔。這成了一整個惡性循環：資金不足導致必須把投資報酬誇大，然後這又進一步促使他們承諾給予更多福利。

這個循環將很難打破，因為藉由進行痛苦但必要的改變（確實監督與管理）來解決這個問題，不符合退休金委員會的既得利益。他們所承擔的責任與必須面臨的挑戰並不相符。布魯斯・班奈特曾經跟我說：「對一個政治人物而言，提供百分之六十與提供百分之百的資金是一樣的，因為在他們卸任之前，債務結算日將不會到來。」除了民調數字以外，在自己的任期內是否有足夠的營運資金，是多數政治人物唯一在乎的統計數字。這些政治人物不是不懂，就是選擇不要弄懂「退休金數學」；這麼做在政治上對他們有利。更何況，這個問題太難解決，所以他們都不願意承認。這一切就在我們的眼前發生，但沒有任何人出面制止。公共財政讓官員們得以濫用，並出現難以解決的問題，顯示我們的政府架構已經過時，不適合在現代金融界運作。

當金融市場在二〇〇八年崩潰時，麥可這個在暴力充斥的斯托克頓長大的優秀男孩即將高中畢業。「經濟大衰退並沒有對我們家造成很大的傷害，因為我們一向過著拮据的生活。對我們來說，那是很平常的一件事；我們一直在苦苦掙扎。」

他多少有察覺到，有某種黑暗的東西正在醞釀。在富蘭克林高中讀完高一的那個暑假，他參加了華頓的暑期課程。當時，他就已經注意到金融界發生的各種轉變（幾年後，他在瑞士信貸實習時也是如此）。

麥可拿著獎學金逃離斯托克頓、到史丹佛大學就讀，除了偶爾回去探望家人以外，他覺得自己永遠不會再回到故鄉。他是一個來自貧窮社區的年輕黑人；聰明且充滿企圖心的他成功進入美國的頂尖大學。他成為「全國有色人種民權促進協會」史丹佛分會的會長，並獲得Google的暑期實習工作，接著又在前總統歐巴馬任內的白宮擔任實習生。他在史丹佛主修政治學，因為政治中的人性面一直令他深感興趣。

歐巴馬是他的楷模，使他備受激勵。麥可曾經認為，他可能會在大學畢業後回到白宮擔任職員，或加入非營利組織「為美國而教」，到偏鄉教導弱勢學童。那時，他可以做任何事。他即將以優異的成績畢業，同時已經有不少華爾街的公司，以及國際知名的管理顧問公司與私募股權公司提供薪資優渥的工作機會給他。

但在這之後的某一天（那時麥可還在白宮實習），他在電話中得知，只比自己年長一歲的表哥在斯托克頓南部參加萬聖節派對時遭到射殺。這改變了他的人生方向。

麥可不僅因為失去表哥而感到悲痛，同時也感受到一股強烈的罪惡感。他意識到，他拋棄了自己成長的城市，也因此捨棄了自身很重要的一部分。「這使我認真思考，如果不是為了讓我的家鄉變得更好，到史丹佛這樣的大學讀書還有什麼意義。」他這樣告訴《富比士》雜誌。

在這件事發生後，麥可知道自己必須回到故鄉，並且奉獻他的所有。他完成史丹佛的學業之後，決定參選斯托克頓市議員。談話節目主持人歐普拉．溫弗蕾在某次造訪校園時與麥可碰面，她對他印象非常深刻，因此捐錢贊助他的競選活動。在此之前，歐普拉只資助過兩位候選人，那就是歐巴馬和民主黨籍參議員柯瑞．布克。很快地，饒舌歌手「MC哈默」也表示支持麥可。有了這些支持，他在故鄉的人氣大幅提升。然而，他還只是個大學生，他的對手則是一位根基鞏固，競選資金也比他雄厚的現任市議員。

「我本來不希望他回到斯托克頓，」麥可的母親拉科爾在他競選期間拍攝的紀錄片《真正的兒子》中說，「你知道的，或許等年紀大一點之後，再回來幫助斯托克頓……我希望我兒子能畢業，然後賺點錢。但我們沒有選擇。如果他去做我希望他做的事，我很確定他不會感到開心。這是麥可的天職。」

競選市議員是一段艱辛的過程，麥可有幾次差點放棄。但他還是繼續在斯托克頓四處奔走、跟居民們對話，並講述他改造這座城市，以及遏止幫派暴力的計畫。「那時我二十一歲，還很年輕。」他在舊金山「藝文活動與講座」中的一段談話中說，「我只有兩套不太合身的破舊西裝與一雙皮鞋。當時，要去敲市民的門真的非常可怕。我想，這有一部分是因為斯托克頓市的謀殺案曾經創下歷史新高，所以大家不會來應門，當敲門的是年輕黑人男子時更是如此。」但那些選擇把門打開的人都相信了麥可說的話。「我還記得我敲的第一扇門，來開門的是一個名叫艾瑞克的男人。他走出來告訴我，他對他的女兒抱持什麼樣的夢想與期待。接著，當他知道我是個從史丹佛回來的年輕人時，他希望自己的女兒也能如此。如果我可以讓這件事成真，他就支持我。」

選舉期間，美國婦女選民聯盟安排了一場電視辯論會，麥可展現出的熱情與魅力都勝過他的對手。在這場辯論會上曝光，將麥可的聲勢推向高點。二〇一二年十一月，二十二歲的麥可．德瑞克．塔布斯（Michael Derrick Tubbs）順利當選，成為斯托克頓有史以來最年輕的市議員。「我們可以改變斯托克頓，」塔布斯在此時告訴媒體，「我不曾說我要自己做這件事。但我可以是那個催化劑……我懷抱著希望。」

一開始，要保有這樣的希望應該很困難。在塔布斯參選六個月前，斯托克頓才剛申請破產——到那時為止，這是美國歷史上規模最大的地方政府破產案，擠下了原本位居第一的橘郡（但很快又被底特律取代）。塔布斯的市議會必須收拾殘局，並做出艱難的決定，讓這座城市重回正軌。「你說我們做出了困難的決定，」塔布斯在《是誰推倒了斯托克頓？》這部紀錄片中說，「而我則是一直說，最困難的莫過於削減醫療保險。他們原本以為，自己能在下半輩子獲得這些福利，因此做出相應的計畫，然後退休。」

退休金與退休福利是很好的東西，而且有其必要性。這些福利越多越好，因為它們將支撐大家退休後的需求。但我們多數人都不想面對「它們存在著龐大的資金缺口，最後將帶來毀滅性影響」這樣的事實，我們期待別人會處理這些缺口，並且在必須給付可觀的金額之前解決。當無可避免的財務結算來臨時，一定會對仰賴這些退休金的人造成連帶傷害。但它也會影響到我們其他人，讓我們周遭所有人的安全與幸福都陷入危機（就像在斯托克頓一樣），無論他們的身分地位為何。

⊕

橘郡破產預示了某種新國家觀點與信仰體系的出現。這裡的多數居民都很富裕，不在意郡政府拖欠債務或縮減居民服務，因為他們不認為這會對自己造成影響。這些東西是為了弱勢族群、窮人、公車乘客、遊民——那些沒有力量的人而存在。事實上，橘郡的這些有錢人對關於破產案的任何事都不太在乎，除了不要因此妨礙到他們以外。

到了這場一年半戰鬥的尾聲，我們確實找到某種解決方法，它沒有真正為居民們帶來不便。包含本金與利息都全額支付給債權人。退休金沒有被刪減，居民服務也幾乎沒有受到影響。對一場規模如此龐大的財政災難來說，這樣的結果極為特殊，而橘郡不願意為其債務承擔責任，也改寫了地方財政的規則。這些居民可能覺得它並不重要，因為我們可以用不會造成嚴重不便的方式來解決這個問題。

警長蓋茲則不這麼認為：「這很丟臉。當你有債務在身時，你就應該償還，而不會直接走人。若你這麼做，其他人要怎麼尊敬你？我覺得在這段過程中，橘郡居民之所以不曾真的感覺這一切與他們有關，是因為他們個人並沒有受到傷害。聰明人會關注政府，以及這個世界發生了什麼事。其餘的人則不知道這些事。無論是何者，他們都不太在乎。」警長蓋茲顯然是這當中的少數。對於這樣的財政困境，多數人都不覺得羞愧，也不認為自己應該負起責任。

橘郡居民是否應該為解決破產問題負責？這一切是否該怪他們，因為他們一次又一次地選了鮑伯．希特隆，讓他當了二十二年的財政主管，卻沒有質疑他缺乏財務背景與投資經驗？或者該怪督察委員會，因為他們沒有適當地監督，並且在為時已晚之前發現這個問題？或者該怪希特隆，因為他花了數十億美金進行他完全不了解的高風險投資？或者該負責的是信用評等機構，因為他們應該要意識到橘郡已經陷入困境，而不是給予這個郡ＡＡ級的評等？還是該怪美林證券，因為他們把不恰當的金融商品賣給希特隆，讓他們那些具備金融知識的員工利用橘郡的天真，只為了追求獲利？這些問題的答案都是肯定的——每一個促使這個問題產生的群體都應該被責怪。

但在面對橘郡所引發的更重要、更令人擔憂的新問題時，究責是其次：為什麼我們不再覺得政府財政與自己有關聯，以及我們該對這套體系的穩健性負責？這背後有什麼意涵？無論橘郡這個案子只是一種警示，還是它在某種程度上，形塑了某種新的世界觀，被政府財政運作影響的我們都只覺得無所謂而已。

希特隆在二〇一三年去世，終年八十七歲。由於六項重罪的認罪答辯（guilty plea），他原本最高面臨十四年徒刑，以及一千萬美金的罰金，但最後只被判處一年徒刑（緩刑五年），併科罰金十萬美金。坐牢期間（如果能稱之為「坐牢」的話），獄方指派了一份監獄福利社的工作給他。「我負責處理來自囚犯們的牙膏與糖果棒的訂單。」當他被准許每晚回家睡覺時，他這樣跟《橘郡紀事報》說。他還是持續領到每年九萬兩千九百美金的退休金。CNN在報導裡說：「希特隆的這些罪行不僅與破產案沒有直接相關，他個人也沒有從中獲利。它們發生在一九九三年和一九九四年年初，其中包含將利息收入從橘郡的資金池——參與合資的包括學校、城市，以及其他政府單位——非法移轉至橘郡的帳戶裡。希特隆這麼做是為了隱藏這個資金池日益飆升的獲利，以免他的高風險策略嚇到其他投資人。」

在這樁破產案中扮演關鍵角色的美林證券被控告了很多次，面對橘郡的索賠，他們公司勉強支付了四億美金。這在當時，是非常龐大的一筆罰款，相當於美林年營收的四分之一。此外，美林也花了三千萬美金解決刑事指控的部分。然而，從整體來看，這樁當時美國歷史上規模最大的地方政府破產案，最後並沒有對那些該負責的人施加持續性懲罰——沒有確實入獄服刑、沒有法規加以約束，就只是做做樣子而已。所以我們學到了什麼教訓，還有要如何不讓這種事再度發生？

一九九六年，在即將結束我們的工作時，賈斯汀發現郡政府新的財政團隊又開始採取另一項高風險策略——發行退休金負擔債券（在二〇〇八年市場崩潰前，雷曼兄弟就是向斯托克頓推銷這種籌資工具）。這和當初希特隆進行的是類似的財務操作，同時也是讓郡政府無須經過公投程序就能借錢的唯二法律漏洞之一。接著，他們可以再用這些資金來進行大規模的不恰當投資。

「橘郡的退休基金資金短缺，」賈斯汀說，「所以基本上，為了給付這些退休金，他們會去借錢，再拿這筆錢來投資。這個概念是，他們會以百分之五的利率借錢，然後把錢丟進債券市場裡，並獲取百分之八、九的報酬。哇，這樣不是很棒嗎？我去參加那些會議時，有三、四個負責這件事的人說：『我們真的必須發行這些退休金負擔債券，它們超級重要。』我會說：『你們才剛因為試著操作原本用來避險的衍生性商品而損失了幾十億美金。你們今天會面臨破產問題，就是因為借錢投資，並試圖獲得更高的報酬。結果你們現在跟我說，你們覺得發行退休金負擔債券，然後用這筆錢在債券市場賭博是一個好主意？』他們確實如此，所有人都認為這是個好主意。」

賈斯汀與他們激烈爭論，並告訴他們，橘郡是這個世界上最不該採取這種高風險策略的地方政府。但他們根本聽不進去，心意已決。到最後，我必須說服賈斯汀放手。這裡已經不再由我們負責，我們很快就要離開、去迎接下一個挑戰只要財務重整的部分完成最終確認，我們的任務就結束了，一切的主導權將回到那些新任官員手上，由他們來帶領破產後的郡政府。即便到了我們離開時，橘郡顯然還是沒有學到任何教訓。他們發行了退休金負擔債券，最後也證明這是一項成功的策略，因為在破產之後的那幾年，債券市場的績效良好。但有美好的結局並不代表這是一個審慎的決定，這只是讓他們更堅信這種投資風險極小。希特隆那些輕率魯莽的投資策略已經開始被遺忘。沒過多少年，美林證券又再次成為橘郡的債券承銷商。

⊕

從斯托克頓遇到的這些麻煩可以看出，他們的領導階層很糟糕，無論是市長辦公室或市議會都是如此。在《富比士》雜誌「全美國最悲慘城市」的年度榜單中，斯托克頓在二〇〇九年、二〇一一年位居第一，二〇〇八年、二〇一〇年則拿下第二名。當二〇一二年的榜單公佈時，斯托克頓掉出十名以外。當時的市長安・強斯頓誠懇地說：「這是一個非常棒的消息，令人覺得既開心又得意。」市府鼓勵市民因為只待在這份榜單上十一個月而感到得意，似乎顯示，對於斯托克頓的復興，他們的領導階層並沒有遠大的目標；隔年，它又重新回到十名以內。

安東尼・席爾瓦在二〇一三至二〇一七年擔任斯托克頓市長（這段時間正是斯托克頓在破產後展開多數復原行動的時候），他就是一個失敗的領導者。二〇一五年，他在一場酬神儀式中將這座城市的鑰匙獻給了上帝，這引發民眾激烈抗議。他還頒佈一條法令，用來懲罰那些穿褲子「露出內褲」的市民。此外，他也支持另一項提案，那就是引進佛羅里達州瀕臨絕種的海牛，然後把牠們放進斯托克頓的河道裡，去吃掉那些日益增加的布袋蓮。當科學家們解釋，斯托克頓的水溫比佛羅里達低得多，很快就會導致海牛死亡，席爾瓦依然無動於衷。幸好這項計畫從未付諸實行。

在擔任市長後期，席爾瓦被指控犯下重大竊盜、貪汙、洗錢與挪用公款等數項重罪。這些指控源自於他負責領導的一個名叫「斯托克頓男孩與女孩俱樂部」的非營利組織。據說他從這個組織的資金中拿走了數十萬美金，用來支付個人旅遊、購買零售商品的花費，以及菲律賓交友網站 filipinocupid.com 的月費。在席爾瓦的任期途中還發生了另一樁醜聞——某起凶殺案所使用的四零手槍被發現登記在他的名下（在這樁命案中，有個十三歲男孩遭到殺害）。他宣稱，有人從他家裡偷走了這把槍。當時他正好不在家，所以無法報警。

二〇一七年，聯邦調查局闖進席爾瓦的家裡，並進行調查。他被指控在兩年前任職斯托克頓市長期間，曾邀請「男孩與女孩俱樂部」的夏令營輔導員到他的營帳裡玩「脫衣撲克」，這些輔導員都只是青少年。根據指控，在為期六天的夏令營期間，他提供酒給參與這項活動的未成年輔導員喝，並且在他們玩脫衣撲克時偷偷錄影。結果，席爾瓦與檢察官達成認罪協商，只被判處社區服務。當我們的民選官員是這副德性時，要怎麼希望斯托克頓這樣的城市能有所改善？

斯托克頓很幸運，這樣的希望很快就降臨了。二〇一六年，市議員麥可・德瑞克・塔布斯決定要挑戰市長安東尼・席爾瓦。他的參選讓大家十分振奮，再加上席爾瓦的諸多醜聞越演越烈，塔布斯大獲全勝（贏了現任市長四十個百分點）。二十六歲的塔布斯是斯托克頓有史以來第一位黑人市長，同時也是人口超過十萬的美國城市所選出最年輕的市長。雖然他當選市長就已經開始改變這座城市，他也很清楚，前方有一條艱難的路在等著他。

為了協助解決這些挑戰，塔布斯提出了一項新提案——「斯托克頓學者計畫」，承諾給予每個在高中畢業後進入大學就讀的學生一筆獎學金。這項計畫在二〇一九年開始實施。塔布斯解釋，去史丹佛讀書讓他獲得許多優勢，這是促使他成立這項計畫的動機。「若一個到頂尖大學讀書的人可以回來成為市長，我們就讓城裡的每個孩子都這麼做，那會如何？這對斯托克頓的未來將產生什麼樣的意義？（中略）我是我們家族裡第一個讀大學的人，而且是免費的；這是我一個人的事，但對斯托克頓市而言，這是我們最好的經濟發展工具。在前百大都會區當中，我們的大學入學率目前排名第九十九。我們的目標是，在接下來的十年內，讓斯托克頓的大學畢業生成長三倍。」

普林西絲・翁詹是第一批獲得「斯托克頓學者」獎學金的學生之一。她的父母親是來自泰國的難民，他們在青少年時期來到加州，然後在斯托克頓東南部的一個低收入亞洲社區裡定居，在當地，那是一個相當大且充滿暴力的族群。「我們家族裡一定有幫派分子，」她在我們的訪談中說，「我和我的姊妹們很努力不要與那些人有所牽扯。因此，我們必須避開這座城市的某些部分，並全力避免跟某些人交談。光是在這樣的氛圍下成長，知道自己和誤入歧途如此靠近，就是很難受的一件事。我一直努力把人生重心放在學業上。」排除萬難的普林西絲同時贏得了耶魯和哈佛的獎學金，而她最後選擇拿獎學金進入史丹佛就讀。她的「斯托克頓學者」獎學金則將支付課本的費用與各項雜費。普林西絲打算攻讀電腦科學與天文工程，並且在畢業後回到她的家鄉。

她的故事說明塔布斯效應帶來很好的影響，同時也呼應了一句話（我在造訪斯托克頓時，曾經多次聽到這句話）：「聰明、優秀的斯托克頓年輕人希望接受良好的教育，然後回到自己的故鄉來。」

二〇一五年，斯托克頓走出了破產陰霾。然而，這座城市有非常多問題，要解決它們還早得很。它一直是全美國最貧窮的地區之一。二〇一八年，這裡有一千四百零三名就讀公立學校的孩子無家可歸——還有數百名沒上學的孩子沒有算在內。許多人都住在河床上。這個地方的所有學校都提供免費午餐，而且他們幾乎都每天供應熱騰騰的三餐，否則很多孩子就沒飯吃。

塔布斯將貧窮視為斯托克頓一切挑戰的根源；翻轉這個長久存在的危機，是他作為市長的首要目標。「無家可歸、垃圾、住房、暴力、犯罪，以及只有小學三年級的閱讀程度，這些問題的真正癥結點『全都』是貧窮。在一個有百分之二十五的人都處於貧窮狀態的地區——這個地區的家庭收入中位數是四萬六千美金，請注意，這不是一個人的收入，而是整個家庭的總收入，有近半數的工作只能領最低工資。我們遇到的所有問題都因此而起，幾乎就像是副產品一樣。」

塔布斯有位職員想到了「全民基本收入」（Universal Basic Income，簡稱ＵＢＩ）[122]這個概念。這個想法既直接又激進。黑人人權運動領袖馬丁・路德・金恩博士在他的最後一本書《從這裡我們往何處去：混亂還是共享》（*Where Do We Go from Here:Chaos or Community?*）裡曾經加以探討：「除了缺乏合作、不足以解決問題以外，過去的那些方案全部都有另一個共同缺點，那就是它們不直接了當。每個試圖解決貧窮問題的人都先處理別的事。我現在確信，最簡單的方法最有效——想解決貧窮，就直接用社會目前廣泛討論的方法「保證收入」來消滅它……我們必須創造充分就業的環境，或者我們得創造收入。無論是用哪一種方式，我們都必須讓社會大眾成為消費者。」

半個世紀之後，市長塔布斯承諾在他這個苦苦掙扎的地區試行「全民基本收入」。他進行了一次小規模試驗，選出一百三十個家庭，這些家庭在十八個月內，每個月都可以獲得五百美金。這次試驗從二〇一九年年初開始實施，住在家庭收入中位數低於四萬六千零三十三美金的居民就具備參與試驗的資格，而且沒有限制這筆錢要怎麼使用。「貧窮不是因為品格缺陷，而是因為沒有錢，」塔布斯對一小群斯托克頓的居民與教師說，「人之所以貧窮不是因為他們是壞人，而是因為他們和我們不一樣，或不知道如何管理金錢。很多時候，他們只是沒有錢可以管理。我曾經與一些人待在一起，我聽到類似這樣的話：『一個月五百美金就夠我養小孩了』、『一個月五百美金能讓我工作得少一點，這樣我就可以花時間與家人相處』、『一個月五百美金足以讓我回學校讀書』。我聽過很多關於『一個月五百美金為什麼會帶來改變』的說法。我發現真正的重點在於，這個國家以尊重生存權、自由權，以及追求幸福的權利感到自豪，但我們是否真的相信，人有自主選擇與採取行動的能力？」

塔布斯不認為這份額外收入會讓人不去工作。「事實上，我覺得它將使大家更努力、更聰明地工作，讓他們的工作表現更好，同時得以花時間與家人相處。」他這樣告訴美國全國公共電台的新聞節目《萬事皆曉》，「因為我們不是機器人；人生在世不是為了整天工作，並且爭得你死我活。我們活著的目的是為了屬於某個群體、奉獻自己、投票，以及養育我們的孩子。我想，我們能投資的東西越多、讓人們可以做這些事，我們這個地區就會變得更好。」為了評估全民基本收入這項試驗帶來的影響，斯托克頓市已經和賓州大學與田納西大學的研究人員展開合作。

塔布斯說，這項計畫「是幫助，而不是施捨」。其資金來自非營利組織「經濟安全計畫」與其他外部管道的大筆捐款，破除了「斯托克頓的全民基本收入試驗是一項不負責任的社會福利方案」這樣的說法。「這項計畫沒有讓納稅人花任何錢，而是由一百二十萬美金的慈善捐款資助。所以在接下來的幾年內，我們就會獲得一些數據，告訴我們這個方案是否可行。」對此，美國民眾的反應很強烈；有人支持，也有人反對這項計畫。塔布斯曾經接到許多地方政府領導者打來的電話，他們都想詢問有關全民基本收入的事。同時，他也經常受邀到國家級平台談論這個議題。「這個地區是一個少數族群佔多數的地方，這令人感到非常興奮。」塔布斯說，「這裡的年齡中位數是二十六歲。它一直被當成一個落後、充滿各種問題的地方，但現在，大家開始期待這裡可以提供解決方案。」

在所有的民選官員裡，市長的工作常被認為是最困難的。「就這個職位帶來的一切而言，」塔布斯在我們的訪談中說，「我非常清醒。斯托克頓市長並不是一份讓人嚮往的工作。你整天都在設法想出解決問題的妙招。」塔布斯先是擔任市議員，接著成為市長，他很快就明白，沒有人願意當壞人，並堅持承擔財政責任。「過去六年來，在這兩個職位上，我拒絕的事比答應的事還多。我認為這才是領導：『我們負擔不起那個。這是個好主意，我很喜歡，但你要如何支付這筆費用？』可是沒有人願意這麼做，都想著反正自己不會在這個位子上待五年、十年，那何不就讓別人去面對這一切？」

塔布斯回想起他擔任市議員時，為了一間在斯托克頓破產期間關閉的公共圖書館，與其他人爭論。你很難找到比塔布斯更堅定的圖書館支持者，因為它們曾經在他的人生中扮演了非常重要的角色，因此他極力反對市長席爾瓦關閉這間圖書館。

「我說：『聽著，我完全支持圖書館開放。但我們要怎麼支付這筆費用？我們要從哪裡刪減經費？我們不如就削減高爾夫球場的開支，用它來支應圖書館的開銷，我支持這樣做。』但其他人都不想這麼做。然後，它就變成了一個龐大的政治議題。我在一年內投了八次反對票，因為我們找不到一個穩定的收入來源。但在投下反對票的同時，我也與社區成員合作。我們提議創造一個資金來源，之後用它來支付圖書館的費用，並讓這項提案進入公投程序。市議會之前在沒有資金來源的情況下，就表決通過開放那間圖書館，幸好在那年的十一月，市民們針對相關收入來源進行投票……我經常看到，這些政治人物對各種問題的回答，往往與它們當時所需要的資源脫鉤。」

由於塔布斯敢於承擔財政責任，斯托克頓的狀況開始好轉。這座城市不僅收入超越債務，也累積了一筆可觀的準備金，這是斯托克頓之前所沒有的。為了縮小未來的預算缺口，他們將三個月份的營運資金留存下來。另一位大有可為的市府團隊成員是約翰·迪希，他在二〇一八年來到這座城市，並承諾擔任十年的斯托克頓聯合學區教育長。迪希先前曾經是全美國最大學區（這個學區位於洛杉磯）的主管，改造斯托克頓的學校與幫助這個地區打擊貧窮等挑戰，吸引他來到這裡。

「我想，我們這座城市正處於一個非常特殊的時刻。」塔布斯說，「那些準備金有益於財政健全；我們的預算每年都有結餘。整個美國都在關注斯托克頓。這是一個很難得的機會，我們可以做一些事來改變這個地區未來三十年的發展。」

⊕

橘郡和斯托克頓破產是很好的案例，我們可以從中探究，當人民不再覺得自己與政府財政有所關聯；當愚昧輕率、自私自利的人當選為官員；當華爾街的貪婪、不道德行為，以及對無能政治人物的利用沒有足夠的約束時，會出現什麼問題。

在橘郡之前，其他地方也曾經發生金融災難，在這些災難裡，他們只是無法取得需要的資金。事實上，在這之前，破產原本的定義是：入不敷出，使政府機構陷入無法提供公民服務或償還債務（包含利息）的危機。但橘郡的破產案完全是另一個層次的問題。在這個案子當中，希特隆是一位失格的財政主管，他被華爾街的一家銀行誤導，他們不在乎若客戶不負責任地投資會發生什麼事，只要公司有賺錢就好。這些原因都很獨特，再加上橘郡居民長久以來對政府財政漠不關心，公共問責制度已經完全改變——其實不只是在橘郡，每個地方都是如此。這個破產問題在解決時沒有帶來任何真正的痛苦，更加深了人民與政府之間的疏離感。事實最後證明，他們相信別人會處理這個問題是對的，所以就更覺得不必參與或了解它。某天早上，大眾醒來時發現地方政府破產了，然後說「我就是不還錢，因為這不是我的問題」，這在現代金融史上是頭一遭。

雖然在橘郡以前，這種事從未發生過，現在它已經造成極為普遍的影響。在過去，就如同英語老師教導我們的，沒有一個字和「orange」這個字完全押韻。到了今天，我們面臨的所有公共財政挑戰在某種程度上，都和橘郡官員與居民的不知羞愧、逃避責任如出一轍。如今，每件事都與「橘」（orange）這個字有關。

比方說，斯托克頓走的就是橘郡當初走的那條路——延遲退休金給付、在毫無意義的計畫案上花太多錢、用風險很高的方式借錢，而且在為時已晚之前，只有少數人有所警覺。我們只能期待斯托克頓富有遠見、勇於承擔財政責任的新銳市長塔布斯，在他的有力領導下，這座城市將得以翻轉。從一些跡象來看，似乎前景可期。

然而，塔布斯只是某座城市裡的一個人而已。如果沒有在聯邦政府、州政府、郡政府，以及市政府的財政上進行大規模的改變，我們所有人都將無法逃離退休基金崩潰的影響。要放馬後炮、建議如何避免這場災難很容易，例如修正公務員的獎勵結構；成立監督委員會（監督委員必須具備金融知識，懂得管理退休金如何發放）；改變市政府官員的執政方式，限制他們不能亂花錢，以及為了建設或給予承諾而採用新的地方法規；規範華爾街可以賣哪些商品給市政府與郡政府。

但在我們人民重拾對政府財政的關心和參與感以前，這些事都不可能完成。直到我們再次覺得自己與政府有所關聯，並了解一切如何運作；直到我們開始選擇那些願意解決問題，而不是為了讓政治生涯取得進展的官員；直到我們讓這些官員承擔責任之前，我們的未來只會變得更嚴峻。

二〇一八年年中，美國社會安全基金的現金流開始呈現負數——這是自一九八〇年代以來的第一次，這代表發出去給退休人員的現金比收進來的更多。大家常說，他們不期待自己退休時這套制度還存在。他們的憂慮是對的。根據威爾夏顧問公司二〇一六年提供的數字，這些大型公共計畫目前擁有的資金，只佔未來退休福利給付的百分之七十，有些州的資金甚至只佔了百分之三十五。波多黎各在進行債務重整時曾經報告說，他們的非正式公務員退休金計畫只準備了不到百分之一的資金。

我們終將迎來這樣的時刻——政府完全沒有錢可以發給退休人員。那些工作了一輩子、逐步邁向退休的人也許最後什麼都領不到，或者領到的錢比政府原先承諾的少很多。

事情是這樣的：即便退休金泡沫可能是現代最危險的金融問題，而且我們所有人都助長了這個問題，並使它日漸惡化，卻沒有人關注這件事。這有三個關鍵原因：第一，這不是一個令人興奮的話題。不會有很多人想討論退休基金的資金缺口與可能的解決方案（包含多數政治人物，以及其他對解決這個問題有很大責任的人都是如此）。第二，即將到來的退休基金崩潰感覺抽象而遙遠，因此很難明白該如何行動，以及為何我們現在就應該採取行動。這套制度非常複雜，我們多數人都覺得完全沒辦法協助修正它。最後（同時也是最重要的一點），沒有人能為此負起責任，因為退休金數學牽涉的時間比那些政治人物的任期更長（他們是有權力修正這套制度的人）。我們沒有明確的方法可以防止民選官員過度承諾，於是造就了這個危險的泡沫。

就算你在退休時不仰賴退休金（你也不這麼預期），這個問題還是應該令你感到恐懼。當所有人都被拋棄時，沒有任何人能避開它所帶來的負面影響。最後，這樣的痛苦將擴及我們所有人。它至少會影響經濟穩定與成長。在最糟的情況下（考慮到問題的規模），可能會導致更普遍的混亂與抗爭，讓我們的社會結構崩潰。

退休金泡沫依舊被世人忽略，它持續擴大，因為人口日益老化，而我們的福利制度卻很糟糕。這是我們必須談論的議題。那些將未來建構在退休金與退休福利的人會發生什麼事？誰會照顧他們？當斯托克頓的狀況開始在每個地方發生，還記得那位緊急調度員，以及那位正在與腦癌搏鬥的前特警隊主管，失去了他們努力累積的一切嗎？當這樣的問題開始毀掉全美國數百萬人的人生時，我們會怎麼做？現在，我們所有人都朝著這條路快速前進。我們搖下車窗，車上的音樂大聲播放著；我們不願意正視前方，那裡有個黑暗風暴正向我們襲來。

註釋

110. 三振出局法是美國聯邦層級與州層級的法律，要求州法院對於犯第三次重罪的累犯，大幅延長他的監禁時間（至少二十五年有期徒刑，最高則是無期徒刑），而且後者在很長一段時間內不得假釋。加州曾經是美國最嚴格執行三振出局法的一個州。

111. 在英語中，「Bob」（鮑伯）是「Robert」（羅伯特）這個名字的暱稱。

112. 歐美國家大多針對房屋與土地等不動產一併課徵財產稅（相當於台灣的房屋稅與地價稅），作為地方政府最主要的收入來源。

113. 附買回交易簡稱Repo，是金融市場常見的一種短期借貸方法：當其中一方願意借出現金時，另一方則以等值的債券抵押，並在一段時間後買回這些抵押品。

114. 梯升債券又稱為「遞增債券」，這種債券每期的利息會逐步升高，在市場利率上升時可以抵銷一部分資本利得的損失，因此增加其吸引力。

115. 多數美國城市都採行「市經理制」，在這個制度裡，市政府的立法、撥款、以及監督政府運作皆由民選議員所組成的市議會執行。市長往往只具有象徵性意義，對外代表該城市，或僅是市議會的一員，通常也兼任市議會議長。市政府的平日運作與法規執行則由市議會任命一位市經理或同等職位負責。

116. 稅基即課稅基準，是指對某一特定地區所有財產的總估價，從而確定個別財產的納稅稅率。

117. 賦稅抵償債券，簡稱TRANS，是由地方政府發行的一種短期債券，以此填補收到稅金之前的資金缺口。

118. 出資證明，簡稱COPS，是指由公司簽發的一種法律文書，證明股東已經履行出資義務，同時享有一定的權益。

119. 債務憑證是指保證清償債務的書面文據，例如債券、存單、銀行承兌匯票或商業票據等。

120. 宏觀經濟決策是指對社會整體與國民經濟的發展目標、策略規劃等重大經濟問題所做出的決定或選擇。

121. 認罪答辯是指被告自願在法庭上正式承認犯下受到指控的罪行。在英美，認罪答辯等同於法庭審理後的定罪，其法律效力相當於有罪裁斷，該案件即可不經陪審，且無須與不利證人對質，直接由法官判處罪刑。

122. 全民基本收入又稱為「無條件基本收入」，主張由政府無條件、定期給予民眾固定、可預期的基本收入，讓所有人都有固定收入可供運用。

EPILOGUE

結語：生存指南

「一切都不會有好結局。否則，它們就無法結束。」

——由湯姆·克魯斯飾演的男主角布萊恩·弗蘭納根，
在電影《雞尾酒》（*Cocktail*）裡所說的一句台詞

一名蒙面男子用球棒擊中一位鎮暴警察，警察身上的防護裝備承受了這記重擊。警方制伏這名男子、把他的雙手捆綁起來，然後將他帶到銀行外牆前方——那裡還有一群被逮捕的抗議者——等待囚車的到來。即便在這樣的激烈時刻，他還是很快就認出了對街的銀行大門，因為九月時，他在家裡看新聞時曾看過它。後來，他在大規模的法拍潮中失去了自己的房子。在那則新聞裡，滿臉迷惑的銀行員工拿著裝有私人物品的紙箱，在人行道上徘徊，當時他對他們有些同情，因為他的前僱主把生產線移到海外，並關閉了工廠，他也因此失業。但過去幾個月來，他和其他示威者，以及無家可歸的人一起住在市立公園裡，內心的同情都已經消失殆盡。那天晚上稍晚，他們聚集在營地，一邊交換各自的戰鬥故事，一邊包紮傷口。他們有些人已經在這裡睡了好幾個月。摩天大樓與城市的燈光遮住了星光，這群憔悴的人用微火煨煮食物，然後將熱湯裝進碗裡。他們自製的布條、標語、頭巾，還有破爛的旗幟散落在帳篷四周——這些抗議工具安靜地躺在那裡，象徵憤怒在夜晚暫時退去。

在另一個地方，有一群筋疲力竭的人排著隊，他們佔據了整個街區，拖著腳步前進，等著從ATM裡多領一些現金，但他們能領的錢非常少。由於國家財政崩潰，政府實行了一系列新的撙節措施。施行「每日提款上限」是為了避免銀行出現擠兌現象，但這反而促使擠兌潮發生。隊伍裡的人都盤算著，這麼一點錢可以做些什麼（如果他們能幸運地從這台機器裡領出錢來的話）。它當然不夠支付汽油錢與房租，也無法拿去做看醫生或看電影這種奢侈的事。只要能買一些食品餵飽孩子就算成功了。在隊伍開始緩慢移動之前，為了讓自己保持警醒與忙碌，他們默默地在心裡建立了一本小帳本，然後再修改它。明天，他們會從頭再來一次。

在另一個地方，有家酒吧塞滿了足球迷，他們正在看美國國家隊進行一場重要比賽，大家都變得很緊張。多數觀看比賽的顧客幾乎付不起酒錢，但他們沒有自己的電視，高聲吶喊的他們都為了相同的理由聚集在這裡。當比賽進行到第八十二分鐘、由美國隊進攻時，屋內卻停電了——燈光瞬間熄滅，電視也沒有訊號。這裡的電力被切斷了。黑漆漆的房間裡潛藏著一股暴戾之氣，你可以明顯感受到，因為有人提高音量、用拳頭敲打著桌面，看來他們可能會群起抗議；某處傳來杯子摔碎的聲音。酒吧老闆趕緊抓起手機，他按了幾個按鍵、把水電費繳清。接著，在美國隊以一比三輸掉比賽之前，店裡再次恢復供電。他的顧客紛紛氣急敗壞地離開，但對他們而言，這並不是什麼新鮮事。他們的錢包空空如也，裡頭只有身分證與家人的照片。當去年法定貨幣重挫時，不管原本存了多少錢，都已經失去大部分的價值。在這樣的混亂狀態下，一種新貨幣——通話時數應運而生。在購買商品與服務（從麵包、計程車費到水電費）時，大家就是透過轉讓通話時數給他人的方式付款。

在另一個地方，有一群人把雙腳踩進淡藍色的海水裡，他們朝著一艘正要停靠的漁船前進。這艘船只捕獲少量的沙丁魚，他們爬到船上搶奪這些漁獲。就在不遠處，農場也同樣遭到掠奪，飢餓的群眾捕殺馬匹與牛隻，然後吃牠們的肉。超市的貨架都是空的，從垃圾中找東西吃是很常見的一件事。被活活餓死的小孩和大人不計其數。

儘管擁有全世界最龐大的石油儲量，聯邦政府的負債創下歷史新高，因此導致惡性通膨（hyperinflation）[123]、藥品短缺、停電，以及大規模的飢荒。很多人都認為被關在監獄裡，比在街頭為了生存而戰還安全。有數百萬人逃到鄰近國家，但還有許多人在邊境被路障，以及充滿恐懼與憤怒的居民擋了下來。

在其他地方，警察使用實彈來對付示威者，這是因為總統最近宣佈，為了資助已經虧空的退休基金與社會安全基金，勞工很快就必須多繳納百分之一的薪資稅，所以激怒了這些示威者。在總統宣佈這項政策前，這裡是一個平靜的國度，是這個世界上最安全的地方之一。但現在，抗議群眾遊行示威、丟擲石頭，甚至四處縱火。一名記者在報導這場危機時頭部中彈，全球的人都在網路上看到這個實況。到了總統收回成令時（距離他初次發佈政策不到一周），已經有二十幾位居民死亡，另外還有幾十個人受傷。

這些暴力與混亂場面應該是誇張、虛構的未來想像，我們可以避免這種恐怖的狀況……如果真是這樣就好了，但它們都是近年在世界舞台上——美國、希臘、肯亞、委內瑞拉與尼加拉瓜發生的事，而且這種金融動盪與財政崩潰所引起的衝突正日漸增加。事實上，今天有許多國家的內部衝突都是金融事件與相關決定造成的結果。金錢的世界變得如此危險、複雜、招致分歧與傷害，這樣的不穩定讓我們越來越容易感到憤怒，對立與抗爭頻傳。這些事全部都有可能在任何時間、任何地點再度發生。無論引發這一切的是退休基金的資金用罄，還是金融體系瓦解，上述場景都很有可能是我們未來的真實寫照（它們也許很快就會發生）。

又或許我們的遭遇不會這麼激烈，但同樣具有毀滅性——老人沒有支援、沒有可支配收入、沒有什麼錢購買食物或支付取暖費用，最後在狹小且空無一物的住處孤獨地死去；我們的福利制度辜負、拋棄了他們。或者年輕人可能覺得自己被孤立，無法找到一份有意義、不只能餬口的工作；為了讓二次大戰後出生的嬰兒潮世代能舒服地退休（這是自私的他們進行的最後掠奪），必須由他們支付這些錢（即便這個問題正是源自於這群人不負責任的決定）。儘管我樂觀地相信，我們的社會像委內瑞拉和尼加拉瓜那樣崩潰的機率並不高，但假使它緩慢地走向衰敗，因此扼殺了年輕世代，讓他們沒有機會追求豐碩的人生成果，問題會比較不急迫嗎？

一年又一年地過去，隨著每一次的快速成長、科技進展，以及新金融商品的推出，金融界變得越來越複雜難解，同時也越來越冷漠。一九八〇年代中期，當我開始第一份工作——在位於洛杉磯珠寶街的美國銀行分行擔任信貸專員時，銀行人員和客戶之間都彼此認識。如今，情況已經幾乎不是如此，無論是商業還是消費領域皆然。時至今日，多數金融交易（不管是買賣證券、支付帳單、購買訂婚戒指，還是買書）都在網路上進行，缺少了人際互動。這當中的人為要素已經逐漸消失，一個人的誠信與品格也不再受到重視。金融業本來是人類不可或缺的一項工具，但在僅僅三十多年內，這些漸進式的改變使這個產業變得缺乏管理，它似乎不會造福人類。現在，我們多數人都覺得這個產業在與我們作對。對於金融體系，我們就算不恐懼，也有所提防。有越來越多人都變得疏離且充滿矛盾。無論我們對金融界的感受是什麼，都不會是溫暖舒適。

然而，我們所有人（只要是擁有銀行帳戶、信用卡、退休金帳戶、人壽保險、醫療保險計畫，背負學貸、房貸、車貸）都仰賴金融服務業，藉此改善我們的生活，並且有效率地取得那些我們原本無法獲得的東西。若我們都同意，錢是生活中很重要的一部分，我們怎麼能一直對這個產業漠不關心？看到政府的財政赤字逐年增加、退休金計畫的資金日益短缺、國家提高舉債上限，我們卻似乎完全沒辦法阻止這些威脅。作為個人、群體與國家，想繼續生存下去，我們就必須了解現代金融，並設法讓這套體系更符合我們的需求。

關於美國，現在有一個說法越來越常見，那就是最後我們的退休基金將決定一切。我們的退休金與健康保險給付會排擠政府原本打算要做的所有事——我們將被迫削減基礎建設、基本公民服務、教育，以及警消單位的開支。各種稅率都必須調高；政府借款將會增加，這反而會限制經濟成長，同時也可能使我們的處境每況愈下。這是接下來的二十年裡，我們將要面臨的存在危機。

我們如何到達今天這種境地？

在短短幾十年內，我們與現代金融之間的關係是如何變得如此不健全？身為這個社會的一分子，我們可以做些什麼，讓自己感覺安穩踏實，並開闢出一條前進的道路？首先，我們必須先了解，是什麼讓我們走到這個地步。

過去三十多年來，金融界大部分的重大改變原先的出發點都是好的，而它們確實曾經使這個社會變得更好。金融界流傳著一句話：「華爾街上所有的壞構想起初都立意良善。」這些改變終究做得太過頭，到最後，每一項改變都兼具正面與負面影響；它們既帶來好處，也造成了傷害。發現這些矛盾非常關鍵，它能讓我們找出積極有效的做法，然後繼續向前邁進。在整本書裡，我們看到金融體系的每一次演變都帶來很大的進步，但同時也導致了不良行為與不當後果。讓我們一起回顧一下。

第1章〈愚人金〉：改用電子試算表使金融業更具創造力（因此創造出新的商品與策略），同時也有助於消除人為偏見與主觀因素。然而，電子試算表也讓「誠信」與「品格」從信用分析中移除。

第2章〈歡迎到叢林來〉：華爾街的私人公司紛紛變成上市公司。這使他們能取得擴展事業所需的資本，以便因應大型企業與客戶的需求，將更大規模的商品與服務提供給他們。然而，當公司不再為風險承擔責任時，導致應有的監督減少，進而讓人做出毀滅性行為，包括用別人的錢來進行危險的鉅額賭博。

第3章〈牛奶與氣球〉：企業掠奪者與行動派投資人讓管理團隊為公司績效負起責任，藉此使美國本土企業與跨國企業起死回生。然而，當企業被迫追求股東價值勝過一切時，導致「優先重視獲利，而非重視商品與顧客」這種不恰當的經營決策被合理化。

第4章〈天空征服者〉：速度與精確度讓人得以創造出新商品，同時也使市場變得更有效率，取得資訊與進入市場都變得更容易，成本也變得更低。然而，在所有的金融領域，速度、效率，以及主觀認定的「精確」都取代了縝密謹慎的思考，包含那些最需要花時間好好思考的策略分析都是如此。

第5章〈現代藝術〉：上市公司的季度報告要求讓金融體系的資訊變得更透明，藉此為所有投資人創造公平競爭的環境。然而，這樣的報告要求反而壓縮了公共投資者與管理團隊評估公司獲利表現的時間。這種做法往往犧牲的都是長期成長與長期價值投資。

第6章〈射殺大象〉：金融超市的建立創造出各種平台，使銀行能提供更深、更廣的商品與服務，以便在全球化世界因應市場與跨國企業（這些企業的規模與複雜度都日漸提升）的各種要求。然而，金融超市的出現讓金融機構變得太過龐大、難以管理，同時也導致造就與維持員工良好行為的公司文化走向衰敗。

第7章〈伸手觸及某個人〉：商業交易改在雲端上進行，促使新商品與市場不斷出現，並且因為價格親民而變得普及。然而，這也造成了群體與人際連結的消失。

第8章〈鑽石狗〉：報酬日益透明化讓員工擁有更多談判籌碼；他們可以根據這些資訊，要求公司給予符合市場行情的報酬。然而，這樣的資訊透明化也導致投資期限縮短，以及對獎金過度偏重，將它視作評判個人社會價值的標準。

第9章〈權貴階級〉：市場經濟凌駕在社會秩序之上，使業餘且大眾化的媒體與廣告手法得以興起，並為大眾開啟了一個更廣闊的世界（他們原本無法進入這樣的世界）。然而，這也導致注重才能的社群與菁英主義消失，取而代之的是對特殊門路與特權的病態追求。

第10章〈每件事都與「橘」這個字有關〉：人民與公共財政變得疏離，讓民選官員更可以掌控複雜的政府資金運用。因為民眾沒有時間與相關背景，也不想提供意見或監督。然而，這樣的疏離也使政府財政缺乏監督與問責制度，因此往往導致這些官員做出不負責任的決定，造成嚴重的後果。

上述變革全都伴隨著某些代價，這可以解釋為什麼針對前進的那條路達成共識如此困難。有些人只看到這個產業能滿足重要需求，其他人則只看見它帶來的危害。在某種程度上，這兩種看法都是對的。但我們的公共論述並沒有讓我們理解，現代金融兼具正面與負面影響，所以這兩種意見僵持不下——有些人認為金融業對正常運作的社會不可或缺，其他人則覺得它是一頭危險的野獸，如果我們要避免危機一再出現，就必須予以箝制或處死。

這兩種極端傾向導致這個產業缺乏監督或領導，促使巨大的金融與社交泡沫產生，它們持續膨脹，可能會因此帶來大災難。到最後，每一個泡沫都將破滅，而我們無法預測何時會到達那個臨界點。只要沒有人帶領我們應付這些棘手挑戰；只要我們繼續與金融界的運作保持疏離，這些循環就會一再造成傷害，而且這些傷害將越來越嚴重。

事實是，若我們敢於創新、創造，並且與他人競爭，這些泡沫膨脹與破滅的循環就是一段必經的過程。一般而言，我們的金融體系都具有很強的適應力，在經歷多數挑戰後都能恢復原狀。但我在這裡特別強調的挑戰，可能會讓這些泡沫大到這套體系的中心無法支撐，因而招致崩壞。我們要怎麼達成一個比較健康的平衡，這樣從繁榮走向泡沫化時就不會那麼極端且具有毀滅性？這一切沒有簡單的解決方法，同時也不會有某個人、某個組織，或某個行動幫我們解決這些問題。

我們可以如何改變行為模式？

我們無法以現狀存活下去；我們必須採取行動。首先，應該要強化金融體系的問責度，有時甚至必須重新調整造成不良行為的問責機制。這本書裡的每一章都提供一個故事，說明某項正面改變最後如何變成不當誘因，並導致不良的後果。我在金融業的這些年學到最重要的一課，就是問責度取決於誘因，而且我指的不見得是金錢誘因。想鼓勵正向行為，我們就必須創造出能刺激這些行為的誘因。相反地，如果想遏止不道德或有害的行為，我們可能就得了解它們背後的動機（通常這些動機都是令人意想不到的），或者因為缺乏哪些誘因而導致這些行為，並且加以改變。若這麼做成效不彰或無法這樣做，那就必須實施某種形式的獨立監督，以確保問責度。

有很多方式可以改革金融體系（它也應該被這樣改革），但由於數量太多，很難逐一列舉，也無法一下子同時處理。我們必須先從急迫且可以達成的目標做起，以此建立基礎。為了讓我們走在更穩定且有效的道路上，以下列出九個行動項目，金融體系裡的每組重要參與者（包括你）都各有三個：

給銀行體系與投資管理公司的三個行動項目

1. 改變薪酬結構，使獎勵與投資期限保持一致。

想獲得長期投資所提供的報酬，就必須用比一季（甚至是一年）更長的周期，來評價理財顧問與公基金管理者的表現，並給予相應的報償。目前的薪酬結構幾乎都固定以一年為周期。為什麼大部分的獎金周期都應該以地球繞太陽公轉的時間作為基礎？要重建薪酬制度，大型機構投資人（包含退休基金、捐贈基金與主權基金〔sovereign wealth fund〕[124]）得聯合起來，讓管理者的獎金與至少三年（但最理想的狀況是七至十年）的投資績效綁在一起。

為了使基金管理者可以長期投資，同時不必擔心每一季（甚至是每一年）都要被評斷，這些機構投資人也必須放棄取回投入資本的權利。此外，延長投資期限也能緩和上市公司在季度業績上的壓力，因為在決定獎金時，這些業績較不具意義。還有另一個更大的要求，那就是由幾個企業家基金與理財顧問依據同樣的原則，單方面建立新的獎勵結構。這樣的改變看起來不僅將為社會帶來好處，也可以創造出新商機——藉由讓公司與投資人的利益保持一致，提供一種長期投資策略，藉此產生更高的投資報酬。

2. 在每家金融服務公司建立獨立的內部審核流程，以便評估每項商品與服務對公司客戶是否適當，以及它們如何行銷（包含其銷售對象）。

在每一次金融危機發生之後，我們都發現造成這些危機的明顯原因，其中有許多跡象都顯示，有一些事不對勁。就如同我在前一章裡提到的，只要看一下橘郡年度報告的第二頁就可以斷定，郡政府使用了某些不恰當的投資手法。使用「IPO自旋」、進行賣方融資未受約束、輕率地發放房屋貸款、開立未經授權的帳戶、將複雜的衍生性商品賣給不了解狀況的客戶……這些顯然都是不恰當的行為，但有很多金融從業人員都是共犯；他們都容許（即便沒有鼓勵）這樣的做法。

我們不能認定主管機關會提供必要的監督，或者大公司的企業文化、招募方法可以確保金融從業人員在沒有人監督的情況下，做出正確的事。每家公司都必須建立獨立的審核流程，或設置不受利益衝突影響的監督委員會，以便評估公司提供的每項商品與服務是否適當。

所有著名的金融公司都有一個風險評估與法令遵循的機制，負責確保這些機構本身不會因為建立投資倉位或承銷證券，讓公司面臨不恰當的風險。同樣地，每家公司都應該建立類似的機制，用來評估這些商品與服務對客戶與顧客的風險。此外，只評估商品的風險還不夠；這個審核流程也應該仔細檢視公司的獎勵制度，以及銷售或分銷每一項商品的行銷計畫。舉例來說，在富國銀行的那起醜聞中，他們讓信貸專員擅自在客戶名下開立支票帳戶，若審核機制只著重商品本身是否恰當，這種行為是無法被避免的。在這個案子裡，這樣的不良行為源自於公司內部的獎勵結構。

3. 在每家金融服務公司成立文化或評鑑委員會，制定以使命為導向的行為準則，從內部獎勵員工的正面貢獻，並懲罰其不良行為。

花旗在二〇〇四年成立一個關注企業文化的委員會，並指派我擔任首任文化官。在我們當時實施的諸多改變中，最具影響力的就是將員工獎金的百分之二十五與他們的文化分數，也就是他們在公司的群體裡表現如何綁在一起。每位員工都會從同事那裡得到一個三百六十度評估，他們不會只因為為公司帶來多少營收而獲得獎勵或受到處罰。這不僅遏止了不良行為，同時也透過認可並強化正向行為，使員工士氣得以提升。

其實很多公司目前都有文化委員會，但通常只負責讓工作變得對員工更有吸引力，例如確保工作與生活之間的平衡，而不是訂立並執行各種規定，促使員工的行為產生明顯的改變。只關注工作環境是不夠的。每家公司（以及整個金融業）都必須花更多心力定義公司的價值觀，並且樹立最符合這些價值觀的行為典範。

這個行動項目必須由每家公司的高層下達指令，同時由管理高層為每個主要業務單位建立一個文化評鑑流程，然後再指派幾位主管負責帶領大家進行真正的改變。此外，整個金融業都必須更努力讓大眾有理由相信，正常運作的金融體系對一個美好的社會不可或缺。要開啟建設性對話、找出那條前進的道路，這是第一步。

給政府的三個行動項目

1. 設立一個聯邦層級的監督與審核委員會，以便評估各州與各地方退休基金的管理與穩健性。

在民營公司有一個監督機制，負責為退休與健康保險計畫設定最低標準。多數人都認為，企業的退休金計畫非常健全。但對各州與各地方政府的公務員退休基金而言，這樣的監督機制並不存在，因此無法確保這些計畫結構嚴謹，以及資金有被妥善管理。應該要成立一個聯邦層級的監督與審核委員會，負責控管與評估各州與各地方的退休基金。這個委員會將針對治理、績效管理、會計，以及計畫架構設計等方面提出適當的標準與指導原則。藉由提出各種審慎且客觀的標準，在面對相應的政治挑戰時，這個監督與審核委員會將給予必要的壓力或保護，讓原有的退休金委員會必須採取行動、提高其資金的財務穩健性。比方說，假使監督委員會建議，只根據預期市場報酬提供長期給付，那些一直不負責任、採用較高投資報酬假設的退休金與退休福利基金就得做出調整。

2. 要求所有參選財政主管或其他財政官員的人都確實具備財務背景。

飛行員必須累積至少兩百五十個小時的飛行時數，才能取得商用駕駛執照。醫生必須完成延伸教育與實習，並通過資格考試，才能執業。按摩治療師則必須接受數百小時的實作訓練，才能取得執照。然而，完全沒有任何財務經驗的鮑伯・希特隆卻得以成為橘郡的財政主管，還用數十億美金的公款進行賭博。在整個政治體系裡，這種缺乏必備知識與經驗的狀況比比皆是。

舉例來說，有很多州的財務長都在州政府扮演投資長、銀行家與金融家的角色，負責管理該州的合資投資帳戶，同時也是州政府公務員退休基金委員會的成員。但根據許多州的現行規定，任何登記選民都可以參選這個職位（無論他是否擁有相關背景或經驗）。為了使財務或財政相關職位的候選人符合資格，每個職位都應該設定各自的必要條件，包含商業管理與會計學位，以及相關從業經驗。

3. 所有的金融法規都必須單純且均衡，使大家容易理解並遵守。

由於所有的金融活動都可能導致善良行為與不良行為，金融法規的目標必須是約束踰矩行徑，同時讓人保有創新、擴充管道、提升包容性的權利。想達到這樣的平衡，通常需要的是設下應有的限制，而不是由一大群法令遵循人員監視每個人的一舉一動，因此忽略了大局。我們不能把焦點放在甜甜圈上，卻讓資金池裡的資金擴增至三倍，然後用來投資不恰當的債券衍生性商品。基於種種原因，單純非常重要。複雜的法規會被人忽略。（在申請貸款或購買金融商品時，你曾經確實看完多少披露文件或注意事項？）更糟的是，這樣的法規恐怕更容易被操弄，因而帶來意想不到的負面結果。此外，複雜的法規使那些缺少財務或人力資源的公司更難參與，導致那個受到管制的市場或產業完全被大公司掌控。懲處應該要明確且標準一致。必須同時從個人與公司層面進行問責；在衡量罰金時，則視情況決定是否擇一進行。

給我們每個人的行動項目

1. 投資時間與資源，讓你和孩子學習金融與經濟學的基礎知識。

儘管錢佔據個人生活與政治辯論的比重越來越大，我們卻不太了解金錢世界如何運作。我們所受的教育並沒有引導我們，要怎麼在現代金融界發揮功用。在學校課程中納入金融基礎知識，將是明智的第一步。對我們這些已經完成學業的人來說，你還是可以自己學習，並參與其中：選出一家公司，然後熱情地追蹤他們，就像面對你最喜歡的球隊或名人那樣。這家公司可以是你或你家人的僱主，或者他們提供某種你覺得很有趣的商品或服務。如果他們是一家當地公司或零售店，請親自參與。盡可能地了解關於這家公司的事；成為這家店的支持者，告訴你的朋友和鄰居，為什麼他們提供的商品比其他大量製造的替代品好。如果他們是一家上市公司，訂閱他們公司的新資訊，並密切注意他們的財務業績。

若你要購買股票，請直接持有，不要用租的——抱持長期觀點，理解這家公司面臨的挑戰；如果合適的話，持續關注他們公司的起伏。用這種方式與各家公司產生連結，將使你獲得寶貴的投資知識，並且對廣泛的金融界如何運作有更深的了解。

2. 讓政府官員負起責任，針對由他們管轄的退休基金詢問各種重要問題。

這不只是公務員將失去退休存款與退休福利的問題（這件事本身就是場悲劇）。這些退休基金嚴重管理不善會導致預算大幅短缺，甚至面臨破產危機，這樣的崩潰將會影響我們所有人。這一切需要受到監督，同時也必須有人承擔責任；這得從我們每個人做起。在這當中扮演更積極的角色，每當遇到對退休金或退休基金具有影響力的政治人物時，就詢問他們正確的問題：「我們的退休金計畫準備了多少資金？」「你們如何投資這些資金？」「為了緩和即將到來的退休金危機，你究竟做了些什麼事？」在我們開始參與之前，不能期待政治人物處理這個問題，因為他們不會優先重視那些超出他們任期的挑戰，除非我們強迫他們負起責任。

3. 親自參與地方社群。

加入某個地方事業、團體、休閒俱樂部或慈善機構。指導他人；在某個球隊裡擔任教練。你可能會因此與某些人變得更親近，同時你也會更了解你居住的地區、你的鄰居，還有你自己。在當地購物。參與藝術活動，無論那指的是定期造訪博物館、去電影院看電影、閱讀文學作品，還是支持音樂廳、交響樂團與舞蹈團體（在你所在的城鎮或學校參加這些活動）。這些組織都是活躍社群的基礎。問問自己，為何你嚮往權貴生活——想擁有更好的生活是很自然的事，但奢侈享受是阻礙經驗累積的敵人。花更多時間進行各種體驗，並與你周遭的人，特別是那些你覺得和你不一樣的人相處。這個行動項目也許感覺很老套或平淡無奇，但親自投入可以創造出充滿活力的地方社群，接著這樣的成功將擴及全國，進而改善我們的社會，並且精進我們自身（包含我們的論述在內）。除非我們從自體防護罩中脫離，否則我們將無法阻止巨大的金融與社交泡沫形成。然後當它們破滅時，你一定會覺得，若自己當初有花時間參與外面的世界（而不是活在自己的封閉世界裡），你應該會在社群裡察覺到什麼。

構想解決方案很容易，但要實際行動卻很困難

不採取行動有非常多理由：我們很忙、很累。我們已經習慣了。我們對這些問題了解有限，也不知道該如何解決。我們覺得自己無能為力。

當我們眼裡看到的是日常生活中的那些顧慮時，往往就會忽略整體的金融狀況。當我們擔憂的是支付帳單、獲得我們想要的生活方式、為退休存足夠的錢，還有如果幸運的話，為我們的孩子留下點什麼，誰有餘力擔心自己是否理解現代金融的問題？聯準會最近公佈的一項報告指出，在美國的勞動人口中，只有不到百分之四十的人覺得自己已經為退休存了足夠的錢，甚至有百分之二十五的人根本沒有存任何錢。萬一遭逢緊急事故，有近半數的美國人無法在三十天內拿出四百美金。

面對現代金融界的這些趨勢——金融體系變得越來越複雜、危險，以及人際連結與互動日益減少，我們必須立刻採取行動。什麼事情能刺激我們動起來，並且要求其他人也付諸行動？我們要如何在下一個重大危機來臨之前，搶先做出關鍵的調整與改進？若我們集結起來，就有能力取得真正的進展，但缺乏強而有力的領導，要主動集體改變是不可能的事。在這個產業裡，誰有足夠的聲望或意願成為思想領袖，負責凝聚進行必要改變所需的支持？

金融界缺乏有力的領導階層，像警長蓋茲和市長塔布斯這樣的楷模很少。這個產業四面楚歌，很難吸引或留住那些能成為強力領導者的人。若金融界真的存在優秀的領導者，因為外界對這個產業的中傷，他們很有可能處於防備狀態。當你採取守勢時，很難做出大膽的改變。這造成了一個不幸的循環：金融業常因為缺少領導而招致失敗；當它失敗時，就會遭受攻擊；由於這一連串的攻擊，優秀的領導者紛紛另謀他就，而這又進一步種下了失敗的種子。

為了吸引與培養英明睿智的領導者，我們做了幾項努力，其中一項在阿斯本研究所進行。我是阿斯本研究所「金融領袖團契計畫」的共同創辦人，已經參加他們的活動好幾年。我們每年都會從世界各地選出二十位金融從業人員，他們都展現出成為英明領導者的潛力，我們將他們組成一個班級，然後透過為期兩年的密集在職教育研討會引導他們。截至目前為止已經選出四個班級，我很肯定，這群人將對金融服務業產生顯著的集體影響。每當我和他們當中的某個人或某組人見面時，我對這個產業的未來就變得更樂觀。這些人不僅將成為某家金融機構的優秀管理者，也會努力導正整個金融業的管理方式。

金錢與我們生活的每個層面幾乎都有關聯，它攸關我們能否存活下來，並在心理上獲得滿足感。因此，我們應該一起努力，讓這個產業走在正向的道路上。我們所有人都同意自己寧可生活在這樣的世界：在這個世界裡，可以享有房貸、車貸、助學貸款、人壽保險、支票帳戶，以及退休金帳戶等帶來的各種好處。我們需要金融體系，但它必須改革。如果我們想讓金融業重新成為造福所有人的一項工具，每一個現代金融的重要參與者，無論是大型銀行、小型銀行、其他金融公司、聯邦政府、州政府、地方政府，還是我們這些一般人，都必須採取行動。

最近，我跟「阿斯本金融團契」的一位學員布萊恩碰面（他負責管理某家全球最大的資產管理公司），當時我在康乃狄克州史丹福市拜訪家人。我們一起用餐時，我與他分享那天稍早遇到我舅舅時發生的事。

約翰舅舅是一個斯巴達裔美國人，他英俊瀟灑、充滿個人魅力。他從希臘移民到美國時身無分文，而且完全不會說英語。他在美國非常努力工作，然後投資了一些房地產（不久後，史丹福就受到房地產泡沫的打擊）。有了這些獲利，他在一九九四年創立「愛國者銀行」；他說他有個使命，那就是「在面對顧客時，把他們當人，而不是數字看待，就像那些大型銀行一樣」。

我這次去拜訪約翰舅舅時，他已經八十一歲、正處於半退休狀態。他還是每天都會進公司，但通常只上半天班。早上九點鐘，我抵達「愛國者」的總部，準備帶他去吃早餐。我搭電梯到樓上的主管辦公室時，他們的員工告訴我，他在一樓的零售部門。

一家銀行的創辦人、前主席與執行長竟然在樓下的零售部門，感覺很奇怪，因為他應該要待在主管辦公室裡，畢竟他目前的工作內容依舊包括為長期企業客戶處理貸款，以及信貸額度方面的事。一般而言，銀行的高階主管與零售客戶之間不會有任何接觸。我猜想，約翰舅舅或許是先到一樓等我吧。電梯門打開後，我慢慢走進銀行大廳，早晨的陽光從窗戶射進室內，有一群人正排隊等候出納人員的服務，其他人則在櫃檯填寫單據。我從出納窗口往外看，但一無所獲。接著，我看見他坐在入口處的一張桌子前。這一幕令我十分震驚，不明白為什麼他這種位階的人會坐在銀行門口。

我走過去叫他，他站起身來，給了我一個擁抱。然後，為了好好打量我，他向後退了幾步，就像我小時候一樣。「你還在長高耶！」他邊笑邊說。

「你在大廳裡做什麼啊？」我問道。

「我想待在這裡。」

「我不懂。你到底在這裡做些什麼？」

「我是接待員。」他笑著說。

「接待員？但這家銀行是你開的耶！」

「我已經老了，克里斯。我都快退休了。他們問我想做什麼工作，於是我說：『我想從頭開始。』當客戶來到我們銀行時，我會跟他們打招呼。」

我低頭看了一下他的木頭桌子，桌上擺著一個名牌，上面印著「創辦人」這幾個字。

就在此時，一位顧客走了進來，約翰舅舅說：「歡迎來到愛國者銀行。」

「你好啊，約翰。」這名男子說。然後，他們握了握手。

「你認識這個人？」這名男子離開之後，我問舅舅。

「我當然認識，」他說，「每個人我都認識。」他拍了一下他的桌子。「這就是我想做的事，我想要親身感受。」

那天稍晚，我和布萊恩一起吃晚餐時，我跟他說了這個故事。儘管我舅舅是個和藹可親的人，看到「一家銀行的創辦人與前執行長在大廳迎接顧客」這樣不尋常的事，我還是無法平復心情。幾十年來，不曾有人這麼做過。布萊恩也對這個故事感到著迷，問了很多問題，因此我仔細說明當時的情況。

幾周後，布萊恩為了某項業務打電話給我。但在進入正題之前，他說：「你知道，我一直忍不住思考關於你舅舅的事。我已經跟非常多人說了這個故事。」

「我懂，」我說，「我也經常思考這件事。」

「起初，這個故事聽起來很美好，但接下來，它讓人產生了別的感受。我不太清楚為何它讓我這麼印象深刻。」

「我也不懂，但它讓我覺得……」我在腦海裡尋找適當的用詞。「它讓我覺得樂觀。」

「就是樂觀。」布萊恩說，「它甚至稱不上是『懷舊』，這個故事令我感到愉快。」

這位銀行高層打破了他與社會大眾之間的所有藩籬。他在門口擺了一張桌子，與人們四目相接，並且努力和他的顧客與社群產生連結。這個畫面背後有某種意涵存在。我和布萊恩都曉得，為什麼這個故事如此叫人感動。我們都明白，這個故事勾起我們的情緒，意味著在這個世界上，某種重要且充滿人性的東西已經遺失。這一切很難清楚說明；那是一種直覺反應，就如同我們被教導要對鄰居友善、在遊樂場上要懂得與別人分享，以及幫陌生人開門。金融界已經失去這種普遍的人性。約翰舅舅告訴我們，我們可以找回這一切，而他已經邁出了一小步。

123. 在經濟學上，惡性通膨是指一種失控的通貨膨脹，在物價飛快上漲的情況下，使貨幣失去價值。雖然惡性通膨沒有普遍公認的標準，一般界定為每月通膨率百分之五十（或以上）。

124. 主權基金簡稱SWF，是指由一些主權國家政府建立並擁有，用於長期投資的金融資產或基金。由於這些基金的金額龐大、缺乏透明化資訊，資金流向往往引發國際金融市場較為明顯的波動。

致謝辭

所有與金融業有關的書似乎都要求作者償還他們欠下的恩情，而我也欠了很多人情。首先，我要向我的母親安塔納西亞（Athanasia）、我的父親尼可拉斯（Nicholas）、約翰舅舅，以及我的老師、教授與導師表達最大的感謝。我的導師們訓練並鼓勵我，盡量體驗、不要擔心結果。

謝謝大衛・艾伯特和阿南德・吉利達拉達斯（Anand Giridharadas）為這本書點燃火花。大衛說，他發現我擁有敏銳的觀察力與說故事的潛力；早在三十年前，他就告訴我，我應該把自己的經歷記錄下來。到了二十五年後，阿南德建議我寫一本「這個世界需要的書」，我一直謹記在心。此外，為了確保這是本很棒的書，阿南德也建議我與另一位作家合作。

我很快就找到這本書的共同作者——感謝好友塔姆辛・史密斯（Tamsin Smith），他把我介紹給丹・史東。丹是我能找到最棒的共同作者，在寫作過程中，我最喜歡的部分就是和丹合作。我們一起討論許多概念與寫作策略，希望它們能最有效地傳達《金錢如何變危險》裡所要探討的各種想法。從很多方面來看，丹都是一個很棒的人，他使我相信，我們可以在思想上挑戰一切，但不冷嘲熱諷與擅自評斷。丹讓這本書變得有趣且具有影響力（我希望你們也同意這一點），他應該得到很大的讚美。

寫書是一回事，賣書又是另外一回事。我要謝謝我在創新菁英文化經紀公司的好友蜜雪兒・奇德・李（Michelle Kydd Lee）將我們介紹給我們的經紀人——大衛・拉拉貝爾（David Larabell）。感謝他在整段過程中提供很好的引導，特別是介紹 Ecco 的丹妮絲・歐斯華（Denise Oswald）給我們認識，她的智慧、鼓勵與關心使這本書變得更好。也謝謝其他在哈波柯林斯與旗下出版社 Ecco Press 的好人；謝謝你們的付出。

我們為了這本書訪問了數百人，很難逐一感謝，但我還是想在這裡特別提一下每一章的主要人物。

關於第1章〈愚人金〉，我很謝謝在商業界最先認識的兩位朋友貝瑞・卡加索夫和喬治・埃爾瑪西安。此外，我也曾經多次試圖與在監獄裡的納薩雷斯・安東尼安聯繫，但他都沒有回音。

關於第2章〈歡迎到叢林來〉，我要感謝地方財政界的頭號人物、在華爾街擁有超過六十年工作經驗的德蓋爾・霍洛維茲（Gedale Horowitz），以及我的好友勞倫斯・博爾德。

關於第3章〈牛奶與氣球〉，我要謝謝大衛的兄弟馬克・艾伯特，這證明了這個世界真的很小。謝謝許多在迪士尼和華頓的朋友，他們為這本書貢獻了無數細節與獨到見解。此外，我還要謝謝我就讀華頓時的室友——獨一無二的保羅・海涅克。

關於第4章〈天空征服者〉，我要感謝愛德華多・梅斯特的貢獻，以及他在很多年前，教導我要努力讓每場會議都深具意義與啟發性。謝謝能輕鬆地讓人生變得有趣的麥可・索南，還有我的同事彼得羅斯・基特索斯，以及我那既可愛又勇敢的妹妹蕾雅・梅朵（Lea Medow）。

關於第5章〈現代藝術〉，「美國濾水器」的團隊提供了非常多支持。謝謝無與倫比的迪克・赫克曼、安德魯・賽德爾（Andrew Seidel）、達米安・格奧爾吉諾和尼克・梅莫，他們都慷慨地給予協助。

關於第6章〈射殺大象〉，我由衷感謝我的好友兼事業夥伴湯姆・斯瑪奇、我認識很久的朋友與同事——史都華・戈德斯坦、葛雷格・達爾維托（Greg Dalvito），以及比爾・維奎拉；謝謝他們一直勇敢面對華爾街的槍林彈雨。

關於第7章〈伸手觸及某個人〉，我要感謝非常特別的丹妮・艾許；謝謝她信任我們，願意與我們分享她的故事。謝謝我在Equinix 的好朋友們；謝謝他們信任我們，願意讓我們刻畫他們這趟不可思議的旅程。與彼得・范坎普、安德魯・黎果利（Andrew Rigoli）、傑・艾德森和約翰・納夫共事真的很愉快。此外，我也要感謝我認識很久的兩位朋友——威爾・佛萊明和馬克・戴維斯；謝謝他們對這本書的貢獻。

關於第8章〈鑽石狗〉，我要謝謝我認識很久的朋友與同事——凱文・泰斯（他一直都很有趣）；謝謝他分享他在華爾街，以及離開華爾街之後的旅程。

關於第9章〈權貴階級〉，我很感謝我認識很久的朋友——麥可・泰德斯科；謝謝他對這個不斷演進的新潮流提供清晰獨到的見解。他對一切事物的看法總是很獨特且發人深省。

關於第10章〈每件事都與「橘」這個字有關〉，這是我們和橘郡與斯托克頓的朋友實際合作。在橘郡的部分，我要謝謝賈斯汀・貝里斯、湯姆・貝克特（Tom Beckett）、布魯斯・班奈特、麥可・高沛德、警長布萊德・蓋茲、湯瑪斯・海斯（Tomas Hayes）、基大利・霍洛維茲（Gedale Horowitz）、史丹・歐菲利和湯姆・普賽爾。衷心感謝斯托克頓的人們對我和丹的熱情與坦率（特別是我的朋友約翰・迪希、市長麥可・塔布斯、朗格・倫濤〔Lange Luntao〕和普林西絲・翁詹）。你們在斯托克頓所做的一切都很出色，它們對我們所有人都是一線希望。

至於結語，有非常多人都給予寶貴的意見，我只能列舉其中幾位：彼得・鐘（Peter Chung）、邁克・杜登（Mike Dutton）、莎拉・弗萊爾（Sarah Friar）、布萊恩・克雷特（Brian Kreiter）、布萊恩・路易斯（Bryan Lewis）、伊恩・麥金儂（Ian McKinnon）、鮑伯・佩克（Bob Peck）和珍妮佛・辛普森（Jennifer Simpson）。

某位出了六本書的作者告訴我，寫書最棒的部分是在書發表之後——當你與其他人討論你書中的內容時，你才開始真正的學習。在實際寫作時進行這樣的程序，跟我認為能提供獨特視角的人分享書裡的各個章節，我想會是一種很有趣的演練，可以帶來許多啟發。

以下這些可靠的讀者，還有上面提到的那些人，都在這本書裡提供了最深刻的見解。我很享受我們之間的對話與討論，我希望這一切只是個開始：Mohamad Afshar、Gideon Argov、Sara Aviel、Skip Battle、Harish Belur、Tom Bentley、Dennis Berman、Michael Christenson、Stephen DeBerry、Bob Druskin、Patrick Fitzgerald、Nina Goggins、Kristen Grimm、Alan Heslop、Samuel Hodges、Augustin Hong、Bryan Hoyos、Leif Isaksen、Nadeem Jeddy、Stace Lindsay、Siobhan MacDermott、Ranji Nagaswami、Priya Parker、Peter Reiling、Barry Rosenbloom、Carl Saxe、Kurt Schacht、Jenny Seyfried、Alexandra Shockey、Gabrielle Simon、Shamina Singh、Shivani Siroya、Gary Skraba、Trina Spear、Diane

Strand、Jonathan Veitch、Kirsten Wandschneider、Adam Wasserman、James Whitney），以及「阿斯本金融團契」／智庫「第三路線」（The Third Way）第三班的學員們。

非常感謝我的執行助理安潔拉・莫瑞（她也是我認識很久的朋友）；此外，我也要謝謝唐・華勒斯坦（Don Walerstein）提供法律建議，以及湯姆・普賽爾勤勞地協助事實查核。

我還要感謝阿斯本研究所的「金融領袖團契」。這本書的收入將全數捐給這個必要且具有價值的組織（它為金融服務業創造並培育以價值為導向的領導者）。

我和丹都要感謝我們優秀的妻子——金・古登（Kim Gooden）和潔西卡・瓦雷拉斯（Jessica Varelas）。仔細檢驗這本書的她們既是擁有獨到見解的讀者，也是思慮周到的編輯；她們的辛苦與付出難以估量。

我打從心裡深深地感謝金；在這整段過程中，她一直堅定、無私地支持著丹。在一波波截稿日期逼近時，她撐起他們的家，同時也把她的全職工作處理得很好（她的工作也很重要、很辛苦，壓力也不會比較小。）

丹要把這本他努力多年的書獻給他的父親——老丹先生（Dan Sr.）；丹在探索這個主題時，他的父親常為他指點迷津，並給予他許多特殊啟發。

我必須謝謝我很棒的女兒安塔納西亞（Athanacia）；謝謝她一直支持、鼓勵我，並且充滿耐心。對於我美麗的妻子與最好的朋友潔西卡，我的感謝無法言喻；謝謝你成為我生命的編輯，讓我的每一天在很多方面都變得更好，同時也為我所做的一切提供了很好的理由。我對你和西亞的愛無法估量，這當然是我人生中最真實，而且最重要的事。

國家圖書館出版品預行編目 (CIP) 資料

金錢如何變危險：投資理財必讀，現代金融怎麼造福人類，但也威脅我們的生存？/ 克里斯多福．瓦雷拉斯，丹．史東著；実瑠茜譯 . -- 初版 . -- 臺北市：遠流出版事業股份有限公司 , 2022.03
面； 公分
譯 自：How money became dangerous : the inside story of our turbulent relationship with modern finance
ISBN 978-957-32-9432-0(平裝)
1.CST: 金融業 2.CST: 金融危機

562 111000404

金錢如何變危險

投資理財必讀，現代金融怎麼造福人類，但也威脅我們的生存？

作　　者｜克里斯多福．瓦雷拉斯、丹．史東
譯　　者｜実瑠茜
總 編 輯｜盧春旭
執行編輯｜黃婉華
行銷企劃｜鍾湘晴
美術設計｜王瓊瑤

發 行 人｜王榮文
出版發行｜遠流出版事業股份有限公司
地　　址｜台北市中山北路 1 段 11 號 13 樓
客服電話｜02-2571-0297
傳　　真｜02-2571-0197
郵　　撥｜0189456-1
著作權顧問｜蕭雄淋律師
ISBN ｜ 978-957-32-9432-0

2022 年 3 月 1 日初版一刷
定　　價｜新台幣 620 元
(如有缺頁或破損，請寄回更換）

YLib 遠流博識網
http://www.ylib.com
Email: ylib@ylib.com